인도사에서 종교와 역사 만들기

인도사에서 종교와 역사 만들기(개정판)

1판 1쇄 발행 2006년 8월 25일
개정판 1쇄 발행 2019년 7월 8일

지은이 이광수
펴낸이 강수걸
편집장 권경옥
편집 윤은미 이은주 강나래
디자인 권문경 조은비
펴낸곳 산지니
등록 2005년 2월 7일 제333-3370000251002005000001호
주소 부산시 해운대구 수영강변대로 140 BCC 613호
전화 051-504-7070 | 팩스 051-507-7543
홈페이지 www.sanzinibook.com
전자우편 sanzini@sanzinibook.com
블로그 http://sanzinibook.tistory.com

ISBN 978-89-6545-607-0 94910
978-89-92235-87-7(set)

* 책값은 뒤표지에 있습니다.
* 이 도서의 국립중앙도서관 출판예정도서목록(CIP)은 서지정보유통지원시스템 홈페이지(http://seoji.nl.go.kr)와 국가자료공동목록시스템(http://www.nl.go.kr/kolisnet)에서 이용하실 수 있습니다. (CIP 제어번호: CIP2019024051)

아시아총서 32

인도사에서 종교와 역사 만들기

(개정판)

이광수 지음

산지니

일러두기

이 책의 글들은 수년에 걸쳐 서로 다른 학술지에 실린 글들이기 때문에 통일된 표기 체계를 갖추지 못하였으나 이 책 안에서는 하나의 기준으로 표기 등을 통일하였다. 따라서 고대사와 관련된 산스끄리뜨 용어에 대한 정확한 방점(diacritic) 표기는 책 뒤에 제시된 원 출처를 참고하기 바란다. 그리고 일부 글은 독자를 위해 내용과 문장을 약간 수정하였다.

증보판을 펴내며

『인도사에서 종교와 역사 만들기』가 나온 지 13년이 되었다. 13년이라는 긴 시간이 걸려서야 책이 다 나갔다. 다른 나라 역사책이라 당연히 그러리라 예상은 했으니, 과히 섭섭하지는 않고 그나마 다 팔렸다 하니 차라리 고마운 마음이 더 앞선다. 한국의 역사학도들에게 인도사에 대한 개론조차 변변하게 알려지지 않은 상황에서 주로 고대사 그것도 종교사에 관한 논문을 열 편 묶어 놓은 것이 이 정도 읽혔다 하니 저자로선 뿌듯한 마음이 든다. 많이는 팔리지 않았지만, 학문하는 사람들에게는 꼭 필요한 책이니 절판하지 말고 최소 분량으로라도 다시 찍자는 출판사의 제안에 선뜻 응했다. 처음 책을 낸 이후 같은 주제의 논문이 세 편이 더 나왔다. 나는 그 논문들을 추가해 새로 증보판을 짜는 게 어떻겠느냐고 제안했고, 출판사는 흔쾌히 응했다.

학문의 세계에서 종교 연구는 몇 가지 방법론으로 한다. 신학이나 철학을 제외하고는 크게 두 가지로 나눌 수 있다. 그 가운데 하나는 흔히 '종교학'이라고 부르는 방법이다. 현상학을 토대로 하여 만들어 낸 이 방법론은 종교라는 것은 사회나 경제의 역사적 변화와 관계없이 자치 영역을 갖는 것이라고 본다. 그래서 어떤 종교 현상이 왜 일어났고 어떻게 변했으며 어떤 역사적 의미를 가지는지에 대해서는 관심을 두지 않는다. 역사가 아무리 변해도 그 안에는 변하지 않는 종교만의 순수 영역이 있다는 주장이다. 그래서 사회경제적 배경으로 환원하지 않는다. 그래서 종교학 방법론으로 하는 연구자들이 관심 갖는 것은 주로 비교 연구다. 힌두교의 삼신은 기독교의 삼위와 어떤 점이 같고 어떤 점이 다른지와 같은 문제에 관심을 갖는 것이다. 샤머니즘에 있는 나무와 돌 숭배와 유대교의 나무와 돌 숭배는 어떤 형태로 같거나 달리 이루어지는지 등을 연구한다. 반면에 종교사 연구는 이와 정반대의 입장을 취한다. 특정 종교 현상은 특정 시대 역사의 산물이라고 본다. 초기 불교가 불살생을 주장하고 나선 것은 그 시기인 기원전 6세기 인도 동북부 지역의 사회경제사의 산물이라는 것이다. 역사가 흐르면서 사회경제 구조가 바뀌면 종교 또한 바뀔 수밖에 없다는 입장이다. 그들은 종교의 변화를 당시 시대의 상황으로 환원해서 연구한다. 그래서 이 둘의 방법론에 따른 각각의 연구는 다루는 주제가 서로 교차하지 않는 것이 보통이다. 어떤 현상은 전자로 풀어내는 것이 더 합리적이고, 어떤 현상은 후자로 풀어내는 것이 더 합리적이기 때문이다. 한 가지의 방법론으로 종교의 모든 면을 이해할 수는 없다.

나는 후자의 방식으로 종교를 연구하는 사람이다. 그래서 주로 특정 시기의 사회경제사가 종교의 변화에 어떤 영향을 끼쳤는지에 관심이 많다. 특히 그 가운데 특정 신화가 왜 만들어졌고 그것이 당시의 정치 사회 권력과 어떤 관련성을 갖는지에 대해 관심을 많이 가져 왔다. 당시 경제 구조는 어떠했는지, 생산 관계는 어떻게 바뀌었는지를 파악하는 것을 우선적으로 연구하는 것이 내가 좇는 방법론이다. 종교는 항상 변화할 수밖에 없는 것이지만, 종교를 가지고 권력을 추구하는 존재들은 항상 영원한 이데아를 말한다. 그래서 내게 종교는 이데아가 아닌 이데올로기다. 특정 사회경제사의 산물인 종교가 그 특수성을 넘어 보편성을 획득하고자 하는 과정에서 새로운 역사는 만들어진다. 왜 영국의 식민 지배가 공고히 이루어지기 시작할 때 인도 인민은 힌두교에 기대어 민족주의를 펴기 시작하였는지를 연구하면 인도 현대사의 가장 큰 질곡인 종교공동체주의(Communalism)로 인한 사회의 갈등에 대해서 이해할 수 있다. 왜 힌두교에서는 남편이 죽으면 여성도 산 채로 같이 장례를 치르기를 원하고 그런 '야만'이 지금 같은 시기에도 벌어지는지 등에 대해 연구를 하면 사회의 변화가 왜 진보적으로 가기보다는 보수적으로 갈 수밖에 없는지를 이해하게 된다. 결국, 내가 보는 종교는 역사 만들기의 구동 장치이고, 그 종교로 인해 만들어진 역사를 이해하지 못하면, 적어도 인도에서는, 역사를 제대로 해석한다는 것이 연목구어일 뿐이다. 내게 종교는 그 자체로서 가치가 있는 것이 아니다. 종교는 인도 사회의 변화를 추동하는 가장 민감하고 무서운 무기다. 그 종교와 역사 만들기 사이에서 횡행하는 속임과 속음의 놀이는 다른 나라 역사에서도 비슷하게 일어난다. 결국, 인도사를 통해 종교와 권력 사이에 일어나는 쌍방 관계의 변화는 그 나라만의 일이 아니고, 내가 사는 이곳의 일이기도 하다.

역사란 무슨 일이 일어났는지를 파헤치는 것만은 아니라고 믿는다. 난, 역사란 주어진 사료를 가지고 해석하여 과거에 일어난 어떤 일의 의미를 파악해서 실체를 총체적으로 재구성하는 것이라고 본다. 역사의 실체는 원인과 과정과 결과를 통해서도 가능하지만,

그것들을 뒤덮고 있는 어떤 만들어진 허상의 의미를 벗겨냄으로써 실체를 파악하는 것도 중요한 의미가 있다고 믿는다. 나는 그 차원에서 인도라는 나라의 고대라는 시간에서 힌두교와 불교라는 이데올로기를 역사학적으로 이해하려 하고, 그 이해 속에서 인도 사회의 실체를 재구성해 나가려 한다. 이데올로기가 된 종교는 교리라는 성(聖)스러움과 거룩함의 옷을 입혀 합리화한 후 권력과 지배를 위해 매진한다. 고대에서부터 현대에 이르기까지 종교는 그렇지 않은 적이 없다. 비단 힌두교와 불교에서만 일어나는 현상이 아니고 모든 종교에서 동일하게 나타난다. 그것은 종교의 보편성이다. 종교가 타락한 결과가 아니다. 종교는 인간과 우주의 모든 것을 주재하는 절대 존재 혹은 그것을 지탱하는 세계 질서를 만들어 내고 그 안에서 권력과 지배를 정당화한다. 그리고 사람들로 하여금 현실을 망각하거나 이번 생은 포기하게 하고, 그 위에서 사후 낙원이 기대되는 이상주의를 펼친다. 결국, 종교란 다름 아닌 물질적 이익을 극대화시키기 위해 동원하는 가장 성스럽고 거룩한 외피를 두른 만들어진 신화인 것이다. 그 이상주의 신화를 붙들고 따라가는 것은 당시의 불평등한 사회에 대한 개혁이나 혁명을 포기하고 그 불평등한 사회를 더욱 공고하게 만드는 역할을 하는 것이다. 이것이 역사 속 종교의 본질이고, 이것이 내가 이 책을 통해 말하고자 하는 것이다.

10년 넘도록 책을 안아 준 산지니 출판사 강수걸 대표께 무한한 감사를 드린다. 그의 호의 덕분에 인도사 연구에 또 한 삽 거들었다. 편집자 윤은미님 수고에도 깊은 감사드린다.

책을 펴내며

1983년 인도 델리대학교 대학원에서 처음 인도사를 공부할 때 난 중요한 선택의 기로에 서 있었다. 그것은 델리대학교 대학원 역사학과는 2학년에 올라가면서 인도사 가운데 고대, 중세, 근대 가운데 하나를 택해야 하는 체제를 가지고 있었기 때문이다. 한국에서 대학 다니면서 인도사를 따로 체계적으로 배워 본 적이 없던 것은 물론이고 혼자 공부할 만한 책조차 없어 그때 난 인도사에 대해 정말 아무것도 아는 것이 없었다. 결국 대학원 석사 과정 1학년 때 사귄 친구들 그리고 인도사를 전공하지 않은 사학과의 몇몇 은사님들과 내 진로에 대한 상담을 한 후 난 고대사를 전공 분야로 택했다.

고대사를 전공 분야로 택한 것은 그것이 역사학자로서 나의 목표인 인도사를 한국 학계에 소개하고자 하는 데에 더 효율적이고 수월하게 이루어질 수 있을 거라는 생각에서였다. 식민과 제국의 역사가 주는 인도 근대사의 매력을 떨쳐 버리기 힘들었지만 한국 학계에 인도사 소개라는 숙명과 같은 의무감은 더욱 떨쳐 버리기가 힘들었다. 어차피 한국 학계에 인도사를 보급하려면 고대사와 중세사 그리고 근대사 모두를 다 제대로 익혀야 하겠지만 인도사에 대해 아무것도 모르고 있던 당시의 상황에서 체계적으로 배우지 않으면 제대로 파악조차 하기 어려운 분야는 단연 고대사라는 생각을 했다. 역으로 고대사를 체계적으로 배우고 나면 근대사는 혼자 익히는 것이 그리 어렵지 않을 것이라는 생각을 했기 때문에 난 고대사를 내 전공 분야로 삼았고 여력이 되는 한도 내에서 중세와 근대의 역사에 대한 공부도 소홀히 하지 않았다. 오로지 자신의 분야 하나에만 천착하고 있는 한국의 중국사나 유럽사 전공자들이 무척 부러웠지만 난 그럴 수가 없었다. 한국에 인도사를 제대로 알리기 위해서는 혼자 고대사만 열심히 한다고 해서 될 일이 아니었기 때문이다.

인도사를 보급해야 한다는 전도사의 과업을 가지고 연구를 진행하다 보니 연구 소재는 자연스럽게 인도나 인도 역사에 대한 왜곡과 오해 그리고 그것과 관련된 역사학 이론으로 방향이 모아졌다. 그러자 내 연구는 자연스럽게 내가 박사 학위를 받은 분야인 종교사 분야와 관련되게 되었고 결국 그것은 '역사 만들기'라는 주제로 귀결되었다.

인도사에 관한 '역사 만들기'에 관심을 가지면서 나는 역사에서 각 시대마다 이루어진 종교에 대한 해석이 역사를 '만들어내는' 중요한 기제로 작용을 한다는 사실을 깨닫게 되었다. 그 기제 안에서 역사는 신화가 되고 그 신화는 다시 역사를 규정하는 중요한 동인이 된다. 고대와 중세에서 신화와 종교 그리고 근대에서 식민, 제국, 민족 그리고 그것들을 에워싸고 있는 이데올로기와 학문 사이에서 이루어진 '만들어진 역사'는 현재의 인도를 강력하게 규정하고 통제한다. 그런데 사실은 그것이 단순한 규정이나 통제의 문제만은 아니다. 그것이 제국주의의 수탈이나 공동체 간의 갈등과 반목 혹은 학살과 테러와 같은 비극으로 이어진다면 '역사 만들기'가

주는 의미는 훨씬 더 심각하다.

사실, 역사는 고대에서나 근대에서나 나아가 지금 우리가 살고 있는 현대 이 시점에서나 모두 비슷한 논리로 작동을 한다. 그리고 역사가 이루어지는 현장이 인도든, 한국이든 아니면 미국이든 관계없이 모두 일맥상통한 의미를 지닌다. 그래서 고대의 역사가 지금 이 시점의 역사와 떼려야 뗄 수가 없는 것이고, 인도 역사가 영국의 식민주의와 팍스 아메리카나 미국의 역사 혹은 그들의 역사 연구와 떼려야 뗄 수가 없으며 한국 역사가 인도 역사와 불가분의 관계에 놓일 수밖에 없는 것이다. 그러다 보니 내 글은 고대, 중세, 근대의 특정한 한 시대에 머물러 있지 않는 경우가 많게 되었다. 그리고 역사가 이루어지는 현장 또한 인도로만 국한되어 있는 것이 아니라 때로는 한국으로 가기도 하고 때로는 미국으로 가기도 한다.

과거든 현재든, 역사라는 것이 지금 우리가 설정해 놓은 그 국민국가의 정치적 범주 안에서만 일어나는 것은 아니다. 뿐만 아니라 역사적 사실이 어떤 정형화된 역사의 개념으로만 이해될 수 있다거나 특정한 방법만으로 분석될 수 있는 것은 아니다. 그럼에도 불구하고 그러한 사실을 보여주려 하고 있는 내 이야기에 대해선 아무도 귀담아 듣지 않는다. 그것은 많은 학자들이 내가 하고 있는 이야기가 인도에 관한 이야기로만 생각하고 있기 때문일 것이다. 한국에서 인문학자의 논문을 읽어 주는 사람은 필자 자신밖에 없다는 다소 과장되지만 분명한 사실인 그 현실을 인정한다 하더라도 내가 주장하고자 하는 이야기들이 그냥 그렇게 묻혀 버린다는 사실이 무척이나 섭섭하고 안타까웠다. 이것이 이 책을 펴낸 가장 중요한 이유이다.

또 하나. 간과할 수 없는 사실이 하나 있다. 그것은 역사를 가르치고 배우는 일과 관련된 것이다. 한국에서 많은 역사학도들은 중국사나 유럽사를 통해 역사가 무엇이고 그 안에 담긴 역사의 의미가 어떠한지를 배우고 있다. 하지만 역사를 배우고 깨닫는 것이 중국사나 유럽사만을 통해 이루어진다면 그 결과는 편협해질 수 있다. 안타깝긴 하지만 그것은 분명한 사실이다. 한국에서 역사학을 공부하면서 큰 의심 없이 이해하고 있는 많은 역사적 개념들이 한국이나 중국 그리고 유럽의 역사를 통해서는 큰 이견 없이 이해되고 통용될 수 있는 것들일 수 있지만 적어도 인도사 경우에서는 전혀 맞지 않을 수 있는 예가 숱하게 많기 때문이다. '국가'나 '왕조' 혹은 '민족'이 그렇고 봉건제가 그렇다. '식민주의'나 '독립 운동' 혹은 '분단'은 더욱더 그렇다. 그보다 더 본질적으로, 시간, 세계, 법, 체계 등이 갖는 의미가 모두 그렇다.

인문학으로서 인간의 발자취가 갖는 의미를 제대로 이해하기 위해서는 중국사나 유럽사뿐만 아니라 다른 지역 역사에 대해서도 통찰력을 가져야 한다. 그것이 인도사가 될 수도 있고, 서아시아사가 될 수도 있고 남아메리카사가 될 수도 있다. 그런데 한국에서 역사학계는 그러한 다양성과 조화를 전혀 추구하려 하지 않고 있다. 그것이 아무도 읽어 주지 않는 내 글들을 다시 모아 책으로 펴내는 또 하나의 이유이다. 이것이 또 다른 계기가 되어 한국의 그 수많은 대학의 역사학과에서 인도사를 가르치고 배우는 일이 생겼으면 하는 소박하지만 거대한 바람을 한 번 가져 본다.

여기에 실린 글의 수준은 어설프기 짝이 없어 사실 부끄럽기 그지없다. 특히 중국사나 유럽사의 같은 분야의 것들과 비교할 때 매우 떨어져 들추어 내놓기가 정말 민망하지만, 그래도 한국의 역사학계에 '역사'와 '역사학'에 대해 다시 한 번 생각할 수 있는 계기를 제공해 줄 수 있는 것들이라 생각되어 용감하게 학계에 내놓는다.

부끄러운 수준일지는 모르겠지만, 그래도 이 안에 담긴 글들은 헤매고 또 헤매면서 흘린 땀과 눈물의 결실이다. 척박한 한국의 인도사 연구 풍토에서 정말이지 혼자서 나름대로는 최선을 다한 글들이다. 20년이 넘는 연구 기간 동안 학문적으로 지도해 주시고 사랑으로 보살펴 주신 델리대학교 은사님들의 은혜가 새삼 떠오른다. 그런데 부모님, 아내 그리고 자식들에게는 감사보다는 죄스럽고 미안한 마음이 드는 것은 왜일까? 여간 까다롭지 않은 원고 정리를 정성껏 도와준 부산외국어대 러시아인도통상학부 조교 최효재 양께 감사드리고, 의미 있는 책을 찍고 싶다면서 이 책의 출판을 결심해 준 산지니 강수걸 대표와 편집부 세 분께 감사드린다.

2006년 7월

교수 생활 15년을 1차 정리하면서

이광수

차례

2부 _ 식민주의, 민족주의 그리고 역사 만들기

1부_신화와 역사 만들기

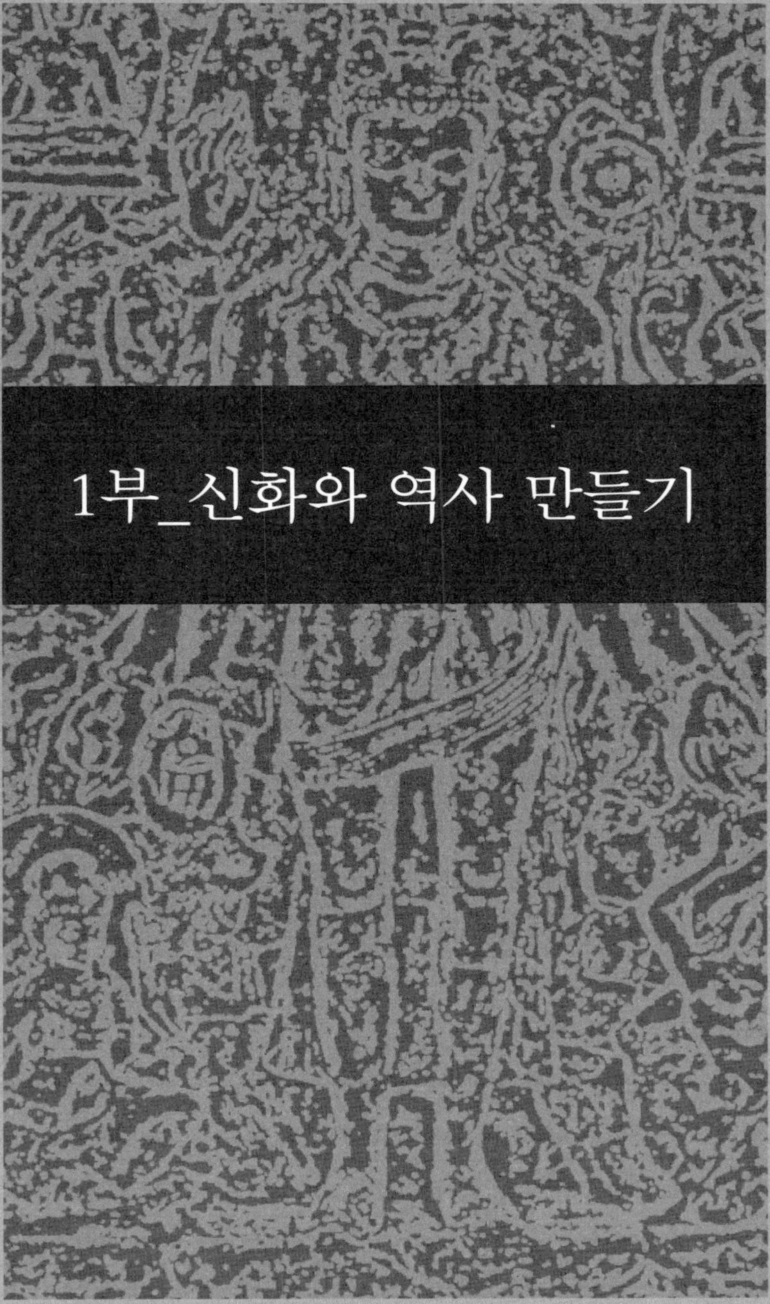

1 힌두교와 카스트 사회 구조 간의 역사적 상호성
: 올바른 힌두교 연구를 위하여

1. 머리말

대부분의 힌두교 연구자들이 힌두교에 대한 성격 규정을 시도할 때 빠뜨리지 않은 것이 있다면 그것은 힌두교의 복합적이고 사회적인 성격일 것이다. 이러한 규정은 힌두교가 오랜 역사를 거치면서 형성되었기 때문이기도 하지만 카스트 제도와 밀접한 관계를 유지하고 있기 때문이기도 하다. 하지만 힌두교와 카스트 제도 사이에 형성된 관계의 성격에 관해서는 종교학자들 가운데 다소 차이가 보인다. 일찍이 세나르(E. Senart)는 '힌두교라 불리는 것은 관습과 신앙들을 애매하게 모아 놓은 것이고 이를 구성하는 혼(魂)은 바로 카스트다'[1]라고 했고 최근의 브록킹턴(Brockington)은 '카스트 안에 있지 아니하는 자는 그 누구도 힌두가 아니다'[2]고 한 반면 쪼우두리(Chaudhuri)는 '카스트가 비록 힌두교와 매우 밀접하게 연결되어 있긴 하나 카스트에 들어 있지 않다 해서 힌두가 아니라고 말할 수는 없다'[3]고 했다.

이 글은 카스트가 힌두교에 어떠한 존재인가를 따지고자 하는 것은 아니다. 다만 한 가지 분명한 점—카스트가 힌두교에 필수적 존재든 선택적 존재든 간에 분명히 상호 간에 밀접한 관계가 있다는 사실—속에서 카스트 사회 구조 변화가 힌두교를 어떻게 변화시켰는가에 관한 것을 역사적 시각으로 다루고자 한다.

힌두 사회 고유의 계급 개념은 바르나(varna)이다. 바르나는 색(色)을 의미하는 어휘로 힌두 사회의 위계 구조를 이루는 단위이다. 구체적 범주로서 브라만(Brahmana) · 끄샤뜨리야(Kshatriya) · 바이샤(Vaishya) · 슈드라(Shudra) 넷을 가리킨다. 넷 가운데 앞의 셋은 생물학적 탄생 후 일정한 시기가 지난 후 입문 의례를 행할 수 있고 그 후 드위자(dvija, 再生人)로서 정상적인 힌두 사회인의 자격을 받는다. 반면에 넷째의 슈드라는 입문 의례의 자격을 받지 못해 종교 · 사회적으로 많은 제한을 당하는 불구의 위치에 선다. 슈드라 아래에는 흔히 불가촉민(不可觸民, Untouchables)이라고 말하는 계급이 있는데 이들은 힌두 사회 내에서 바르나조차 부여받지 못함으로써 그 사회 구조에서 제외된 위치에 있는 존재이다.

바르나에 의한 위계의 구분은 힌두 이데올로기의 기본이 되어 사회 질서뿐만 아니라 모든 힌두 세계 영역의 질서를 분류하는 데도 큰 영향을 미쳤다. 즉 행위의 대상이 꼭 '정(淨)-부정(不淨)'에 의해 구분되지 않은 경우에도 역시 그들을 바르나 개념에 연계하여 행위의 범위를 제한시킨다. 이 경우 사회적 행동은 절대적이 아닌 상대적 기준에 따라 결정된다. 예를 들어 브라만이 말을 타고 나들이를 가는 것은 부정한 행위라고 볼 수는 없으나 그가 선택할 수 있는 대상이 말과 노새 두 가지가 있을 때는 그는 반드시 말을 타야 한다. 그 전체성에서 완벽함을 기준으로 보아 가장 높은 수준의 것을 브라만의 것으로 분류하고 그 뒤를 차례로 끄샤뜨리야, 바이샤 그리고 슈드라의 것으로 한다.

이러한 차원으로 힌두 세계의 각 영역은 계급의 위계성을 가진 특질들끼리 연계가 이루어진 것도 있다. 신전(神殿)에서는 아그니, 우주에서는 땅, 성전(聖典)에서는 『리그 베다』(*Rig Veda*), 사방위(四方位) 가운데는 동, 계절 가운데는 봄, 식물 가운데는 빨라샤(palasha) 나무, 동물 가운데는 양이 브라만 계열에 속한다. 그들은 브라만의 속성 즉 제사와의 관련성을 소유하고 있다. 이로 인한 특질은 그것들이 차지하는 힌두 사회의 모든 행위에 영향을 미친다. 끄샤뜨리야 계열은 힘과 에너지의 속성을 가지는 것들로 각각 인드라, 공기, 『야주르베다』, 남, 여름, 바니얀(banyan) 나무, 말 등이다. 암소, 보리수(pipal), 우둠바라(udumbara) 등은 바이샤 계열에 속하는 동식물들로 그 특질은 풍요와 생산에 있다.[4] 이외에도 거의 모든 힌두 세계의 사고 영역에서 이러한 연계들을 찾아볼 수 있다.

바로 이러한 점 등으로 인해 우리는 힌두교 연구가 '카스트'와 별개로 이루어져서는 안 된다고 믿는다. 지금까지 인도 연구가 시작된 이래로 '카스트'가 가장 많은 관심의 대상이 되어 왔고, 지금도 인도 연구 출판물 45% 이상을 이 분야가 차지하고[5] 있으면서도 이러한 점은 크게 부각되지 못했다.

소위 동양학자들의 인도 연구가 본격적으로 시작되면서 그 관심 대상은 주로 인도 종교와 사회였다. 이후 지금까지 약 150년에 걸친 힌두교에 관한 많은 연구들이 이루어져 왔는데 그중 초창기 선학들은 많은 공헌을 남겼음에도 불구하고 몇 가지 중요한 사실들을 심각하게 왜곡하였다. 그들이 갖는 여러 가지 형태의 사실 왜곡을 공통적으로 떠받들고 있는 것은 이른바 동양 사회 정체론이다. 막스 뮐러(Max Muller)를 위시로 한 동양학자들과 제임스 밀 이후의 관학자들 그리고 선교사들을 포함한 제국주의 학자들, 막스 베버(Max Weber), 칼 마르크스(Karl Marx) 그리고 람 모한 로이(Ram Mohan Roy)나 다야난다 사라스와띠(Dayananada Saraswati)와 같은 19세기 인도 민족주의 종교 사회 개혁자들의 시각은 여러 가지 면에서 다른 점을 나타내고 있으나—어떤 입장들은 인도 문화를 동경하는 관점에서 출발하기도 하고 어떤 입장은 인도 문화를 야만시하는 입장에서 출발한 점이 크게 다르긴 하다.—그들은 모두 하나같이 인도 사회는 기본적으로 단선적이고 변화하지 않았으며 그것은 힌두교로 인해서라는 시각을 굳게 지키고 있다.

그 가운데 막스 베버는 수많은 저술들을 통해 특정 사회 계층의 차이와 종교 표현의 양상 사이에 존재하는 어떤 관련성을 파악함으로써 종교 사회학의 새로운 지평을 열었다. 그러나 그의 연구는 기본적으로 '왜 자본주의가 인도에서는 발생하지 못하였는가'에 관한 의문으로부터 출발함으로써 결정적인 결함을 안고 있다. 그는 인도 사회의 발전이 갖는 그 나름대로의 의미와 방식을 인정하지 못하였다. 그것은 또 다른 형태의 유럽 중심의 문제 설정일 뿐이었다. 그는 막스 뮐러의 인도에 대한 '동경'이나 제임스 밀의 '저주'로부터는 탈피한 것이 분명하지만 인도에 대한 또 하나의 부정적 편견을 가지고 있었다.

막스 베버는 종교 사상이 사회 조직에 대해 계류지(anchorage) 역할을 한다는 믿음을 굳게 가지고 있었다. 그에 의하면 종교 사상은 교단 · 술사조합 · 성직자 집단 등과 같은 조직을 형성시키고 그 조직들은 광범위한 경제 행위를 영위한다. 여기에서 그가 본 힌두교는 마술(magic)을 체계적으로 합리화시키는 것에 불과했고 그로 인해 형성된 경제 행위로서는 사회 변혁이 절대 이루어지지 못할 뿐이었다. 그에게 힌두교는 '직업상의 모든 변화, 작업 기술상의 모든 변화를 의식(儀式)의 타락으로 보는 의식 법규'[6]일 뿐이었다. 그것은 힌두교가 갖는 본래 카리스마적 기원과 그 종교를 지탱해 가는 브라만 계급들에 의해 형성된 신성 정치(hierocracy)로 인해서였다. 신성 정치를 구성하는 것은 까르마(karma, 業)와 산사라(samsara, 輪廻)로 엮어진 합리주의이고 이는 다시 다르마(dharma)라는 율법으로 사회에 표출되기 때문에 사회는 경직된 상태로 머물 수밖에 없다는 것이 베버 이론의 중심이다.

베버는 실제로 인도의 고대-중세 역사에서 얼마만의 폭과 깊이로 물질 구조가 변화했는지 그리고 그 사회 변화가 힌두교의 합리주의 사상을 얼마나 변화시켰는지에 대해서는 알지 못하였다. 그것은 베버가 인도 종교 · 사회에 관한 전문 학자가 아니었다는 것 때문이기도 하지만 무엇보다도 그의 연구가 인도 사회와 종교에 대한 관찰이라는 순수한 입장에 의해서가 아니고 인도에서는 왜 자본주의의 발전이 이루어지지 않았는가에 대한 것에서 출발하여 그 이유를 힌두교에서 찾아보고자 하는 '불순한' 태도 때문이었다.

그는 비록 힌두교와 카스트 간에 존재하는 상호성을 간파하긴 했지만 그것은 전혀 역동적인 것이 되지 못하고 카스트가 단지 봉건제를 발전시키지 못하게 하는 즉 사회 발전이 전혀 이루어지지 못하도록 묶어두는 계류지로서 역할을 하는 존재의 의미만 파악할 뿐이었다. 그래서 그에게 보이는 힌두는 '카스트 사회에서 전혀 신분 상승을 하지 못하는 사람들이었고 그 이유는 다르마에 얽매여 있기 때문'이었다.

기존 연구들이 갖는 이러한 한계들은 카스트 체계의 변화 속에서 파악되는 힌두교의 역사적 형성을 이해함으로써 극복될 수 있다. 이는 카스트 체계가 형성되면서 이루어진 힌두교의 주요 이데올로기와 의례에 관한 문제와 그것이 사회의 물질 구조가 변함에 따라 어떻게 변했는가에 대한 문제로 귀결된다. 그리고 그 종교 형태가 당시 사회의 카스트 체계와 어떤 상호성을 가지고 있는가에 대한 것이 다음 문제이다. 따라서 이 글은 특정 시기의 힌두교에 관한 것이 아니라 고대와 중세에 걸친 힌두교의 역사적 전통을 파악하고자 하는 것이다. 그래서 이 글은 전체 힌두교사 연구를 위한 방법론적 시론이기도 하다.

2. 카스트 구조의 변화와 힌두교의 종합화

아리야인(Aryans)들은 처음 유목을 주요 생업으로 삼으면서 이동생활을 했다. 따라서 소 확보를 위한 제사가 사회에서 가장 중요한 행위였다. 『리그 베다』 시대에는 그러한 물질 구조가 반영되어 다양한 자연 현상을 형상화한 많은 신들이 나타났고 그들은 신전에서 어떠한 형태로든 서열을 나타내지 않았으니 이 시기에는 아직 사회에 계급 구조가 나타나지 않았기 때문이다.

사실 아리야인은 단일 종족 집단(ethnic group)이 아니었다. 아리야인이라 해서 모두 베다를 지지한 것도 아니었거니와 비(非)아리야인이라 해서 모두 비(非)베다적인 것도 아니었다. 다양한 계통의 아리야인과 토착민들은 후기 베다 시대가 되면서 본격적으로 섞이게 되었다. 그 가운데서 소 확보를 비롯한 물질 추구를 최고 가치로 생각하는 아리야인들이 사회에서 주도권을 쥐고 사회의 지배 세력으로 자리 잡았다. 따라서 그들 사회에서는 삶의 최고 가치가 사회생활 안에 있었고 그로 인해 브라흐마짜리야(Brahmacarya, 教育期), 그리하스타(Grihastha, 在家期), 바나쁘라스타(Vanaprastha, 林處期)가 삶의 세 가지 이상 주기로 자리 잡은 것이다. 이 시대 갠지스 강 상류 유역 평원에 철제 농기구가 도입되면서 농업 중심의 정착 생활이 이루어지기 시작했다. 정착 농경은 점차 풍부한 생산을 가져왔고 이로 인해 바르나로 구분된 계급 구조가 형성되었다. 이 가운데 브라만은 전대로부터 내려온 제사 숭배가 상승 파급되면서 가장 막강한 권력을 쥐게 되었다.

베다 사회는 기원전 8~7세기경에 접어들면서 변화의 조짐을 보이기 시작하였다. 이제 바르나로 구분된 사회 체제 안에서는 안정성이 절대적으로 필요하였고 이에 합당한 이데올로기가 절실히 요구되었다. 사회 안정의 요구는 불변의 절대 진리에 대한 믿음으로 나타났다. 이리하여 이전 베다 종교 체제는 수많은 평등한 신들이 가변적인 물질 세계에서 명멸하는 세계관이 가장 가치 있는 것이었으나 이 시대에 들어오면서 크게 퇴색하였고 대신 그 자리를 불변의 진리를 추구하는 정신주의가 차지하였다. 이제 그들은 물질적 제사 행위 대신 영원한 존재에 대한 올바른 지식에 큰 가치를 두었고 이는 결국 아뜨만(atman, 我)과 브라흐만(brahman, 梵)이 종교의 핵으로 자리 잡는 결과를 가져왔다. 이러한 변화는 신전의 구조에도 바로 영향을 끼쳤으니 이제 아그니나 인드라는 불변의 진리에 종속된 한낱 하찮은 신으로 전락했고 브라흐만의 인격적 실체로서 브라흐마(Brahma)가 최고의 신으로 자리 잡았다. 불변 진리의 추구는 사회적으로 안정과 통합에 대한 필요성의 근거를 제공했으며 이는 신전에서 브라흐마(Brahma)-쉬바(Shiva)-비슈누(Vishnu)의 삼위(三位)가 일체되는 현상으로 연결되었다.

이때부터 여러 가지 직능을 담당하는 신들은 그 직능의 상사성(相似性)으로 인하여 계급(바르나)과 연계되면서 그 서열이 정해지기 시작하였다. 아그니가 브라만의 신으로 자리 잡은 것은 브라만의 주업이 제사이고 불의 신 아그니는 불이 제화(祭火)로서 제사에 매우 중요하기 때문이다. 같은 이유로 술의 신 소마(Soma)는 제주(祭酒)로서, 말(語)의 신 바쯔(Vach)는 성스러운 언어로서 각기 브라만의 신이 되었다. 인드라(Indra)는 무장(武將)으로서 그리고 바루나(Varuna)는 위정자로서 끄샤뜨리야 신이 되었다. '사람들'을 의미하는 바이샤에 해당하는 신은 역시 신'들'로 나타나니 루드라(Rudra), 아디띠야(Aditya), 바수(Vasu), 마루뜨(Marut) 등이 군(群)의 형태로 바이샤의 신으로 자리 잡았다. 소의 신 뿌샨(Pushan)이 슈드라의 신으로 자리 잡은 것은 소를 키우는 일 즉 유목이 농경 사회에서 더 이상 전대와 같은 중요한 의미를 갖지 않음으로서 생기는 현상이었다.

베다 시대 말기에 접어들면서 또 다른 형태의 종교 변화가 일어났다. 그것은 카스트로 첨예하게 구분된 사회 구조에 대한 반발로서 재가 중심의 물질적 삶의 추구에 대한 세상 포기(산냐사, samnyasa) 운동의 성장이었다. 이 세상 포기 행위는 기존의 세 이상 주기에 추가되어 짜뚜르와 아슈라마(chaturva ashrama, 四週期)라는 힌두교 최고 가치 체계로 자리 잡았다. 사실 브라흐마짜리야, 그리하스타, 바나쁘라스타는 재가 생활에서 통과 시점과 관련된 것이지만 산냐사는 그런 성격의 것이 아니다. 그리고 브라흐마짜리야, 그리하스타, 바나쁘라스타의 셋은(궁극적으로 드위자 계급을 위한 것이기 때문에) 각 카스트에서 규정하는 의례가 있지만 산냐사 경우는 이와 달라 결코 카스트에 구애받는 것이 아니다. 결국 브라흐마짜리야, 그리하스타, 바나쁘라스타라는 카스트를 기초로 하는 재가 생활의 문화에 반(反)카스트의 이질적인 문화를 포함하여 종합을 이루는 것이 힌두교의 모태가 됨으로서 힌두교는 반카스트 문화를 흡수하는 메커니즘을 갖추게 되었다. 이 현상은 복합적 문화의 환경과 카스트 계급 구조하에서 사회의 안정적 유지라는 절대적 과제를 위해 형성된 것이다. 이는 결코 한 전통이 다른 전통을 배척하거나 흡수하지 않고 완전히 새로운 종합을 이루는 것으로 힌두교가 카스트 구조와 역사적 상호성을 갖는 것도 이와 깊은 관련이 있다.

뜨리 요가(tri yoga) 형성 또한 이 두 전통의 결합으로 이루어진 것이다. 까르마(Karma) 요가는 전자에서 그리고 박띠(bhakti) 요가와 갸나(jnana) 요가는 후자에서 나온 것이다. 후기 베다 시대 말기에 나타나는 우빠니샤드(Upanishad), 불교, 자이나교, 요가(Yoga), 상키야(Samkhya), 베단따(Vedanta) 등의 세계관은 모두 이러한 새로운 종합의 산물이다. 이들 가운데에서, 물론 정도 차이는 있지만, 제사 중심의 물질 세계를 부정(否定)하고 그 맥락에서 불살생 · 불쾌락 · 무소유의 입장을 견지하고 윤회와 업 사상을 정교하게 하고 내세를 강조하며 궁극적으로 영혼의 해탈을 추구하는 사상들이 크게 대두되었다. 이들은 사회적으로는 브라만 계급의 독점적 위치에 반발하고 그들을 중심축으로 하여 이루어진 카스트 제도를 부정하였다. 이러한 기존 가치관과 사회 구조에 대한 도전을 기존의 베다 전통 입장에서 새로이 받아들여 발전된 것이 박띠 즉 우주 진리인 브라흐만이나 신에 대한 인간의 믿음과 헌신의 관계였다.[7] 여기에서 베다에 기초를 둔 브라흐마나 전통(Brahmanical Tradition)과 하랍빠 문명 이래로 다시 등장한 비(非)베다적 슈라마나 전통(Shramanical Tradition)이 조화롭게 융합을 이루어 냄은 두말할 나위가 없을 것이다. 따라서 『리그 베다』의 물질 추구의 종교적 분위기는 두말 할 것 없고, 후기 베다 시대의 기계적 의식주의 상황에서도 신과 신을 따르는 자 사이에 사랑으로서 섬김의 관계인 박띠의 개념은 발생할 수가 없었다. 그것은 바로 베다후(post-Vedic) 시대의 급격한 사회 변화에 의해 조성된 새로운 세계관들에 의해 야기된 곳곳의 균열 현상에 대한 반응으로 발생한 것이다.

기원전 6세기경 사람들은 유목 생활을 완전히 청산하고 갠지스 강 중류 유역에 발달된 농경을 기반으로 하는 대규모 도시 문명을 이루었다. 새로이 도입된 화폐 경제의 경쟁적 환경은 각 카스트 간의 사회적 불평등을 심화시켰고 이로 인해 많은 사람들이 이전의 원시 생활로 되돌아가기를 갈망하였다. 불교와 자이나교의 탄생은 이러한 풍조를 배경으로 하였으니 그들은 단순하고 엄격하며 금욕적인 정신을 추구하였다. 두 종교가 공통적으로 생산 행위를 금지하고 사회로부터 이탈을 최우선 조건으로 삼은 것은 이런 맥락에서 해석되어야 한다.

하지만 당시 힌두교에서는 비록 새로운 종합이 일어나고 있었다지만 여전히 제사가 가장 중요한 종교 행위로 자리 잡고 있었다. 제사에 사용되는 제물 가운데 으뜸은 소였고 이로 인해 희생된 소의 규모는 실로 대단하였다. 제사를 통하여 제사장인 브라만은 부의 축적을 이루었고 반면에 농경에 절대적으로 필요한 소가 충분히 공급되지 못함으로써 농경을 기반으로 하는 바이샤와 끄샤뜨리야의 권력은 크게 타격을 받았다. 따라서 본격적으로 일어난 새로운 농업 경제를 확고하게 정착시키기 위해서는 제사를 통한 소의 도살이 반드시 중지되어야 했다. 따라서 반브라만 세력들은 소 축적을 주장하게 되었고 이는 곧 불교와 자이나교의 아힌사(ahimsa, 불살생) 천명으로 이어졌다. 불살생 천명은 내면적으로 브라만의 독점적 위치를 타파하고 나아가 재가 신자들이 소를 보호하고 축적함으로써 빈곤으로부터 탈피하고 그를 통해 사회에서 상대적으로 더 나은 위치를 확보할 수 있게 됨을 의미하였다.

'불살생'은 '무소유-기세(棄世)'와 더불어 당시와 같은 가치관 혼란의 상황 속에서 불교 승려가 브라만들에 대해 영적 가치 추구에서 우위를 차지할 수 있게 하였다. 불교와 자이나교의 기세자(즉 승려)를 통한 불살생 사상은 힌두 사회에서 그들과 영적 경쟁 관계에 있던 브라만과 그들의 가치 체계에 심각한 도전이었다. 이러한 상황 속에서 힌두교는 불살생을 하나의 주요 다르마로 채택하지 않을 수 없게 되었다. 힌두교가 불교와 자이나교의 불살생을 자신들의 다르마로 정착시킨 것은 크게 두 가지 의미가 있다. 하나는 앞서 이야기한 영적 경쟁에서 브라만교가 주도권을 잃지 않았다는 의미이고 또 하나는 근본적으로 물질적이고 사회 중심적인 힌두교에서 채택한 불살생은 불교보다 그 사회 문화적 파급 효과가 훨씬 크게 나타난다는 것이다.[8]

불살생이 힌두교 사회에 정착한 것은 기원 초기에 일어난 카스트 사회 구조의 변화와 관련을 가지고 있다. 당시는 한(漢)과 로마 제국을 잇는 실크 무역을 통해 수공업과 상업이 크게 번성하고 곳곳에 도시가 크게 일어나면서 경제가 번영하였고 정치적으로는 그리스, 이란, 중앙아시아, 중국의 변방 출신 통치자들이 권력을 확보하였다. 따라서 관념을 기초로 한 계급 구분이 많이 흔들리고 대신에 실질 권력이 사회의 실생활에 중요한 계급 구분의 기준으로 작용하는 일이 빈발하였다. 『마누법전』(*Manu Smriti*)의 편자는 슈드라가 섬겨야 하는 대상은 오로지 브라만일 뿐[9]임을 밝힘으로써 당시에 팽배한 재력가를 섬기는 풍조에 대한 불만을 토로하였다. 이러한 기존 질서의 변화 가운데 가장 중요한 의미는 바이샤와 슈드라라는 사회의 양대 생산 계급들이 전통적 질서에 의한 일방적인 조세 납부와 부역을 거부하는 것으로 나타났다. 이러한 현상은 곧 브라만이 생산 관계에서 지금까지 누렸던 독점적 지위를 점차 상실해가는 것으로 브라만들에게는 심각한 도전이었다.

이러한 상황에서 브라만들은 사제직이나 학자직과 같은 베다에 제시된 고유 직업만 고수할 수는 없었다. 그들은 장사는 물론이고 수공업이나 식리(殖利) 사업 등을 직업으로 택하는 경우도 허다하였다.[10] 이는 도시 문화 속에서 브라만들이 생산 관계(정치 구조는 두말할 것도 없이)를 독점하지 못하는 상황에서 정치 · 경제 권력을 크게 가지고 있는 군주나 재력가들의 실질적 위치를 억누를 수 없었기 때문에 일어난 불가피한 현상이었다. 그래서 당시의 의례는 그리히야(grihya, 가정) 의례—입문 · 결혼 · 장사(葬事) 등—가 대부분이었고 이에 따라 브라만들은 이 의례를 청탁하는 군주나 재력가들에게 경제적으로 거의 종속되어 있었다. 그들은 군주나 재력가들의 사적 고용인 수준에 지나지 않은 경우가 많았다. 심지어는 군주들이 그들을 위해 많은 주요 도시에 숙소를 따로 마련하여 그곳에 머물면서 직무를 행하도록 하기도 했다.[11]

그래서 경제적으로 독립하지 못한 브라만들은 농촌의 전통 직업을 버리고 도시 문화 속에서 여러 가지 다양한(의례적으로 볼 때 淨하지 못한) 직업을 택하는 풍조가 만연하였다. 이 시대 이전 시대에 속하는 『바우다야나 그리히야 수뜨라』(*Baudhayana Grihya Sutra*)에서는 장사나 대금업을 하는 브라만은 슈드라로 취급되어야 한다[12]고 할 정도로 직업상 의례적 정성(淨性)을 강조했지만, 도시 문화 속에서 편찬된 『바시슈타 그리히야 수뜨라』(*Vasishtha Grihya Sutra*)에서는 브라만이 스물다섯 가지 금지 품목을 제외한다면 장사나 대금업을 해도 무방하다[13]고 했다. 이러한 경향은 『아빠스땀바 그리히야 수뜨라』(*Apastamba Grihya Sutra*)와 『가우따마 그리히야 수뜨라』(*Gautama Grihya Sutra*)에서 더욱 심화되었으니 금지 품목 숫자가 열다섯으로 줄거나[14] 브라만이 이러한 직업을 위해 고유 직무를 버리는 것조차 완전히 합법적이라[15] 했다.

인도 고대, 중세의 여러 시기에 걸쳐 일어난 다양한 도시 문명—기원전 6세기 갠지스 강 유역, 기원 초기의 서북부, 10세기부터 13세기 사이 남부 인도 등—에서는 동업 조합 · 신용 · 대부 · 식리 등과 같은 전(前)자본주의적 상업 행위가 발달하고 그로 인해 새로운 힌두교(혹은 불교)는 이들에 대해 대단히 긍정적인 태도를 취하였다.[16] 뿐만 아니라 당시 사원들은 적극적으로 국내외 교역 행위에 참여하기까지 하였으니 이로 인해 소위 정통 브라만교와 사회적 갈등 또한 적지 않았다.

3. 바르나-다르마 구조 사회의 정착과 이상주의

기원 초기 이후 심각해져 가는 사회 질서 위기는 브라만들뿐만 아니라 사회의 안정적 유지를 바라는 군주들에게도 심각한 문제로 대두되었다. 이 문제를 해결하기 위해 군주들은 브라만에게 징세권과 행정권이 포함된 토지를 하사하고 브라만들은 군주에게 그 대가로 종교 교육의 봉사를 시행하였으니[17] 종교 교육을 통한 사회의 안정적 유지가 그 목표였다. 그래서 초기의 토지 하사가 주로 사원을 대상으로 이루어졌던 것이고 사원은 바로 다르마 문화를 창달하는 교육 기관 역할을 충실히 이행하였다. 중세 이후 인도에서 교육이 고대와는 달리 사상·종교적인 것에 함몰된 것도 이 때문이었다. 피교육 기회 또한 이론적으로는 드위자 세 계급 모두에게 열려 있긴 하였지만 실제적으로는 브라만만을 위한 것이었다. 이제 브라만들은 명실상부한 사회 가치관 창달의 독점 계급이 될 수 있었고 그 위에서 그들은 사회 안정을 위해 우선적으로 다르마를 정비하여야 했다. 그러한 다르마의 정착 차원에서 발달한 것이 아힌사와 같은 율법들이었다.

아힌사가 율법으로 정착한 것에 대해 우리는 당시 편찬된 『마누법전』을 통해 상세히 알 수 있다. 『마누법전』 편찬자는 아힌사를 반드시 그리고 예외 없이 실천해야 하는 야마(yama)인 다르마로 규정하여 도처에서 강조하였다. 그러나 그는 제사에서 살생은 용납되는 것으로[18] 규정하였으니 이는 브라만 경제 기반의 확고한 유지와 그를 통한 불평등 사회 질서의 통제를 꾀하는 것이었다. 직업과 관련한 경제적 목적하에서 생물에 조금이라도 위해를 가하는 일이 부정한 것으로 규정된 것도 당시 법전부터였다. 결국 제사에서 살생은 성(聖)스러운 것으로서 허용되고 그 외의 살생은 부정(不淨)한 것이 되었다. 직업으로서 살생과 관련된 카스트를 사회에서 최하위에 처하게 함으로써 아힌사는 브라만에게 영적 가치 체계의 우위를 확보하게 하였을뿐더러 브라만들의 카스트 위계 사회의 통제를 위한 이데올로기의 방편으로 활용되기도 하였다.

제사(yajna)는 브라만이 자즈만(Jajman, 제주)이 되어 제사에 참여하는 사람들로부터 다나(dana, 기부)를 받고 그들에게 의례를 통해 뿌냐(punya, 공덕)를 주는 상호성의 구조로 되어 있다. 이는 보시-공덕의 이분 구조에 기초하고 있다. 생산자들은 제사를 통해 보시를 함으로써 많은 공덕을 쌓게 되는데 그 공덕은 구원의 절대적 방편으로 자리 잡았다. 이러한 새로운 구원관은 불교에서 큰 역할을 하여 대승불교의 기초가 되었다.

5세기경부터 심화된 도시 경제의 쇠퇴는 브라만에게 있어서 재력가 후견인의 상실을 의미하였고 이는 브라만들이 새로운 방식의 물질 확보를 위한 채널을 마련해야 하는 계기로 연결되었다. 이는 사회의 안정적 유지를 목적으로 한 군주들의 브라만들에 대한 토지 하사와 맞물려 중세 봉건 구조의 확산으로 발전하였다. 이것이 곧 농촌에서 자즈마니 체계의 확산이다.

자즈마니 체계는 지주인 브라만과 물품 및 용역을 제공하는 그 이외 사람들과의 경제 · 사회적 관계로 후자는 전자에게 물품 및 용역을 제공하고 전자는 후자에게 곡식으로 그 대가를 치르는 것이다. 이는 원래 고대 시대에 행해진 공동으로 제사를 지내고 공물을 분배하는 과정에서 유래한 것이다. 따라서 이 체계의 중심은 제사에 있다. 제사 안에서 제주는 물품 및 용역을 생산하는 일을 하지 않고 생산된 것들을 기부라는 형태로 받아들이기만 하면 되었다. 이로 인해 오염을 야기시키는 행위의 직업은 의례적 위계상 낮게 위치하고 오염으로부터 멀리 떨어져 있는 일을 하는 직업일수록 높은 위계에 위치한다는 관념이 심화되었다.

오염은 오염원으로부터 방사되는데 오염원은 인간과 동물의 신체에서 나오는 방출물들 예컨대 주검, 피, 정액, 땀, 오줌 등이다. 이 가운데 특히 주검은 가장 강력한 오염원이다.[19] 따라서 육체적 노동으로 생산을 담당하는 사람들은 낮은 위계에 속하고 브라만들은 그런 '오염된' 일들을 할 수 없었다. 그렇지만 그러한 물품 및 용역은 재가 생활을 하는 브라만들에게는 필수품이었으니 그들은 그것들을 제사를 통해서 확보하였다. 반면에 낮은 위계에 놓인 사람들은 기부라는 행위를 통해 공덕을 확보할 수 있게 되었고 이는 구원을 이룰 수 있는 최고의 방편으로 자리 잡았다. 더군다나 제주의 입장에서는 이를 통해 자신은 오염을 회피하고 낮은 위계의 사람들에게는 오염의 낙인을 부가함으로써 사회적 권위 또한 확보할 수 있기도 했다. 낮은 위계 사람들은 '정(淨)'한 직업을 확보하려고 모든 수단을 다 동원하고 반면에 높은 위계 사람들은 이에 대해 강력하게 항거하는 성격의 움직임은 이 시대부터 구체화된 후 근대 인도에 이르러서는 '산스끄리뜨화'(Sanskritization)로 자리 잡았다.

일반적으로 고대에는 제주가 곧 브라만이었지만 중세에 들어서면서 그 외 카스트들이 토지를 확보하는 경우가 많이 발생함에 따라 브라만 외 카스트 가운데 실질 권력을 가진 자들이 제주가 되는 경우가 많아졌다. 이 경우 브라만의 위치는 단순히 제사를 집행하는 고용인의 위치로 하락하지만 봉건 사회에서 물물 교환을 중심축으로 하는 자즈마니 체계는 더욱 강화되었다. 따라서 자즈마니 체계를 중심으로 하는 중세 사회에서 지배 권력을 확보하기 위해서는 브라만과 실질 권력 사이의 연합이 절실히 요구되었다. 『마누법전』은 이를 두고 '브라만은 철광석, 끄샤뜨리야는 쇠'[20]로 비유하거나, 제사를 소홀히 하여 슈드라로 강등된 끄샤뜨리야 군주 가문들을 열거함[21]으로써 군주들이 제사를 후견해야 할 의무를 역설하였다.

중세 초기 사회적 '반동'을 극복하기 위한 사회 질서 유지 이데올로기 확립 차원에서 브라만 법전가들은 '바르나-다르마' 체계의 강화를 꾀했다. 따라서 많은 법전들에 나타난 바르나 구조 사회는 브라만 법전가들에 의해 형성된 이상 사회를 향한 목표 설정일 뿐이다. 그것은 결코 당시 사회의 실제 모습이라고 할 수는 없다. 더군다나 이 개념은 후기 베다 시대 말기 갠지스 강 중류 유역에서 발생한 서로 이질적인 문화들이 종합을 이루면서 형성된 것이기 때문에 철저히 초기 농경 정착 사회의 반영일 수밖에 없다. 바로 이 네 가지 범주에 의한 '성(聖)구조'는 후기 베다 시대 이후로 물질문화의 변천과 함께 사회가 복잡하게 되고 바르나가 분화되면서 더 이상 실제 사회 구조를 표현하기에는 부적절하게 되었다. 브라만들은 사회에서 실제 분화되어 존재하는 카스트를 바르나상까라(varnasamkara, 잡종 바르나)로 그러한 시대를 깔리 유가(Kali Yuga, 암흑 시대)로 폄하하여 부름으로써 기존의 '성(聖)구조'의 유지를 통한 사회의 안정을 꾀하고자 하였다.[22]

이러한 중세 초기의 사회 변화로 인한 사회 안정의 추구가 종교적 측면에서 이상주의를 낳았다. 이 시대의 이상주의는 신에 대한 절대적 믿음을 통한 해탈을 최고 가치로 두고 있다. 샹까라(Shankara)가 아드와이따 베단따(Advaita Vedanta)의 세계관을 기초로 하여 세상을 환(maya, 幻)으로 본 것이나 불교의 아상가(Asanga)가 세상을 공(shunyata, 空)으로 본 것 모두 중세 이상주의 종교의 철학적 표현인 것이다.

이러한 배경 속에서 힌두교 신전에도 많은 변화가 일어났다. 고대 이후 사회 '위기' 속에서 바르나 이외에도 재산 · 군사력 등이 사회 계급을 구분하는 데 중요한 요소로 자리 잡았다. 이에 따라 사회가 단순한 바르나로부터 더 복잡한 여러 작은 카스트로 나뉘면서 위계가 결정되는 매우 복잡한 불평등 구조를 형성하였다. 중세 신전에 매우 복잡한 등급이 매겨진 현상은 바로 이러한 사회 변화의 반영이었던 것이다. 이제 비슈누는 구세주로서 많은 화신(化身, avatara)의 주(主)로 등장하고 불교에서 부처는 많은 보디삿뜨와(bodhisattva)의 주로 등장하였다. 이제 아와따라(avatara)와 보디삿뜨와는 비슈누와 부처를 능가하는 최고의 구세주로서 역할을 담당하였다. 인민들의 신들에 대한 숭배는 보시라는 물질을 통해 이루어졌고 그것은 근본적으로 지혜 추구에 대한 부정이며 법과 진리의 깨달음에 대한 부정이었다. 그들의 아와따라나 보디삿뜨와에 대한 종속적 관계를 두고 와더(A. K. Warder)는 실제 중세 사회에서 지주에 대한 인민들의 철저한 종속 현상이 종교에 반영된 것이라[23]고 하였다.

기본적으로 이 시대 종교의 근간을 이루는 업의 응보를 전적으로 신의 뜻에 의존하여 해탈을 구하고 그 위에서 구세주를 갈망하는 것은 중세에 나타나는 인민들의 사회·경제적 핍박 상황과 잘 조화를 이루는 것이다. 정치 관계로 볼 때도 인간이 신에게 절대적으로 복종을 함으로써 궁극적 이상을 추구하는 이상주의는 왕과 봉건 영주에 대한 백성들의 충성 관계와 잘 조화를 이루었다. 지배자들은 이상주의가 추구하는 이데올로기야말로 서로 다른 계급이나 계층 간의 갈등을 하나로 묶을 수 있는 역할을 할 수 있기 때문에 이 시대의 종교를 통치권 차원에서 적극 장려하였다.

카스트에 개의치 않고 종교적으로 누구라도 신에 귀의하고 그를 숭배함으로써 구원의 경지에 도달할 수 있다고 하는 박띠(bhakti)가

이 시대에 크게 성행한 것은 바로 이러한 사회적 배경에서이다. 사상적인 면에서도 무신론인 상키야(Samkhya) 철학이 심한 비판을 받고 철저한 유신론을 기반으로 하는 불이론(不二論)적 이원론이 크게 성행을 한 것 또한 이 시대 중세 상황하에서였다. 샹까라가 그의 『브라흐마 수뜨라 바시야』(*Brahma Sutra Bhasya*, 브라흐마經疏)에서 드위자와 슈드라의 계급 차별에 대해 크게 역설하고 있는 것은 이상주의와 불평등 계급 구조의 안정적 유지 사이에 존재하는 상호성을 여실히 보여주면서 동시에 이를 위한 브라만 사상가들의 적극적인 역할을 보여주는 좋은 예이다.

4. 맺음말 : 올바른 힌두교 연구를 위하여

인도 고대, 중세는 부단한 사회 변화를 거듭했고 이는 힌두교의 형성과 변화에 직접적인 원인이 되었다. 이를 통해 우리는 비록 힌두교가 위계 이데올로기를 기초로 하고 있고, 상위 계급이 하위 계급을 착취하는 데 힌두교를 최대한 활용했다는 사실에 대해서는 이의를 달 수는 없지만 그로 인해 모든 상하위 계급들이 법전에 규정된 종교적 직무만을 성실하게 이행하면서 사회적 변화를 꾀하지 않았다는 등은 인정할 수가 없다. 뿐만 아니라 이 사회에서는 힌두교의 위계 이데올로기로 인하여 항상 브라만이 지배 계급의 위치를 차지해왔다는 사실도 액면가 그대로 받아들이기는 어렵다.

힌두교를 이용한 브라만 착취라는 것 또한, 다른 고대 사회에서 종교가 행한 일반적 수준과 크게 다르지 않다. 단지 다른 점이 있다면 중국이나 로마와 같은 고대 사회는 각 사회 계급에 대한 의

무가 국가의 법률로 규정된 반면에, 인도는 종교 율법에 의해 규정되어 있고 이 율법에 의해 국가-사회-종교가 하나의 구조 안에서 운용되었다는 점이다. 그래서 인도 사회는 바르나에 의거한 다르마를 위반한 사람은 세속 법률 위반으로 세속적 처벌과 종교 율법 위반으로 종교공동체에 의한 처벌을 받았다. 그는 세속적 처벌과 동시에 반드시 종교적 처벌을 받아야 했던 것이다. 율법이 미치는 한계가 이렇듯 넓다는 의미가 곧 종교로 인한 사회의 정체를 의미하는 것은 아니다. 사회의 변화에 따라 율법의 내용이 수도 없이 변화하였음은 법전이 스므리띠(smriti)부터 많은 다르마샤스뜨라(dharmashastra)가 발전하였음을 보아서도 명백히 알 수 있다.

인도 고대, 중세의 실제 사회 구조는 바르나 구조와 많은 차이를 나타내고 있고 그 정도는 역사적으로 사회의 변화에 따라 서로 달리 나타난다. 그 차이가 심할수록 법전에 나타난 힌두교는 이상주의적 성격이 강해지고 그 안에서 모든 관념의 세계는 바르나 구조로 분류되어 나타난다. 따라서 힌두교를 경전에 나타난 모습만을 자료로 하여 분석하는 것은 힌두교 이상주의가 갖는 사회적 의미를 제대로 파악하지 못하는 것이다. 이는 결국 힌두교를 브라만 위주의 철학이나 신비주의 종교로 잘못 이해하게 한다.

따라서 올바른 힌두교의 이해는 종적으로 역사라는 변수와 횡적으로 사회 구조라는 변수의 상호 작용 안에서 일어나는 변화를 기준으로 이루어져야 한다. 전자는 인도 고대, 중세 사회의 유목-농경-도시-봉건의 크게 네 단계로 분류되는 생업 양식의 변화에 따라 힌두교의 율법, 우주론, 구원관, 진리관 등의 변화하는 모습들을 분석해야 한다. 따라서 힌두교에 포함되는 여러 가지 명칭, 성격, 구조, 분류 등이 사회 변화와 무관하게 파악되는 것은 지양되어야 한다. 이런 관점에서 볼 때 베다 시대 힌두교와 베다후 시대의 힌두교, 뿌라나(Purana)에 의거한 힌두교 그리고 밀교 힌두교의 모습들을 분명히 따로 두어야 한다. 이로서 우리는 흔히 저지를 수 있는 베다 시대 특히 후기 베다 시대에 형성된 힌두교 그것도 브라만 중심의 힌두 철학을 전체 힌두교로 착각하는 오류에서 탈피할 수 있을 것이다.

더불어 힌두교에서 경전의 이상과 속신의 실제에 대한 상호성 파악 또한 중요한 관건이 된다. 이를 통해 우리는 밀교(密教)에 대한 현교(顯教) 혹은 나스띠까(Nastika, 非正統) 전통에 대한 아스띠까(Astika, 正統) 전통의 우위 시각에서 탈피할 수 있다. 우빠니샤드에 나타나는 세계관을 힌두교 세계관인 것으로 인정하는 것이나 밀교를 힌두교의 본거지로 파악하고 있는 것이나 모두 잘못된 것이다. 가장 분명한 것은 힌두교는 변화하고 있고 그 변화는 카스트 사회 구조 변화가 반영된 것이라는 점이다.

2 고대 인도에서 신화와 권력의 정당화

1. 머리말

많은 학자들이 인도 문화를 연구하는 데 가장 중요하게 여기는 틀은 힌두교-카스트의 복합 구조일 것이다. 이는 우선적으로 인도 문화가 매우 종교적 색채를 띠고 있다는 포괄적인 의미도 되지만 동시에 인도 사회가 세속적 인과 관계와는 어느 정도 거리를 둔 채 발전하여 왔다는 구체적인 의미가 되기도 한다. 인도에서 종교는 서양에서와는 달리 사회 각 부면의 모든 직업인들의 각 행위들과 대단히 긴밀하게 관련되어 있다. 역사적으로 볼 때, 브라만교의 이 상주의 종교 전통에 대항한 여러 종파들, 예컨대 로까야따(Lokayata)와 같은 유물론자나 불가지론자의 주장들이 존재하지 않은 것은 아니지만, 이들은 결코 인도 전통에서 주류를 형성할 수 없었다. 불교와 자이나교 역시 그것이 성립한 당시에는 형이상학적인 사유 체계의 모습을 많이 띠었음에도 불구하고 시간이 흐르면서 철저한 종교 체계로 발전하였다. 이렇듯, 종교 즉 이상주의 이데올로기와 사회가 이분되지 않은 하나의 가치 체계로 운용되는 구조는 인도인들의 정치 · 사회 문화에 어떤 결과를 가져왔는가에 대한 문제가 이 글이 다루고자 하는 문제의 바탕이다.

구세계의 모든 문명권에 계급 제도가 존재하지 않았던 곳은 없지만, 유독 인도에서만 카스트 제도가 발달하였고 그것이 아직도 엄연히 존재할 뿐만 아니라 사회적 동인의 주요소로 작용하는 것도 위의 문제와 관련이 깊다. 특히 이 사회 체계에서는 학자와 사제의 일을 맡아 하는 브라만이 통치 권력층인 끄샤뜨리야보다 우월한 지위를 누리는 것이나, 역사적으로 수많은 왕조들의 부침과 권력의 이동이 있었음에도 불구하고 단 한 번의 사회 혁명이나 심지어는 그 시도도 없었던 것도 이와 동일한 맥락에서 살펴보아야 할 문제이다.

이러한 문제들을 해결하기 위해 우리가 이용할 수 있는 사료는 무엇이 있는가? 우선, 고대 인도인들은 엄밀한 의미의 역사서를 발달시키지 않았기[1] 때문에 이 문제에 대한 적확한 자료를 찾기란 쉽지 않는 일이다. 그것은 일차적으로 고대 인도의 많은 문헌들이 사회의 기득권자이자 통치 이데올로기를 독점적으로 소지하고 있는 브라만에 의해 작성된 것이기 때문에 그렇다. 따라서 대부분의 사회 문제를 다루고 있는 문헌들이 우선 종교적 관점에서 이루어진 것이고 거기에 실린 내용이 현실을 표현한 것이라기보다는 사회가 갖추어야 할 당위성을 제시하고 있다. 그래도 이들 가운데 옥석을 고르면 고대 인도 사회의 실질 모습을 재구성하는 데 많은 도움을 주는 자료들이 있다. 그 대표적으로 고대 인도 사회 법전인 『다르마샤스뜨라』를 들 수 있다. 이는 그들 특유의 보편법 추구 맥락 속에서 브라만 종교 사회 유지를 위한 목적 가치 지향의 문헌이다. 이 사료들은 일차적으로 사회 구조를 다루고 있는 세속 문헌이라는 점에서 고대 인도 사회 구조에 대한 분석 자료로 더할 나위 없이 중요한 역할을 한다. 특히 그 가운데 스므리띠 장르의 율법서 예를 들어 마누(Manu)에게 바쳐진 『마누법전』 같은 것들이 대단히 중요한 사료가 된다.

우리가 많이 활용해야 하는 또 다른 자료는 실용 문헌들이다. 고대 인도가 보편법을 중심으로 종교 공동체 중심의 문화 위주였던 것은 부인할 수는 없지만, 그렇다고 해서 실용 사상이 발달하지 못한 것은 아니다. 고대 인도도 고대 유럽과 마찬가지로 국가의 기원, 정부 구조, 법과 사회의 관계, 국가의 기능 등에 관한 사상이 발달하였다. 까우띨리야(Kautilya)의 『아르타샤스뜨라』(*Arthashastra*)와 같은 문헌들은 철학에 종속되지 않으면서 실용 학문으로 독립적으로 발달하였다. 따라서 고대 인도에서 권력에 관한 비세속적 접근이 원천적으로 어려운 것만은 아니다.

실제로 우리가 다루고자 하는 문제 즉 권력과 신화의 관계는 권력이라는 실재 모습이 신화라는 드러나지 않는 역사 속에 용해되어 있는 서사시 문헌에 교묘하게 제시되어 있다. 서사시 『마하바라따』(*Mahabharata*)와 『라마야나』(*Ramayana*)는 고대 인도 특유의 드러나지 않는 역사 인식이 신화와 혼재되어 발달한 것으로 신화와 현실의 상호 역사성을 통해 현실 사회 성격 규명에 좋은 자료로 활용할 수 있다. 특히 그 가운데 제 12권인 「샨띠 빠르완」(Shanti Parvan)은 신화와 왕권의 상관관계 그리고 그 사이에서 카스트 구조의 역할 등 좋은 자료를 제공해 준다.

이러한 사료들을 제대로 활용하기 위해서 반드시 지켜야 하는 점이 몇 가지 있다. 그것은 사회 구조에 관한 올바른 시각의 형성이다. 지금까지 흔히 인도 사회를 연구하는 데 있어서 크게 의심하지 않았던—마치 전제 조건과 같은 역할을 한—것이 있다. 그것은 다름 아닌, 인도 사회는 변화가 없는 정체된 사회이고 그것은 '카스트'[2]라는 고정 불변의 단위로 짜여 있다는 이론이다. 그러나 여러 가지 사료들을 면밀히 검토해 볼 때 고대 인도 사회가 변화하여 온 것은 자명한 사실이다.[3] 그러나 인도 사회는 어떠한 변화 속에서도 바르나 중심의 사회 구조로 유지되었으며 그 중심은 항상 브라만에게 있었다. 그 구조는 적어도 외형적으로는 변하지 않았다. 우리가 견지해야 할 가장 중요한 것이 바로 이 점에 있다. 그것은 바르나라는 것이 당시 사회의 이론적인 즉 가치 지향적 목표의 모델이지 실제 사회의 표현이 아니라는 점이다. 우리가 바르나에 대해 아는 것은 대부분 법전들을 통해서인데 법전이라는 것 자체가 브라만들에 의해 편찬된 것으로 실제 상황을 전적으로 확증한 자료가 아닐뿐더러, 사회 구조라는 것이 보편법의 지향하는 바를 표현하는 것이라고 보아야 하기 때문이다. 그렇다면 이러한 사회 성격을 우리는 어떻게 이해해야 하는가? 이러한 사회가 형성된 근본 원인은 무엇인가? 이 글은 이러한 부분을 신화와 왕권이라는 권력의 양축의 관련 속에서 고찰해 보고자 하는 것이다.

2. 신성 왕권의 성장

기원전 8~7세기 소위 후기 베다 시대의 고대 인도는 몇 가지 점에서 괄목할 만한 역사 발전을 한다. 기원전 10세기경에 도입된 철기가 점차 퍼지면서 아리야인들은 토착민들과 전쟁을 벌이고 또 융합하면서 새로운 민족을 형성하였고 그것을 기반으로 영역국가가 형성되기 시작하였다. 이 시대에 브라만교의 왕권 개념이 처음으로 발달하였다. 이에 관한 최고(最古)의 기록은 당시에 편찬된 『아이따레야 브라흐마나』(*Aitareya Brahmana*)에서[4] 찾아볼 수 있다. 이를 보면 신들과 악마들의 싸움에서 적을 무찌르기 위해 소마 신이 왕으로 선출된다. 이를 통해 우리는 고대 인도인들의 왕권에 대한 개념을 알 수 있는데, 그들은 왕이란 것이 인간 생활 특히 군사적으로 우선 필요한 존재로 생각하였다. 고대 인도 사회에서는 기본적으로 왕의 최우선 임무가 전쟁 수행에 있었고 그것의 중심 개념은 리더십과 인민 보호라는 세속적 기능에 있었다.

왕권에 대한 이 개념은 그 후 『따잇띠리야 우빠니샤드』(Taittiriya Upanishad)에서[5] 약간 변형되어 나타난다. 왕의 최우선 임무와 역할은 마찬가지로 나타나나, 제사 후 창조의 신 쁘라자빠띠(Prajapati)가 왕을 내려주는 것으로 변한다. 이로써 처음으로 왕권의 신성성과 왕의 불멸성이 인식되기 시작했다. 왕위가 신에 의해서 지정되었다는 생각은 왕권이 신적 요소와 결부되면서 더욱 현실화되었다. 당시의 대관식을 보면 브라만 사제가 여러 신들에게 그들 각각의 자질을 왕에게 부여해 주도록 기원하고 있다. 사제는 왕의 육신의 조상에 대해 분명히 언급하고 있긴 하지만, 동시에 왕이 몇몇 신의 자질을 갖고 태어나는 것으로 나타냈다. 대표적으로 라자수야(Rajasuya) 제사에서는 왕이 대관식 행사의 일환으로 호랑이 가죽 위에서 세 걸음을 딛는 의례를 하는데, 이는 신 비슈누(Vishnu)가 신화에서 세 걸음을 통해 지상과 우주의 모든 세계를 복속하는 행위를 상징적으로 표현하는 것이다. 이 상징 행위를 통해 왕은 우주와 인민을 보호하는 신 비슈누의 자질을 소유한 것을 보여주고자 한 것이다. 라자수야 외에도 바자빼야(Vajapeya)와 아슈와메다(Ashvamedha) 같은 왕립 제사를 통해 후기 베다 시대 사람들은 왕이 신의 자질들을 가지고 있음을 보여 주었다.

이러한 왕립 제사는 왕권 신장과 그 궤를 같이하였고, 따라서 왕권 신성 개념은 공화제 국가나 연맹 왕국보다는 강력한 왕권이 형성된 군주제 국가에서 훨씬 발달하였다. 그래서 왕권 신성 사상이 처음 등장한 곳이 갠지스 야무나 대평원을 중심으로 하여 형성된 초기 군주제 국가인 꾸루(Kuru)와 빤짤라(Pancala)였다. 반면에 히말라야 산록의 군소 공화제 국가는 그렇지 못하였으니 불교가 신성 왕권 사상을 갖지 못하고 대신 왕권의 사회 계약 기원 사상을 발달시킨 것도 부처가 공화국 출신이라는 점과 무관하지는 않을 것이다. 그러나 왕의 신성 개념이 후기 베다 시대에 널리 퍼져 있었다고는 볼 수 없다. 그것은 이 시대에 들어 비록 정착 생활이 시작되었다고는 하나 아직 대규모 농경의 확장과 강력한 군주제 국가의 발생이 이루어지지 않았기 때문이다. 그러나 무엇보다도 이 시대에는 국가가 주관하는 제사의 활성화와 그로 인한 왕권 신장이 시작되었다는 점과 그것이 신성왕 사상으로 발달하기 시작하였다는 점에서 중요한 의미를 갖는다.

고대 인도에서 신성왕 개념의 확실한 표현의 시작은 최초의 황제권을 주창한 기원전 4세기의 마우리야(Maurya) 왕조부터이다. 마우리야의 왕 아쇼까(Ashoka)는 그의 비문을 통해 그의 신성성을 표현하고 있는데 그는 자신을 데와남쁘리야(devanampriya) 즉 '신들의 사랑'으로 불렀다. 이 호칭이 아쇼까의 손자인 다샤라타(Dasharatha)

에 의해서도 사용되었음을 통해 볼 때 이 시대에 들어 왕권의 신성 개념이 상당히 퍼졌음을 알 수 있다. 이 시대의 신성왕 사상은 보편 군주 사상과 접합되면서 상승 효과를 가져왔다.

마우리야 시대는 고대 인도 최초로 그 영토가 바다에 이르는 거대한 국가의 형성을 이루는 시대이다. 비록 왕조가 아쇼까의 죽음과 함께 바로 멸망하지만, 그들에 의해 형성된 보편왕 짜끄라와르띤(chakravartin, 轉輪王) 개념은 후대까지 큰 영향을 끼쳤다. 더욱이 이것은 불교 전통으로 흡수되었고 후기 베다 시대에 발달한 황제 사상과 혼합되면서 전인도 사상으로 자리 잡았다. 짜끄라와르띤은 우주의 주기 가운데 수시로 나타나 이 세계인 잠부드위빠(Jambudvipa)를 정복하고 모든 사람들을 정의롭고 부유하게 통치하는 왕이다. 이 개념은 인도 모든 종교에 통용되었고 힌두교의 서사시에 흡수되어서 신화 속의 많은 왕, 예를 들어 라마(Rama) 같은 신들이 사해를 무력으로 정복·통일하고 정의롭게 통치하는 이상의 보편 군주로 나타난다. 이 전통은 그 후 몇몇 야망가 군주들에게 하나의 이상 개념으로 자리 잡으면서 스스로를 보편왕 짜끄라와르띤이라 칭하는 예가 많이 생겼다. 보편왕 이상은 마우리야후(post-Maurya) 시대부터 아슈와메다와 같은 몇몇 베다 방식 제사 의례가 많은 왕들에 의해 적극적으로 부활, 도입되면서 더욱 널리 자리 잡았다.

왕권 신성 개념은 기원 전후 시기 마우리야후 시대에 광범위하게 퍼졌다. 이 시기에 편찬된 『마하바라따』[6]에 의하면 왕은 태초에 인간의 욕심과 화가 서로의 관계를 악화시키면서, 각자의 재산과 삶을 존중하기로 한 약속이 지켜지지 않자 브라흐마 신에게 자문을 구하고, 마누(Manu)가 그들을 위한 첫 왕으로 임명이 되었다. 또

샨띠 빠르완에서는 두 곳에 걸쳐 왕권의 기원을 비슈누나 브라흐마와 같은 신의 대리인으로 두고 있다.[7] 서사시 『마하바라따』는, 고대 인도 사회의 모든 부문이나 계층에 속한 사람들이 읽고 따르는, 유대인들에게 구약성서와 같은 중요한 위치를 차지하고 있다. 따라서 그곳에 나타난 왕권 신성 사상 즉 신화를 통한 왕권의 극대화는 당시 매우 대중적으로 퍼져 있었을 것으로 보인다.

이러한 확실한 왕권 신성 사상은 기원 후 2세기경에 편찬된 『마누법전』에 강한 영향을 주었다. 이 법전의 편자는 왕이 여덟 신의 각 재질을 부여받은 것으로 하고 있다. 편자는 설사 왕이 어린아이일지라도, 결코 무시되어서는 안 될 것이라고 주장하였는데, 그것은 그가 육신을 갖고 있는 위대한 신이기 때문이라고 하였다.[8] 『마누법전』과 샨띠 빠르완은 서력 기원 초기 꾸샤나(Kushana) 시대에 편찬된 것들이다. 따라서 그것들은 꾸샤나와 당대 세력들의 왕권을 강화하는 데 크게 활용되었을 것이다. 외래 이주민으로 북부 인도 대부분을 통치한 꾸샤나 왕들은 스스로를 데와뿌뜨라(devaputra, 신의 아들)라고 불렀다. 이 호칭은 중국의 천자 사상에서 차용된 것으로 보이는데[9] 전대 아쇼까의 데와남쁘리야 경우보다 훨씬 더 광범위하게 사용되었다. 동시대 데칸을 중심으로 하여 남부 인도를 강력하게 통치한 사따와하나(Satavahana) 왕조에서도 이와 비슷한 발달이 있었다. 가우따미뿌뜨라 샤따까르니(Gautamiputra Shatakarni) 왕은 야마(Yama), 바루나(Varuna), 인드라(Indra), 꾸베라(Kubera) 등과 같은 여러 신들에 자주 비유되었다.

마우리야 제국과 굽따(Gupta) 제국 사이 서력 기원 초기에 왕권의 신성 사상이 발달하기 시작한 것은 이 시대의 정치 · 사회 상황과 직접 관련이 있다. 이 시대는 전대의 마우리야와 같은 강력한 정부가 서지 못한 채, 사회의 '불법과 무질서'가 상당히 만연한 시기였다. 특히 서북부로부터 외래 침입자들이 갠지스 강 유역 등 아대륙 깊숙한 곳까지 강력한 통치권을 미쳤는데 그들은 카스트 체계의 신봉자가 아니었다. 그래서 그들의 존재는 기존 카스트 사회의 최고 지위를 누리던 브라만들과 그들이 지탱해 온 카스트 사회 구조에 대한 위협으로 인식되었다. 브라만들은 이에 대하여 탐욕과 정욕의 무질서가 판치는 맛시야니야야(matsyanyaya, 물고기法) 즉 약육강식의 무법천지라고 많은 힌두 문헌에 표현하였다. 이는 브라만들이 탈종교적 혹은 이성적 정책에 의해 수립된 사회 질서를 무정부 상황 혹은 홉스(Thomas Hobbes)가 이야기하는 '자연 상태(state of nature)'의 개념으로 인식하였다는 것으로[10] 곧 신화에 의거한 카스트 질서를 옹호하지 않은 통치자들은 그만큼 브라만들에 의해 적대시되었다는 이야기다.

이러한 분위기에서 브라만들은 실질 세력을 소유하고 있는 통치자들과 연합을 시도하지 않을 수가 없었다. 그들은 사회의 안정을 찾기 위해 우선적으로 왕권의 권위 상승을 추구했다. 그것은 고래로 왕의 가장 기본 임무가 브라만을 정점으로 하는 카스트 사회의 유지였기 때문이다. 브라만에 의한 왕권의 강화는 권력을 신화와 접목시키는 것을 통해서였다. 이 시대의 사따와하나 왕조는 데칸고원을 중심으로 형성된 토착민들의 정권이었음에도 불구하고 즉 갠지스 강 유역에서 발생하여 남부로 전파된 카스트의 원래 구조를 기본으로 볼 때, 그들은 매우 낮은 계급에 위치할 수밖에 없었음에도 불구하고, 그들은 역대 어느 왕조보다 더 카스트 사회 구조를 강화하고 그 일환으로 베다 방식의 왕립 제사를 부활시켰다. 그것은 카스트 체계라는 것이 원래 짜인 틀에다가 변화된 요소들을 맞추는 경직된 체계가 아니고, 기본적으로 사회 질서의 안정적 유지를 위해 현실에 맞추어 운용하는 것이었기 때문이다. 따라서 사따와하나 왕들은 브라만의 힘을 빌려 신화를 통해 왕권을 극대화하였고, 반면에 브라만들은 신장된 왕권의 비호 아래 안정된 사회를 유지하고자 하였다. 이후 왕권에 관한 개념은 이 관점을 기본 시각으로 하면서 발전하였다.

이 전통은 바로 이후의 굽따 왕조에 계승되었다. 굽따 왕들은 인민들을 보호하고 유지한다는 차원에서 힌두 최고의 신인 비슈누와 비유되었다. 그들은 스스로를 로까 빨라(lokapala, 세계 수호자)라 칭하기를 주저하지 않았다. 왕 짠드라와르만(Chandravarman)은 자신을 비슈누의 첫째 하인이라 칭하였다.[11] 또 비슈누 신의 배우자이면서 부(富)의 여신인 락슈미(Lakshmi)가 굽따 왕조의 주화에 등장한 것도 다 이런 맥락에서였을 것이다. 굽따 왕들에 관한 것으로 또 한 가지 특기할 만한 것은, 그들이 데와(deva, 神)로 불리었다는 것이다. 이는 꾸샤나 왕들이 데와 뿌뜨라(devaputra)로 불린 것에 비교해 볼 때 의미 있는 발전이다. 이렇듯 굽따 왕이 신의 위치에 오르게 되는 현상은[12] 그 시대에 왕들이 물질을 통해 브라만 교육 체계를 후원해 주고 그들의 문학과 예술 활동을 재정적으로 장려해 주고 그들의 터전인 사원과 수도원을 적극 건립 · 하사해 주는 등의 후견 활동과 깊은 관련이 있다. 이와 같은 브라만-끄샤뜨리야 연합 구조는 한편으로는 힌두 문화의 르네상스를 가져왔고 또 다른 편으로는 중세 봉건 사회의 도래를 가져왔다.

굽따 왕조 이후 왕권의 정당화는 주로 왕의 세계(世係)를 서사시 신화의 영웅들이나 신과 연계하는 방법에 의해 이루어졌다. 상대적으로 전대에 주종을 이루었던 왕립 제사 의례를 통한 왕권의 신성화 경향은 점차 약화되었다. 중세 인도는 대제국이 형성되지 못하였고 그로 인해 많은 정변이 있어 수없이 많은 군소 군주들이 부침하였다. 군소 군주들이 왕의 위치에 오를 때 그들은 브라만에게 물질적으로 크게 하사하고 이에 대한 화답의 차원에서 브라만은 그들에게 고색창연한 세계를 지어 준 것이다. 이때 대부분의 왕들은 그들의 계보를 마누와 연계시켰다.

마누와 세계 연계의 의미를 이해하기 위해 마누 신화를 보도록 하자. 『샤따빠타 브라흐마나』(*Shatapatha Brahmana*)[13] 홍수 신화에서 마누(Manu)는 아침 세정식 때 그의 손에 담긴 물 안에서 물고기 한 마리를 발견하고서 그 물고기가 거대한 크기로 클 때까지 키운다. 신들이 이 땅을 홍수로 멸하고자 할 때 물고기는 지혜의 일곱 현인들을 이 재앙에서 구하고자 하는 신들의 뜻을 마누에게 설명했고 이어 그에게 이 재난으로부터 피하기 위한 큰 방주를 지을 것을 요구하였다. 방주는 물고기의 뿔에 묶여 물 위를 헤엄쳐 갔고 배와 그 안에 탄 사람들은 산 위에 안착하여 물이 빠질 때를 기다려 다시 귀환하였다. 이어 마누는 희생제를 통하여 스스로 여러 아들과 하나의 딸을 창조하였다. 그 후손들이 여러 혈통의 조상이다. 장자 익슈와꾸(Ikshvaku)는 수리야완사(Suryavamsa) 즉 태양 세계를 세웠고 아들 몸에서 난 딸 일라(Ila)는 짠드라완사(Chandravamsa) 즉 태음 세계를 세웠다. 이후로 고대 인도에서 신화를 통한 정당성을 추구한 모든 정권의 계보는 마누 신화와 연결되지 않은 것이 없게 되었다. 그들 가운데 일부는 익슈와꾸의 태양 세계로 일부는 일라의 태음 세계로 삽입된다.[14] 태양 세계는 서사시 『라마야나』에서 비슈누의 화신 라마에 속하게 되었고, 태음 세계는 서사시 『마하바라따』의 다섯 영웅인 빤다와(Pandava) 형제에 속하게 되었다.

굽따 시대부터 왕이 사제에게 토지를 비롯한 물질을 하사하는 풍조가 만연하였고 이에 대해 브라만 사제와 문헌 편찬자들은 왕의 업적과 모든 행위를 찬양하고 동시에 그 행위가 영원한 공덕을 받을 것이라는 종교적 축도를 한다. 그 대가로 제사에서 가장 큰 몫이 왕을 위해서 만뜨라(mantra, 呪文)를 낭송하고 제사를 찬양하는 브라만 사제에게 돌아갔다. 아슈와메다와 같은 대규모의 왕립 제사는 바로 이 왕권의 신성화와 그에 대한 선전의 가장 좋은 기회가 되었다. 왕권 선전의 대표적인 예로 들 수 있는 것이 사무드라굽따(Samudragupta)의 무력 정벌을 극도로 찬양한 브라만 시인 하리셰나(Harishena)의 알라하바드비(碑)이다. 같은 시대의 짠드라굽따(Candragupta), 야쇼다르만(Yashodharman) 등도 같은 예에 속한다. 같은 맥락으로 점성술도 권력의 정당화에 큰 몫을 하였다. 이 시대 이후 왕들은 고대 영웅들의 별자리를 부회하여 자신의 운명적 통치를 정당화하였다. 물론 그 작업은 브라만 점성가들에 의해 이루어졌다. 12세기 쁘리트위라자 짜우한(Prithviraja Chauhan)왕에게 그가 잉태된 별자리로 『라마야나』의 영웅 라마의 것이 원용되었다. 하르샤(Harsha) 왕과 짤루끼야(Chalukya)의 왕 비끄라마디띠야(Vikramadtya) VI세의 탄생은 위대한 상서로운 사건으로 기록되었고, 이를 기반으로 하여 점성가들이 왕들의 빛나는 미래를 예언하였다. 이 모든 것은 모두 왕들이 운명적으로 위대한 통치자일 수밖에 없음을 강조하기 위한 권력 정당화의 한 방법이었다.

굽따후(post-Gupta) 시대부터는 왕의 과도한 자찬이나 선전이 크게 자리를 잡았다. 가장 좋은 예로 들 수 있는 것은 뭐니 뭐니 해도 7세기 바나밧따(Banabatta)에 의해 편찬된 하르샤왕에 대한 전기인 하르샤짜리따(Harshacharita)이다. 이후로 인도에서는 군주와 관련된 전기로서 짜리따(carita) 장르가 크게 발달하였다. 연대기 편찬자들은 고대 전륜왕들의 무력 정벌을 의례적으로 맨 먼저 나열한 후 그들의 후견인이 이룩한 정복 업적들을 일일이 나열하였다. 이때 브라만 시인들은 고대 사해 정복 군주들의 성스러운 광륜을 자신의 후견인에 첨가시켰다. 그들은 이러한 경우에 장문(長文)의 비문을 이용하였으니, 8세기에 인도 동북부인 비하르와 벵갈 지방을 통치한 빨라(Pala) 왕조의 다르마빨라(Dharmapala)왕의 경우에는 역사적 근거나 가능성이 전혀 없는데도 서북부를 포함한 인도의 모든 지역을 정복했다고 기록되는 정도다.

고대 인도에서는 기원 초기부터 왕이 많은 브라만 시인들을 후견하였으니 그들은 후견인의 공덕과 공적만을 볼 뿐 일체의 잘못과 실패는 보지 않았다. 그들은 사해를 통치하는 무적불패의 힘을 갖춘 군주들의 이미지를 백성들에게 고착시켰다. 따라서 고대 인도가 남긴 왕과 관련된 어떤 언사를 보아도 모두가 왕의 성공과 업적을 찬양하는 것뿐이다. 바로 이러한 이유로 인도 기록에는 알렉산더의 침입과 같은 세계사적 사건도 철저히 무시된 채 아무 데도 나타나지 않았다. 브라만에 의해 왕을 찬양함으로써 그의 명예를 높이고 영향력을 증가시키는, 궁극적으로 그에 대해 선전을 함으로써 권력의 정당성을 꾀하는 이 행위는 결국 고대 인도인들이 엄밀한 의미의 역사 인식을 발전시키지 못한 것과 무관하지 않다.

3. 고대 권력 구조의 형성과 신화

고대 인도에서 신화 형성에 관한 권한은 브라만이 독점적으로 쥐고 있다. 따라서 신화는 브라만 중심 사회 구조 형성에 관한 재가를 부여하는 역할을 한다. 이에 가장 좋은 예를 『리그 베다』의 뿌루샤 숙따(Purusha Sukta) 신화에서 볼 수 있다. 뿌루샤 숙따 찬가는 『리그 베다』의 후대에 만들어져 『리그 베다』에 삽입된 것으로, 창조의 신 쁘라자빠띠의 제사를 통해 네 개의 카스트로 나뉜 인도 사회 기원에 관한 성스러운 재가의 역할을 한다. 신화는 마하 뿌루샤(Maha Purusha)라는 원인(原人)이 스스로를 제사 지내 그 몸에서 네 바르나를 출생시킨 것으로 되어 있다. 그의 입으로부터 브라만이, 그의 팔에서 끄샤뜨리야가, 그의 다리에서 바이샤가 그리고 그의 발에서 슈드라가 태어났다. 이 몸의 각 부분에 관한 상징은 각 바르나의 의례적 지위 및 그 집단의 사회적 기능과 관련을 맺고 있다. 그리고 카스트의 기원과 구조가 의례에 존재 기반을 둔다는 사실은 곧 각 카스트의 성격과 그 순위가 종교 이데올로기에 의해 규정된다는 것을 의미하기도 한다. 네 계급 가운데 상위 세 계급은 드위자(dvija, 再生者)라고 하는데 그들은 입문 의례를 통해 사회적 정상인으로 인정을 받는 반면에 하위 계급 슈드라는 의례를 통한 사회적 정당성을 받지 못하여 사회적으로 불구로 규정된다.

실제 사회에서 슈드라 밑에 특정 바르나조차도 부여받지 못하여(슈드라는 존재에 관한 신화적 정당성은 확보하였으나, 의례를 통한 사회적 정당성을 획득하지 못한 반면 그들은 의례뿐만 아니라 신화적 정당성도 획득하지 못하였다.) 사회적으로 완전 불구 상태로 존재하는 최하위 계급이 엄연히 존재하였다.[15] 그들 불가촉민이 신화에 나타나지 않는 것은 그들의 혈통에 대해 종교 · 사회적으로 그 존재를 부인하였음을 의미하는 것이다. 따라서 인도 사회가 네 카스트로 구성되었다고 보는 것은 잘못된 것이다. 인도에서는 네 카스트만이 종교 · 사회적으로 정당성의 재가를 얻을 수 있었던 것이다. 그것은 인도에서 사회 권력에 대한 다툼이 신화를 기준으로 형성됨을 의미한다.

바르나 개념은 보편 진리를 완성하기 위한 사회법이라는 의미에서 다르마[16] 개념과 깊은 관계를 갖는다. 그래서 그 둘은 하나로 묶여 바르나다르마(varnadharma)로 불리는데 그 궁극적인 목표는 사회 질서 확립이다. 그것은 곧 사회 기능의 체계적 유지이다. 이러한 보편법을 추구하는 질서 내에서 사회의 상층 집단은 단순히 그 법을 기준으로 하여 형성된 높은 지위의 집단으로만 정의할 수는 없다. 왜냐하면 이러한 구분은 실제적 정치 · 경제적 상황을 무시한 것이기 때문이다. 그래서 고대 인도에서 사회적 지위는 출생 즉 바르나에 의해 결정되는 의례적 지위와 정치 · 경제 관계로 인해 결정되는 실질적 지위 두 가지 관점에서 해석되어야 한다. 이 둘은 사회 구조 내에서 계층으로 확실히 분화되지 않고 서로 섞여 있는 것이 보통이다. 브라만 그룹은 그 경제적 위치에 관계없이 사회의 상층을 차지하지만, 그리고 끄샤뜨리야 경우도 이와 크게 다르지 않지만, 바이샤 경우에는 상황이 확실히 다르다. 그것은 바이샤 가운데 경제적으로 몰락한 그룹이 포함되어 있기 때문인데, 보통 이런 사람들은 실제적으로 사회의 상층 그룹으로부터 제외될 수밖에 없다. 또한 비브라만교 자료에 의하면 브라만 계급 가운데 경제적으로 몰락한 그룹이 상당수 있는 것도 사실로 파악된다. 그들이 사회의 상층 그룹을 형성하지 못하였음은 자명한 사실이다. 우리가 보통 자료로 사용하고 있는 브라만교 경전 등이 언급하고 있는 위계는 의례적인 것만 의미하는 것으로 종교적 청정성만을 기준으로 한 것이다.

따라서 인도 사회에서 권력은 반드시 한 계급에 고정되어 있지 않다. 인도도 여느 사회와 같이 항상 사회 이동이 있었다. 단지 실질적 사회 이동이라는 모든 사회에 나타나는 그 현상은 인도 사회에서는 특별한 주목을 받을 필요가 없었던 것이었다. 그래서 인도에서 사회 이동은 카스트의 실질적 지위의 이동이 아니라 의례적 지위의 이동을 의미하고 그것은 곧 인도 사회가 항상 바르나다르마에 입각한 카스트 중심의 기본 구조를 유지함을 의미한다. 카스트에 대한 반대라는 것도 이 구조 자체를 반대하는 것은 아니고 의례적 지위의 철폐를 의미하는 것이었다. 불교의 경우가 그 대표적인 것인데, 불교는 의례적 지위 즉 카스트 제도 그 자체의 철폐보다는 브라만 절대 권위의 불인정을 가장 우선적으로 내세웠다. 단지 그들이 추구하고 이룰 수 있었던 것은 상가(samgha)와 같은 종교 공동체의 형성이었을 뿐 전체 사회 구조와 같은 것은 전혀 시도조차 하지 못하였다.[17] 이러한 성격의 사회 변화는 곧 사회의 상층 집단이 폐쇄적 집단이 되는 현상으로 연결된다. 그들에게 있어서 집단 구성원의 충원이라는 것은 철저히 출생에 의한 방법으로만 제한되었다.

바르나 체계는 각 바르나들이, 그것이 직업적이든 종족적이든, 하나의 독립된 개체로서 서로 간의 수평적 평형을 이루는 하나의 사회 시스템이다. 더군다나 실제 사회에서 결혼과 음식에 관한 제한의 기준이 되는 즉 실제 카스트의 기능을 하는 것은 자띠(jati)라는 단위에 의해서 이루어진다. 사실 바르나는 사회 내에서 실제 기능에 관한 의미를 가지고 있지 못하다. 그러나 바르나가 갖는 사회적 의미는 매우 중요하다. 그 가운데 가장 의미 있는 것은 영적 권위와 속적 권력의 '성스러운 결혼'을 통해 법을 지키는 정부와 그 안에서 공공의 안녕과 정의로운 질서를 유지하는 사회를 이룬다[18]

는 사실이다. 처음 사회 구조라는 개념이 하나의 이론으로 형성된 기원전 8~7세기경 브라만 법사상가들은 사회 구성이 네 개의 범주로 충분할 것으로 인식하였을 것이다. 일단 네 개 범주가 인정됨으로써, 그것들은 어떤 경우일지라도 그 시대 즉 후기 베다 시대의 개념을 통해 성스러운 추인을 받았고 그 후 이 기본적인 성스러운 구조를 바꾸려는 시도는 하지 않았다. 그러다가 사회가 복잡하게 되고 계급이 분화되면서 그 구조로는 불충분함을 인식하였을 때 그들은 소위 바르나상까라 개념을 만들었다.[19] 그것은 그들이 원래 신화가 갖는 정당하고 성스러운 기본 형태를 해치지 않는다는 전제하에 실질 구조를 인정하는 유일한 방책이었다. 그래서 혼합 카스트라는 개념은 일종의 변종 그룹으로 인식되었고 그에 따라 신화에 의한 의례적 정당성을 확보하지 못했기 때문에 그 의례적 지위가 최하위로 낮을 수밖에 없었던 것이다.

이렇듯 바르나상까라를 동원하여 사회를 유지할 수밖에 없을 정도로 변해 버린 즉 신화에 근거한 '성스러운' 네 바르나 구조의 사회가 흔들리는 시대를 두고 브라만들은 신화 속에서 깔리 유가라 폄하하여 부름으로써 바르나 구조의 유지를 통한 사회의 안정을 꾀하고자 하였다. 깔리 유가는 역사적으로 볼 때 베다 시대가 끝난 후, 불교가 발생하던 기원 전 6세기경부터 시작되었다. 이 시대는 상업이 크게 일어나고 영역국가가 발흥하던 시대였던지라 정치·경제 등 물질적 권력이 대단히 중요하게 인정되었다. 따라서 경제 권력을 기반으로 한 바이샤 가운데 부호 세력과 정치 권력인 끄샤뜨리야가 이데올로기 권력층인 브라만의 권위를 능가함으로써 양자 사이에 갈등이 생겼다. 특히 물질적 권력과 이데올로기 권력을 분점하고 있는 브라만과 끄샤뜨리야 사이에는 상당한 갈등이 존재하였다. 베다 문헌에서부터 나타나기 시작한 그들 사이의 갈등은 시간이 가면서 심화된다. 많은 뿌라나에서 이 현상에 대한 불만을 끄샤뜨리야들이 브라만의 영역을 침해하는 것으로 과거 시대를 회고하는 투로 토로하고 있다. 그러나 이 갈등을 조직적이고 연속적이며 계급 전체에 걸친 것으로 볼 수는 없다. 그들 사이의 기본적인 관계는 지배 계급의 연합이고, 갈등은 개인적이고 임시적인 현상이다. 양자 사이 어느 것도 정치 · 경제적 전체 조직을 갖지는 못했다.

브라만-끄샤뜨리야 갈등은 의례적 지위와 세속적 권력의 괴리에서 발생한 것이다. 이는 베다 전통이 꾸준히 유지되어 온 공화제 국가보다는 물질력이 사회 행동의 중요한 동인으로 자리 잡게 된 군주제 국가에서 더 빈번히 일어날 수밖에 없었다. 고대 국가가 발달하게 되면서 브라만과 끄샤뜨리야 사이의 의례적 지위는 분명하게 구분되었지만, 정치적 권력은 그렇지 못하였다. 제사와 신화에 대한 권력은 브라만이 변함없이 독점적으로 차지하고 있었지만 왕권은 끄샤뜨리야에게만 국한된 것이 아니고 누구든지 권력을 잡을 수가 있었던 것이다. 따라서 새로이 권좌에 오른 세력은 그가 차지하고 있는 실질적 지위와 종교 가치에 의한 의례적 지위 사이에 벌어져 있는 간격에 대해 반드시 조정을 해야만 했다. 그것은 비끄샤뜨리야 출신 왕이 사회 구조의 정당한 일원이 되기 위해서는 무엇보다도 바르나 법체계 안에 합법적으로 자리 잡아야 함을 의미했다. 그들은 반드시 끄샤뜨리야 출신으로 만들어져야 했으니 이에 걸맞는 족보가 브라만들에 의해 만들어져 부여되었다. 그 조정은 브라만 독점 문화 속에서 브라만에 의해서만 이루어졌고 신화에 의거한 혈통을 부여함으로써 의례적 지위를 확보하였다. 그래서 왕권이라는 것은 이론적으로는 끄샤뜨리야가 독점하는 것으로 되어 있지만 실제로는 비끄샤뜨리야들이 얼마든지 차지할 수가 있었다. 단지 왕이 된 사람은 항상 끄샤뜨리야로 남게 된 것이다.

의례적 지위 부여와 확보 관계를 통해 브라만-끄샤뜨리야 연합 관계는 확고하게 유지되었다. 그래서 비끄샤뜨리야 출신이 권력을 잡아 왕이 되면 항상 끄샤뜨리야로 자리 잡았고 결과적으로 고대 인도에서 모든 왕은 항상 끄샤뜨리야였다. 바로 여기에 왜 인도 사회에서 브라만의 사회적 위치가 끄샤뜨리야보다 항상 우위에 있는가에 대한 답이 있다. 그것은 결국 브라만이 끄샤뜨리야 권력을 정당하게 해 주는 유일한 채널임과 동시에 그것을 통하지 않고서는 이 사회의 정상적인 구성원이 될 수 없기 때문이다. 이러한 장치는 고대 사회의 여러 단계를 거쳐 굽따 시대 봉건 문화 속에서 확실히 자리 잡았다.

브라만이 사회의 최고 권력으로 자리 잡게 된 것은 단지 그들이 신화 조작을 통한 의례적 지위 부여권을 확보하고 있기 때문만은 아니다. 그들은 실로 자유롭게 직업을 택하고 있었다. 그들은 자신들의 의례적 지위와 직업 간에 존재하는 모순에 대해서는 개의치 않았다. 그들은 다른 계급들이 자신들 고유의 직업—주로 사제와 학자—을 절대 넘보지 못하게 하였다. 반면에 그들은 자유롭게 다른 직업을 택했으니(그렇다고 그들이 낮은 계급들이 하는 육체 노동을 선택하는 경우는 없었다.) 특히 관심을 보였던 것은 끄샤뜨리야 계급의 고유 분야였다. 실제로 브라만에 의해 세워진 왕조도 상당히 많았다. 마우리야 왕조 이후에 등장하는 슝가(Shunga), 깐와(Kanva) 등이 좋은 예이다. 그 외 중세에 브라만들에 의해 세워진 군소 왕조들의 숫자도 허다하다. 심지어 브라만들이 끄샤뜨리야 고유의 무장(武將) 업무를 보기도 했다. 그것은 분명히 끄샤뜨리야가 가지고 있는 세속적 실질 권력에 대한 도전이었다.

브라만의 세속적 힘에 대한 욕심과 끄샤뜨리야 세력에 대한 견제는 어김없이 신화에 의해 정당하게 뒷받침되었다. 그 좋은 예를 쁘리투(Prithu) 신화에서 찾아볼 수 있다.[20] 이 이야기는 비나(Vina)라는 사악한 인물을 언급하면서 시작이 된다. 비나는 정의롭지 못한 통치로 인하여 현자들에 의해 죽임을 당한다. 그 후 현자들은 비나의 왼 다리로부터 니샤다(Nishada)라는 계승자를 만들어 내지만 그는 통치에 적당한 인물이 되지 못하고 결국 숲으로 쫓겨나 사냥꾼이 되었고 비나의 오른 팔로부터 정의로운 왕 쁘리투를 만들어 냈다. 쁘리투는 목축과 농경을 하는 자가 되었고 그에게 땅에 대한 많은 은혜가 부여되었고 이에 대지의 여신 쁘리트위(Prithvi)가 감사의 뜻으로 그에게 쁘리투라는 이름을 내렸다. 이 이야기에서 비나가 사악한 자로 몰린 이유는 다름 아닌 희생제를 수행하지 않았기 때문이다. 또 그는 그의 백성들에 의해 쫓겨난 것이 아니고 현자들에 의해 죽임을 당했다. 여기에서 현자란 제사를 옹호하는 브라만을 가리킴은 두말할 필요가 없을 것이다. 이는 브라만을 배척하고 왕권을 강화하려는 시도(그것은 아쇼까 경우와 같이 주로 제사 금지와 같은 정책으로 나타난다. 제사 금지란 브라만들의 물질적 권력의 배경을 약화시키고 동시에 의례적 지위를 약화시키는 역할을 하는 것이기 때문이다.)는 용납될 수가 없고 더불어 브라만만이 통치자들을 갈아치울 수 있는 자격을 갖는 것을 뜻하는 것이다. 신화는 브라만 중심의 사회 구조 형성을 정당화하는 도구로 사용되었다. 그래서 국가의 번영은 강력한 통치 계급(즉 끄샤뜨리야)이 브라만 계급의 영향력 아래에 있을 때 이루어지는 것[21]으로 되어 있다.

브라만들의 권력은 왕권과 연합에 의해 형성되었다. 브라만과 권력 간의 친밀한 관계는 주로 뿌로히따(purohita)라는 왕사(王師) 일을 보는 이들에 의해 유지되었다. 뿌로히따가 하는 일은 주로 종교적 특히 주술적인 일에 국한되었으나 시간이 가면서 그들은 정치에 깊게 연루되었다. 뿌로히따는 주술을 통해 종교적으로 왕에게 축복과 구원을 주는 일을 할 뿐만 아니라 군사적으로 승리를, 물질적으로 번영을 가져다주는 일을 하였다. 그의 왕에 대한 보호자의 역할은 급기야 왕에 대한 일종의 견제 장치로 발전하였다. 그러면서 군주에 대해 정치적으로 반대하는 권한이 브라만에게만 국한되었다. 대신들을 통한 정치, 행정 연계도 브라만들의 권력 확보의 주요 요소였다. 대신들은 왕손을 제외하고는 모두 브라만이 차지하였다. 특히 조세관, 재무관, 법관 등과 같은 사회 · 경제적으로 중요한 위치의 고관은 모두 브라만으로 조정되었다. 뿐만 아니라, 서기나 회계와 같은 그리 높지는 않지만 상당히 중요한 위치에 있는 자들의 경우도 마찬가지였다. 인도에서는 과거 같은 제도가 없었기 때문에 대신이 되기 위해서 필요한 것은 다르마샤스뜨라나 아르타샤스뜨라와 같은 경전에 대한 깊은 지식이었다. 그 조건은 그들 외 다른 계급들이 충족시킬 수가 없었다. 경전을 읽고 공부하는 것은 브라만 고유 권한이었기 때문이다.

굽따 시대 이후 관료직 구성은 전대의 상황과 달라지기 시작하였으니, 관직의 세습이 시작되었다. 행정 관료가 세습되는 현상은 상위 관료들 급여가 조세 징수권으로 대체된다거나 토지 하사가 대거 시행된 역사적 사실과 관련이 깊다. 브라만들이 토지를 확보하는 현상은 굽따 시대 이후 크게 늘었으니 그것은 군주가 그들의 높은 지식과 종교적 업적을 칭송하는 대가로 브라흐마데야(brahmadeya)와 아그라하라(agrahara)라는 토지를 하사하는 제도를 실시하였기 때문이다. 사실 토지를 일종의 기부로서 하사하는 행위는 훨씬 이전에 시작되었으나, 토지 하사가 실질적으로 시행된 것은 굽따 시대인 4세기경부터였다. 이 시대는 토지 하사의 기록을 전담하는 아그라하리까(agraharika)라는 부서가 생길 정도였다. 브라만들은 토지를 확장하면서 세력이 더욱 강대해졌다. 그러나 그럴수록 그들의 힘은 왕에게 의존적일 수밖에 없었다. 그것은 그들의 경제적 힘은 제사와 토지로부터 파생되는데 제사의 가장 큰 후견인도 왕이요 토지를 하사해 주는 이도 왕이었기 때문이다. 이 가운데 경제적인 힘을 더 많이 실어 줄 수 있는 것은 물론 후자이다. 제사를 통한 브라만 세력의 확장은 베다 시대 후기의 국가가 발생할 무렵에 널리 시행된 것이고, 굽따 시대 봉건 문화 속에서는 토지 재산의 증식과 조세원의 확장으로 인한 세력의 신장이 두드러졌다. 이는 곧 브라만 세력 기반이 왕의 물질적 후원이었음을 보여 준다.

브라만에 대한 토지 하사는 고대 인도의 교육 체계 그리고 가치관 형성 체계와 깊은 관련이 있다. 고대 인도에서 교육 체계는 비공식 구송 교육과 공식 기관 교육 두 가지로 나뉠 수 있다. 베다 시대 즉 문자가 사용되지 않았을 때 브라만 교육은 전적으로 구송 교육이었는데 그 내용은 주로 종교적 특히 주술적인 것들이거나 의례에 관련된 것들이었다. 심지어 이 시대 이후 많은 브라만교 문헌들이 문자로 기록되었을 때도 어떤 종류의 신성 작업에 관한 실질적 구전은 비밀스럽게 유지되었고 그것은 구송 교육의 중요한 일부로 남아 있었다. 종교 문헌에서 주술 요소가 완전히 배제된 적은 없었다. 슈드라로 하여금 절대로 베다를 듣지도 못하게끔 한 것도 다 이런 연유에서이다. 따라서 베다를 구전하는 비밀 지식은 브라만들에게 주술적 힘을 부여하였고 그에 따라 기록 문명이 발달한 후에도 그들의 주술적 능력은 마찬가지로 인정되었다. 공식 교육은 철저히 드위자들에게만 한정되었다. 교육 기회가 이론적으로는 세 계급 모두에게 열려 있긴 하였지만 실제로는 브라만만을 위한 것이었다. 브라만 교육 체계는 하나의 큰 기관을 기반으로 한 것이 아니었다. 기부를 하는 것에 따라 스승과 제자가 일대일로 정해지는 것이 보통이었다. 교육 내용은 주로 사제, 군주, 관료 등이 되기 위한 것이었다. 이와 같은 상황은 굽따 시대 이후 바뀌기 시작하여 교육은 주로 사원이나 아그라하라와 같은 특별히 정해진 기관에서 이루어지기 시작했다. 굽따 시대가 되면서 사원은 급속도로 많이 지어지기 시작하였고 그곳이 바로 브라만교 문화의 중심이 되었다. 이 시대에는 교육 기회가 부유한 바이샤나 끄샤뜨리야 계급의 자제들까지 확대된 것이 사실이긴 하지만 더 중요한 것은 종교적인 즉 신화와 관련된 교육은 오로지 브라만들에게만 해당되었다는 사실이다. 이로 인하여 브라만들은 명실상부한 사회 가치관 창달의 독점 계급이 될 수 있었다.

그렇지만 역사적으로 고대 인도 사회에서 브라만의 절대 권력은 형성되지 못하였다. 거기에는 여러 가지 이유가 있을 수 있겠으나, 브라만 조직의 특수성이 가장 큰 요인이었을 것이다. 브라만교에서는 그 종교의 특성상 보편법의 중시와 그로 인한 다양한 구원 방법의 존재로 인하여, 교단이 절대적 권위를 표방할 수 없었다. 무엇보다도 그들은 로마 교회와 같은 독립된 경제 조직을 가지지 못했고 따라서 그들은 서양 사제들처럼 단체적 결합을 이루지 못했다. 그래서 정권에 밀착한 뿌로히따와 같은 브라만들의 권력도 서양의 사제들과는 달리 조직의 결합력 위에서 형성된 것이 아니었고 단지 그들 각 개인의 행동에 의해서 이루어질 뿐이었다. 그들은 왕권에 대항할 만한 정치적 공동체를 형성하지 못했고, 우두머리를 중심으로 한 전체를 통제하는 조직을 이루지도 못하였다. 무엇보다도 그들은 경제적으로 끄샤뜨리야와 왕의 비호에 절대적으로 의존하고 있었다. 따라서 인도의 브라만들은 중세 유럽 경우와 같이 왕권을 능가하는 절대 권력을 지닐 수가 없었다.

4. 맺음말

신화는 항상 홍수와 같은 '새 시대'의 의미를 지니고 있는 기원적 사건으로 시작된다. 마누와 일곱 현인들이 홍수로부터 살아남았다는 것은 새로운 창조가 옛것과 함께 이루어졌다는 의미를 내포하고 있는데 그것은 홍수에서 살아남은 마누가 홍수 이전 마누 세계에서 제7대라는 사실을 보면 잘 알 수 있다. 그 연계는 세계의 기록에 중요한 의미를 가진다. 이전 마누들의 위치는 연계를 통하여 새로운 세계로 이송된다. 인도 신화가 갖는 '새 시대'의 가장 큰 정치 · 사회적 의미는 모든 비끄샤뜨리야 계급들 특히 슈드라 이하 계급들도 얼마든지 권력을 차지할 수 있다는 것이다. 그들은 정권 획득과 동시에 고대 인도 사회에서 필수적으로 요구하는 의례적 지위를 확보하게 된다. 그것은 신화를 통해서만 이루어질 수 있는 것이다.

고대 인도 사회는 사회를 구성하는 범주인 바르나와 유지시키는 법인 다르마가 하나로 통합되어 보편적 사회 질서를 의미하는 바르나다르마 개념을 축으로 형성되었다. 이는 곧 사회가 전적으로 브라만-끄샤뜨리야 상호 의존적 권력 관계에 의해 지배되었음을 의미함과 동시에 이상적 상고주의를 추구하는 인식 체계가 발달함을 의미한다. 이상주의의 발달은 베다 권위를 신성시하여 그것에 절대 복종하는 행위를 낳았고, 이는 결국 브라만 권위에 맹종하는 사회 행위로 연결되었다. 그들은 베다를 잊거나 그것을 의심하는 행위를 브라만을 살해하는 행위와 동일시하여 5대 죄악의 하나로 취급하였다.[22] 동시에 그들은 슈드라와 그 이하 계급들은 베다를 듣거나 볼 수 없게 하고 브라만들이 그들을 접촉하는 것을 오염 행위로 취급하였다. 이는 곧 브라만의 사회 구조에 관한 재가권의 독점을 의미한다.

바르나다르마를 기저로 한 브라만교 전통의 고대 인도에서 왕의 권한은 철저히 행정권에 제한되었다. 그들에게는 입법권이 있지 않았고, 단지 국가 보호와 사회 질서의 유지에 있었다. 이 가운데 특히 카스트 질서를 순수하게 유지하는 것은 왕의 절대적 의무 가운데 하나이다. 이는 국가가 발생한 기원전 7~6세기경부터 서서히 발달하여 굽따후 시대에 정착한 개념이다. 이로 인하여 브라만들은 몇몇 왕들이 행한 탈종교적이고 세속적인 뛰어난 혁명적 정치에 대해 규제할 수 있었다. '성전에 의거하지 않은 불경죄'는 무엇보다도 강력한 전제 왕권에 대한 견제 장치가 되었다. 그러나 이것은 어느 왕이라도 과거의 의례적 지위와는 관계없이 현재 바르나다르마 원칙에 따라 브라만을 중심으로 하는 사회 질서를 지키기만 하면 정당한 정권으로 자리 잡을 수 있다는 반증이 되기도 했다. 비끄샤뜨리야 특히 슈드라 이하 카스트 출신 군주의 등장이 역사적으로 점점 늘어나는 것은 권력의 기회가 실제로는 모든 바르나에게 공개되어 있음을 보여 주는 것이다.

그러나 이와 같이 잦은 정변이 가능하다고 해서 이를 주권이 인민에게 있는 것으로 해석할 수는 없다.[23] 결국 이러한 신화-권력 정당화 구조를 기반으로 하는 힌두교가 널리 확립되면서 고대와 중세 인도에서는 강력한 권력이 성립될 수 없었고, 동시에 군주 중심의 강한 정부와 정책은 존재하기 어려웠다. 브라만-신화 중심의 사회 구조는 그 내부에서 잦은 사회 이동이 있었음에도 불구하고 이동의 방향이 보수적인 구조 유지로 흐를 수밖에 없었고 결국 사회 구조 해체와 같은 혁명적 전환은 있을 수가 없었다. 끊임없는 정변과 봉건 사회 구조의 유지는 중세 이후 인도가 근대 사회로 발전하지 못한 가장 결정적인 원인이 되기도 하였다.

왕과 브라만의 관계는 전체적으로 볼 때 사회 권력의 상층으로서 하나의 연합 구심점을 가지고 있었다. 그들은 하층 카스트들을 지배하는 논리에서는 철저하게 연합하였다. 그러나 그 사이에 엄연히 존재하는 이해관계 앞에서는 알력을 빚을 수밖에 없었다. 브라만 권력은 제사로 인해 유지되고 제사의 핵은 신화로 구성되며 그 행위는 물질의 후원에 의해 이루어진다. 이 신화-권력의 복합 구조 속에서 왕권의 비호 아래 힌두 종교 권력은 유지되고 세속 권력인 왕권은 종교 권력인 브라만에 의해 그 정당성을 부여받는다. 이것이 브라만-끄샤뜨리야의 상호 의존성이면서 신화의 왕권에 대한 우위이다.

3 『마하완사』와 『삼국유사』에 나타난 불교 역사관

1.

역사의 문학성과 과학성에 관한 논의는 지난 100여 년 동안 끝없이 진행되고 있다. 따라서 역사관을 주제로 삼은 이 글은 시작 부분에서 역사의 정체성을 먼저 규정해야 할 것이다. 그렇게 하지 않고 사서(史書), 사관(史觀), 역사 인식 등에 관한 논의를 진행하면 글의 본질적인 문제에서 결정적인 모순에 빠질 수가 있다. 그렇다고 이 자리에서 깊은 논의를 한다는 것 또한 이 글의 주제에서 벗어나는 것이다. 그래서 이 글에서는 '역사'를 과학적이고 객관적으로 보는 2차 세계대전 이후 '새로운 역사가'들의 견해보다는 '역사'를 '이야기체'(narrative)로서 문학성과 객관성을 강조하는 신(新)문화사가의 견해에서 출발하고자 한다. 그들 가운데 1970년대 이후 가장 주목을 끈 역사가 가운데 한 사람인 헤이든 화이트(Hayden

White)가 주장한 역사 사실의 세 가지 표상 방법인 연보(annals), 연대기(chronicle), 진정한 역사(proper history)를 포함하는 것을 '역사'로 삼는 것으로 한다.[1]

이런 관점에서 보더라도, 고대 인도에는 엄밀한 의미의 역사 인식이 희박하였고 그에 의거한 사서도 존재하지 않았다. 와더(A. K. Warder)는 고대 인도 베다 시대에는 이띠하사(itihasa) 개념 안에서 상당한 역사 인식이 존재하였고, 수따(suta)라는 사관(史官)에 의해 정치 변화, 위인들의 행적, 세계(世系) 등이 기록되었다고 주장한다.[2] 하지만 이는 분명히 베다 시대에 국한된 것이고, 고대 국가와 사회가 발전한 이후에는 이러한 전통이 뿌라나 전통으로 확대되었고 그 안에서 역사의 사실적 성격은 사라지고 신화의 성격이 강화되면서 전체적으로 고대 인도에는 역사 인식이 희박하게 된 것이 사실이다. 그런데 인도와 동일한 문화권에 속한 스리랑카에서는 분명한 역사 인식을 독자적으로 발전시켜 나갔고, 그에 의거한 『마하완사』(*Mahavamsa*, 大史), 『디빠완사』(*Dipavamsa*, 島史), 『쭐라완사』(*Chullavamsa*, 小史)라는 연대기를 생산해 냈다. 이들은 기본적으로 종교적 이야기체[3]로서, 『디빠완사』는 테라와다(Thervada) 불교의 연대기를 많은 신화, 전설과 함께 역사적 사실로 개략한 것이고, 『마하완사』는 같은 내용을 더욱 충실히 보완한 것이며 『쭐라완사』는 여기에 부록 식으로 나중에 추가된 것이다. 『디빠완사』와 『마하완사』는 모두 앗타까타(Atthakatha)라는 작품을 기초로 하여 편찬되었는데, 앗타까타는 『디빠완사』와 『마하완사』가 편찬된 당시는 존재한 것으로 보이나 현재는 유실되고 없다. 『디빠완사』는 편찬자는 알 수 없으나 4세기 초부터 5세기 초 사이에 편찬된 것으로[4] 추정되고, 『마하완사』는 승 마하나만(Mahanaman)이 518년 약간 이전에 편찬한 것[5]으로 추정된다. 이 가운데 사서로서 충실성과 일관성은 『마하완사』가 가장 돋보인다.

인도에서 발달하지 못한 사서가 왜 같은 문화권인 스리랑카에서는 발달하였을까? 그것이 형성된 사회 정치적 배경은 무엇이고 그로 인해 이루어진 사관의 성격은 어떠한가? 이러한 것들이 이 글의 우선 관심사이자 첫 번째 집필 의도이다.

지금까지 인도-스리랑카의 역사 전통에 관한 연구는 활발히 이루어지지 않고 있다. 그것은 기본적으로 인도에서 연구 대상 즉 힌두교 사서의 부재 때문이라고 말할 수 있을 것이다. 하지만 적어도 스리랑카의 사서와 그 역사관에 관해서만큼은 많은 연구자들의 관심을 끌기에 충분하였겠으나 생각보다는 그렇게 활발하게 이루어지지 않고 있다. 스미스(V .A. Smith)는 『마하완사』를 비롯한 이들 사서의 출처를 믿을 수도 없고, 기본적인 사료의 배치에도 큰 문제가 있어 아예 사료로서 인정을 하지 않았고 그래서 자신의 연구 자료로 활용하지 않았다[6]고 했고, 케른(E. Kern)은 이 사서들을 세일론 교단의 역사에 매우 중요한 자료로만 가치를 인정했고, 연대기로는 데와남삐야띳사(Devanampiyatissa) 이후 혹은 그 훨씬 후대에만 유용할 뿐이다[7]고 했다.

스미스 경우는 역사를 '현재의 이해와 미래의 설계를 위한 과거의 이용으로서 도구'로 해석하는 실용적 역사관을 가진[8] 그리스-로마 중심의 세계관을 바탕으로 역사를 기술하였기 때문에, 그리고 케른의 경우는 '역사'는 유럽 고유의 것이고, 동양의 것은 신화와 전설이라는 방식의 오리엔탈리즘(Orientalism)에 입각한 시각을 가지고 있었기 때문에 불교의 역사관을 인정하지 않거나 그 의미를 애써 절하하고자 하였던 것으로 보인다. 반면 라이스 데이빗스

(Rhys Davids)는 스리랑카의 사서를 후대 영국이나 프랑스에서 저술된 그 어떤 사서에 비해 손색이 없다[9]고 했는데, 이는 낭만주의에 입각한 초기 동양학자들이 인도 문화를 동경하는 입장에서 불교의 역사관을 학문적으로 분석하지 않은 채 미화하였기 때문에 나온 비학문적 평가다. 결국 20세기 초기 대부분의 연구자들은 스리랑카 사서의 역사 인식에 대해 별다른 관심을 보이지 않았다. 그래도 이들에 대해 나름대로 과학적 분석을 시도한 것이 있다면, 가이거(Wilhelm Geiger)의 『마하완사』 번역본[10]의 서문(introduction) 정도밖에 없다. 가이거는 그 안에 실려 있는 내용의 역사적 진위 파악을 시도함으로써 사서 분석의 초석을 닦았다.

가이거 이후 오랫동안 불교 사서에 관한 연구는 이루어지지 않고 있다가, 1960년대 독일과 미국을 중심으로 몇몇 연구들이 나오기 시작했고 이로 인해 불교 역사관에 대한 연구는 상당한 진전을 보이고 있다. 이 가운데 베헤르트(Heinz Bechert)의 스리랑카 사서는 싱할라-불교 민족주의와 불교 부흥 운동의 산물로서 정치 이데올로기 역할을 한 것[11]이라는 주장이나 클리포드(Regina T. Clifford)의 스리랑카 사서가 담마디빠(Dhammadipa, 法島) 전통의 모델로서, 역사적 사실보다는 역사적 의의로 의미가 크다[12]는 주장은 분명 불교 역사관에 대한 연구가 진일보한 것임에는 의심의 여지가 없다. 하지만 이들 또한 논의를 불교 역사 전통의 성격 규정에 둠으로써 불교사관의 역사성으로서 본질이라는 새로운 인식으로 전환을 기대하기에는 미흡한 점이 많다.[13]

반면에 우리나라 불교사관에 관한 연구는 상당히 활발하게 전개되어 왔다. 그것은 일차적으로 우리 역사학계에서 『삼국유사』가 사료로서 차지하는 지대한 위치 때문일 것이다. 이는 최남선이 "삼국유사는 조선 고대사의 최고 원천이며 일대백과전림으로 일연(一然)의 공은 서방의 헤로도투스에 비할 것"[14]이라고 한 바에서 잘 알 수 있다. 이러한 맥락에서 『삼국유사』의 사서로서 의의나 그 역사 전통에 관한 연구는 활발하게 진행되고 있지만 그 원류인 인도의 역사 인식 특히 불교 역사관에 관한 연구는 제대로 이루어지지 않고 있다. 대부분이 우리 고대 · 중세 역사의 특수성 속에서 『삼국유사』만을 중심으로 하여 연구하거나, 조금 범주를 넓혀 중국의 『高僧傳』 등과 관련하여 연구한 것이 대부분이다. 특이한 연구로 일부 서양 학문의 개념을 이용하여 분석을 시도했거나[15] 혹은 『삼국사기』와 비교를 통해[16] 혹은 불교 문화와의 관련하에서[17] 이해하려 한 것 정도다. 이러한 연구 방법을 통해서는 『삼국유사』에 나타난 역사 인식의 본질을 파악하는 데 상당한 한계를 드러낼 수밖에 없다.

이러한 한계를 극복하고 『삼국유사』의 불교사관을 제대로 이해하기 위해서는 그 원천 격인 인도의 역사 전통과 스리랑카의 불교 사서에 나타난 불교 역사관을 우선 연구하거나 양자를 연계하여 연구하는 것이 옳을 것이다. 이 글은 이러한 취지와 방법으로 『삼국유사』에 나타난 불교사관의 본질을 해결해 보고자 하는 한 시도이다. 이를 통하여 『삼국유사』에 나타나 있는 불교사관의 더 본질적인 성격과 내용을 분석함으로써 그동안 이루어진 연구 가운데 오류를 지적하고, 이를 토대로 앞으로 『삼국유사』의 사서로서 성격과 그 사관의 연구에 또 하나의 논쟁거리를 제공해 보고자 하는 것이 이 글의 두 번째 집필 의도이다.

따라서 이 글은 불교의 역사 인식을 보편사적인 인식 체계하에서 이해하고자 하는 것이다. 그래서 일차적으로 『마하완사』에 나타나는 불교 역사관의 체재, 성격, 의의 등을 분석하고 그것을 『삼국유사』에 연계시키고자 한다. 이 과정에서 『마하완사』와 『삼국유사』의 역사 전통 대조를 통해 지금까지 이루어진 『삼국유사』의 사학사적 연구에 관한 것들 가운데 발견되는 여러 문제들을 지적, 비판함으로써 『삼국유사』에 나타난 불교의 역사관 연구에 관한 더 근본적인 문제를 해결해 보고자 한다.

2.

고대 힌두들에게는 우주와 사회에 관한 보편법의 권위가 국가 혹은 민족에 관한 권위보다 우선적이었다. 그들에게는 민족의 유래나 그 역사, 왕조의 계보 등은 관심거리가 되지 않았고, 다만 개인과 사회를 규정하는 보편법 체계만이 그 관심의 대상이었다. 따라서 왕의 법과 권위가 이 보편법에 종속되는 것은 당연하다.[18] 그들의 세계관에 따르면 우주 세계와 나란히 사회 질서는 영원히 존속하는 것이지만, 개인의 생명은 무한 시간 속에 반복되는 여러 생명 가운데 하나이기 때문에 그 구체적이고 사실적인 의의가 부족할 수밖에 없다. 이러한 그들의 사회관은 이상적 사회 질서의 설정과 그것의 항구적 유지 노력으로 귀결된다. 따라서 이는 집단 중심의 도덕과 명분의 추구를 통한 행위의 합리화이고 결국 브라만 지배 이데올로기로[19] 널리 자리 잡아 왔다.

이러한 이유로 고대 인도에서는 그것이 힌두교든 불교든, 종교 권위에 대한 왕의 통제는 비교적 적은 편이었고 특히 기세의 원리로 모인 초기 불교의 승가는 국가와 특별한 관계를 형성하지 않는 것이 종교 · 사회적 원칙이었다. 고대 힌두의 역사 전통에서 사회에서 행위자는 실제로는 인간이지만 선인(仙人)이나 신의 이름으로 나타나고 그러한 행위들은 성스러운 구조 속에 표현되는 것은 다 이런 맥락에서였다. 따라서 과거의 일은 전형적인 신화로 표현되고 그 신화가 다루는 행위는 사실성보다는 당위성의 의미를 가지면서 정당성이나 규범성의 의미를 우선적으로 가지게 되는 것이다.

고대 힌두의 시간 개념은 이러한 관점에서 해석해야 한다. 그것은 전형적인 순환의 개념으로 이루어져 있는데, 하나의 마하유가(Mahayuga, 宇宙紀)는 끄리따(Krita), 뜨레따(Treta), 드와빠라(Dvapara), 깔리(Kali) 네 유가(紀)로 이루어지고, 현재 우리가 살고 있는 마지막 기(紀)인 깔리 유가가 파괴되면 한 기가 끝나고 또 새로운 기가 반복 순환한다. 이는 궁극적으로 자연의 생성, 죽음, 소생이라는 대우주 개념이 소우주 즉 사회 변화의 개념으로 발전하는 것을 의미하는 것인데 궁극적으로 인간 세계가 이상 사회에서 도덕 타락의 사회로 변함을 의미하는 것이다. 이 시간 개념은 결국 종교적 구세관과 연결되어 악의 존재—화신의 현현(顯現)—악의 징벌이라는 순환적 섭리론으로 자리 잡는다. 시간을 한정적이고 진보적인 것으로 파악하지 않았던 고대 힌두들은 결국 연대와 인물이 구체적이고 확실하게 나타나는 사서를 저술하지 않았다. 그들의 이러한 시간 개념 속에서는 역사가 신화에 섞이는 전통이 발전할 수밖에 없고 그것은 신화와 전설로 가득 찬 서사시로 발전할 수밖에 없었다.

그 안에서 고대의 힌두는 인간 행위를 산문의 형식을 통해 사실을 직접 묘사하는 것이 아니라 운문 형식을 통해 예술적이고 비유적으로 표현하였다. 정확한 연대라든지 사건의 전후 순서, 구체적 인물과 장소의 적시 같은 것은 그들의 세계관에서는 아무런 의미가 없는 것이었다. 역사의 주인공은 인간이 아니라 신이고, 현실의 역사는 신에 의해 계획된 영원의 세계로 진행하는 극히 하찮은 한 부분일 뿐이다. 따라서 그들은 보편법적 당위성을 강조하기 위한 종교적 목적 아래에서 많은 부분을 예술적 상상력과 상징을 동원하여 행위를 미화시킨다. 이것이 그들의 '합리'이고, '역사' 인식의 중심이다. 결국 신화나 서사시를 역사의 한 원형(原型)으로 간주하지 않는 한, 고대 힌두 '역사'관은 엄밀한 의미의 역사와는 다르다고 할 수밖에 없는 것이다.

이러한 역사 전통에서 크게 벗어나 있지 않으면서도 스리랑카에서만은 『디빠완사』와 『마하완사』라는 사서가 편찬되었다. 이들은 모두 인간의 사회적 행위에 대해 분명한 시간과 장소 그리고 인물을 구체적으로 나타내고 있고, 또 과거의 사실들을 변화라는 관점에서 기록하고 있다. 『마하완사』는 서른일곱 개의 장(章)으로 이루어져 있는데, 부처가 스리랑카에 온 '기이(奇異)'의 사건을 시작으로 하여 역사를 기록하였다. 이후 인민들이 선출한 최초의 왕 마하삼마따(Mahasammata)부터 시작되는 부처 가계(家系) 왕들의 내력을 기록하고, 부처가 대열반을 이룬 후 세 차례 불전 집성이 일어난 사건들을 기록한다. 그리고 스리랑카 국조(國祖)인 비자야(Vijaya)가 인도에서 건너와 건국하는 사건, 불교가 인도에서 아쇼까(Ashoka)를 통해 스리랑카에 도입되는 사건, 그리고 따밀(Tamil)족의 세 차례에 걸친 침입을 불력(佛力)에 의지하여 격퇴하고 통일을 이루는 둣따가마니(Duttagamani)왕의 치적과 호법 정책 등을 중요하게 담고 있다.

이러한 역사 인식이 왜 유독 스리랑카에서만 발전한 것일까? 이 문제를 해결하기 위해서는 스리랑카와 인도와의 지정문화학적 관계를 우선적으로 살펴보아야 한다. 이에 관해서 스리랑카는 문화적으로 인도 영향을 어느 정도 받아 왔으며, 인도의 정치적 상황에 어떻게 그리고 얼마나 영향을 받아 왔는가의 문제를 주로 고려해야 할 것이다. 특히 기원 후 영역 국가가 발생하면서 패권 다툼을 벌이던 남부 인도 특히 따밀의 국가는 스리랑카에 어떠한 정치적 압박을 가했으며 스리랑카 사람들은 외부의 영향력에 어떻게 대응했는가를 주로 고찰해야 한다.

남아시아와 동남아시아에 힌두 문화가 많은 영향을 끼친 것은 널리 알려진 사실이다. 특히 그 가운데 『라마야나』는 태국, 미얀마, 인도네시아, 캄보디아 등 많은 나라들의 권력의 정당화, 법체계, 사회 조직 등에 큰 영향을 끼쳐 고대 국가의 형성과 발전을 크게 도왔다. 그런데 인도와 가장 가까이 있는 스리랑카는 상대적으로 힌두 문화의 영향을 적게 받았다. 『라마야나』가 민담으로 존재하기 때문에 문화적 영향력을 전혀 인정하지 않을 수는 없겠으나, 적어도 힌두 문명에서 차지하는 가부장적 사회 유지와 국가의 통치권 유지를 위한 지배 이데올로기이며 문헌 서사시인 『라마야나』는 존재하지 않았다.

이는 고대 스리랑카 지배층들이, 정치 이데올로기 차원에서는, 반(反)힌두적 태도를 취했기 때문이다. 그것은 그들의 나라가 남부 인도와 인접해 있어 항상 정치적으로 대립 관계에 있었기 때문이라는 사실에서 비롯한다. 그들은 기술과 문명의 관점에서 볼 때, 대륙으로부터 멀리 떨어져 있어 자신들에게 문명을 전달해 준 남부 인도보다 항상 문명의 발전이 느리게 진행되는데다가 그들과 지리적으로 접해 있기 때문에 그들의 잦은 침략을 받아 왔다. 따라서 스리랑카 입장에서는 남부 인도의 침략에 항거하는 속에서 국가의 발전을 꾀하였음은 의심의 여지가 없다.

그래서 스리랑카는 남부 인도와는 달리 힌두교가 민간 신앙으로나 정권 이데올로기로 중요한 위치를 차지하지 못했고 그 자리를 불교가 차지했던 것이다. 종교적으로 볼 때, 따밀 지방에서 쉬바가 힌두 최고 신의 위치를 차지한 반면 스리랑카에서는 그 위치를 비슈누가 차지하고 있다는 사실이나 불교의 경우 인도 남부에서 후대에 크게 성행한 대승불교가 스리랑카에서는 받아들여지지 못한 사실은 이런 맥락에서 해석되어야 할 것이다.[20] 그러다 보니 고대 인도에서는 국가 권력이 일정 부분 종교 권위로부터 떨어져 존재하고 있었고 그런 연유로 아르타샤스뜨라와 같은 세속 권력에 관한 이론이나 학문이 따로 발달할 수 있었지만 스리랑카 경우에는 권력과 종교의 관계가 이와는 다른 방향으로 전개해 갈 수밖에 없었다. 스리랑카에는 카스트로 인한 사회 분화가 인도와 같이 이루어지지 않았고 이에 세속과 종교가 따로 독립 이론을 만들 수 없었으니, 모두 초기 불교 이데올로기 안에서 종합되었다.

여기에 초기 불교가 힌두교 전통에 비해 더 강한 사회 행위에 대한 합리적 인과관을 가지고 있었다. 이로 인해 힌두 역사 전통보다는 진보적이고 초기 불교의 개화, 발전, 포교와 같은 더 적극적인 사회 변화에 관한 전통을 가지고 있었다는 점도 중요한 역할을 하였다. 또한 힌두교 전통과는 달리 불교 자체가 교단-종파 중심으로 전개되는 종교이면서 구체적 역사 인물 중심의 종교이기 때문이라는 사실도 중요한 역할을 하였다. 이로서 교단과 종파의 기록을 중시하게 되고 이것이 기록의 전통으로 발전하면서 독자적인 불교의 역사 인식이 발달하게 된 것이다.

3.

남부 인도와 정치적으로 그리고 문화적으로 대립, 경쟁하는 역사적 상황에서 1세기경부터 보수적인 마하위하라(Mahavihara)파(派)를 중심으로 승가 정화 사업이 이루어진다. 이는 기본적으로 힌두교와 대승 불교의 영향과 그 세계관을 배척하고자 하는 것이었다. 마하위하라를 위시로 한 초기 보수 불교의 가장 대표적인 특색은 최고의 선을 '자각'에 두는 것인데 이것이 사회적으로 환원될 때 국가/민족 자각 의식이 되는 것이다. 따라서 스리랑카에서 보수적 초기 불교가 승가 정화 사업의 중심이 된 것은 반외세 침략과 내부 단합이라는 정치사적 환경의 산물인 것이다. 이로서 인도와 달리 스리랑카에서는 국가 의식이 먼저 발전할 수 있었고 그것이 역사 인식의 발전으로 이어진다.

국가 차원의 승가 정화 사업은 그 정당성을 인도 초기 불교 역사에 두었다. 그들은 그 시작을 불전 집결 사업에 두었으니, 그 역사적 사건을 『마하완사』 전체 서른일곱 개의 장 가운데 세 개의 장에 걸쳐 싣고 『마하완사』의 시작을 세 차례의 불전 결집에 둔[21] 사실을 통해 잘 알 수 있다. 또한 승가 정화의 정당성을 교묘한 역사적 사실의 왜곡을 통해 아쇼까와 연계시켰다. 실제로 역사상의 아쇼까는 불교와 같은 특정 종교만을 후원하지도 않았고 불교만을 국가 종교로 공인하는 일은 결코 행하지 않았다. 그는 최초의 통일 제국 군주로서 기득권 세력의 견제를 위해 불교나 자이나교 등 비브라만교에 대해서는 물질 기부를 통해 후원하고 상대적으로 브라만교에 대해서는 담마(dhamma) 정책을 통해 제사 금지를 선포하였고 이를 통해 그들을 통제하였다. 아쇼까의 '담마'는 인도의 특정 종교의 사상이 아니라 모든 종교에 보편적으로 통용되는 사상이다. 그는 '담마'를 통해 모든 인민의 국가적 단합과 사회 질서 유지를 도모한 것이다. 따라서 역사상의 아쇼까는 승가 통제를 시도하지 않았고, 다만 브라만교를 위시로 한 전체 종교 집단의 행위를 통제하였을 뿐이다. 그런데 이것을 『마하완사』의 저자는 승가 통제로 규정하였고 이후 아쇼까는 『마하완사』를 통해 불교만을 보호하는 이상적 호법 군주로 자리 잡았다. 이러한 『마하완사』의 아쇼까에 대한 새로운 성격 규정이 불교의 역사 인식에서 가장 중요한 호불 전륜성왕의 모티프로 결정되어 불교 전파와 함께 아시아 각국과 한국에 전파되었다.

『마하완사』는 부처의 전기부터 시작함으로서, 전 세계는 부처의 의지에 의해 움직이고 그 부처의 의지를 대행하면서 인간을 지배하는 자에 의해 역사가 만들어진다는 것을 역사의 전형으로 삼고 있다. 이러한 전형적인 영웅 사관에 입각해 모든 의미 있는 사건이나 행위는 부처 그리고 아쇼까와 연계된다. 이것은 때로는 '부처', '아쇼까'와 직접적으로 연계되기도 하지만 때로는 그들과 관련된 상징으로 표현되기도 한다. 『마하완사』에서 중요하게 유형화되는 상징들을 보면, '부처'와 관련된 것으로 보리수, 불사리(佛舍利), 불아(佛牙), 불탑(佛塔), 불좌(佛座), 불족(佛足), 법륜(法輪), 나가(naga, 蛇),[22] 삼보(三寶) 등이 있고, '아쇼까'와 관련된 것으로는 무력 정복, 담마(佛法)에 의한 정복, 태자 마힌다(Mahinda), 전륜성왕, 다른 전륜성왕과의 교류, 백성들에 대한 연민 등이 있다.[23]

『마하완사』에서 영웅은 불법의 확장 혹은 호법이라는 대의 명분만 가지고 있으면 항상 선악의 피안에 존재할 수 있고 그 대의명분하에서 그가 사용하는 수단과 목적은 하나이고 서로를 정당화시켜 준다. 따라서 『마하완사』에서 설정한 호법이라는 목적이 실현된다면 그가 어떠한 수단을 사용하든 모두 정당성이 있는 것이다. 불법의 확장을 위해서라면 불교의 근본 교리와 배치되는 전쟁, 살인, 배신 등의 행위도 정당화되는 것이다. 『마하완사』에 나타나는 아쇼까의 깔링가 정복, 둣따가마니의 남부 인도 따밀과의 전쟁과 스리랑카의 통일 전쟁 등이 대표적인 예이고, 『삼국유사』에 나타나는 진흥왕의 삼국통일 전쟁, 법흥왕의 이차돈 살해[24] 등이 이러한 예에 속할 수 있다. 이를 통해 우리는 『마하완사』와 『삼국유사』는 모두 불교가 지배 이데올로기였던 통일 전쟁 당시에 이러한 불교의 역사 인식이 사회에 팽배하고, 군주들이 이를 기반으로 그러한 행위들을 불법의 이름으로 정당화했던 시대에 마하나만과 일연이 그와 관련된 사실들을 집성하여 사서로 남긴 것임을 알 수 있다.

불법의 확장을 위해 불교의 종교적 전통을 무시하는 행위 그리고 그것을 불교적 세계관으로 정당화시키는 인식 체계는 서사시로밖에 이루어질 수 없으니 서사시라는 것은 곧 궁극적으로 영웅의 이야기이기 때문이다. 서사시는 비이성적이면서 물질적 인과 관계를 무시하거나 초월하는 체계로 짜여진다. 따라서 이는 철저한 역사적 사실의 확인에 기반을 두는 것보다 과장과 상징을 동원하여 역사적 의의를 수립하는 것에 더 의미를 둔다. 이는 인간의 행위가 궁극적으로 불교적 세계관의 합리성 즉 인과응보 법칙에 따라 규정된다는 것을 의미한다. 이에 의하면 현재의 행위는 과거의 결과이면서 동시에 미래의 결과를 잉태하고 있다. 따라서 이러한 역사관 안에서는 이성적인 태도보다는 감성적 체험으로 세계의 본질을 파악하는 직관을 중시하는 태도가 중요하게 인정된다. 이는 곧 신비주의와 직결되는데 결국 이 창조적 신비가 역사 원동력이 되고 이 전통이 『마하완사』와 『삼국유사』의 기본 태도가 된다. 이러한 맥락에서 이기백 교수가 주장하는 바, 도덕의 선악과 정치의 흥망을 직결시켜 생각하는 좁은 안목의 도덕적 합리주의 사관에 대한 비판이란 점에서 『삼국유사』와 근대 사학은 궤를 같이하고 그 가운데 특히 낭만적인 근대사학에서 높이 평가되었다[25]는 것은 일부 재고해 보아야 할 것이다. 『삼국사기』가 도덕의 선악과 정치의 흥망을 연계시킨 것이라면 『삼국유사』도 다를 바 없이 도덕의 선악과 정치의 흥망을 연계시킨 것이다. 다만 다른 것이 있다면 그 도덕과 선악에 대한 기준과 합리성을 뒷받침해 주는 논리가 『삼국사기』의 유교적 세계관과 다른 불교적 세계관이라는 사실이다. 따라서 이 교수가 『삼국유사』를 '낭만적 근대사학'과 견주어 평가한 것은 합당하다고도 볼 수 있겠지만, 『삼국유사』를 '비합리주의를 정면으로 표방하고 나선 역사서'[26]라고 규정하는 것은 '불교적 합리주의를 정면으로 표방하고 나선 역사서'로 수정되어야 할 것이다.

불교적 합리주의를 기반으로 하는 불교적 역사 인식이 호법 개념과 조화를 이루면서, 선민 의식,[27] 팽창주의,[28] 전쟁의 수행[29] 등이 역사 기록의 중요한 잣대가 된다. 그리고 그것을 이끌어 나가는 영웅의 숭배는 종교적으로 승화한다. 그래서 이 역사관에 의해 기술된 사실은 액면대로 검증이 가능하지 않을뿐더러 검증을 하려 해서도 안 되는 것들이 많다. 이러한 역사에서 우리가 읽을 수 있는 것은 다만 그들이 사실을 왜 그리고 어떻게 왜곡했는가를 찾는 것일 뿐이다.[30]

이러한 것이 고유의 불교 역사 인식의 전형을 이루면서 모든 행위들을 유형화한다. 따라서 윤회 세계의 인과응보 법칙에 대해 의미 있는 행위를 담고 있는 사실만이 사료로서 보존의 가치가 있을 뿐이다. 편찬자는 이러한 자신의 역사관에 의거하여 사료를 의도적으로 선택하거나 왜곡, 과장 혹은 상상을 통해 사료를 편찬한다. 따라서 이러한 문헌은 역사성보다는 문학성이 강하고 그 안에서 역사는 신화와 전설로 전환된다. 그리고 그것은 교훈주의를 바탕으로 깔고 있다. 『삼국유사』 도처에 인민들의 이야기가 실려 있는 것은 바로 그 불교적 세계관에 합당하고 가치가 있는 이야기를 인민들의 삶에서 많이 찾을 수 있기 때문이다. 『삼국유사』에 인민들의 설화가 많이 담긴 것을 민중적[31]으로 해석해서는 안 되는 이유가 바로 여기에 있다.

이러한 교훈주의에 따른 역사관에 따라 형성된 신화는 항상 '숭고한' 희극이고, 그 안에서 현상은 선과 악의 극단적 이항 대립의 구조로 형성된다. 『마하완사』에는 불교 내의 이질적 요소 축출과 승가 정화 사업, 따밀과의 싸움 등이 『삼국유사』에는 불교와 무교의 주도권 싸움, 삼국 간의 투쟁 등이 그 주요 내용을 이루고 있다. 악은 『마하완사』에서는 약카(Yakkha, 夜叉) 등으로 『삼국유사』에서는 독룡 등으로 상징되고 악의 극복은 『마하완사』에서는 부처의 이적(異蹟)으로 『삼국유사』에서는 불교의 삼보로 이루어지며 선을 보호하는 자로는 각각 나가와 용이 그 역할을 하니 모두 동일한 성격을 지닌 존재가 문화권에 따라 달리 표현된 것일 뿐이다.

이러한 불교적 역사관은 현재를 과거, 미래와 연결시키는 확고한 종교적 진보 개념에서 설정된 것이다. 그들은 이 세계가 '태초의 시작 → 난관 → 영웅의 도래' 삼 단계 플로트로 구성되어 있다는 신학적 신념을 현실 역사 속에서 구체화시켰다. 이는 초기 불교의 정법 → 상법 → 말법의 현실적 시간 개념이 '전륜성왕의 도래'라는 이상적인 시간 개념으로 전환된 것이다. 이로서 인민들은 '영원한 제국'에 대한 신념으로 인해 현재의 사건들과 그 역사적 실체에 관심을 두지 않게 된다. 그 안에서 모든 현상들은 초월 시간적이고 불변적인 신성(神性)의 이름으로 종합화된다. 부처라는 역사적 인간으로부터 역사가 시작하여 전륜성왕에 가서 일단 종결한다는 개념은 '도덕 타락'과 '천국 도래'라는 개념을 가지는 기독교적 역사관과 상당 부분 공유한다. 그것이 갖는 역사성의 한계는 분명하겠지만, 직선적 시간 개념으로 인해 역사의 진행에 연속성을 부여하고 그 안에서 연대기적 기술과 시대 구분이 가능할 수 있다는 점은 긍정적으로 평가받을 만하다.

이러한 구조 안에서 특정한 역사적 연대는 신화 속에 나타난 영웅의 시간과 관련하여 형성된다. 『마하완사』에서는 국조 비자야가 스리랑카로 건너온 시간을 부처가 대열반에 들어갈 때와 일치시켰고,[32] 스리랑카에서 처음으로 불교를 수용한 때는 아쇼까가 불교로 개종한 때로 되어 있으며[33] 불교를 수용한 왕의 이름 또한 아쇼까의 원래 이름인 '데와남삐야'(Devanampiya)를 따 데와남삐야띳사라 하고, 그 이름을 아쇼까로부터 왕명으로 받으면서 왕위 즉위식을 재차 거행하는[34] 것으로 나타나고 있다. 『삼국유사』에 진흥왕을 아쇼까와 동시대로 놓고 그로부터 사신(私信)을 받는다거나,[35] 부처 사후 100년 만에 아쇼까가 재위에 올랐다거나,[36] 원종흥법(原宗興法) 시기를 눌지왕 때로부터 100년이 된다고 하는[37] 따위도 바로 이러한 영웅과의 시간 일치 작업의 일환이다. 이러한 것은 실제 역사상 시간과는 전혀 관계없는 상징에 의한 견강부회의 표현일 뿐이다. 부처가 대열반에 들어간 직후 100년 만에 제1차 불전 결집이 이루어지고,[38] 제1차 결집이 이루어진지 100년 후에 제2차 결집이 이루어졌다거나,[39] 불법은 부처가 대열반에 들어간 후 500년간 지속되리라[40]고 하는 것은 모두 이러한 시간 관념의 표현이다.

이러한 것은 시간은 영웅을 중심으로만 전개되고 그 원초적 시간으로 회귀하는 행위만이 역사적 의미를 지닌다는 영웅 신화의 전형적 표현이다. 『마하완사』에 나타난 스리랑카의 시초를 부처의 내도(來島)로 시작하는 신화와 『삼국유사』에 나타난 신라의 시초를 가섭불과의 인연으로 두는 신화, 단군 신화의 환인을 제석천으로 해석함으로써 한국사의 시초를 불교와의 인연으로 두는 작업과 같은 것은 원초적 시간으로 회귀를 꾀하는 것이고 또한 넓은 의미에서 영웅의 시간과 일치 작업의 하나이다. 이것이 결국 『마하완사』에서는 담마디빠(法島) 전통으로 『삼국유사』에서는 불국토 전통으로 귀결된다.

담마디빠와 불국토의 전통에서 가장 두드러진 것으로 국가 시조 신화, 전륜성왕 설정, 전륜성왕과 아쇼까와 연계, 고승 열전 특히 국가주의에 입각한 고승들의 활약 중시, 사찰 · 탑상 연기 설화, 재가 신자 공덕 설화, 국가의 승가에 대한 물질적 후원 등이 주요 내용을 이루고 있다. 『마하완사』와 『삼국유사』에는 이에 관한 예가 숱하게 나와 있다. 이러한 많은 요소들은 모두 국가주의로 귀결된다.

국가주의에서 가장 두드러진 현상은 전륜성왕과 군인형 승려의 두드러진 역사적 역할이다. 스리랑카 경우나 신라의 경우 모두 통일 전쟁 수행 당시 둣따가마니와 진흥왕이 전륜성왕으로 승화하였고 둘 다 모두 인도 아쇼까와 비견되었다. 아울러 『마하완사』와 『삼국유사』에 정치에 깊이 개입하는 승려들이 많이 기록되는 것은 이러한 '힘이 선이요 정의'인 호법의 논리에서이다. 그래서 결국 『마하완사』와 『삼국유사』에 나타나는 불교사관은 기본적으로 정치사관인 것이다. 이러한 측면에서 볼 때, 김상현 교수가, 일연의 역사 인식이 혼란한 사회와 불교계에 대한 반성에 있었고, 나아가 김부식의 사관에 반발한 것이 아닌, 김부식의 유교적 정치사관을 긍정적으로 받아들이고 있기 때문[41]이라고 주장하는 것은 동의하기 힘들다. 일연이 정치사관에 긍정적 입장을 취한 것은 김부식의 사관을 받아들여서가 아니라 불교사관도 유교사관과 마찬가지로 국가주의적이고 사회 중심적인 성격을 가지는 정치사관이기 때문인 것이다. 다만 양자가 다른 것이 있다면, 그 논리 전개 방법과 인과 관계의 합리성 추구 방법일 뿐이다.

따라서 불교 역사관에 비친 이상인은 전체를 이루는 하나의 부분으로서 역할을 하는 인간이다. 이는 분명히 반(反)인본주의적 성격을 보여주고 있다. 이러한 세계관에서는 국가적 이상과 금욕을 강조하고 그러한 대의를 위해 희생하는 개인을 종교적으로 미화한다. 따라서 불교 근본 원리인 '자각'을 위한 개인의 지성이나 지혜 등에 대해서는 철저히 무관심한 태도를 취하고 있다. 이를 개인적으로 환원하면, 불교의 근본인 지혜를 추구하는 인간보다는 의지를 지향하는 인간을 중시하는 것이 된다. 중국의 의정(義淨)이 편찬한 『高僧傳』에도 언급이 된 많은 인도 구법승에 관해서는 언급이 없고, 당(唐)에 수학을 갔다가 통일 전쟁을 위해 수학을 포기하고 중도에 귀국한 자장(慈藏)이나 의상(義湘) 등에 관한 기록이 더 많이 나타나고 중시되는 사실이나 혜초(慧超) 등에 대한 기록이 무시된 사실이 이에 속하는 좋은 예이다. 『삼국유사』의 여러 설화 속에서 원효가 자장에 비해 실패한 인간으로 묘사된 것도 이러한 차원으로 해석할 수 있을 것이다. 결국 불교 역사에서 이상적 역사인은 국가에 대해 종복(從僕)으로 충성을 보이거나 불법이라는 이름으로 승화된 승가에 대해 헌신을 하는 자이다. 여기에서 관념적이고 비현실적인 인간 형태와 이데올로기는 배척하고, 국가 중심의 효율적인 사회 건설을 지향하는 것이 불교 역사관이 추구하는 중요한 목표가 되는 것이다. 그 안에서 그는 개인이 불국토라는 국가와 사회의 전체를 위한 부분에 지나지 않음을 역설하고자 했던 것이다.

『마하완사』와 『삼국유사』에서 가장 중요하게 다룬 종교 현상은 정토교와 같은 이상주의 종교와 관련된 것 또한 이런 맥락에서 고찰되어야 한다. 이상주의 종교 안에서 재가 신자와 신의 관계는 백성과 국가의 관계로 환원된다. 여기에서 궁극적으로 신에 대한 복종과 신으로부터 은혜를 받는 것이 국가와 사회를 지탱하는 중심 사상으로 자리 잡는다. 이는 정치, 사회, 경제적 신분에 관계없이 아무나 신에 귀의하고 그를 숭배함으로써 구원의 경지에 도달할 수 있다고 함으로써 인민들로 하여금 현실을 포기하고 구원의 길을 찾을 수 있게 하였고 나아가 전통적 사회 계급 체제를 더욱 공고히 하게 했다.

따라서 이러한 종교는 인민들의 사회 · 경제적 핍박의 상황과 잘 조화를 이룬다. 정치 관계로 볼 때도 이상주의가 표방하는 인간의 신에 대한 복종 이데올로기는 왕과 봉건 영주(혹은 그와 유사한 성격의 토착 세력) 그리고 그들과 백성들의 충성 관계와 잘 조화를 이룬다. 지배자들은 이상주의 이데올로기야말로 서로 다른 계급이나 계층 간의 갈등을 하나로 묶을 수 있는 역할을 할 수 있기 때문에 이러한 종교 행위를 통치권 차원에서 적극 장려하였다. 통일 신라에 널리 퍼진 정토 신앙과 승가에 대한 국가 차원에서 물질적 후원은 이러한 국가주의에 입각한 사회 안정 유지 차원에서 해석하여야 할 것이고 이것이 당시의 불교적 세계관에서는 가장 합리적인 현상으로 받아들여졌던 것이다. 『삼국유사』의 「奇異」, 「塔像」 등에 나타나는 많은 불교 설화는 물론이고 「神呪」에 나타나는 밀본(密本), 혜통(惠通) 등의 신유(神癒)의 이적(異蹟)이 널리 기록된 것 또한 이와 같은 신에 대한 복종 이데올로기 확산 차원에서 해석해야 할 것이다. 따라서 이러한 많은 설화들은, 표현 차이는 있겠지만, 사건 존재의 본질만을 보면 불교의 역사 인식이 팽배해 있던 당시에 널리 확산되었던 것으로 보아야 할 것이다. 이렇게 중대한 역사적 의미를 담고 있는 사료들을 몽고 침입이라는 국가주의의 위기를 맞고 있던 일연의 입장에서는 사장하고 싶지 않았을 것이고 이것이 결국 그에 의해 『삼국유사』에 집대성된 것이다. 결국 일연은 국가주의 깃발 아래 백성 통제 차원에서 보수 이데올로기를 역사의 전형으로 삼은 것이다. 이러한 차원에서 볼 때 김태영 교수가 『삼국유사』가 권력의 독선과 야만인 이민족의 횡포에 저항하는 전통적인 자주와 인간 회복을 역설하고 있는 것[42]이라는 주장은 불교사관의 본질을 이해하지 못한 것이기 때문에 동의할 수 없다. 김 교수 의견과는 정반대로, 『삼국유사』는 국가 권력에 충성하고 전체주의적 사회 형성에 개인의 자주와 인간성을 희생하는 불교 세계관을 고취하기 위한 것이다.

효가 불교 역사관에서 중요한 개념이 되는 것 또한 이러한 맥락에서 이해해야 한다. 『삼국유사』의 저자 일연이 효의 문제를 중요하게 다룬 것도 효가 불교에서 중요한 사회 질서 유지 역할을 담당하기 때문이다. 불교는 초기부터 효를 기세와 함께 가장 중요한 두 가지 주제로 취급하여 왔다. 우리는 부처가 득도를 한 후 맨 먼저 자신의 부모를 교화하기 위해 환향하여 이적을 행한 설화를 통해서도 불교에서 얼마나 효를 중시했는가를 짐작할 수 있다. 비단 자식의 부모에 대한 효뿐만 아니라 부부 간의 질서, 주인과 하인 간의 질서 등은 초기 불교에서 중요하게 인식하는 사회 관계이고, 그것은 아쇼까에 의해 국가 정책의 일환으로 적극적으로 시행되었다. 비록 『마하완사』는 『삼국유사』와 같이 독립된 한 장으로 효를 다룰 정도로 중시하지는 않았지만, 전체적으로 가족과 사회의 질서 유지는 중요하게 다루어지고 있다. 그것은 효를 중심으로 한 이러한 가족 질서와 사회 질서의 유지 이데올로기야말로 불교가 추구하는 사회의 이상적 모델에 절대적으로 필요한 실용적 개념이기 때문이다.[43]

4.

『마하완사』에 나타난 역사 인식은 기본적으로 고대 인도 힌두교 역사 전통과 기본적인 궤를 같이한다. 따라서 역사의 기본 시각은 영웅 중심이고, 희극적 서사시를 이루며 신화가 가장 중요한 표상 방법이다. 그것의 시간은 완전한 원초 상태에서 타락으로 변화하는 방향을 중심축으로 하여 전개되고, 그것이 의도하는 바는 궁극적인 원초 상태로 회복 즉 상고(尙古)와 감계(鑑戒)의 교훈에 있다. 사회 행위의 인과 관계 상당 부분이 종교적 합리주의를 기초로 하여 설정되어 있기 때문에 전반적으로 근대적 의미의 합리성에 기초를 두는 역사 인식과는 상당한 거리가 있다. 그렇지만 『마하완사』에 나타난 역사 인식은 고대 힌두의 그것과는 또 다른 면을 보이고 있다. 그것은 국가주의의 표명이다. 이는 우선적으로 스리랑카의 국내외 정치 상황과 밀접한 관련을 가지고 있다. 계속된 인도 남부 따밀의 침략 속에서 국가를 지키고 하나의 통일 국가를 형성하고자 하는 스리랑카 사람들은 그들의 국가 이데올로기를 불교에서 찾는다. 그것은 우선적으로 따밀족의 종교가 힌두교임에 반해 그들의 종교는 불교인데다가 힌두교에는 국가 의식이 발전하지 않은 반면에 불교에서는 국가 의식이 상당히 발전하였기 때문이다.

이러한 불교 역사 인식은 『마하완사』와 『삼국유사』의 공통 분모를 이루고 있다. 『마하완사』가 그 시작을 '부처의 내도'라는 기이의 기사부터 시작하여 편찬자 당시의 왕 마하세나의 치세까지 연대기적으로 기록된 반면, 『삼국유사』는 처음에 '왕력'을 싣는 체제가 『마하완사』와는 다르게 보이지만 그것은 어디까지나 형식적인 것일 뿐, 근본은 동일하다. 『삼국유사』의 '왕력'은 부록과 같은 성격일 뿐 그 중심부는 불교 주제에 맞는 신화와 설화들 가운데 역사적인 가치가 있는 것을 '유사(遺事)'한 데에 있기 때문이다.

한 가지 다른 점이 있다면, 그것은 불교 정화에 대한 양 사서 편찬자의 입장이다. 『마하완사』는 보수파인 마하위하라파를 중심으로 서술함으로써, 국가가 불교를 정화하는 일이 주요 관점이 되어 승가의 보수주의적 색채 유지가 역사 인식의 중요 관점이 되었으나 『삼국유사』에는 불교의 특정 관점을 중시하지 않고 여러 가지 관점을 모두 종합한 것이 서로 다른 점이라고 할 수 있다.[44] 그것은 스리랑카는 남부 인도 따밀과 정치적으로 대립되는 상황에서 초기 불교의 전통을 지키는 것이 곧 사회의 안정과 통합을 유지하는 것으로 인식된 반면에 고려는 몽고 침입과 무신 정권의 혼란기를 거치면서 불교계의 여러 변화가 있었지만, 일연이 활동한 당시는 선종과 교종의 융합이 상대적으로 사회의 안정과 통합을 유지하는 것으로 인식되었다. 특히 일연은 그러한 기치를 내건 수선사(修禪

社)의 계승을 표방한 가지산문(迦智山門) 출신으로 비록 그가 간화선(看話禪)에 바탕을 둔 선승이지만 그에 머무르지 않고 직간접적으로 다양한 신앙 경험을 함으로써 특정 신앙이나 종파에 얽매이지 않고 전반적인 불교 신앙을 고취하기 위한 사서를 편찬하였던[45] 사실은 주목할 만하다. 이런 점에서 김상현 교수의 『삼국유사』의 역사관이 '통(通)불교적 문화사관'[46]이라는 주장은, '문화사관'이라는 관점에는 동의할 수 없지만 '통불교적'이라는 차원에서만큼은 동의한다.

이상에서 보는 바와 같이 『마하완사』와 『삼국유사』는 불교 역사관이라는 보편적 사상 체계를 기초로 하여 이루어진 사서다. 그리고 그 불교 역사관은 기본적으로 정치사관이고 영웅사관이며 보수적 전체주의 입장을 지니고 있다. 그러한 역사적 관점은 『마하완사』가 편찬된 당시 스리랑카와 『삼국유사』가 다루고 있는 삼국(특히 신라)의 국가와 사회에 지대한 영향을 끼쳐 당시 인민들로 하여금 자신의 나라가 각각 담마디빠(法島)이고 불국토임을 인식하게 하였다. 따라서 두 사서에 담겨 있는 많은 신화와 설화는 역사적 사실들이 불교 상징과 모티프로 윤색된 것과 당시 지배층과 편찬자들이 역사적으로 추구하고자 하는 바를 불교 세계관으로 과장하거나 창조한 것들이 교묘하게 섞여 있다. 우리는 이러한 불교 역사관을 제대로 이해하여야만 『마하완사』와 『삼국유사』를 사서로 인정하고 그것들을 사료로서 올바로 활용할 수 있다.

4 가락국 허왕후 도래(渡來) 설화의 재검토
: 부산 · 경남 지역 불교 사찰 설화를 중심으로

1. 머리말

가야는 한국 고대 국가 가운데 유독 신비의 이미지로 덧칠이 많이 되어 있고, 비전문가들에 의한 연구가 눈에 많이 띄는 편이다.[1] 그런데 그러한 경향을 자세히 살펴보면, 대부분 그러한 연구들이 「가락국기」에 나오는 허왕후가 (西域의) 아유타로부터 수로에게 시집왔다는 모티프를 가지고 있는 설화를 가장 중요한 근거로 연구하였기 때문이라는 결과를 발견할 수 있다. 그렇다면 왜 가야의 건국 신화만이 인도와 관련된 모티프를 가졌고, 왜 인도와 관련 모티프를 가지고 있는 설화만이 유독 활발하게 성장 변모하면서 오늘날까지 계속되고 있는 것일까? 「가락국기」의 수로왕 신화는 수로왕이 활동하던 당대에 만들어진 것은 아니고, 상당한 부분이 가락국의 늦은 시기, 또는 멸망 후에 만들어진 설화나 지방 전승들이 불교나 인도에 의탁되어 쓰인 것일 가능성이 크다.[2] 따라서 현전하는 여러 설화에 나타나는 인도와 인연에 대한 모티프와 그 의미를 분석하기 위해서는 그 원형이라 할 수 있는 허왕후 설화의 형성 과정을 살펴보는 게 무엇보다 필요한 것이다. 허왕후 설화는 「가락국기」에 처음 등장한 이래 최근까지 다른 민속 신앙의 여러 요소들과 끊임없이 섞이면서 확대되었다. 그런데 그 과정을 보면 그것은 항상 특정 집단에 의해 주도적으로 이루어졌다. 그 특정 집단에 대한 역사적 의미 분석이 이 글의 중요한 과제 중 하나임은 이러한 맥락에서이다. 이에 대한 분석은 한국의 다른 고대 건국 신화와는 달리 허왕후 설화만 유독 왕성한 확대 재생산 과정을 거치는 이유와 직결된다. 그리고 그것은 왜 이 설화가 항상 사찰 연기 설화와 관련을 가지고 있는가와 연계되는 문제이다. 즉 이 글은 허왕후 설화의 확대 재생산 과정과 불교와의 상관성에 대한 분석인 것이다.

확대 재생산된 허왕후 설화는 1970년대 이후 일부 학자들의 무책임한 가설 남발과 검증을 거치지 않은 연구 양산 그리고 일부 언론의 무차별적인 띄우기 등의 영향으로 더 심화되었다. 비록 최근 가야사를 전공하는 몇몇 학자들에 의해 이 문제에 대한 일련의 연구 성과가 나옴으로써 그렇게 알려진 것이 역사적 사실과는 거리가 먼 후대에 만들어진 설화일 뿐이라는 사실이 지적되었지만,[3] 아동 문학가 이종기 씨 이후 매우 오랫동안 진행되어 온 '역사 만들기' 효과를 불식시키기에는 아직도 그 힘이 부족한 것 같다. 이종기 씨의 작품[4]은 김해부터 인도 아요디야(Ayodhya)까지 수많은 현지를 직접 답사하고 조사한 노작임에는 분명하지만 전적으로 아동 문학가의 상상력에 입각한 문학 창작물이다. 그런데 이 분야에 대한 역사학적 연구가 깊이 이루어지지 않은 당시 상황에서 대단히 큰 영향을 끼치게 되고 이후 상당한 기간 동안 학계에서는 변변한 반론 하나 제대로 내지 못하였다. 그러면서 그의 뒤를 이어 김해 한 병원 원장으로 있는 허명철은 허왕후가 중국의 허국(許國) 출신으로 일찍이 대월지(大月氏)가 중국에서 인도로 건너가 꾸샨국을 세우면서 그 일파가 아요디야 지방으로 이동했다가 다시 전란으로 인해 중국 내륙 보주로 이동했다가 그곳에서 가야로 건너왔다는 기상천외의 주장을 했다.[5] 또 고고학자 김병모는 허명철의 주장을 답습하고 더욱 정교하게 꾸며 신문과 방송에 적극 알림으로서 '역사 만들기'에 결정적 기여를 하였다.[6] 이후 일부 학자들은 이종기나 김병모의 가설을 아무런 검증 없이 따르는 오류를 범함으로써[7] 후대에 만들어진 설화를 그것이 다루고 있는 시기의 것으로 오해하여 설화를 역사적 사실로 인정하는[8] 경향이 널리 받아들여지는 현상이 나타나고 있다. 이 글은 이러한 취지에서 지금까지 알려진 인도와 인연을 나타내는 허왕후 설화는 역사의 변화에 따라 형성된 매우 많은 층위로 구성되어 있고, 원형의 일부 역사성을 제외하고는 대부분의 표현이 비역사적 사실의 허구임을 밝히는 것에 초점을 둔다.

이 글은 설화를 사료로 삼은 역사학적 방법론에 입각한 글이다. 그런데 설화는 형성과 전승의 과정에서 끊임없이 변모를 거듭해 왔기 때문에 그것으로부터 역사성을 추출해 내는 것은 매우 어려운 일이다. 그럼에도 불구하고 설화를 사료로 삼아 역사 재구성을 시도하는 것은 설화가 문헌 사료가 담지 못하는 어떤 특정 의미의 역사성을 보여 줄 수 있기 때문이다. 그것은 설화는 시간과 장소에 따라 성장하면서 특정 시기 특정 집단이 갖는 역사관을 보여 준다는 점에서 '사실의 역사'와 함께 '의식의 역사'를 보여 준다.[9] 이 글은 이러한 맥락에서 부산 경남 지역 인도와 관련 모티프를 갖는 사찰 연기 설화들이 형성하고 성장하는 과정을 통해 그 설화 속에 용해되어 있는 특정 시기 특정 집단이 갖는 역사관을 파악하고자 한다. 다시 말하면 이 글은 부산 경남 지역 사찰들이 인도와의 관련 모티프를 이용해 왜 그리고 어떻게 '역사 만들기'를 하였는가에 대한 것이기도 하다.

2. 허왕후 설화의 형성과 '아유타'

허왕후 설화가 실린 『삼국유사』「가락국기」는 지금은 존재하지 않는 『가락국기』를 줄여서 채록한 것이다. 그리고 그 『가락국기』는 8세기 혜공왕대의 이른바 미추왕릉 사건 이후에 김유신 가문의 후예들이 현실적 목적에서 편찬한 것으로 보이는 「開皇曆」 혹은 「開皇錄」을 참고로 하였고, 9세기 최치원이 「釋利貞傳」을 편찬하면서 駕洛國에 관련된 『가락국기』 이전에 그와 유사한 어떤 고기(古記)를 참고한 것으로 보아 8~9세기경에 형성되었을 것으로 보인다.[10] 그것을 바탕으로 『가락국기』는 고려 문종 31년(1076)경에 편찬되었다. 그리고 그 200년 후에 그 『가락국기』를 줄여서 일연이 『삼국유사』 안에 채록한 것이다.

따라서 현재 전하는 『삼국유사』「가락국기」 안에 있는 허왕후 설화에는 여러 시기를 거쳐 오면서 형성된 중국 문화, 불교 문화, 무교 문화 등의 혼합이 매우 두드러지게 나타난다. 그것은 허왕후 설화가—그 정확한 원형은 알 수 없지만—처음 만들어진 이후 그것을 바탕으로 여러 가지 문화를 만들어 내고 그것이 또 다른 설화를 확대시키기 때문이다. 설화는 일단 한번 만들어지면 그것이 또 다른 문화의 동력으로 작용하고 그로 인해 또 다른 설화가 만들어지기 때문에 그 원형을 찾기가 대단히 어렵다. 「가락국기」에 나타난 바와 같이 허왕후 도래 경로와 관련지어 민속 놀이가 만들어지거나[11] 설화 속 합혼한 곳에 왕후사를 세운 것이 좋은 예이다.[12] 일연이 「金官城婆娑石塔」조에서 주석을 통해 왕후사를 가락국 질지왕 시대와 관련을 짓고 나아가 그 일이 법흥왕 이전의 일이라고 해석한 것은[13] 그 스스로가 당시에 이미 널리 퍼져 있던 설화가 몇 개의 층으로 형성되었음을 파악하지 못했기 때문이다.[14] 요컨대, 「가락국기」에 전하는 허왕후 설화는 이미 수로 신화 원형에 후대의 여러 가지 요소들이 섞이면서 그것을 편찬한 고려 문종 시대에 가서는 이미 여러 층위로 구성되어 있었던 것이다. 다만 우리는 그 층위가 몇 개이고 각각의 층위들이 언제 만들어졌는지에 대해서는 정확하게 알 수 없을 뿐이다.

허왕후 설화의 중심 모티프는 수로왕과 결혼이다. 그런데 이와 관련하여 허왕후 정체나 그 이동 경로 혹은 합혼 과정 등이 「가락국기」에 너무나 구체적으로 나타나 있어 많은 부분이 여러 차례에 걸쳐 후대에 첨가되었을 것으로 보인다. 하지만 이 결혼 모티프가 만들어진 것은 신라 중대 시기로 보인다.[15] 그것은 이 시기에 김유신, 문명왕후 등 가야계 후손의 정치적 비중이 절정에 달하고 금관소경을 설치하였던 것으로 보아 자신들의 위상 제고 차원에서 가락국 건국 신화의 정당화 작업을 하였을 것이고 그러한 맥락에서 수로 신화를 비롯한 가락국 역사가 문자로 정착되었을 가능성이 크기 때문이다.[16] 문무왕이 즉위하면서 수로왕묘에 대한 제사를 지내라는 명을 내린 것이나, 무열왕대의 사륜계가 금관 가야계의 가계를 고양시키려 한 것[17] 그리고 『開皇錄』이 수로왕을 중심으로 편찬되었다는 사실 등을 통해 볼 때 문무왕-무열왕 당시의 왕실은 자신들의 위엄을 높이기 위해 자신들과 중첩된 혼인 관계에 있었던 금관가야의 가계를 고양하는 작업을 시도했던 것으로 보인다. 허왕후의 결혼 모티프 얼개가 만들어진 것은 이러한 상황에서였을 것으로 보인다. 그렇다면 이 글의 중요한 실마리이자 허왕후 설화의 중심인 '아유타' 모티프는 이 당시에 삽입된 것일까 아니면 이 시기와 『가락국기』를 최종 편찬한 금관지주사가 활동한 고려 문종대 사이 어느 시기에 삽입된 것일까?

이 문제를 풀기 위해 『삼국유사』「가락국기」 외에 나타나는 허왕후 설화를 먼저 살펴보는 것이 필요하다. 그것은 「가락국기」 외에 있는 허왕후 설화는 「가락국기」 안에 있는 허왕후 설화 이후에 확대 재생산된 것이기 때문이다. 가장 좋은 예를 「金官城婆娑石塔」조의 파사 석탑 설화에서 찾아 볼 수 있다. 파사 석탑 설화는 그 구조와 표현이 황룡사장륙상 설화와 매우 유사하다. 그것은 두 신화가 모두 인도와 관련성을 통해 불국토 관념이 주제로 나타나 있고, 모두 배를 타고 온 모티프를 중심으로 이루어져 있으며, 불법의 도움으로 복을 이룬다는 모티프를 가지고 있기 때문이다. 이를 통해 우리는 신라 중대 이후 당시 사회에 '인도'가 널리 퍼져 있었다는 것을 알 수 있지만, 정작 그보다 더 중요한 것은 당시 알려진 '인도'는 사실적 실체가 아닌 불교를 통해 채색 혹은 왜곡된 것이었다는 사실이다. 사실 그 불국토 관념은 인도와 스리랑카에서 발전한 불교의 고유한 역사 인식으로 종교를 통해 권력의 정당화를 꾀한 국가 중심의 정치적 역사 인식의 일환이다. 따라서 그러한 불국토 관념에 입각한 설화를 만드는 일은 사찰이 담당하였지만 그러한 일이 널리 가능하였던 것은 그러한 역할을 하는 불교에 대해 국가가 적극적으로 정치적 · 경제적 후원을 하였기 때문이다. 호계사가 파사 석탑 설화를 만들어 낸 것은 바로 이런 상황 즉 국가는 불교 교단으로부터 이데올로기의 지원을 받고 교단은 국가로부터 물질 후원을 받는 일이 원활하게 이루어진 시기에 만들어졌을 것이다. 그래서 그 설화를 만든 곳은 다름 아닌 김해 호계사일 가능성이 크다. 그러한 상황에서 허왕후가 아유타로부터 바다를 통해 왔다는 설화가 민간에 널리 알려진 위에서 파사 석탑 설화가 만들어진 것이다.[18] 그리고 그 시기는 수로왕을 세조(世祖)라 하고 왕비를 왕후(皇后)라 하였던 것으로 보아 고려 초기일 것으로 추정된다.[19]

결국 이는 고려 초기 이전에 허왕후가 아유타국으로부터 왔다는 모티프가 형성되었음을 말해 준다. 그러면 그 시기는 언제일까? 이 문제를 풀기 위해 '아유타'의 정체성에 대해 우선 파악해 볼 필요가 있다. '아유타'는 힌두 최고 서사시 『라마야나』에 나타난 사라유(Sarayu) 강안에 위치한 힌두 제1의 정치적 성도 아요디야(Ayodhya)의 음차이다. 그런데 『라마야나』의 성도 아요디야는 신화로는 존재하지만, 5세기 이전에는 실제 역사상 존재하지 않은 도시다. 따라서 『라마야나』 안에 나타난 아요디야는 역사적으로 존재한 특정 도시를 모델로 하여 만들어진 것으로 그 모델은 사라유 강안에 위치한 사께따(Saketa)였다. 이 사께따는 부처가 활동하던 기원전 6세기경 갠지스 강 중류 유역에 번성했던 20여 개의 도시 가운데 하나로 당시 가장 강력한 왕국 가운데 하나였던 꼬살라(Kosala)국의 수도였다. 사께따는 슈라와스띠(Shravasti)와 쁘라티슈타나(Pratishthana)를 잇고 라자그리하(Rajagriha)와 바라나시(Varanasi) 그리고 딱샤실라(Takshashila)를 잇는 교통 요충지에 형성된 큰 시장 도시였다. 따라서 많은 군주들은 물론이고 부처나 마하위라(Mahavira)와 같은 종교 지도자들도 포교상 이곳에 많은 관심을 기울였다. 그 이후 기원전 3세기 인도를 최초로 통일한 아쇼까도 이 도시에 많은 관심을 기울였는데 거기에는 불법 홍포의 목적도 있었겠지만 그보다는 아요디야가 갖는 정치 경제적 필요성 때문이었다. 중국과 로마 사이의 실크로드 무역이 성행하면서 그 무역선상에 위치한 뿌루샤뿌라(Purushapura), 마투라(Mathura), 간다라(Gandhara), 딱샤쉴라 등이 경제와 문화의 중심 도시로 부상하였는데 특히 대승 불교가 크게 성행하였다. 이에 반해 갠지스 강 유역에 있던 사께따는 상대적으로 불교 문화로부터 거리를 두고 있었고 도시로서도 크게 성하던 곳은 아니었다. 5~6세기경 굽따 말 이후 많은 도시가 몰락하였는데 사께따 또한 그 가운데 하나였다.[20] 이 시기가 바로 『라마야나』의 최종 편찬이 이루어지던 때였는데 사께따가 신화 속 성도 아요디야의 이름으로 치환되던 것은 바로 이 무렵이었을 것으로 보인다. 그리고 이어 중세 이후 '아요디야'라는 이름의 도시는 범인도적 힌두 성지로 자리 잡았다.[21] 기원 후 5세기 초에 인도를 다녀와 남긴 법현의 『佛國記』에는 '사께따'에 대해서는 언급이 있지만 '아요디야'에 대한 언급이 없고, 기원후 7세기 중반에 인도를 다녀온 현장은 '아요디야'라는 이름의 도시에 대해—그 위치가 사께따와 동일하다—비교적 상세히 언급하고 있는 것을 보면 아요디야가 역사적 의미를 갖는 성도(聖都)로 자리 잡은 것이 5세기 중반부터 7세기 중반 사이일 것으로 보인다.

『라마야나』는 갠지스 강 중류 유역을 중심으로 하는 16 영역 국가 가운데 가장 강력한 국가 가운데 하나였던 꼬샬라(Koshala) 영역 내에서 만들어진 영웅담을 근간으로 하여 성장한 서사시이다. 갠지스 강 문명 즉 가부장적 남성 중심의 그리고 카스트 혈통 사회의 요체 위에서 형성된 『라마야나』는 시간이 흐르면서 힌두 최고의 신 비슈누의 화신으로 통합되면서 신성화된 의미를 지닌다. 이후 『라마야나』는 기원 후 5세기경 굽따 시대에 이르면서 힌두 사회와 문화를 구성하는 제1의 신화로 자리 잡았다. 그 안에서 라마는 이상 군주로서 아요디야는 그 이상 정치가 펼쳐지는 이상향으로 자리 잡는다. 따라서 그곳이 갠지스 강 유역을 벗어난 인도아 대륙 내이든 그 밖 동남아이든 관계없이 『라마야나』를 받아들이고 그것이 널리 읽혀진 사회는 힌두 문명의 요체인 농경 · 카스트 · 남성 · 대가족 중심의 사회 구조와 권선징악 · 효 · 형제애 · 남편에 대한 아내의 복종과 아내에 대한 남편의 보호 등을 보편법으로 하는 문화를 사회 구조와 가치 체계로 수용하였다는 의미가 된다. 그런데 그러한 '아요디야'가 『라마야나』에 담긴 사회 문화적 의미는 물론이고 그 이야기조차 알려지지도 않은 상태에서 전후 상황에 대한 설명도 없이 어떻게 갑자기 「가락국기」에 실리게 된 것일까?

「가락국기」의 허왕후는 박혁거세 신화의 알영과 같은 고대 건국 신화의 왕비로 나타나면서 다산 숭배를 구성하는 지모신이다. 그렇지만 알영 설화가 신성족(神性族) 개념을 도입하여 신화의 원형 상태를 가지고 있음에 반해 허왕후 설화는 불교로 윤색된 채 수로 신화 속에 부수적으로 언급되고 있음을[22] 보면 허왕후 설화의 '아유타'는 원형이 불교로 윤색되는 과정 중에 삽입된 것으로 보아야 한다. 그렇다면 '아유타'는 「가락국기」의 원전(原典)이 형성된 것으로 보이는 7~8세기 이후 어느 한 시기에 원래 수신의 모티프에 '아유타'가 추가되면서 '아유타국에서 온 공주'로 변화한 것으로 추정된다. 지모신으로 '물'을 상징하는 다산의 구조는 변하지 않고 다만 '아유타'가 갖는 정치 문화적 상징성만 추가됨으로서 훨씬 세련된 형태의 인물로 바뀌게 된 것이다. 그렇다면 '아유타'가 추가된 것은 7~8세기 이후 어느 시기일까?

그것은 '아요디야'라는 이름이 언제 어떻게 한국에 알려지게 되었는가를 살펴보아야 한다. 『라마야나』는 힌두 문화의 총체로서 힌두 문화가 전파되면 반드시 전령 역할을 한다. 『라마야나』는 기원 후 4~5세기부터 진행된 힌두 문화 확산과 함께 동남아시아에 전파되었다. 현재 전하는 가장 오래된 산스끄리뜨 판본 『라마야나』는 자바의 732년의 것이다.[23] 따라서 5세기와 8세기 사이에 『라마야나』는 그 특유의 구전 신화로 동남아시아에 널리 퍼져 있었을 것으로 보인다. 그런데 한국과 중국에는 널리 알려지지 않았다. 그것은 중국에 이미 독자적인 문명이 발달하였기 때문에 『라마야나』와 힌두 문화가 특별히 의미를 가질 만한 공간이 있지 않았을 것이고, 한국 또한 그 범주에 들어 있었기 때문일 것이다. 그렇다고 중국과 한국에서 『라마야나』가 전혀 알려지지 않은 것은 아니다. 『라마야나』는 788년 당(唐)에서 번역된 불교 경전 『大乘理趣六波羅蜜多經』에 삽입되어 일본까지 그 번역본이 소개되었지만[24] 한국에는 그 번역본이나 설화 일부라도 전혀 존재하지 않고 있다. 『佛本行集經』, 『入楞伽經』 그리고 몇몇 『本生譚』과 같은 불경에 그 설화가 부분적으로 소개되어 있을 뿐이다. 이는 『라마야나』나 '아요디야'가 고대 한국 사회에 널리 퍼지지 않았음을 의미한다.

결국 '아요디야'가 한국에 알려지게 된 것은 그 설화가 문화 동력의 요체가 아니고 일부 불교 승려나 불교에 바탕을 둔 나말려초 지식인이 불경을 통해 얻은 지식의 말단에 대한 표현으로서일 것이다. 이런 맥락에서 신라 중대 이후 고려 초기에 이어지는 왕성한 불학 연구의 분위기와 중국과 학문 문화적 교류를 고려해 볼 때 사찰에서 고래로 전해 오는 허왕후 설화에 불경에서 새로이 획득한 '인도'라는 의미로 알려진 '아유타'를 삽입했을 가능성이 크다고 본다. 그것은 '아유타'가 불경을 연구하는 사찰 아닌 다른 곳에 알려질 가능성이 매우 낮다는 사실 그리고 사찰은 인도와 관련 모티프를 통해 끊임없이 설화를 확대 재생산하는 작업을 한다는 사실과도 일치한다.

아요디야는 이렇게 사실에 대한 정확한 인지가 없는 상태에서, 단지 인도 즉 불교의 나라를 의미하는 것으로 윤색 삽입되었기 때문에 이후로도 그에 대한 정확한 사실적 이해는 뒤따르지 못한 반면에 2차 변질은 매우 자유롭게 이루어졌다. 조선 시대 들어와서 허왕후 출신지로서 아요디야가 잘못 이해되기 시작한 것은 이런 맥락에서이다. 그 대표적인 예를 우리는 조선 세종 6년 1524년 경상감사 하연이 편찬한 『慶尙道地理誌』에서 찾을 수 있다.[25] 이 전거에 의하면 허왕후는 아유타가 아닌 남천축국(南天竺國)의 공주로 되어 있다. 무슨 연유로 허왕후의 출자가 아유타에서 남천축으로 바뀌었을까? 아요디야는 인도 북부의 갠지스 강 지류인 사라유 강안에 위치한 도시로 기원전 6세기에 발달한 갠지스 강 문명을 이루는 대표적인 도시 가운데 하나이다. 이러한 사실조차 세종 당시 조선 시대 사람들은 알지 못하고 있었기 때문에 아요디야는 남천축으로 바뀐 것이다. 그렇다면 왜 '남'천축일까? 지금으로서는 더 자세한 단서가 나오지 않은 상태라 정확하게 알 수는 없지만, 아마 중화 세계 개념으로 볼 때 인도가 남만(南蠻)에 속한다는 사실에서 천축국의 방위 개념이 남쪽이 익숙해서 나온 것이 아닐까 생각한다.

그 후 『慶尙道續纂地理誌』에도 허왕후는 남천축국에서 왔다고 언급이 된다. 그리고 그와 함께 허왕후의 시호를 '보주태후(普州太后)'라고 언급하고 있다.[26] '보주태후'는 그 후에 편찬된 『新增東國輿地勝覽』에도 나타나는데, 『新增東國輿地勝覽』에는 허왕후를 아유타국 왕녀 혹은 남천축국 왕녀라고 불리는 것으로 소개하면서 특별한 설명 없이 그 시호를 '보주태후'라 하고 있다.[27] 그러면 많고 많은 이름 중에 왜 '보주' 태후일까? 일단 그것은 당시 사람들이 허왕후의 정체성에 대한 인식 정도와 관련이 있을 것이며 한자의 의미상 특정한 장소를 의미하는 것으로 보인다. 허왕후는 당시 사람들에게 설화 속의 인물로서 인도—그곳이 아유타국이든 남천축국이든 간에—에서 왔다는 사실로서 인식되고 있다. 따라서 '보주태후'의 '보주'는 '인도'라는 의미로 쓰였을 가능성이 높아 보인다. 그리고 당시 사람들에게 인도는—그 역사적 실체와는 관계없이—불교의 나라로 인식되었다. 그렇다면 '보주'는 '불교의 나라 인도' 정도 의미로 쓰이지 않았을까 한다. '보(普)'자는 불교에서 널리 사용하는 보편적 진리를 뜻하는 '보'의 의미일 것으로 추정된다. '보'는 산스끄리뜨 어휘 비슈와(vishva)의 의역으로, 보편적 진리를 뜻한다. 불교에서는 부처를 보지자(普知者)라 하고 불법을 보법(普法)이라 하며 부처를 숭배하는 것을 보례(普禮)라 한다. 따라서 '보주'는, '불교의 땅'의 의미가 될 것이다.

3. '장유화상'과 허왕후 설화의 본격적 확대

허왕후는 15세기에 들어오면서 설화 속 인물이 아닌 역사적 실존 인물로 인식된다. 그것은 1469년에 편찬된 『慶尙道續纂地理誌』에 처음으로 그의 능이 언급되었다는 사실을 통해서 알 수 있다. 허왕후릉은 「가락국기」에 구지봉 동북 언덕에 있다고 언급하고 있지만[28] 『慶尙道續纂地理誌』 이전까지는 그 능이 구체적으로 어느 것인지 지적하지 않았다. 이는 이전까지는 설화 속에 있던 인물이 후손들에 의해, 무슨 특정한 연유로 인하여, 구체성을 띠게 되었음을 의미하는 것이다. 그렇다면 허왕후릉이 구체적으로 조성되었다는 것은 무엇을 의미하는 것일까? 무엇보다도 그것은 당시 어떤 세력에 의해 허왕후릉에 대한 관심이 높아졌기 때문일 것이다.[29] 그러면 그 어떤 세력은 누구일까? 이 문제는 허왕후 설화가 본격적으로 확대되는 과정을 통해 살펴볼 수 있다.

허왕후 설화의 확대는 조선 초기 이후 허왕후가 수로와의 사이에서 열 아들을 낳았다는 새로운 모티프가 등장하면서 본격적으로 이루어진다. 허왕후가 열 아들을 낳았다는 모티프는 송인(宋寅)의 『蓬庵集』에 처음 나타난다.[30] 그런데 현전하는 여러 허왕후 설화에는 허왕후는 열 아들을 낳았고 그 가운데 두 아들에게 허씨 성이 하사되었다고 나타나는데 『蓬庵集』에는 세 아들에게 허씨 성이 하사된 것으로 나타난다.[31] 『蓬庵集』에 의하면 허엽의 아들 허봉이 자신의 조부 비문을 얻으려 당대 명문 학자인 송인에게 부탁하러 간 사실이 나온다. 이 과정에서 우리는 허봉이 비문 작성에 필요한 자료로서 자신의 조상에 대한 문안(文案)을 가지고 갔을 것이라는 사실을 어렵지 않게 짐작할 수 있다. 그리고 그 안에 열 아들의 이야기가 있었을 것으로 추정할 수 있다. 그런데 족보라는 것이 공간(公刊)의 두려움을 강조하는 당시 뿌리 깊은 이데올로기로 인해 그 정확성에 대해 극도로 엄격한 기준을 고수한다는[32] 사실을 고려해 보면 열 아들 이야기는 허봉이 날조할 수 있는 성질의 것은 아니고 허봉 당시에 수로왕과 허왕후 사이에 그러한 설화가 이미 만들어졌을 것으로 짐작할 수 있다. 그리고 왕자의 숫자에 관해 서로 다른 이야기의 본이 있다는 사실은 이야기가 얼마 오래지 않은 이전 시기에 만들어져서 아직 하나로 완전히 고착되지 않았다는 것을 보여주는 것이 된다.

허씨 성을 두 왕자 혹은 세 왕자에게 하사하였다면 나머지 여섯 혹은 일곱 왕자는 설화에서 어떻게 정리되었을까? 이 문제를 풀기 위해 후대 자료들을 먼저 살펴보도록 하자. 17세기 전반에 편찬된 것으로 보이는 『晋陽誌』에는 칠불암 이야기가 나오다. 그런데 이 유래와 관련하여 신라의 어느 왕이 옥부선인(玉浮仙人)이 부는 피리 소리를 듣고서 일곱 왕자를 데리고 그곳으로 가 선인과 놀다가 칠왕자가 성불하였다는 이야기가 있다.[33] 그리고 이와 비슷한 이야기로 『駕洛三王事蹟考』에는[34] 허왕후의 일곱 왕자가 보옥선인(寶玉仙人)을 따라 가야산으로 들어가 승선(昇仙)하였다는 이야기도 있다.[35] 원래 '칠'이라는 숫자는 불교나 무교 혹은 다른 종교 할 것 없이 '七聖', '七賢', '七仙' 등의 의미와 연계되는 숫자다. 따라서 원래는 열 왕자에서 거등왕을 제외하고 허씨 왕자 셋을 제외하면 나머지 왕자 숫자가 여섯이 되는데 나머지 왕자가 주변의 칠불 혹은 칠선과 관련된 민속 신앙과 혼합하면서 승선 혹은 성불하는 존재로 자리 잡기 때문에 허씨 성을 하사받는 수가 둘로 된 것으로 보인다. 따라서 허왕후 설화의 열 왕자 모티프는 시간이 흐르면서 민간에 널리 전해져 오는 불교와 도교의 칠불 · 칠선 모티프를 적극 수용하여 본격적인 대중화 구조를 갖추게 되는 것으로 보인다. '열 왕자' 모티프가 설화에 자리 잡는 것 그리고 칠왕자가 성불하게 되는 것은 곧 두 왕자가 허씨 성을 받음으로서 허왕후가 시조로서 완전히 자리 잡게 되었다는 중요한 의미를 갖게 된다.

그것은 16세기 두 명의 허씨 관찰사의 행적을 통해 잘 알 수 있다. 허엽은 경상도 관찰사 재임 중인 1580년에 수로왕릉을 크게 보수했다. 그리고 그 이후 또 다른 양천 허씨 관찰사인 허적도 마찬가지로 수로왕릉을 크게 보수한다. 왜 양천 허씨 관찰사가 김해 김씨 시조인 수로왕릉을 보수하였을까? 경상도 관찰사로서 관할 지역에 속해 있는 한 왕릉을 보수한 것으로 이해할 수도 있겠지만, 신라의 다른 왕릉보다 수로에 유독 많은 관심을 보인 것은 이 시기에 들어 허씨들이 수로를 허왕후와 관련지어서일 것으로 추정된다. 허적은 1647년 허왕후릉을 또 보수하면서 세운 「普州太后許氏陵碑陰記」를 통해 수로왕이 열 아들을 낳고 그 가운데 두 아들에게 허씨 성을 하사한 것을 분명하게 기록하고 있다. 당시 자료인 1671년 허목이 쓴 「陽川許氏族譜序」에 의하면 양천 허씨의 시조는 고려 개국 공신 허선문(許宣文)이었으나 이제 허왕후가 그 시조와 연계됨을 알 수 있다.

족보라는 것이 편찬자들이 갖는 씨족 집단에 대한 배타성과 유림 특유 순결성에 의해 허위 기사를 창조할 가능성은 생각보다는 크지 않은 것은 사실이다. 하지만 족보가 적어도 시조에 관하여서는 역부환조(易父換祖)가 있을 것이라는 점을 감안한다면[36] 자신들의 시조를 이미 만들어진 설화를 끌어당겨 고대 한 개국자의 부인에 연결시키는 일은 그리 큰 무리는 아니었을 것으로 보인다. 당시 16세기 말과 17세기 초는 임진왜란과 병자호란을 겪은 이후 이른바 이단적 풍조가 한층 풍미하던 시기다. 이는 보편적 중화 질서로부터 민족의 발견, 사화 당쟁 와중에 소외된 인사들의 개아와 개아의 집합체에 대한 자각 의식으로 연결되어 민족에 대한 자각으로 연결된다.[37] 하지만 이는 양란 이후 발생한 국내의 무질서로 인한 씨족 확산으로도 연결되고[38] 이로 인해 많은 족보가 만들어지면서 그 과정에서 상당한 시조 윤색 작업이 이루어진 것으로 보인다. 허적은 숙종 전대부터 지패 대신 호패의 시행을 강력하게 주장하던 인물로 그 의도는 신분 구분을 명확히 하려는 것이라는[39] 사실을 고려해 보면 당시에 시조 윤색이 상당하였음을 알 수 있다. 그것을 양천 허씨가 받아들여 적극적으로 족보와 연계함으로써 더 대중화되고 그러한 과정을 통해 허왕후는 설화 속에 나오는 수로의 비(妃)가 아닌 역사 속 수로의 비로서 그리고 실질적인 허씨 시조로 인식된 것이다. 그것은 허왕후릉을 처음 언급한 『慶尙道續纂地理誌』가 편찬된 1469년 당시에 이미 이루어졌을 것이고 그러한 상황에서 양천 허씨의 족보 연계가 이루어진 것으로 보인다.

허왕후 설화는 18~19세기를 거치면서 매우 다양한 이야기로 확대 재생산된다. 그런데 그 과정 중에 가장 결정적인 역할을 한 것이 '장유화상'이라는 허왕후 형제의 등장이다. '장유화상'이 처음 등장한 현존 자료는 김해에 있는 지금은 흥국사로 이름이 바뀐 옛 명월사의 『明月寺事蹟碑文』에 의해서이다. 이 비문에 의하면,

> (전략) 왕이 그 신령스럽고 다름에 감동하여 산 이름을 명월이라 짓고, 뒤에 절을 세 곳에 세우도록 명령하고, 興, 鎭, 新 세 글자로 國字 위에 얹어 편액하여 길이 나라를 위하여 축원하고 다스리는 장소로 했다. (중략) 절을 중수할 때 또 하나의 기와를 무너진 담 아래에서 얻으니 그 뒷면에 "建康元年甲申三月藍色" 등의 글자가 있으니 이 또한 장유화상이 서역으로부터 불법을 받들어 와 왕이 중히 숭불하였던 것을 역시 가

히 체험할 것이다.[40]

이 비문에 대해 김태식은 그 내용이 '국가의 번영'을 위한다는 개념을 사용한 것으로 보아 '현대적 개념을 빌려 조작된 것'으로 보고 있다.[41] 하지만 비문을 직접 확인해 보면 건립 연대는 숭정병자(崇禎丙子) 후 72년 즉 1708년에 증원(證元)이라는 승려가 지은 것임을 알 수 있다. 따라서 그 내용이야 두말할 나위 없이 역사의 조작이지만 그 시기가 그다지 현대적인 것은 아님을 알 수 있다. 더욱 중요한 것은 사찰의 연기 설화를 고증하기 위해 중수 과정에서 오래된 기와가 나왔다고 하는 비기(秘記) 의존 방식을 사용했다는 사실이다. 기와나 고서 등을 통한 비기 의존 방식은 사찰들이 자신의 고색창연함을 드러내고 그를 통해 더 많은 신도들을 확보하기 위하여 사용하는 상투적인 수법이다.

이러한 예는 다른 사찰 설화에서도 많이 찾아 볼 수 있다. 여기에서는 이 글의 주제와 비슷한 예로 경남 산청에 있는 왕산사(王山寺) 연기 설화를 살펴볼 수 있다. 현재 경남 산청에 있는 왕산사는 가락국 마지막 왕인 구형왕(仇衡王)의 능을 수호하는 사찰로 알려져 있는데, 그 근거를 1650년 승 탄영(坦瑛)이 적었다는 「王山寺記」에 두고 있다. 그런데 그 「王山寺記」는 「洪博士儀泳王山尋陵記」에 의하면 1798년 왕산사에 한 선비가 체류하면서 그 절에 오래된 신비한 나무 궤짝이 있음을 알게 되고 그것을 열어 보니 승 탄영이 150년 전에 적어 보관해 놓은 기록이 있었다. 그 기록에 의하면 왕산사 앞에 있는 능이 구형왕릉이라 하는 것일 뿐이다. 이는 승 탄영이 왕산사가 고색창연하다고 드러내고자 인위적으로 창조한 기록을 묻어 두었고 그것이 150년 뒤에 발견된 것일 뿐이다. 따라서 그 기록 안에 있는 것을 신빙성 있는 자료로 인정하기는 어렵다. 하지만 그러한 비기적 방법으로 인해 그 무덤은 구형왕릉으로 널리 인정받게 되었고, 그 무덤 주위에 있는 절은 가락국과 연계되는 것으로 알려지게 된다. 결국 『崇善殿誌』와 같은 문중의 역사에 권위를 가지고 있는 것으로 널리 이해되는 기록에조차, 특히 「家洛國王世系」라는 거창한 이름으로 그리고 주석이라는 학문적 형식을 통해, 그 사실은 실리게 되고[42] 그러한 과정을 거쳐 사찰의 연기 설화 창조는 '역사 만들기'로 발전하는 전형적인 예이다.

허왕후 설화와 관련된 사찰의 연계 설화는 장유사에서 한층 더 자세하게 만들어진다. 1915년 숭선전 참봉 허식(許湜)이 찬수한 『長遊和尙紀蹟碑』에 의하면,

> (전략) 화상의 성은 허씨요, 이름은 寶玉인데 아유타국 國君의 아들이다. 우리 시조 가락국 수로왕 7년 戊申에 보주태후 허씨가 아유타국 공주로 아버지의 명을 받아 배를 저어 累百由旬에 와서 능히 하늘이 지은 배필을 이루니 그 깃발은 적황색이요 그 탑은 바람을 진압하고 그 모시는 신하 남녀 수십 인이요, 그 일행을 호위하던 자는 화상이니 태후의 아우다. 화상이 허왕후의 친정 사람으로 부귀를 보기 뜬 구름 같이 하고 드디어 塵世의 모습에 초월하여 佛母山에 들어가 길이 놀고 돌아오지 않으니 세칭 장유화상은 이 때문이라. (중략) 만년에 가락왕자 7인과 더불어 방장산 속에 들어 가 부처로 변하니 지금 하동군 七佛庵이 그 터다.

허왕후 설화는 이 비문에 의해 아주 다양한 이야기로 발전한다. 그런데 그 가운데 중요한 역할을 한 것이 '장유(長遊)'에 대한 해석

이다. 전술한 바와 같이 '장유'는 『삼국유사』에 나오는 것으로 허왕후와 직접적 관련은 애초에 없었으나, 여기에서는 그가 '친정 사람'이라는 개념을 빌어 손위 누이인 허왕후에게 누를 끼치지 않기 위해 속세를 등지고 지리산으로 들어가 버렸다는 이야기를 그 문자의 뜻에 짜 맞춘 것이 특기할 만하다. 그리하여 마치 후대에 만들어진 '장유'가 원래부터 존재하였던 것처럼 만들어 버림으로써 설화가 훨씬 추동력을 갖추게 되었다.

여기에는 조선 후기에 불교 사찰이 급속도로 많이 늘어난 사실과 관계가 있다. 불교 사찰은 조선의 숭유억불 정책으로 인해 그 교세가 많이 기울면서 큰 규모의 사찰은 많이 무너졌다. 하지만 후기 들어 규모가 작은 암자들이 많이 생겨났으니 18세기 중반의 통계를 보면 전체 사찰 가운데 사(寺)가 차지하는 비율이 68.7%인 반면 암(庵)이 차지하는 비율은 31.3%로 전체 사찰 가운데 암자가 차지하는 비율이 매우 높았다.[43] 이러한 현상은 영정조 시기에 들어서면서 이미 정부가 통제에 어려움을 겪을 정도로 증가하여 정부로서는 현황 파악과 관리를 위해 『梵宇攷』를 편찬할 정도였다.[44] 따라서 당시 작은 사찰들은 살아남기 위한 고육지책으로 사찰의 연기설화 창조에 적극 나섰을 것으로 보인다. 그러한 과정에서 불교는 특유의 융합주의로 도교와 무교의 문화와 적극 절충하였다. 도교의 신선 모티프가 허왕후 설화 안에 자리 잡은 것은 이러한 맥락에서였을 것으로 보인다.

이러한 역사적 상황에서 명월사(明月寺)는 한국 불교 전래의 무구한 역사를 드러내고, 그것이 자신의 지역에서 이루어졌음을 나타내기 위하여 장유화상이라는 인물을 창조하였다. 대단히 창조적인 이 발상은 그 이전에 만들어진 모티프 즉 '성불/승선'이라는 모티프가 설화의 원전인 「가락국기」에 나오는 '장유'라는 이름과 조화를 잘 이루었기 때문이었을 것으로 본다. 여기에는 「가락국기」에 나오는 허왕후 설화에 의거해 볼 때 허왕후가 배에서 내려 김해 왕궁으로 갈 때 거쳐 가는 길목에 자신의 사찰이 위치하고 있다는 사실도 장유화상이라는 인물을 창조하는 데 적극적인 역할을 하였을 것이다. 이와 비슷한 시기에 만들어진 김해의 은하사(銀河寺) 연기 설화를 보면 또 다른 방향의 사찰에 의한 설화 창조를 볼 수 있다. 은하사 대웅전 안에 있는 취운루중수기(翠雲樓重修記) 현판은 1812년에 만들어진 것이다. 이에 의하면 장유화상은 허왕후의 오빠로 허왕후가 가락국에 올 때 동행하였는데, 도착 후 수로의 명으로 은하사를 창건한 것으로 되어 있다. 장유화상이 허왕후의 오빠로 나타난 것은 이 기록에 의해서부터이다. 그것은 그가 허왕후의 동생이라면 그의 나이가 16세보다 어리다는 말인데 15세 이하의 소년이 이역만리에서 불교를 가져와 전파했다는 이야기가 설득력이 떨어지다 보니 그를 오빠로 바꾼 것이었을 것으로 보인다.

'장유화상'은 인도에서 불교를 가지고 왔다는 의미로 창조된 인물이다. 그리고 그것은 전적으로 김해의 장유산에서 기인하였고 그 문자의 의미가 도교를 통해 불교의 탈속 사상과 결부되면서 산과 관련을 맺는다. 따라서 '장유화상'은 허왕후 설화의 본거지인 김해 지방 외에 지리산, 가야산과 같은 산간 지역에서는 불교 초전자로서 등장을 하지만 다른 곳 즉 바다와 밀접한 곳에서는 등장하지 않는다. 바다와 관련이 있는 사찰에서는 불교의 초전과 관련하여 여전히 허왕후가 그 역할을 하는 것이 눈에 띈다. 이러한 설화의 좋은 예를 우리는 남해 금산사 보리암 설화에서 찾아 볼 수 있다. 보리암의 관음보살상 연기 설화에 의하면,

그 법당의 관음보살상은 허씨 부인이 가져왔다고도 하고, 원효 대사가 바다 가운데서 모셔온 것이라고도 한다. 후자에 의하면 어느 날 원효대사가 사시공양을 마치고 법당에서 나오니 멀리 바다에 신비한 광채가 떠올라 있었다. 그곳은 세존도라는 섬인데 그곳을 향해 원효 대사는 돌배를 타고 갔다. 세존도는 보리암에서 150~160km 정도 떨어진 섬으로 두 개의 큰 구멍이 뚫려 있는 바위섬이다. 원효 스님이 그곳에서 어떤 물건을 가지고 왔는데 이것이 인도에서 제작되어 해상 용왕의 호위를 받아 보리암까지 왔다.

이 전설은 허왕후 설화의 '인도'가 무속 신앙의 '돌배' 그리고 한국 불교 설화의 '원효'와 섞인 형태이다. '인도'는 허왕후가 바다로부터 건너왔다는 모티프에 『삼국유사』 황룡사 장육상 설화와 파사석탑 설화에 나타나는 '표류' 모티프가 섞인 형태이다. 그리고 또 하나의 중요한 모티프인 '돌배'는 허왕후 설화와 관련된 또 하나의 지역 민속인 돌 숭배와 융합을 나타내는 것으로 김해 용원 지방의 허왕후와 연계되어 있는 돌배 설화와도 연결된다. 따라서 이는 「가락국기」에 있는 허왕후의 바다 도래 모티프가 고유 민속인 돌 신앙과 계집아이의 오줌으로 표현되는 다산 숭배와 융합된 것이다. 이 설화를 통해 우리는 한국 사찰의 연기 설화에 중요한 역할을 하는 원효의 자리에 적어도 부산 경남 지방에서는 허왕후가 대체되기도 한다는 사실을 의미 있게 지적할 수 있다. 허왕후 설화가 고유 민속의 다산 숭배와 혼합하는 현상은 김해 해은사(海恩寺) 설화에서도 찾아 볼 수 있다. 해은사에는 바다 돌이 하나 있는데 거기에 쌀이 붙으면 아들을 낳는다는 기자 신앙이 있다. 그런데 이 절은 현존하는 여러 허왕후 영정 중 가장 오래된 것을 모시고 있는 절이다. 그리고 그 영정은 미술사가에 따르면 16~17세기의 무녀를 그린 것이라고 한다.[45] 그렇다면 적어도 이 지역에서는 16~17세기 이전까지는 무녀가 다산 숭배를 주도해 왔고, 그 이후 어느 때부터는 허왕후가 그 무녀의 역할을 대체하여 다산 숭배의 주체로 자리 잡았음을 알 수 있다. 지역적으로 볼 때 김해와 바다라는 중요한 요소를 겸비하고 있고 시기적으로 볼 때 허왕후 설화의 확대 재생산의 역사성과 일치한다.

금산 보리암 연기 설화의 허왕후의 등장은 보리암 삼층 석탑 연기 설화와도 관련을 맺고 있다. 보리암 삼층석탑 설화는 "이 석탑은 김수로왕비 허태후가 인도 월지국에서[46] 가져온 불사리를 원효대사가 이곳에 모셔 세웠다"고 전한다. 이 설화의 주인공 원효는 의상과 함께 한국 불교 설화에 가장 많이 등장하는 인물이다. 의상이 불학, 수도 등 인민들의 신앙과 다소 거리를 두는 의미를 지닌 설화에 주인공으로 등장하는 반면 원효는 대중 구제, 기복 등 인민들의 신앙생활과 밀접한 부분에서의 주인공으로 등장하는 것이 보통이다. 따라서 허왕후 설화에 원효가 등장한 것은 허왕후 설화는 사찰 연기 설화로서 사찰의 정통성이나 고색창연함을 드러내고자 하는 의도로 활용되는 것을 넘어 이제는 인민들의 기복 신앙의 중심에 서 있음을 의미하는 것으로 볼 수 있다. 특히 이 설화에서 허왕후가 불교에서 기복 신앙의 중심 매체인 불사리를 가지고 온 인물로 나타나는 것을 보더라도 이제 허왕후는 적어도 경남 지역에서는 사찰의 기복 신앙과 깊은 관련을 맺게 되었음을 알 수 있다. 이는 이 설화가 경남 지역에서 가장 기복 신앙이 활발하게 전개되고 있는 도량 중에 하나인 남해 금산사 보리암과 관련되어 만들어진 것을 통해 더 확실하게 알 수 있다.

불교 설화가 토착 신앙과 적극적으로 융합하면서 확대되고 문화 변이로 발전하는 것은 결국 불교가 가지고 있는 사원 경제 구조로 인해서다. 불교 사원은 초기부터 독자적 경제 구조를 갖추기 시작하였다. 그리고 그것의 기본은 재가 신자들의 기부 행위였다. 그것은 불교의 재가 신자는 더 이상 초기 불교의 탈사회를 통한 해탈을 추구하는 자가 아니고, 사회 내에서 구복과 치병을 바라고 나아가 공덕 축적을 통해 자신의 업을 개선하여 윤회의 세계에서 지금보다 더 나은 상태로 환생하는 것을 바라는 자였다. 그리고 그 구복과 공덕 축적은 철저히 승가를 중심으로 하여 이루어져야 했으니 재가 신자들에게 제일의 종교 행위는 사찰에 하는 기부였다. 그리고 대상 사찰은 구복과 치병에서 더 많은 영험과 이적 능력을 갖출수록 유리하였다. 이로 인해 사원들은 더 많은 재가 신자라는 고객을 확보하기 위해 앞다투어 영통력을 보이기 위해 노력하였다. 사찰의 연계 설화를 창조하고 가능한 그것을 신비하고 오래된 요소와 견강부회하는 일을 한 것은 바로 이러한 이유에서이다. 구복과 치병을 위해 사찰은 재가 신자들이 오랫동안 지녀 온 토착 신앙을 적극적으로 포용할 수밖에 없었다. 허왕후 설화가 창조되고 또 나아가 적극적으로 확대된 것이 사찰을 중심으로 하여 이루어진 것은 바로 이런 이유에서이다.

이러한 현상은 최근 1995년 김해에서 만들어진 가락불교장유종(駕洛佛教長遊宗)의 예를 보면 더욱 잘 드러난다. 「駕洛佛教長遊宗佛祖寺創建碑」에 의하면,

> 왕은 왕비의 오라버니인 寶玉祖師를 국사로 봉하였다. 寶玉祖師 일명

> 장유화상은 성의 서쪽 佛母山에 가람을 짓고 수도하면서 국정의 자문에 응하셨다. 수로왕과 왕비 사이에 열 왕자와 두 공주가 태어나서 (…) 제3 왕자는 姉씨 공주를 따라 왜국으로 건너가 女王國을 세웠다.

장유화상이 수로왕의 국사였고, 나아가 허왕후의 공주가 일본에 가서 여왕국을 세웠다는 설화는 그 성격이 매우 국가적이다. 그것은 그동안 불국토 관념 이래로 오랫동안 널리 알려져 내려온 불교의 국가적 성격과 혼합하면서 생긴 현상이다. 사실 이렇게 허왕후 설화가 국가적 성격을 띠게 된 것은 일연이 갖는 허왕후 설화에 대한 이해 방향과도 일치한다. 일연은 파사석탑을 찬하는 자리에서 주석을 통해 파사석탑의 허왕후에 대한 비호가 결국 천 년 동안 지속되어 온 왜의 노략을 막는 것과 그 본질적 의도가 통하는 것이라고 하였다.[47] 일연에 의해 허왕후 설화가 불교의 진호 국가의 전통을 충실히 이어받아 공유함을 잘 드러내 주고 있는 예이다. 결국 이러한 전통은 계승되면서, 일연으로부터 약 900년 후 허왕후-장유 화상에 의해 시작된 가락 불교는 김용채 가락 불교 장유종단 이사장의 「創建碑建立辭」를 통해 구국, 애국, 조국 통일의 사역을 담당하는 국가주의의 첨병으로 자리 잡는다.

4. 결론

「가락국기」에 처음 나오는 허왕후 설화는 고대 다른 설화와 달리 그 확대 재생산된 정도와 양상이 매우 크고 활발하였다. 그리고 그 시기가 현대까지 이르고 있다. 이것은 설화 속의 '아유타국' 모티프로 인해서인 것으로 보인다. 허왕후는 원래 고대 신화에서 많이 나타나는 '물에서 올라오는' 지모신이었으나 '아유타' 모티프가 삽입됨으로서 설화가 크게 변화할 채비를 갖추게 된다. '아유타'는 고대 인도 최고의 정치적 이데올로기인 서사시 『라마야나』의 성도로서 남성 중심의 가부장적 사회와 혈통 중심의 이상 군주 정치를 표방하는 대표적인 정치 사회적 표제어이다. 그런데 그 '아유타'가 「가락국기」에 등장하는 것은 그러한 의미가 아닌 본질적으로 왜곡된 '인도'와 동일시되는 의미로 알려졌다. 그것은 신라 중대와 고려 초기 사이에 불경 연구가 활발하게 이루어지는 상황에서 불경 속에 군데군데 들어 있는 '아유타'를 '인도'와 동일시하여 특정 사찰에서 삽입한 것으로 보인다.

이러한 작업은 결국 통일 신라 이후 형성된 불국토 관념 아래 한국이 인도와 인연을 가지고 있음을 보여 주고자 하는 노력의 일환으로 만들어진 것이다. 이는 전형적인 불교 역사 인식에 의한 것으로 그 안에서는 실제 역사에서 일어난 모든 행위들이 역사적 의미를 가지는 것이 아니고 윤회 세계의 인연 법칙에 따르는 것만이 역사적 의미를 갖는 것이다. 따라서 이러한 불교적 역사 인식을 가지고 있는 사람은 그에 의거하여 사료를 의도적으로 선택하거나 왜곡, 과장 혹은 상상을 통해 채록하고 편찬하며 만들어 낸다.[48] '아유타'가 허왕후의 고향으로 설정된 것은 바로 이러한 불교적 역사 인식 아래 이루어진 '역사 만들기'의 일환인 것이다. 그 후 허왕후는 더 많은 민간 신앙의 여러 요소들과 융합하면서 그 설화를 확대해 나간다. 파사석탑 설화가 만들어지고, 허왕후가 도래한 경로를 설화의 세계에서 끄집어 내 실제의 민속 놀이로 만들고, 그 설화를 바탕으로 하여 왕후사를 세우는 등 적극적인 문화 형성 동력으로 역할을 한다.

'허왕후'는 조선 중기 양천 허씨의 족보 편찬 과정에서 시조로 연계되고, 그러한 과정 속에서 허씨 성을 하사하는 인물로 자리 잡고 '열 아들'의 모티프가 만들어지면서 역사적 인물로 자리매김을 한다. 그 과정 속에서 '칠 왕자'와 '장유화상'이라는 가상의 인물이 창조되고 이후 설화는 산에서는 '장유화상'을 중심으로 그리고 바다에서는 '허왕후'를 중심으로 하여 불교 전파의 설화로 확대해 간다. 우리는 그 과정을 통해 '아유타', '파사석탑', '칠불', '장유화상', '월지국' 등의 모티프가 사찰에서 만들어졌다는 사실을 알 수 있다. 그리고 왕산사기의 내력을 통해 사찰은 이러한 설화 창조에 매우 적극적이었음을 알고 있다. 사찰이 주도적으로 설화를 확대하는 작업은 주변 민속 신앙과 적극적 융합을 통해서 이루어졌다. 이를 통해 사찰은 민속 신앙을 벗어나지 않으면서 불교 안에서 구복을 추구하는 더 많은 재가 신도들을 확보할 수 있게 됨으로서 사찰의 경제력 확보에 결정적인 도움을 주게 된다.

이러한 허왕후 설화의 확대는 불교 역사 인식의 산물이다. 고대 신화 인물 가운데 유독 허왕후만을 중심으로 그 설화의 확대가 왕성하게 이루어진 것은 그 확대 작업이 바로 그러한 역사 인식을 갖는 곳 즉 불교 사찰에서 주도적으로 이루어졌기 때문이다. 그리고 그러한 작업은 불교와 국가가 이데올로기와 물질을 상호 주고받는 호혜적 관계를 유지하는 역사적 환경에서 가능하였다. 『삼국유사』를 편찬하면서 허왕후 설화를 채록하고 거기에 평을 붙임으로써 자신만의 의미 부여와 가치 창출을 한 찬자 일연이 바로 이 경우에 속하는 좋은 예이다.

허왕후 설화가 사찰에 의해 현대까지 확대되어 이어져 왔지만 그것이 본격적으로 심화된 것은 1977년 한 아동 문학가에 의해 창작된 한 이야기가 관련 학자들의 무관심과 일부 학자들의 치열하지 못한 학문적 태도와 언론의 상업적 포퓰리즘으로 인해서였다. 그로 인해 가야의 설화는, 특히 일반인들에게 역사로—그것도 매우 신비롭게 채색되어—자리 잡았다. 이는 설화를 연구하는 학자에 의해 설화가 왜곡된 역사로 만들어질 수 있는 것을 의미한다. 이런 점에서 볼 때 과거에나 지금이나 '역사 만들기'는 사제와 학자들에 의해 이루어지고 있다는 사실을 다시 한 번 주목할 만하다.

이렇게 만들어진 허왕후 설화는 최근 김해김씨가락중앙종친회에 의해 설화의 모태라고 할 수 있는 인도 아요디야로까지 역수출되기에 이른다. 2002년 북부 인도 웃따르쁘라데시(Uttar Pradesh)주에 있는 아요디야시를 흐르는 사라유 강가에는 가락중앙종친회에 의해 검은 대리석으로 화려하게 만들어진 허왕후 탄생 기념비가 세워진다. 이 비문에는 비가 서 있는 곳이 허왕후 탄생지라는 글이 한글로 또렷하게 새겨져 있고, 그 공원 입구 정문에는 허왕후 설화가 현대에 들어 대중화되는 데 결정적 역할을 한 '쌍어문'이 그려져 있다.[49] 허왕후 탄생비를 아요디야의 사라유 강가에 건립한 것에는 2002년 인도 집권 여당인 인도국민당(Bharatiya Janata Party, 바라띠야 자나따 파티)의 적극적 후원 하에 이루어졌다. 그런데 인도국민당은 힌두 민족주의를 중심으로 한 극우 파쇼적 정치를 표방하고 있는 정당인데 그 정치 이데올로기 중심을 아요디야에 두고 있다. 인도 국민당과 그 방계 세력들은 1992년 12월 아요디야에서 신화 『라마야나』의 라마 사원을 복원한다면서 기존의 이슬람 사원을 파괴하고 232명의 인명 살상을 초래하였고, 그 후로도 폭력은 계속되어 500명 이상이 살해되고 수십만 명이 가정을 잃게 되었으며 천문학적인 재산 손실을 가져왔다.[50] 그리고 그 양상은 지금도—특히 총선과 관련된 시기에 집중적으로—끊이지 않고 있다. 따라서 인도 극우 패권주의 세력들에게 한국의 '아요디야에서 온 공주 허왕후'는 더할 나위 없이 좋은 정권 정당성의 근거가 될 가능성마저 있다.

5 고대 힌두교에서 지존위 쉬바와 우빠니샤드 이데올로기

1. 머리말

현재는 힌두교에서 삼위일체 지존위(至尊位) 가운데 한 신에 올라 있지만 쉬바는 그 모습을 처음 드러낸 베다 시대에만 해도 수많은 신 가운데 아주 미미한 존재일 뿐이었다. 『리그 베다』에 쉬바는 루드라(Rudra)라는 이름으로 나오는데, 『리그 베다』에서 그에게 바쳐진 찬송은 2.33, 1.43, 1.114 단 셋뿐이다. 전체 1,028개의 찬송을 고려하면 매우 미미한 숫자로 당시 루드라는 인드라, 아그니(Agni), 바루나 등에 비해 사람들의 숭배 대상이 되지 못했다. 하지만 베다 시대가 끝나고 갠지스 중상류 유역에서 정착한 기원전 7~6세기경이 되면서 쉬바는 힌두교 최고의 신으로 성장한다. 이 시대에 접어들면서 베다 시대의 갖가지 다신은 쉬바와 비슈누 안으로 흡수 통합되었고, 그러면서 힌두교의 만신전에는 큰 변화가 일어났으니 비슈누와 함께 쉬바가 거대신으로 성장하면서 막스 뮐러(Max Müller)가 말하는 교체신교(交替神敎, kathenotheism)의 주신(主神) 형태를 갖추었다.

쉬바는 기원전 5~4세기에 편찬된 『슈웨따슈와따라 우빠니샤드』(*Shvetashvatara Upanishad*)에서 거대신을 넘어 우주 질서를 관장하는 절대 지존위(Ishvara, 이슈와라)로 성장하였다. 왜 쉬바는 이 시기 우빠니샤드에서 절대 지존위로 등극한 것일까? 우빠니샤드는 왜 절대 지존위의 개념을 창안하게 된 것일까? 우빠니샤드를 만들어 낸 기원전 8~6세기 갠지스 중상류 유역에서의 사회는 어떠한 성격을 가지고 있었고, 그것이 우빠니샤드 속에서 어떠한 세계관으로 나타났는가? 그 우빠니샤드 세계관은 이데올로기로서 어떠한 역할을 하였으며 그것이 쉬바의 유일신적 지존위로의 등극과 무슨 관계를 가지고 있는가? 이 글은 이러한 문제에 대한 역사학적 분석이다.

인도 고대사에서 쉬바에 대한 연구는 힌두교 전반의 경우와 마찬가지로 일련의 동양학자들에 의해 시작되었다. 그 가운데 쉬바의 기원에 대한 연구를 수행한 사람은 윌킨슨(W. J. Wilkinson)[1]이었는데 그는 쉬바가 『리그 베다』의 루드라에서 기원하였다는 사실을 처음으로 추적하였다. 이후 반다르까르(R. G. Bhandarkar)[2]는 쉬바교를 기원과 형성 과정을 중심으로 베다 시대부터 12세기까지 역사적으로 분석하였다. 쉬바에 대한 연구는 1970년대 들어오면서 크게 활성화되었는데 혼다(Jan Gonda)[3]와 수꾸마리 밧따짜르지(Sukumari Bhattacharji)[4]가 가장 대표적인 연구 성과를 냈다. 혼다는 방대한 문헌을 비교 분석한 후 『마하바라따』에서 크게 꽃을 피운 루드라-쉬바 숭배는 이미 『리그 베다』에서부터 그 기원을 찾을 수 있다고 하였고,[5] 밧따짜르지는 신화가 다름 아닌 사람들의 종교 체험을 외형화하는 데 유효한 매체라는[6] 사실을 밝히고 그 위에서 루드라에서 쉬바로의 변화를 베다 시대부터 서사시 시대까지에 이르는 그 적자생존의 과정을 문헌을 통해 밝히고 있다. 문헌학적 연구가 텍스트의 실증적 분석이라는 큰 성과를 이루었으나 쉬바와 관련된 사회 종교적 의미 분석에는 별 성과를 올리지 못한 한계를 보였다. 1970년대의 또 다른 연구 성과는 종교학자 엘리아데(Mircea Eliade)의 학풍을 이어받은 미국 시카고 학파의 대표격인 웬디 도니저(Wendi Doniger)[7]에 의해 이루어졌다. 도니저는 방대한 힌두 신화를 비교 종교학적 차원에서, 비환원론적 입장에서 기술하면서 쉬바가 종교적 맥락 안에서 어떠한 기능을 하는가를 주로 설명하였다.

하지만 혼다와 밧따짜르지 그리고 웬디 도니저에 이르기까지의 쉬바교에 대한 연구는 그 변화 양상을 역사적으로 밝히는 데에는 소홀히 하였다. 대표적인 예로 혼다는 쉬바가 거대신으로 성장한 것에 대해 '점차 동진을 하던 아리야인이 비아리야인 선주민과 접촉하면서 문화적으로 갈등을 일으켰고, 그 결과 자신들이 가지고 온 신앙과 의례를 선주민의 그것들과 융합하면서 생긴 현상이라고'[8] 하였던 것을 들 수 있다. '아리야인'이라고 하는 것은 당시 실제 사회에서 하나의 정체성을 가지고 있는 단위가 아님에도—그들은 스스로 '아리야인'을 다른 종족과 구별하는 차원에서 개념화하지 않았다—후대의 개념을 연구에 사용함으로써 결과적으로 자신의 주장을 비역사적인 추론에 머무르게 하기도 했다.

결국 지금까지의 쉬바교에 대한 연구는 특정 종교 현상이 사회와의 관련 안에서 특정 시기와 장소와 어떠한 의미를 가지는가와 같은 역사적 분석의 맥락에서 이루어지지 않았고, 그럼으로써 역사적 사실이 신화로부터 추출되는 데 기여를 하지 못했다. 그 가운데 왜 쉬바는 우빠니샤드에서 절대 불변 존재로 성장했는가에 대한 의문에 대부분의 연구자들은 관심을 갖지 못하였다. 이 글은 쉬바교가 형성되어 가는 과정 가운데 가장 우선적인 질문 "쉬바는 베다 시대를 지나 거대신으로 성장하면서 왜 우빠니샤드를 통해 지고신으로서의 체계화가 형성되는가"에 대한 것이다.

학문의 대상으로서의 우빠니샤드는 지금까지 주로 철학의 영역에 머물러 있어 왔다. 철학자들은 우빠니샤드를 인도 세계관의 분기점 혹은 사상의 기원으로 인식해 왔다.[9] 특히 형이상학과 형이하학의 두 가지 측면의 조화를 이룬 『슈웨따슈와따라 우빠니샤드』가 '뿌루샤(purusha)', '요가(yoga)', '쉬바' 등의 용어를 사용한다는 사실을 들어 상키야(Samkhya) 학파, 요가 학파, 샤이바(Shaiva) 학파 등이 이 우빠니샤드를 각 이론의 틀을 제공해 주는 것으로 간주하고 있기까지 하다.[10] 하지만 그러한 주장은 후대 사상이나 종교의 각 유파들이 자신들에게 보다 분명한 정통성을 확보하려는 의도의 일환으로 그것과의 연계에 대해 관심을 가졌을 뿐이었다. 왜 그러한 현상이 우빠니샤드 특히 『슈웨따슈와따라 우빠니샤드』에서 이루어졌는지에 대한 관심은 별로 갖지 않고 있다.

특정 사상이나 세계관이 당시의 역사적 맥락으로부터 동떨어지거나 그 사회에 대해 환원되지 못할 수 없다. 특히 특정 텍스트가 특정 주제에 관해 이전의 전통에 대해 새로운 변화를 제시하는 것이라면 더욱 그렇다. 그러한 새로운 주창이 당시 새롭게 형성된 사회 구조의 산물일 것이기 때문이다. 우빠니샤드가 자아와 우주의 근원으로서의 절대성이라는 추상적 관념에 대한 사유의 결과라고 하는 것에 대해서는 이의를 달 여지가 없다. 하지만 왜 이전 시기와는 그렇게 획기적으로 다른 사유가 형성되었는지, 그 역사적 맥락을 살펴보는 것은 매우 중요한 일일 것이다.

2. 베다 시대의 사회 변화와 루드라-쉬바의 성장

유목 중심의 베다 사회는 기원전 6세기경 갠지스 중상류 유역에서 농경이 광범위하게 이루어지면서 그 성격이 크게 바뀌었다. 잉여 농산물로 인해 빈부의 격차와 그로 인한 사회적 불평등이 심화되었고, 전문화된 수공업이 발달하면서 일부 부유층만이 사용하는 토기나 장신구 등이 생산되기도 했다. 브라만 · 끄샤뜨리야 · 바이시야 · 슈드라의 네 계급의 분화가 이루어지고 동물 희생제가 중요시되면서 브라만이 최고의 위치에 오르게 되었다.

물질 문화의 변화에 따라 종교적으로도 큰 변화가 생겼다. 『리그 베다』 시대에는 물질적 풍요를 기원하는 행위의 종교가 이 시대에 와서는 의례적이고 기계적인 제사 중심으로 바뀌었고, 그 안에서 영적(靈的)인 문제가 크게 부각되었다. 『리그 베다』 시대의 사회적 성격과 관련된 정체성을 갖는 신은 농경을 주요 생업으로 하는 새 시대에는 도태될 수밖에 없었다. 예컨대, 목자의 역할을 하는 아슈윈(Ashvin) 형제 신 같은 경우 그들이 담당하는 역할이나 쌓은 공적이 농경이라는 새로운 물적 환경에서는 어떤 사람들로부터도 숭배를 받지 못했고, 불을 인격화한 아그니, 태양을 인격화한 수리야(Ssrya), 물을 인격화한 바루나, 새벽을 인격화한 사위뜨리(Savitri) 등도 마찬가지로 더 이상 찬양과 숭배의 대상의 되지 못했다. 그들은 신화에서 점차 사라져 가거나 새 시대에 크게 성장한 특정 신의 종신으로 흡수되었다.

그러면 어떤 신이 이 시대에 들어와 크게 성장하였는가? 베다 신화에서 그 정체성이 유목과 관련을 맺지 않으면서 성격이 애매하거나 다중적이어서 새 시대에 새롭게 변모하기에 논리적으로 덜 모순적인 신이 새 시대의 강자로 부상하였다. 이러한 성격에 맞아떨어진 신이 이 시기 이후 힌두교에서 지존위로 숭배의 대상이 되는 비슈누와 쉬바다. 이 가운데 쉬바는 여러 가지 기능을 포용할 수 있는 잠재력을 가지고 있는 신이었다.

『리그 베다』에서의 루드라는 매우 사납고 포악한 신이지만[11] 가축을 보호하는 자비의 신이기도 하다.[12] 루드라는 길게 땋은 머리를 한 채 사냥터에 사는[13] 신으로 하랍빠 문화에 기원을 둔[14] 비(非)아리야 계통 원시 부족의 신격체로 지모신 숭배와 충돌하는 남근석 숭배의 대상이었을 것이다.[15] 그렇지만 그 기원이 하랍빠 시대로 올라가든 그렇지 않든 간에 루드라는 그 특유의 야성적 습관을 가지고 있어서 당시 유목 중심의 베다 사회에서 큰 숭배를 받지 못한 채 변두리에 위치하였던 것은 사실인 것 같다.

하지만 후기 베다 시대로 들어가서는 상황이 달라진다. 『야주르 베다』(*Yajur Veda*)의 『따잇띠리야 상히따』(*Taittiriya Samhita*)[16]와 『바자사네이 상히따』(*Vajasaneyi Samhita*)[17]에 나타나는 소위 루드라에 대한 '백 가지 이름(*Shatarudriya*, 샤따루드리야)'의 송가에서는 전대의 악마적인 모습에 대조적으로 복을 가져다주는 상서로운 모습이 추가되었으니 "맹수같이 사납고 무섭고 모든 것을 파괴해 버리는 그대 추적자시여, 가죽 옷을 입으신 자이시여, 그대 만만세[18] … 학살자이시여 그대 만만세[19] … 자비롭고 자비로운 그대의 활과 화살이시여, 그의 활과 화살을 경배하옵고, 사람과 짐승을 보호하시는 그에게 경배하옵고, 우리의 질병을 치료하시는 그에게 경배하옵고[20] …"와 같은 찬송이 서로 자연스럽게 섞이게 되었다. 이로 인해 거대신으로서 위상이 만들어지기 시작하였으니 그 특질은 갈수록 애매모호해지고 그로서 더욱 많은 신격체의 특질들을 흡수 통합할 여지가 많이 만들어졌다.

샤따루드리야 송가에 나타나는 루드라는 이제 막스 뮐러가 말하는 교체신의 성격을 띠는 공포의 신이자 자비의 신으로 치료자이며, 약초의 신이자, 가축을 보호하는 신 빠슈빠띠이다.[21] 이렇게 하나의 신이 여러 특질을 갖는 신으로 나타나는 것은 루드라의 경우부터 발전하여 후대 힌두교의 주요 특징으로 자리 잡았다. 특히 후기 베다 시대에 브라만 제사장들이 하나의 신을 여러 신성한 특질을 은유적으로 일체화하는 작업을 함으로써 특정 신격체의 적자생존 원칙에 주요 원리로 작용하였다. 즉, 그 속에서 중요하게 대두된 신은 사회적으로 큰 의미를 부여받은 현상이나 사물과 은유적으로 비유되고 그 비유가 결국에 가서는 그 자체가 되어버리는 방식으로 신의 영역이 확장되었다. 이러한 신의 거대화 과정이 가장 두드러지게 나타나기 시작한 경우가 후기 베다 시대의 루드라였던 것이다. 이후 샤따루드리야 암송은 사람들을 불멸로 인도하는 존재로까지 승화되기에 이르렀고,[22] 이 '백 가지 이름'의 전통을 통해 사람들은 루드라를 더욱 쉽게 접촉할 수 있게 되었다.

루드라는 샤따루드리야를 통해 후기 베다 시대 이후 사기꾼, 협잡꾼, 도적 두목, 난봉꾼, 배회자, 삼림의 왕, 칼을 찬 자, 밤에 돌아다니는 자, 산을 누비는 자, (죽음의 신인) 야마와 함께 있는 자, 지하세계를 돌아다니는 자와 같은 악마의 기질을 가지고 있으면서 푸른 목과 하얀 목구멍을 가진 것과 같은 괴기스러운 모습을 하고 이와 동시에 평화가 함께 있는 자, 세상의 주인, '복을 주는 자'[23]가 되기도 했다.

루드라는 샤따루드리야 송가에서 앞 시대에서 이어받은 특질 즉 어둡고 무서운 성격으로 말미암아 그러한 특질을 가진 사물과 연계된다. 그 대표적인 것이 뱀이다. 그래서 그는 푸른색의 목을 가진 자이고 목이 하얀 것은 그 독 때문이며 결국 루드라는 그 목을 통해 악과 독의 상징이 되었다. 독사는 산에서 거주하기 때문에 그는 자연스럽게 거주하는 곳이 문자와뜨(Munjavat) 산이 되고[24] 따라서 그곳에 거주하는 그의 또 다른 이름은 기리짜라(Girichara, 산을 배회하는 자), 기리샤야(Girishara, 산 속에 거주하는 자), 기리뜨라(Giritra, 산을 보호하는 자) 등으로 불린다.[25]

독이 있는 뱀과 관련하여 그는 산의 신이 되고 또 산과 연계되는 또 다른 특질을 갖게 되니, 산은 생명의 터고 그래서 쉬바는 약초의 신이고, 동물의 신이다. '루드라에게 불이 있고, 그에게 물이 있고, 그에게 식물이 있고, 루드라는 모든 존재에 들어가니 그에게 경배하라.'[26] 이로부터 루드라는 이제 생명의 주로 발전하니, 그는 밭과 평야의 주가 되고, 나아가 '축우의 주' 즉 빠슈남 빠띠흐(pasunam patih)가 되며 여기에서 파생된 '빠슈빠띠'라는 이름은 후대에 가서 루드라-쉬바의 별칭이 된다. 그리고 물과 함께 또 하나의 생명의 근원으로 여기는 불과의 연계는 그를 까빠르딘(Kapardin) 즉 머리카락을 땋은 자로 불리게 한다. 이는 전 시대에 중요 신이었던 불(즉 아그니)과 동일시되면서 화염의 모습이 형상화되면서 붙여진 별칭이다. 이윽고 그는 그의 분노가 완전히 잠들면서 찾아온 평화로 인하여 삼부(Sambhu) 즉 자비의 신이 된다. 그리고 샹까라(Shamkara, 은혜로운)와 쉬바(복을 주는)가 샤따루드리야 끝 부분에 등장을 한다.

결국 루드라는 『야주르베다』에서 이전의 특질들과 새로운 특질들이 복합적으로 섞이고 그러한 전통 속에서 당시 인도인들이 가지고 있었던 범신론적 생명 사상과 연계되면서 공포의 신에서 가축의 보호자로, 생명을 보호하는 자로, 생산하는 자로 그리고 종국에 가서는 식물과 동물 세계의 주인이 되고 마침내 창조주로 자리잡게 된다.[27]

3. 베다후(post-Vedic) 시대 반(反)제사와 우빠니샤드

우빠니샤드가 형성된 당시 갠지스 강 중상류 유역의 인도 사회에서는 제사는 여전히 가장 중요한 사회 행위 가운데 하나였으나 그 존재 가치에 심각한 의문을 당하기도 했다. 그 의문은 불교와 더불어 고대 인도 세계관에 가히 혁명적이라 할 수 있는 변화를 가져온 우빠니샤드에 의해서 이루어졌다. 그리고 그 의문의 중심에는 의례나 집단이 아닌 자아와 개인이 있었다. '의례로부터 자아로'의 변화는 왜 발생하였을까?

브라만교의 핵심을 부인하지 않은 우빠니샤드가 제사를 반대한 것은 바로 이렇듯 제사가 갖는 사회적 의미가 매우 지대했기 때문이었다. 우빠니샤드는 베다 텍스트가 설파하였던 것과 동일한 논리로 제사를 개인 신앙의 문제로 귀결시켰다. 당시 경전어인 산스끄리뜨로 제사를 의미하는 '야자(yajna)'의 어근은 '야즈(yaj)'로 그 뜻은 '성화(聖化)시키다'이다. 즉 속된 것을 신성하게 하는 수단이 제사인 것이다. 그래서 제사는 인간을 성(聖)의 세계에 결합시키는 역할을 담당하는 것이다. 이 부분 즉 인간의 성화는 당시 브라만교 세계관의 가장 중요한 주제였다. 우빠니샤드 이전의 브라만교에서는 이 인간 성화를 제사를 통해 이룬다는 것이고, 우빠니샤드는 우주 진리의 정수 즉 아뜨만과 브라흐만의 일여(一如)를 통해서 이룬다는 것이다.

이러한 '성화'의 기능을 하는 제사는 기원전 8세기경부터 서서히 전개되는 농경 정착과 사회 발전 속에서 중요한 사회적 역할을 하기 시작했다. 이 시기에 접어들면서 잉여 생산 규모가 확대되고 이를 기반으로 하여 통치자로서 끄샤뜨리야 지위가 크게 성장하면서 그 제사가 끄샤뜨리야 가계 즉 왕권에 신성성을 부여하는 정당화의 역할을 담당하게 된 것이다. 이러한 과정을 통해 제사는 주요 사회적 이데올로기가 되었다.

이제 제사는 초기 베다 시대 물질 축적의 기원을 담당하는 통로로서의 상대적 기제에서 자연계의 운행을 지배하고 우주 만물을 지배하는 절대적 기제로 자리 잡았다. 제사는 우주에서 가장 완전한 존재가 되고 제주는 그 제사를 통해 물질적, 영적 소망을 갈구하게 되었다. 이제 후기 베다 시대의 제사장들은 제사를 단순한 물질 축적이나 사회의 구조화를 추구하는 수단으로서뿐만 아니라 우주와 대응 관계에 대한 인식 속에서 그것을 행하는 것이 영원불멸의 세계로 이어진다는 형이상학적 세계관의 형성에 이르기까지 확대하여 인식하게 되었다.

사실 제사라는 것은 신앙과 물질을 교환하는 매개체이다. 제사는 제물을 바치는 개인의 입장에서는 물질적으로 가치가 매우 높은 재화인 생물이나 곡식을 바쳐 훨씬 많은 양의 그와 동일하거나 유사한 대가를 종교적으로 기대하는 행위이다. 따라서 그 개인에게는 무엇보다도 소중한 가치 재화(당시에는 소)를 포기하는 것이

전제되어야 했다. 그런데 그 제사는 개인 차원으로서가 아닌 집단 차원으로서 행위가 수행되기 때문에 제물을 바치는 개인적 차원의 신앙 표현을 넘는 사회적 의미를 가질 수밖에 없다. 그 가치 재화 즉 소가 농경 정착이 막 이루어지기 시작하던 그 시대 사회에서는 절대 불가결한 생산 수단이었기 때문에 그 손실은 도시화로 표현되는 당시의 사회 진보에 막대한 지장을 초래할 수밖에 없었다. 그리고 그 지장은 생산 즉 농경과 직접 관여하는 바이샤와 끄샤뜨리야에게 가장 크게 작용하였다. 반면에 각 개인이 바치는 제물들은 제주에게 축적되기 때문에 제주의 재화 축적을 용이하게 하고 이어서 바르나 체계에서 최고의 사회적 지위를 담보해 주었다. 이는 제사가 이 시대에 들어와서 신앙과 물질의 상호 교환의 차원에서 출발하여 부의 재분배와 부의 교환의 채널로 작용한 것을 의미한다.[28] 그것은 바쳐진 제물이 실제 희생되기도 했으나 상징적으로 의례를 치르는 경우도 많았기 때문에[29] 축적된 제물은 제주에게 가장 많이 돌아가고 나머지는 사회적 지위에 따라 분배된[30] 사실을 보면 잘 알 수 있다. 결국 제물로 바쳐진 물질이 사회경제적으로 부의 분배 역할을 하면서 바르나 차별 구조를 공고히 하는 수단으로 작용하였다. 베다 시대부터 베다후 시대에 이르기까지 이어진 소 희생제가 당시 사회 경제의 변화에 중요한 영향을 끼친 이데올로기의 기능을 담당하였다는[31] 것은 이러한 맥락에서이다.

제사는 공동체 차원의 의례이기도 했다. 베다후 시대 제사는 전쟁 승리를 기원하는 중요한 수단으로 발전한 것이다. 제사가 기본적으로 신앙의 표현이면서 공동체를 결속시키고 그러한 문화 안에서 공동체의 힘을 배가시키는 기능을 하였다는 것은 제사의 사회적 역할이 시간이 가면서 더욱 강해졌다는 것을 의미하기도 했다.

제사가 기원전 7~6세기경 영역 국가의 권력이 더욱 강해지면서 그 규모가 점점 더 커진 것은 그것이 곧 공동체 결속의 역할을 하였기 때문이다. 『상윳따 니까야』(*Samyutta Nikaya*)에 언급된 꼬살라(Kosala)의 왕 쁘라세나지뜨(Prasenajit)가 슈라와스띠(Shravasti)를 방문하였을 때 행하여 한 제사는 황소 500마리, 숫송아지 500마리, 암송아지 500마리, 양 500마리를 바치는 거대한 규모였고,[32] 『숫따니빠따』(*Suttanipatta*)에도 익슈와꾸(Ikshvaku) 왕이 브라만들의 조언에 따라 수백, 수천 마리의 소를 제사용으로 도살한[33] 예를 통해서 우리는 제사가 국가 권력과 상당히 깊이 밀착한 것을 알 수 있다.

이러한 성격의 제사 행위 안에서는 여전히 부족 중심의 집단 차원 신앙 행위가 주를 이룰 뿐 개인적 깨달음과 같은 개인 차원의 종교 행위는 아직 일정한 자리를 차지하지 못하였다. 하지만 농경 정착이 점차 이루어지면서 상황은 크게 변화하기 시작했다. 베다 시대 말기인 기원전 7세기경부터 철제 농기구가 널리 보급되면서 농경이 본격적으로 시작되고, 농경은 잉여 생산을 가져왔고 이것이 교환 경제로 이어지면서 전 시대의 전쟁에서의 전리품 획득과 제사에서의 공물 수합을 분배하는 경제는 농업 경제로 대체되었다. 그에 따라 새로운 생산 수단의 중심인 소를 희생하는 제사에 대한 존재 가치에 대한 도전이 일어났다.

하지만 브라만교 안에서 제사 부인으로 표현되는 충돌은 제사 의례 과정 가운데 희생을 대체하는 또 하나의 의례를 갖는 것으로 무마되었다. 그 새로운 의례는 희생제가 갖는 원초적 의미인 '희생을 통한 성화'를 대체하는 것이어야 했다. 따라서 의례 안에 희생의 의미를 담아야 했고 결국 그것은 더 이상 타자 혹은 공공재로서의 제물에 대한 희생이 아닌 자기 자신의 희생으로 자리 잡을 수밖에 없었다. 그것이 이 시대 반브라만교 종교 전통에서 중요한 의미를 띠기 시작한 우빠와사타(upavasatha, 齋)이다.[34]

이제 제사 의례를 진행하는 과정 속의 일부로 소마 제사에 앞서 진행되는 우빠와사타를 통한 희생 즉 참가자의 고행은 제물의 희생과 동일시되었고, 금식, 금욕 등 고행이 명실상부한 성화의 한 수단으로 자리 잡았다. 희생 의례가 브라만교를 전적으로 부인하지는 않은 우빠니샤드에서는 우빠와사타로 대체되면서 제사 자체는 공존하였지만, 이와 동일한 맥락을 가지는 불교에서는 소마 제사 하루 전날 행하는 의례로서가 아니고 음력 매월 1, 8, 15, 23일째 되는 날에 담마를 설파하고, 빠띠목카(patimokkha, 戒本)를 낭송하고 계율을 받는 독립적 의례로 발전하였다. 하지만 두 경우 모두 희생제와 같은 외적 희생을 통한 성화가 아닌 내적 희생을 통한 자아 실현을 통한 성화로의 변화는 동일하였다. 이것이 우빠니샤드가 희생제를 반대하고 깨달음을 중시하는 것과 그 궤를 같이한다.

4. 『슈웨따슈와따라 우빠니샤드』와 지존위 쉬바 담론의 형성

우빠니샤드의 반(反)제사 자아 중시는 감성주의에서 합리주의로의 변화를 의미한다. 과거에는 사제가 주관하는 대규모 제사를 통해 일정한 기계적 의례에 의존하는 집단적 종교 행위를 행하였으나 이제 새로운 시대에는 의례 형식이나 관습에 얽매이지 않았다. 따라서 새로운 시대의 종교인은 집단을 이끄는 사제가 아닌 스스로 선택한 제자들과 함께 브라흐만의 지혜를 찾는 스승이었다.[35] 사회 내부에서는 여전히 전대로부터 내려오는 브라만 사제가 가르

침을 설파하는 주체이고, 신분에 따라 제사 참여 여부가 결정되는 것과 같은 집단적이고 의례적인 종교 행위가 대세를 이루고 있으나 끄샤뜨리야를 중심으로 제사 중심의 집단이 아닌 개인 주체의 깨달음을 추구하는 신비적 합리주의 신앙 운동이 일어났다. 하지만 이러한 현상은 사회 안에 있는 많은 사람들에게는 가치관의 혼돈으로 이어지면서 상당한 파문을 일으켰으니, 이러한 현상이 가장 심하게 일어난 즉 제사 반대의 경향이 활발하게 이루어진 곳을 당시 기득권 계급인 브라만들은 믈렛차 데샤(mleccha desha) 즉 불결한 땅이라고[36] 폄하하면서 부르기까지 했으니 그 새로운 종교 현상의 파급 효과를 쉽게 짐작할 수 있을 것이다.

이러한 영적 신앙 운동은 베다 문헌에 나오는 만물 편재의 숨인 쁘라나(prana)가 개인 영혼인 아뜨만과 일체화되면서 더욱 정교하게 되었다. 이제 우빠니샤드 안에서 아뜨만은 땅보다, 대공보다, 하늘보다 혹은 우주 전체보다 더 큰 것일 수도 있고 동시에 볍씨나 보리씨보다도, 작은 겨자씨나 조보다도 더 작은 것일[37] 수도 있는 것으로 추상화되었다. 그러면서 아뜨만은 우주의 영혼을 의미하는 브라흐만과의 일여를 통해 궁극인 해탈을 이루는 것으로 논리는 전개되었다.[38] 결국 궁극에 대한 방편으로서의 제사의 존재가치가 심각하게 도전을 받았고 그 자리를 요가, 명상, 고행, 은총 등으로 대체해야 한다는[39] 새로운 문제 제기는 종교의 궁극에 관하여 개인이 집단을 주체적으로 대체하는 것으로 방향이 바뀌었음을 의미한다.

우빠니샤드 편찬자들이 가장 진지하게 고찰했던 궁극적인 문제가 인간과 우주의 관계 즉 윤회[40] 그리고 그로부터의 해탈에 관한 것이었던 것은 이러한 맥락의 결과다. 그것은 인도 사상이 시작되면서 이때까지 줄곧 변함없이 추구해 온 세계, 실체, 진리 등에 대한 존재와 자각에 관한 문제였다. 그러면서 이제 이 문제는 소우주와 대우주와의 관계, 개체와 전체와의 관계, 아뜨만과 브라흐만의 관계 등으로 전개되었다. 이는 인간의 존재에 관한 의문으로 나타나면서 만유의 근원으로서의 브라흐만과 인간 근원으로서의 아뜨만의 관계에 대한 성찰로 이어졌고, 특히 이러한 성찰은 『브리하다라니야까 우빠니샤드』, 『짠도기야 우빠니샤드』와 같은 초기 우빠니샤드를 지나 『슈웨따슈와따라 우빠니샤드』에서 본격적으로 이루어졌다. 쉬바가 여러 신을 흡수한 거대신에서 만유와 인간의 근원의 절대 존재의 주(主)로 자리 잡은 것은 바로 이 『슈웨따슈와따라 우빠니샤드』에서이다.

『슈웨따슈와따라 우빠니샤드』는 기원전 5~4세기경에 지어진 것으로 연대기 상으로 보아 『브리하다라니야까 우빠니샤드』, 『짠도기야 우빠니샤드』보다는 나중에 형성되지만 일신론적 관념이 보다 체계화되는 『바가와드기따』(*Bhagavad Gita*)보다는 앞선 시기에 편찬된 것이다.[41] 이 시기는 인도 사상이 발전하는 단계 가운데 단순한 일원론적 세계관에서 유일신적 세계관으로 옮아가는 매우 중요한 의미가 배태되는 시기다. 따라서 그 안에서는 이전부터 발전해 온 사상의 흐름과 이후 세계관과 형이상학적 원리의 맹아를 찾아볼 수 있다. 그런 점에서 루드라-쉬바는 지존위로서의 성장의 일 단계를 완료한 것으로 볼 수 있는데, 우주의 핵심에 관한 원리와 우주의 구성, 영과 물질 등에 관한 차별화는 아직 진전되지 않았으니 그에 관한 것은 이로부터 오륙백 년 뒤 상키야와 베단따(Vedanta)에 가서 이루어진다.

우빠니샤드의 형성은 베다후 시대의 사회 변화를 통해 전대의 종교적 유산에 대한 공존과 조화를 시도한 결과로 나타난 것이다. 그 근간은 『리그 베다』 때부터 이어져 오던 뿌루샤, 브라흐만, 쁘라자빠띠(Prajapati) 등으로 표현되는 현상계에는 신성(神性)이 있는 어떤 정수(精髓)가 존재한다는 세계관에 있다. 이러한 베다 세계관의 근간이 베다후 시대의 인격신 모습으로 나타나면서 모든 현상 존재의 창조자이자 보존자이자 파괴자로 나타난 것이 바로 지존위 쉬바이다.

『슈웨따슈와따라 우빠니샤드』 편찬자는 이러한 지존위로서의 쉬바의 위치를 이슈와라, 이샤(Isha) 즉 '주(主)', '절대자' 그리고 이샤떼(Ishate) 즉 '통치자', 이샤나(Ishana) 즉 '권세를 가진 자' 등의 어휘를 사용하고 있다. 베다 시대 때 신을 왕(rajan, 라잔)으로 칭하는 예는 있었으나 주(이슈와라)로 칭한 경우는 없었으니 그만큼 이 시대 들어 신의 위치가 크게 올라갔음을 의미한다.[42] 『슈웨따슈와따라 우빠니샤드』에서 이슈와라로서의 쉬바는 '파멸성과 불멸성을 같이 가지고 있으면서'[43] '결코 멸하지 않는'[44] 그리고 세상을 다스리는 궁극적 실체로서 세상의 현상계를 완전히 중지시키는 명상을 이끌어내면서[45] 모든 속박과 굴레로부터 해방시키는[46] 최후의 근원이고, 모든 존재의 근원이자, 죽음을 건널 수 있는 길이요,[47] 모든 생명의 통치자이자 지배자로서 '유일 영혼의 존재'[48]가 된다.

지존위 쉬바 담론 형성은 『슈웨따슈와따라 우빠니샤드』가 세계에 관한 원초적인 문제로서의 만물 질료의 궁극적 원인에 관해 숙고를 하는 데서부터 출발한다. 『슈웨따슈와따라 우빠니샤드』는 세상의 기쁨과 슬픔 그리고 우주와 인간의 근원에 대해 질문하는 것으로부터 담론의 논의를 시작하고,[49] 루드라-쉬바를 우주에 편재하는 전형적인 초월 존재로서의 지존위의 위치로 상정시키는 것으로서 답을 내린다. 그 안에서 지존위는 우주 너머에 존재하지만, 모든 생명의 마음속 어디에나 내재해 있는 존재다.[50] 따라서 그에 따르면, 신은 우주의 근원이자, 그의 힘(shakti)을 통해서 세상을 만드는 창조자이고, 모든 것을 그의 환영(幻影)을 통해 만들기도 하고, 다시 그것들을 묶어 놓기도 하는[51] 신비의 존재가 되는 것이다.

지존위 쉬바 담론은 『슈웨따슈와따라 우빠니샤드』 편찬자가 베다에 나오는 많은 구절들을 재해석하고 종합하여 원용하는 브라만교의 고전적 편찬 방식을 통해 형성되었다. 우주의 모든 행위를 존재하게 하고 그것들을 꿰뚫어 보는 자로서 아그니와 사위뜨리, 만물을 생물학적으로 창조한 쁘라자빠띠, 우주의 근원인 황금태를 창조한 비인격체로서의 실체인 브라흐만 등 그 모든 신성이 쉬바라는 하나의 신격체 안에서 지고의 존재를 구성하는 요소로서 통합되는 것이 바로 이러한 베다의 원용을 통한 새로운 담론 만들기라는 방식이다. 그 방식을 통해 신들은 그로부터 창조되었고, 물질의 시초인 황금태(黃金胎, hiranyagarbha)를 가장 먼저 생겨나게 한 존재인 것이며, 세상 끝날에 그 신들을 다시 접어 들이는 존재가 되는 것이다.[52] 창조주 브라흐마를 만든 것도 베다를 그 브라흐마에 전한 것도 그이며,[53] 자궁의 신(Bhagesha, 바게샤)으로 불리면서 모든 세상의 기반인 요니(yoni, 여근)를 아는 것도 그이다.[54] 이는 『슈웨따슈와따라 우빠니샤드』 담론 형성의 중심이 지존위 쉬바 담론의 핵심적 주제였음을 의미하는 것이다.

새로 형성된 지존위 담론 위에는 영원성 혹은 불멸성에 관한 이미지, 비유, 어휘 등이 적극적으로 원용되었다. 이를 통해 우선 그 존재를 여러 방면에서 다른 신들과 합체하는 것을 통한 작업이 이루어졌고, 이 작업을 통해 그 존재는 비로소 이전의 많은 신격체들을 흡수하면서 지고의 존재로 등극하게 되었다. 결국 베다 편찬자들이 베다를 통해 이미 규정해 놓은 눈, 얼굴, 팔, 손, 발 등이 모든 곳에 존재하는 그 창조자 이미지에 루드라-쉬바를 그대로 대입시켜 일치시킴으로써 루드라-쉬바를 베다에 나오는 창조주의 반열로 끌어올린 것이다.

그러한 일련의 작업을 통해 루드라-쉬바는 낮과 밤을 초월하고 존재와 무(無)를 초월하며, 멸(滅)과 불멸을 초월하는 존재가 된다. 결국 『슈웨따슈와따라 우빠니샤드』에서의 루드라-쉬바 지존위 담론은 『리그 베다』의 사위뜨리 찬가나 뿌루샤 찬가의 판박음이다. 이로서 『슈웨따슈와따라 우빠니샤드』 편찬자는 우빠니샤드의 서두에서 제기된 물음인 뿌루샤가 세상의 궁극적 근원인가에 대해 모든 존재에 충만해 있으며 우주의 지배자인 전지전능한 쉬바가 그 근거라고 답할 수 있게 되는 것이다. 결국 『슈웨따슈와따라 우빠니샤드』에서 쉬바는 낮도 없고, 밤도 없고, 존재도 없고 부존재도 없는 그 암흑 너머에 홀로 존재하는 불멸의 존재이고[55] 해도, 달도, 별도 빛나지 않는 곳, 번개도 치지 않는 곳, 땅에서 불도 일어나지 않고 그의 빛만이 비출 수 있으며 그 빛의 광채가 우주 전체를 비추이는 그런 존재가 된다.[56]

그런데 이러한 이슈와라 즉 절대 지존위라는 개념은 추상적인 것이기 때문에 대중들의 마음에 쉽게 뿌리내리기가 어렵다. 그래서 『슈웨따슈와따라 우빠니샤드』 편찬자는 쉬바 신앙의 전통과 그 형이상학 담론을 접목시키는 상상과 창조의 작업을 통해 대중들의 신앙에 보다 적극적으로 뿌리를 내린다. 지존위로서뿐만 아니라 쉬바, 루드라, 하라(Hara) 등 여러 속된 신격체의 이름으로 대중적 숭배의 대상으로 자리 잡는 것, 특히 루드라가 '쉬바' 즉 '복을 주는 자'의 이름으로 확대 성장하는 것은 바로 이러한 초월 존재의 담론을 기반으로 하여 형성된 대중화 구조 속에서 가능하였다. 이로서 지존위로서의 루드라-쉬바는 세상에 사는 모든 사람들의 물질을 보장하는 보다 구체적이고 물질계를 관장하는 신격체 즉, "손에 쥐고 있는 화살로 모든 이에게 복을 주는 존재이면서, 세상의 공포와 죄악을 없애고 선(善)을 드러내게 하며 기쁨을 골고루 나눠 주는"[57] 신이 되었다.

우빠니샤드에서 형성된 이상주의적 관념론 위에 형성된 신관은 당시 사회에서 주요한 이데올로기 역할을 하였으니, 고대 인도 사회의 바르나 중심 사회 질서를 정당화하였다. 이데올로기라고 하는 것이 반드시 사회 실재를 반영하는 것만은 아니기 때문에 지존위로서 쉬바의 절대 존재에 관한 우빠니샤드의 관념론이 당시 인도 사회 질서의 실재를 반영한다고만은 할 수 없겠으나, 지배 계층이 추구하는 사회의 모습이 쉬바와 관련한 신앙이나 의례에 반영되는 것만은 분명한 사실일 것이다. 결국 베다 시대의 한 미미한 존재였던 루드라가 쉬바로 성장하고 그가 우주의 절대 불변 요소인 아뜨만-브라흐만의 일여를 관장하는 것은 당시 최상층 카스트인 브라만 사제 계급이 고안해 낸 절대 불변의 체제로서의 바르나 사회에 대한 분명한 지지의 표명이었다. 브라만교의 제사 근본주의에 반발하여 동일한 맥락을 형성한 불교와 자이나교가 아뜨만-브라흐만과 같은 불변의 절대 존재를 부인하는 것이 바르나로 구분되는 계급 사회에 대한 반대로 독해되는 것과 같은 이치다.

이러한 지존위의 대중화는 지존위의 은총과 그에 대한 신자의 지극한 신헌(信獻, bhakti, 박띠)의 관계를 낳게 된다. 이는 대중들로 하여금 궁극적 실체이자 만유의 근원에 대한 추구라고 하는 형이상학적 세계관을 통해 고통스러운 현실을 탈피하고 이상주의의 세계로 도피하게 한다. 그 기제 안에서 사람들은 지존위가 그들에게 부과해 준 '성(聖)스러운' 사회적 의무, 즉 바르나-다르마-아슈라마(varnadharmashrama)의 준수를 행하여 공덕의 축적 그리고 더 좋은 세상에서의 윤회를 기대했다.

5. 맺음말

베다 시대 이후 농경 정착이 이루어지는 기원전 7~6세기를 거치면서 여러 작은 신들을 흡수 통합한 루드라는 거대신의 위치에 오르게 된다. 하지만 그는 이전의 베다 시기에 매우 미미한 존재였던 데다가 그에 대한 아무런 신학적 이론이 만들어지지 않은 상태였기 때문에 거대신으로서의 합리화 작업이 무엇보다도 시급하게 필요하였다.

거대신 쉬바에 대한 지존위로서의 합리화 담론을 만드는 작업은 우빠니샤드를 통해서 이루어졌다. 그것은 우빠니샤드가 브라만교의 가장 중요한 기제인 제사를 반대하고 나섰다는 사실로부터 시작한다. 우빠니샤드는 제사를 반대함으로써 집단과 의례 중심에서 자아와 깨달음 중심의 세계관을 열었다. 하지만 우빠니샤드 방식의 관념론은 결국 베다 권위를 여전히 인정하고 브라만의 권위에 복종하는 사회 행위를 대세로 받아들이는 것에 지나지 않는다. 그리하여 브라만교에서는 우빠니샤드를 통해 제사라는 외적 희생을 자아 실현이라는 내적 희생으로 대체할 수 있었다. 그리고 자아 실현은 궁극적으로 우주의 근원을 본원적으로 모색하는 이상주의 관념론의 세계관으로 펼쳐지게 되었다. 결국 베다 방식의 제사와 의례는 사회에서 여전히 종교의 중심으로 작용하였다. 우빠니샤드는 그 방식에 반발하는 사람들을 위해 숨구멍을 열어 주는 역할을 하였을 뿐이며 사회가 안정되게 유지되는 결과를 가져왔을 뿐이었다.

쉬바가 여러 신을 창조하고 인간과 우주의 근원으로서의 지존위로 형성된 것은 이러한 사회적 맥락에서의 세계관의 변화 위에 서였다. 이는 종교적으로는 갖가지의 신들이 하는 역할을 모두 쉬바 안에서 통합됨으로써 범신적 세계관에서 유일신적 세계관으로 전개해 가는 과정일 것이고, 사회적으로는 베다 시대를 거쳐 온 사람들이 자신들의 문화와 보다 이질적인 비베다 문화가 종합화를 이루어 만들어 낸 특정 현상에 대해 거부감을 일으키지 않도록 하고 새로운 시대를 여는 차원에서의 담론이자 이데올로기의 형성이었다.

그 이데올로기는 지존위 쉬바 담론은 기원전 5~4세기경 북부 인도 사회에서 형성된 농경을 중심으로 하는 생산 양식과 그로 인해 형성된 문화의 여러 측면을 연결해 주는 역할을 하였다. 그리고 그것은 이데올로기로서 브라만으로 대표되는 사제 기득권 층이 바이샤와 끄샤뜨리야로 대표되는 신흥 세력이 이끌어 가는 사회 변화의 추동력을 보다 주도적인 입장에서 적극적으로 해석하여 만들어 낸 담론이었다. 쉬바가 인간과 우주의 모든 것을 창조하고 변화시키는 근원이라 하는 그 지존위 담론은 결국 고대 힌두교의 이상주의의 근간이 되어 바르나로 구별된 고대 사회의 존재를 유지하고 정당화하는 데 큰 역할을 하였다. 그러한 사회적 필요성으로 인해 쉬바는 우빠니샤드에서 지존위로 등극하였다. 그리고 『슈웨따슈와따라 우빠니샤드』는 그 담론을 합리화하는 주된 텍스트였다.

6 산스끄리뜨 딴뜨라에 나타난 여신 숭배가 갖는 사회 통합의 의미

1. 머리말

힌두교는 다른 어느 종교보다도 여성성이 강조되어 있고, 여신이 지존위에 올라 있기까지 하다. 여성성의 강조는 다른 종교에서와 마찬가지로 신석기 시대의 종교에서부터 시작되지만, 특히 중세의 밀교에 와서 크게 강조되었다. 그리고 현재 전 세계적으로 힌두교만큼 여신을 숭배하는 신앙이 활발하게 전개되고 있는 종교는 없다. 조금은 특수한 경우의 일이지만, 특정 여성이 여신의 현현으로 인식되어 샥띠(shakti, 陰力)를 가지고 있는 것으로 간주되며 실제로 숭배되는 경우까지도 있다.[1] 그렇지만 실제 힌두 사회에서 여성의 사회적 지위는 매우 낮다. 베다에 따르면 여성은 사제가 될 수도 없고, 해탈에 도달할 수도 없다. 이러한 태도는 여성의 원리가 궁극으로 자리 잡고 여신이 지고의 위치에까지 오른 밀교 힌두교에서도 크게 다를 바가 없었다. 여성이 밀교적 수행을 하면 해탈에 이를 수 있다고 하는 것과 같은 종교 신학적 위치는 상승하였으나 교단을 운영하는 여성 사제가 존재하지 않았다거나 여성은 종교적으로 입문 의례를 받을 수 없었던 점을 감안하면 여성의 종교 내의 사회적 위치에는 큰 변동이 없었다. 결국 힌두교에서는 고대 베다에서부터 중세 딴뜨라에 이르기까지 여성의 종교적 위치가 낮은 것은 의심의 여지가 없다. 사띠(sati)나 여아 살해는 특수한 경우라고 치더라도, 신부 지참금(dowry), 앙혼(仰婚, hypergamy) 등 결혼 제도와 관계되는 것에서부터 시작해서 전통적으로 여성의 가장 큰 종교적 덕목은 남편을 모시는 것(빠띠, pati), 남성은 가족 내 여자 형제를 평생 보호해야 하는 의무를 가진다는 것 등만 보더라도 여성의 사회적 지위는 매우 낮다.

그렇다면 왜 종교의 원리적 측면에서 여성의 위치와 사회적 측면에서 여성의 위치 사이에서 그렇게 현격한 괴리가 발생하는 것일까? 그것이 갖는 역사적 의미는 무엇인가? 특히 중세 밀교에서 지고의 여신과 여성성의 강조는 그 사회에서 어떠한 역사성을 가지고 있을까? 이 글은 이러한 현상이 발생한 시기 즉 밀교가 체계화된 중세의 시기에 널리 퍼진 여신의 종교 사회적 의미를 분석하는 글이다. 여성은 사회적으로 매우 낮은 지위에 있음에도 불구하고 왜 여신은 지존위로 등극하게 되었을까? 여성에 대해 배타적 태도를 보이는 '성스러운' 산스끄리뜨 언어로 된 그 딴뜨라 문헌 안에서 여신이 지존위로 등극한 것은 분명히 어떤 사회적 의미를 가지고 있다. 그것이 무엇일까? 이러한 문제에 대해 이 글은 역사적인 분석을 하고자 한다.

중세 초기 즉 기원 후 5세기부터 11세기까지의 시간을 연구의 대상으로 삼은 것은 음(陰)의 원리로서의 샥띠가 우주의 최고 원리로 자리 잡고, 그것이 신격체로 현현된 존재인 여신은 절대 존재인 반면 그 안에서 밀교 이전에 최고 지존으로 군림하던 쉬바나 비슈누가 각각의 처인 깔리(Kali)와 두르가(Durga)에 그리고 락슈미에게 지존의 위치를 내준 것이 밀교의 경전인 딴뜨라에서 발생한 일이기 때문이다. 여기에서 우리는 힌두교라고 하는 종교가 사회 안의 제사를 중심으로 하는 브라만 전통과 그에 대해 반대의 입장을 취하는 슈라만 전통이 석여 있는 종교라는 사실을 환기해야 한다. 즉, 브라만 전통은 세계의 영적 해석과 그에 대한 언어, 사유 체계, 상징들의 집합으로서 주로 당시 사회의 기득권자들의 세계관이고 그들은 결국 브라만 중심의 세계관으로 대표된다. 이에 대하여 인민들의 세계관은 베다 속에서 주체적으로 자리 잡지 못하고, 저급한 것으로 무시되었는데 그것은 베다 전통에 비해 이질적이고, 과학적이고, 기술적이고, 지역적이고, 부족적이고, 대중적이고, 물질적인 성격을 가지고 있다. 이러한 인민 대중들의 전통이 베다 전통과 결합되면서 딴뜨라로 집성된 것이고 그것이 인도의 중세에 발생한 역사적 사실이라는 것은 중요한 의미를 갖는다.

따라서 딴뜨라 안에는 이전부터 존재해 오던 여러 가지의 사상, 신조, 의례 등이 적극적으로 통합되었다. 그 안에서 우빠니샤드의 중심인 브라흐만 중심의 지혜 중심 세계관, 민간 신앙에 널리 퍼져 있던 여러 인격신 숭배, 해탈 지향 신앙과 현세 이익 추구 신앙, 브라흐마나의 의례주의 등 여러 대립적인 사상이나 신조가 딴뜨라 안으로 흡수되는 것이다. 이 글이 연구 대상을 중세의 종교로 삼은 것은 바로 이렇듯 중세의 종교 즉 밀교 힌두교 신학이 사회적 통합을 재현한 것이기 때문이다. 결국 이 글은 중세의 밀교 힌두교 안에 나타난 중세 사회의 통합성이 갖는 역사적 의미에 대한 분석이 될 것이다.

지금까지 인도 종교에 관한 많은 연구는 경전에 나타난 관념을 중심으로 하여 이루어져 왔다.[2] 그것이 그 나름대로의 의미를 가지고 있는 것은 분명한 사실이지만 그러한 연구로 인하여 당시의 실제 신앙의 모습이 밝혀지는 것은 아니다. 이는 관념이라는 것이 대부분 사람들의 실제 신앙생활에 직접적인 모습을 반영하는 것이 아니기 때문이다. 이러한 관점에서 이 연구는 경전으로 텍스트화된 신화를 자료로 당시 사람들의 실제 신앙의 모습을 밝히고자 하는 것이고 따라서 연구는 경전을 비롯한 많은 자료를 역사적 시각으로 환원하는 방법을 택하고자 한다. 그렇지만 당시의 신앙 형태를 보여 주는 유물 사료가 절대적으로 부족한 현재로서는 이러한 역사학적 방법을 통해 당시의 여러 신앙 형태에 밀교적 요소가 어느 정도로 차지하고 있고 어떠한 역사적 역할을 하고 있는가에 관한 것일 뿐 그 총체적 구조는 밝히기가 어려울 것이다. 이 글이 밀교 힌두교에 나타난 여성성과 여신의 의미를 경전의 원리나 관념의 세계 속에서 분석하는 것이 아닌 역사적 맥락에서 분석하고자 하는 것은 바로 이러한 맥락으로 인해서이다.

2. 지존위 데위의 등장과 중세의 사회 통합

인도 중세에 체계화되어 지금까지도 큰 영향력을 끼치고 있는 밀교의 지고 여신 신화는 다양하고 이질적인 요소들이 우주론, 의례론 그리고 종말론의 세 가지 구조를 통해 딴뜨라 체계 안에서 통합된 것이다.[3] 원래 딴뜨라는 신학적으로 볼 때 소우주와 대우주의 일치 구조를 추구하는 것이고 그 지혜의 해결을 인간의 육체에서 찾아 완성하려는 것이다. 딴뜨라의 물질 세계론에 의하면, 우주의 진리와 모든 신들은 다 육체 안에 존재하니, 우주 안에 존재하는 모든 것이 육체 안에 존재하지 않은 것은 없다. 이러한 세계관 안에서 그들이 추구하는 해탈은 관념론적인 것이 아닌 실재에서의 생산을 추구하는 것이다. 그것은 육체적 힘 특히 그 가운데 샥띠 즉 여성성을 통해서만 이룰 수 있다. 이러한 상황 속에서 절대 지존위 여신 즉 데위(Devi 혹은 마하데위 Mahadevi, 대여신)가 등극한 것은 새로운 차원의 문화 변동이었다.

이제 데위는 이전 시대부터 존재해 온 하나의 여신(goddess)으로서가 아닌 절대 지존위로서의 여신(Goddess)으로 등장하였다. 사실 비베다 전통의 이질적인 여신 숭배가 브라만교 전통에 자리를 잡은 것은 마하바라따와 그 부록이라 할 수 있는 하리왐샤(*Harivamsha*)에서였다. 마하바라따에서는 유디슈티라(Yudhishthira)가 두르가에게 찬송을 바치고,[4] 하리왐샤에서는 아르주나(Arjuna)가 임전을 앞두고 두르가에게 기원하는 곳에서 데위 숭배를 볼 수 있다.[5] 비베다 전통의 여신이 비로소 브라만 전통 안에서 자리를 차지한 첫 예라 할 수 있다. 하지만 중세가 시작되고 딴뜨라가 체계적으로 편찬되면서 데위는 절대 지존의 위치에 오르게 된다. 이는 브라만 고전 문헌에 의해 가치를 인정받지 못하거나 무의미한 종교 행위로 평가 절하된 여러 이질적인 종교 행위가 또 하나의 가치 체계로 인정받았음을 의미함과 동시에 오랫동안 유지되어 온 우주론 신학의 전복을 의미한다.

데위는 딴뜨라 안에서 이제 질료의 근원이고 우주 만물의 원천이며, 성화의 만뜨라이고, 제사의 언어이며, 해탈의 근본이고, 영원한 통치권, 브라흐마, 비슈누, 쉬바를 조정하는 자의 위치를 선언한다.[6] 하지만 그렇다고 해서 데위의 지존위 등극이 이렇듯 단순한 밀교 신학의 전통이 종교적으로 위치 상승했음을 의미하는 것이 아니다. 그것은 밀교 전통이 사원을 중심으로 하는 신학 이론을 넘어[7] 인민들의 신앙이 문헌 안에서 정당한 자리를 확보한 것을 의미한다. 이는 단순히 딴뜨라의 밀교 전통이 『데위 마하뜨미야』(*Devi Mahatmya*)라는 경전 안에서 체계화된 것을 의미하는 것이 아니고 이전 시기까지 저질스럽고, 가치 없는 것으로 취급되던 문화가 '산스끄리뜨라고 하는 문화와 책임의 언어 즉 존엄성, 경건함, 전통성, 영원성 등을 대변하는 언어'[8] 안으로 들어옴으로써 문화 권력 구조의 변화가 이루어졌다는 데에서 중요한 의미를 찾을 수 있다.

이러한 흐름이 구체적으로 나타난 것 즉 데위라고 하는 존재가 산스끄리뜨 문헌 안에 자리 잡게 된 것은 8세기경에 접어들면서 대표적 딴뜨라인 『데위 마하뜨미야』, 『데위 바가와따』(*Devi Bhagavata*) 등에서부터였다. 이제 이전 시대의 지존위인 비슈누는 락슈미에게, 쉬바는 두르가 혹은 깔리에게 지존위 자리를 내줌으로써 데위가 만신전에서 최고의 위치를 차지한다. 뿐만 아니라 이제 힌두교 지고의 신인 쉬바나 비슈누는 데위의 창조물에 불과하게 된다. 데위는 생산의 원천이자 무섭고 잔인한 힘을 소유하는 응징자로서 자리를 잡는다. 락슈미는 주로 전자의 역할을 두르가와 깔리는 주로 후자의 역할을 한다. 하지만 락슈미가 응징자로서의 특질과 통합하고[9] 깔리나 두르가는 생산의 원천으로서의 특질을 부여받음으로서[10] 경전 내에서 성격의 통합이 이루어진다.

이러한 텍스트화에서의 위치 전복은 역사적으로 볼 때 굽따 시대 말기인 기원 후 5세기경부터 전개되는 브라만 문화의 확산과 이어지는 토착 문화의 브라만화(bramanization)와 관계가 깊다. 이 시기는 도시의 몰락, 카스트의 분화와 카스트 구조의 불안 등으로 인해 왕이 브라만에게 광범위한 토지 하사를 시행한 시기다. 토지 하사는 주로 브라만 사제나 비슈누 사원, 쉬바 사원 등의 사원을 대상으로 하여 이루어지는데 이를 중심으로 브라만들은 각 지역의 부족들과 광범위한 접촉을 이룬다. 북부 인도에서 특히 마디야데샤(madhyadesha)와 벵갈 지역에 철제 기술과 함께 발달된 농경 기술과 의학술이 전파됨으로써 인구 증가가 발생하고, 이에 따라 토지 부족의 압박이 발생하였다. 따라서 새로운 토지로 이주하는 것이 사태 해결을 위해 적절한 방안으로 떠올랐으며 그 과제를 수행할 수 있는 사람은 브라만이었고, 브라만을 따라 장인과 농민이 함께 이주하였다.[11] 새로운 곳으로 이주해 간 브라만은 부족민과의 갈등에 직면할 수밖에 없었다. 이에 그들과의 문화 통합의 방안으로 체계화된 것이 쉬운 이야기를 통한 이데올로기의 전파였고, 그것이 뿌라나 문헌이었다. 결국 뿌라나는 베다를 베다 바깥에 있는 사람들을 위해 적당하게 변형시킨 것이었다.

이주해 간 브라만은 농경 확산에 필요한 기술과 지식을 가지고 있었기 때문에 그 결과에 대해 주도권을 행사할 수 있었다. 결국 브라만은 새로 확보된 토지에 대해 사적 재산권을 행사하였고, 그 토지 위에서 실제 경작을 한 부족민은 농노의 위치 즉 슈드라로서 카스트 체계 안으로 통합되었다. 그 통합 과정에서 브라만은 사회경제적 주도권은 유지하되 신앙의 공간은 허용해 주었다. 관념의 세계에서가 아닌 실재의 세계에서 농경을 하는 생산자 부족민은 다산을 추구하는 차원에서 추수에 대한 신앙 행위가 가장 중요한 위치를 차지하였고, 그 경우에 그들은 항상 여신을 신앙의 중심에 두고 있었다. 통합의 결과로서 딴뜨라에서 음(陰)의 원리의 상승 즉 우주의 궁극적 창조 원리가 여성성에 귀속되는 것은 이러한 농경 확산으로 인한 토착민의 다양한 다산 숭배가 브라만교 원리와 만나면서 남신이 샥띠의 여신에 종속되는 현상으로 나타난 것이다. 농경 부족민들이 슈드라로서 카스트 체계 내로 대거 편입하면서 부족 지역의 대중적 관습, 신앙, 의례 등이 브라만교 안으로 흡수되고 그것이 딴뜨라 안에서 종합화를 이룬 것이다.

슈드라는 카스트 체계 내에서 볼 때 유일한 생산 계급이지만 그 문화로부터 가장 소외된 계급이다. 이 슈드라 계급이 급증하였다는 것은 농업 생산량이 크게 증가하면서 그들의 세력이 사회 주체로서 성장할 수 있었음과 그들이 믿고 따르고 있는 여러 가지 이름의 모신(母神)의 등장, 성(性) 의례의 정착, 사당(祠堂, pitha)의 확산, 치병과 기복 신앙의 대중화 등이 종교에서도 주체적으로 자리 잡을 수 있게 되었음을 의미한다. 여신과 그를 중심으로 하는 밀교가 딴뜨라에서 가장 중요한 요체로 자리 잡은 것은 바로 브라만화로 인해 부족들의 대중 신앙이 브라만교의 체제 안에서 자리 잡았기 때문이다.

특히 광범위한 토지 하사는 카스트 사회의 정상 구조를 크게 흔들었다. 토지 하사로 인해 농경이 확산되고 이에 생산의 중요성이 증대되면서 슈드라는 고대의 노예, 장인, 잡역부 등의 최하층 지위에서 농민이라는 중간적 지위로 사회적 위치가 상승되었다. 그들은 중세 농경 사회에서 (적어도 고대와 비교하여) 경제적으로도 상당한 세력을 축적할 수 있었고 수가 많이 늘어남으로써 사회적으로 그 세력이 성장하였다. 아울러 여성의 위치가 상당히 향상되기도 했는데 그것은 여성성이 밀교에서 최고 가치로 떠오르면서 그것이 실제 사회 구조에 반영되는 것이기도 하거니와 실제 부족 사회에서는 여성들의 사회적 위치가 상당히 높았고 그러한 사회 문화가 브라만교의 카스트 사회 안에서 자리 잡게 되었기 때문이다. 모든 진리란 육체 안에 있고 육체를 벗어난 의례와 의식 등은 모두 허위이며 그 안에서 카스트를 기초로 하는 불평등과 그것을 대변하는 법전은 무의미한 것이 딴뜨라의 중심 세계관으로 체계화된 것은 이러한 맥락에서였다.

이러한 밀교의 반사회적 급진적 세계관은 브라만 중심의 보수적 사회로부터 비난과 혐오의 표적이 되었다. 그러나 그것은 일부 기득권자들의 당위성에 대한 표현일 뿐 실제로는 밀교로 인해 슈드라, 여성으로 대표되는 피지배자 계급이 브라만이나 지주로 대표되는 지배자 계급 사이에 존재하는 사회 경제적 갈등이 원만히 융합되는 방향으로 전개되었다. 그것은 커져 가는 사회적 불안에 대해 산스끄리뜨 체계 안으로 일정한 자리를 양보해 줌으로써 사회 외곽 지대의 불안 세력으로서가 아닌 사회 안의 피복속 세력으로서 공존할 수 있게 해 주는 것이었다. 그것이 바로 산스끄리뜨 안에 딴뜨라 경전을 통해 지존위 데위를 등극시키도록 한 것이다. 그것은 현실적으로 피할 수 없는 외곽 지대 피복속민의 비베다 전통에 입각한 의례 행위를 허용하는 공간을 만들어 줌으로써 신학의 불일치와 부조화는 발생하겠지만 여전히 베다를 중심으로 하는 사회 구조는 유지될 수 있도록 하고자 하는 목적에서 나온 것이다.[12] 결국 기층 문화를 배척하지 않고 엘리트 문화에 흡수한 것으로, 인도 고대 사회를 보수적으로 유지하는 결과를 낳았다. 밀교를 사회 융화의 종교적 표현이라 해석하는 것은[13] 바로 이러한 맥락에서이다.

그것은 밀교의 여신 체계가 현실 사회에 대한 이상주의의 표현 즉 카타르시스의 기능을 수행하였다는 사실과 연결된다. 여기에서 카타르시스라 함은 인도 중세의 철저한 계급 사회에 속박되어 있던 인민들의 무기력한 사회적 현실에서 꿈꾸는 이상주의를 의미한다. 깔리는 한 손으로는 칼로 잘라 낸 머리를, 또 다른 손으로는 그 머리에서 떨어지는 피를 받는 해골로 된 잔을 들고 있다. 그리고 목에는 칼로 잘라 낸 머리들을 이어 만든 목걸이를 두르고 있고 허리에는 칼로 잘라 낸 손들을 이어 만든 치마를 걸치고 있다. 그녀의 얼굴은 항상 피를 갈구하는 검붉은 혀로 상징된다.[14] 여신 두르가는 깔리와 마찬가지로 생산의 원천으로서뿐만 아니라 악을 응징하는 여신으로서 모든 힘을 소유하는 존재다. 호랑이를 타고 다니는 두르가는 백전불패의 전사이다.[15] 이와 같이 잔인한 모습은 여성이나 슈드라, 불가촉민, 무토지 농민과 같은 생산에 직접 담당하면서도 생산물을 다 빼앗기고 핍박을 받으며 사는 피지배 계층의 인민들에게 카타르시스를 제공하기에 충분하였다. 여성이나 슈드라와 같이 생산을 직접 담당하는 자들은 데위의 직접 보호 아래 있고 그들을 괴롭히는 모든 문명과 문화에 대해 데위는 처절하게 응징을 해 준다는 종교적 행위가 바로 카타르시스인 것이다.[16]

깔리나 두르가와 같은 여신들이 핍박받는 자들에게 카타르시스를 제공하는 것은 환상 속으로의 현실 도피의 의미를 가지고 있다. 세상의 물질 구조는 변화하지 않은 가운데서 핍박 속에서 좌절당하는 사람들은 자신들 고유의 목소리를 낼 수가 없다. 따라서 그들은 브라만과 지주들이 만들어 놓은 브라만 중심의 카스트, 남성 중심의 가부장제의 틀 속에서 여성성이 외형적으로 드러난 신화 속에서 자신들의 목소리를 찾는다. 그리고 그를 통해 어지러운 약육강식의 질서로부터 도피하고자 하는 것이다. 따라서 그러한 이상주의적 종교는 시대를 초월하여 그러한 질서 속에 뿌리를 내리고 있는 지배자들에 의해 강화된다. 이것은 딴뜨라 문헌 안에서 쉬바가 스스로 데위에게 굴복하고 데위의 통치권과 지존의 권위를 찬양하면서 그 초월 존재를 노래하는 이미지로 중세의 박띠 신앙 안에서 재현된다.[17] 그리고 그 안에서는 그러한 체제에 순응하는 자들만이 선량한 백성으로 미화된다. 따라서 중세에 선량한 백성이란 신에 대한 철저한 노예의 관계에 있는 자만으로 규정되었다.[18] 우리는 이러한 카타르시스를 통한 체제 순응을 통해 우리는 여신 신화가 갖는 현실 도피적 의미를 읽을 수 있다.

3. 밀교 힌두교의 여성화에 나타난 사회

여신이 힌두교에서 대중적인 신으로 자리 잡은 것은 중세의 남성 중심 가부장적 사회에서 힌두의 세계관에 가장 강한 지지 기반이 되는 서사시와 뿌라나에서 숭배의 대상으로 자리 잡으면서부터였다. 힌두 최고의 서사시 『라마야나』의 여주인공 시따(Sita)는 남편을 따라 14년간이나 숲에서 유배 생활을 하였고, 악마 라와나(Ravana)에게 납치된 후에도 하루도 빼지 않고 자신을 구출하러 올 남편을 위해 기도를 게을리하지 않았으며 구출이 된 후에는 자신의 순결을 시험하는 불의 신판(神判)을 달갑게 받아들였다. 뿌라나에서 쉬바의 처인 빠르와띠(Parvati)는 남편인 쉬바를 모시기 위해 6만년의 금욕 생활을 견디면서 오로지 남편 사이에서 아들을 낳고 남편을 모시면서 행복하게 사는 것을 유일한 소망으로 삼는 현모양처의 대명사와 같은 존재이다. 이 두 존재는 힌두 사회에서 시공을 초월하여 모든 소녀들의 귀감이 되어 왔다.

이러한 현모양처에 일부종사의 표현 양식은 딴뜨라에 들어와서 크게 바뀐다. 딴뜨라 『데위 마하뜨미야』에 나타난 신화의 주 구조는 여신들과 악마 마히샤(Mahisha)와의 싸움이다. 남신들은 악마 마히샤와의 싸움에서 패하고 천상에서 쫓겨난다. 쫓겨난 그들은 악마를 물리치기 위해 자신들이 가지고 있던 모든 에너지를 방출하고 그것들을 한 데로 모아 구름같이 만든 후 그것을 눈덩이처럼 불려 여신의 몸에 투입하여 마침내 절대적 힘을 지니게 한다. 그렇게 해서 태어난 성스러운 여신은 사자를 탈 것으로 부여받고 창, 칼, 곤봉 등을 다양한 무기로 부여받는다. 결국 남신들로부터 절대적 힘을 부여받은 데위는 절대 강자로 만들어졌고, 그 이후 악마를 물리치고 우주의 조화가 다시 제자리를 찾는 절대 절명의 과제가 여신에 의해 이루어지게 되는 상황이 만들어진 것이다.[19] 결국 『데위 마하뜨미야』에 등장하는 두르가는 비슈누의 화신(아와따라 avatara)이 그러한 것처럼 우주적 질서를 바로잡고자 중간에 나타나는 개입자가 된 것이다.[20] 따라서 두르가의 중요한 역할은 기존의 의도 속에서 표현 양식만 달라진 채 우주 질서를 재조정하는 것이다. 여기에서 두르가나 깔리는 시따나 빠르와띠와는 달리 쉬바나 비슈누의 처로서의 샥띠로 존재하는 것이 아니고 쉬바나 비슈누를 완전히 대체하는 창조의 주이자 보존의 주이면서 파괴의 주로서 그리고 그 삼위일체를 초월한 절대 지존으로서 존재하는 것이다.

이러한 신화의 구조는 기존의 남성 중심의 구조를 여성 중심으로 구조의 외형을 전복시킨 것이다. 그 여성성은 우주 전체에 편재하는 존재가 됨으로써 여성성이 우주의 근본 에너지로 자리 잡게 된다. 이는 신화 바깥의 실제 사회에 만연하고 있는 남성 중심의 사회를 여성으로 하여금 신화의 맥락 속에서 실현하도록 만드는 것으로 실재하는 여성의 당위적 위치를 신화 속에서 전복할 수 있도록 허용해 주는 것이다. 그것이 가장 잘 드러나는 것이 힌두 신화에서 지금까지 가장 널리 알려져 있는 이미지 가운데 하나인 마히샤를 물리치는 샥띠로서의 두르가이다.[21] 두르가는 전투에서 자신 이외에 아무런 조력자로서의 신도 필요치 않으며 스스로 독립적으로 절대 지존이 된 신의 위치에 오르는 존재가 된다. 이러한 독립성은 두르가가 평범한 결혼을 거부하고 자신을 물리치는 자만을 배우자로 삼겠다고 하는 말을 통해 구조의 전복으로 나타난다. 하지만 중요한 것은 그 안에 여전히 용해되어 있는 '힘', '전투', '결혼' 등을 통해 나타나는 남성성이다. 즉, 우리는 샥띠 두르가를 통해 기존 구조의 파괴가 아닌 전복을 읽을 수 있는 것인데, 여성성을 외피로 하지만 남성성을 변함없는 그 내용으로 하는 구조로부터 궁극적인 변화는 읽을 수 없다.

딴뜨라에서 여신이 절대 지존으로서 전면에 등장한 것은 힌두교에서 주변부에 자리한 이질적인 문화가 중심부의 위치를 차지하는 현상이다. 이를 달리 표현하면 남성성 중심의 힌두교를 여성화한 것이다. 이로 인해 힌두교는 기존의 브라만적 신학의 전통적 오염(정-부정) 인식에 대해 전혀 다른 해석을 내놓았으니 성(性), 육체, 감각 등에서 전혀 다른 세계관을 표출한 것이다. 결국 전혀 다른 방식의 신학이 형성되었는데 그것은 한마디로 여신을 중심으로 하는 만신전과 우주론이었다. 그 안에서 여신은 기존의 남신에 대해 모든 면에서 압도하는 구조를 전복시키고 힌두교 전체를 여성화하였다.

이러한 맥락에서 일부 페미니스트 종교학자들이 주장하듯 힌두교 경전에 나타나는 지고의 여신은 근대 여성주의 운동의 활성화에도 긍정적으로 작용할 수 있을 것이라는 데에 대해서는 수긍하기 어렵다. 에른들(Kathleen M. Erndl)은 지고의 여신이나 샥띠 원리가 심리적으로 혹은 이미지적으로 가부장 사회 내에 있는 힌두 여성의 삶의 향상에 긍정적 영향을 끼치고 나아가 근대의 여권 운동과 연결될 수 있다고 주장하고 있고,[22] 그로스(Rita M. Gross)는 여신을 추종하는 사람들이 여성주의에 대해 어떠한 태도를 갖고 있느냐에 따라 달리 나타날 수 있다는 상황론을 전개하면서 추종자들이 여성주의자라면 여신과 샥띠의 개념을 여성주의에 도움이 될 수 있게 하고 싶으면 그 상황에 맞게 활용될 수 있고 그렇지 않으면 폐기할 수도 있을 것이라 하고 있다.[23] 그리고 흄스(Cynthia Ann Humes)는 『데위 마하뜨미야』는 페미니스트 경전이 될 수도 있고, 반(反)페미니스트 경전이 될 수도 있다고 주장하면서 이것이 페미니스트 경전으로 활용되려면 그 안에 있는 가부장적인 요소들을 걷어 내야 한다고 하고 있다.[24]

물론 딴뜨라 안에서 모든 여성은 카스트나 연령 혹은 사회적 지위 등에 관계없이 샥띠가 육화한 존재로 인정되고 있다.[25] 나아가 여성은 우주의 창조주로서, 세상의 기초로서 그리고 이 세상의 어떤 왕국도, 재물도, 성스러운 것들도 여성보다 더한 것은 없다고 칭송받고 있다.[26] 따라서 그 안에서 페미니스트적 풍조를 얼마든지 읽어 낼 수는 있다. 하지만 이러한 칭송은 인도 고전 문헌에 자주 등장하는 의례적이고 은유적인 수사일 뿐이다. 그것은 고대 인도 문헌이 운문으로 표현된 사실과 관계가 깊다. 고대 인도인들은 매우 중요한 의미를 지닌 것은—그것이 사람 이름이든 땅 이름이든 혹은 신 이름이든—반복해서 사용하고 나아가 그러한 것들끼리 종국에 가서 일치시키는 경향이 있다. 따라서 베다 시대 이후로 형성된 많은 의미 있는 신들은 중세 딴뜨라에 들어와 모두 일체화 된다. 각자 독립적인 신격체였던 슈리(Shri)와 락슈미가 하나의 슈리-락슈미가 된 것도 이러한 현상이고 두리가와 깔리가 동일시된 것 또한 이러한 현상이다. 따라서 그 안에서 중요한 것은 본질적으로 표현하는 의미일 뿐 문자 그대로의 표현은 아니다.

이러한 신화의 수사적 표현이 어느 정도의 실제적 의미를 갖느냐는 것은 역사적 근거에 따라 분석해야 한다. 딴뜨라라는 것은 기본적으로 남성 중심의 가부장적 봉건 사회에서 그러한 세계관에 젖어 있던 사람들이 체계화한 기존 사회의 내용은 그대로 둔 채 외피만을 바꾸어 표현하는 것일 뿐이라는 사실을 고려한다면 여성이 지고의 존재라는 표현을 문자 그대로 인정하면서 페미니즘의 근거로 활용할 수 있다는 방식의 주장은 받아들이기 어렵다. 다만 우리가 인정할 수 있는 것은 딴뜨라를 통해 여성과 샤띠와의 동일시가 시도되었고, 그를 통해 여성의 성성(聖性)을 사회적으로 실체화하는 작업이 시도되었다는 사실이다.

그렇지만 그러한 딴뜨라의 시도는 당시 사회의 주변부에 머무를 뿐이었다. 그것은 딴뜨라가 이질적인 요소들을 기존의 체제에 적응시키고 그를 통해 통합시키는 성격으로 인해서이다. 딴뜨라는 기본적으로 남성 중심의 가부장적 사회의 밑바탕이 되는 현실 세계를 긍정하는 것이다. 그 안에서는 누구든지—남과 여의 구별로서든 아니면 다른 차원의 구별로서든 예를 들면, 기세자든 재가자든, 부자든 빈자든, 사회적으로 높은 사람이든 아니든 등과 같이—우주의 근본 에너지를 소유하고 있고, 따라서 사회 안에 존재하는 어떤 것이나 어떤 행위도 긍정적으로 인정된다. 샥띠란 금강석과 같이 영원불멸하는 존재이고 그 어떤 것에 의해서도 그 빛을 잃지 않는 존재이기 때문에 누구든 관계없이 진리를 깨달은 자 즉 샥띠를 소유한 자에게는 모든 행위가 인정되는 것이다. 하지만 그것이 실제 사회에서 구체화되지는 못했다. 힌두교에서의 여신 숭배는 전적으로 남성 중심 가부장제의 이상이 신화의 구조 안에서 형식상의 전복으로 나타난 것일 뿐이다. 신화는 철저하게 남성에 대한 여성의 종속 이데올로기를 바탕으로 구성되어 있고 이는 법전(다르마샤스뜨라)과 계시(스므리띠)에 여성이 지켜야 할 다르마로서 구체적으로 제시되면서 신학적으로 묘사되고 있다. 따라서 여성의 열악한 위치는 법적으로 구조화 되는데 그것은 항상 남성과의 관계 속 즉 결혼에 관한 것으로 구조화되며 결정적으로 신학적으로 이론화되고 있다. 대표적인 예를 들면, 『마누법전』에는 아내는 남편을 신으로 모셔야 함을 제시하고 있는데 더불어 아내는 남편이 죽으면 다시 결혼할 수 없고 재산권도 가질 수 없는 것은 바로 남편은 신, 아내는 신에게 종속된 자이고 이것을 사회법적으로 풀어 말하면 사회 경제적으로 독립되지 못하는 자라는 맥락으로 가능하다.

이러한 여성의 남성 가부장적 사회에 대한 종속을 추구하는 것은 사회 내에서 추구하는 여성상을 신화 안에 존재하는 여신의 상과 일치시키는 작업을 통해 강화되었다. 그런데 여성이 여신을 본받아야 할 모델로 삼는 것은 흔한 일이지만, 그것은 항상 현모양처의 모습을 가진 여신을 통해서 이루어졌을 뿐 깔리나 두르가와 같이 남성에 대해 독립적이고 피에 목마르거나 용맹스럽게 악마를 죽이는 여전사의 이미지를 통해 이루어지지는 않았다. 이러한 것은 신화에 나타난 시바와 깔리의 성교와 춤의 관계를 통해서도 알 수 있다. 춤은 성행위의 상징이기 때문에 남자와 여자가 함께할 때 그것은 자연스럽고 상서로운 것이 되지 혼자 할 때는 금욕주의적 파괴라는 위험스러운 행위로 왜곡되므로 혼자 춤추는 것은 반드시 통제되어야 하는 것이다.[27] 결국 딴뜨라 신화 안에서 깔리나 두르가의 독립성이 온전한 위치를 차지하고는 있으나 그것은 궁극적으로 통제되어야 하는 부정적 모델로 인식되고 있는 것이다.

이를 달리 표현하면, 비록 깔리나 두르가가 딴뜨라에서 설정하는 최고의 여신임에는 의심의 여지가 없지만, 딴뜨라에서 가장 추앙받는 여성의 성격은 독립성이 아닌 모성이라는 의미이다. 따라서 이상적인 여성은 반드시 결혼을 해야 한다. 그리고 남편이 살아 있고, 아이(특히 아들)를 낳아 기르는 여성은 축복받은 자이다. 우리는 『데위 마하뜨미야』에서 문자 그대로 '축복받은 자'를 뜻하는 수망갈리(sumangali)와 동의어로 쓰이는 것이 사우바기야와띠(saubhagyavati) 즉 '좋은 자궁을 가진 여성'을 뜻한다는[28] 사실을 통해 밀교에서의 여신이 추구하는 바가 곧 가정과 생산을 중심으로 하는 세상임을 잘 알 수 있다.

따라서 실제의 힌두 사회에서도 여성들이 추구하는 상은 결혼한 여성이 남편에 복종하고 집안의 재산을 불리는 모습으로 락슈미를 통해 이루어졌으니, 주부를 '집안의 락슈미'로 칭한다. 같은 맥락에서 락슈미에 반대되는 이미지의 아락슈미(Alakshmi)는 가정에 질투와 악을 끌어들이는 존재로서, 남편과 가정에 종속되어 있지 않은 여성에게 악의 화신의 레벨을 달아줌으로써 경계를 하는 것이다. 예를 들어, 전통 시기에는 남편을 잃은 과부가 아락슈미로 간주되어 남편이 없다는 사실을 크게 죄악시하였고, 근대기에는 전통적 가치관을 버리고 서양 문화에 젖어 가정을 무시하고 여성주의의 행동을 주장하는 근대 여성의 이미지는 아락슈미로 설정하여 여성의 사회 활동을 경계하였다. 또 오로지 한 남편만을 섬기고 고진감래하는 현모양처의 주부의 모습은 여신 시따로 비유된다. 또 남편을 여읜 여성이 남편을 따라 죽음의 길을 택한 경우는 여신 사띠로 추앙받으면서 집안의 모든 이들로부터 존경과 축복을 받는 존재가 된다. 이러한 모델들을 통해 우리는 여성이 남편으로부터 독립하여 사는 것은 위험하고 투쟁적인 반면 가정에 종속된 삶이 안전하고 평화롭다는 것을 의미하는 메시지임이 분명하다.[29]

4. 맺음말

인도에서 딴뜨라는 베다와 더불어 인생과 우주를 이해하고자 하는 힌두 전통에서의 두 가지 인식 체계 중 하나이다. 베다가 보이지 않는 세계, 비실재의 세계, 영(靈)의 세계의 절대 원리에 관한 인식임에 반해 딴뜨라는 매일의 실제 생활 즉 목축, 농경, 야금, 연금, 의약 등과 같은 경험의 세계 내에서의 절대 원리에 관한 것이다. 베다가 우주와 인간의 본질의 일치를 정신적인 면에서 찾은 반면에 딴뜨라는 그것을 물질 세계에서 찾으려 한다. 딴뜨라가 여성성을 중심으로 형성되는 세계관이고 밀교 힌두교가 그를 바탕으로 하는 종교로서 여신을 지존으로 하는 종교인 것은 바로 이 물질주의로 인해서이다.

여신의 최고 위치 등극은 이러한 딴뜨라의 물질적 세계관에서부터였다. 여신인 데위는 중세 이후 5세기경부터 여러 지역에 흩어져 있는 매우 이질적이고 서로 다른 여러 여신들의 음의 원리에 관한 특질들이 궁극의 개념 안에서 한데 묶여 만들어진 것이다. 그리고 그것은 중세 농경의 확장과 함께 이루어졌다.

이제 데위는 초월자이고 편재자이며 창조의 물질적 근원이고 모든 존재의 궁극적 실체가 되었다. 그 안에서 데위는 원래는 궁극적 실재로서 무형이지만 이제는 우주적 시간 안에서 질서를 어지럽히는 악을 없애는 존재로 현현하면서 유형의 주인공이 된다. 딴뜨라 안에서 샥띠는 우주의 창조와 보존 그리고 파괴의 역할을 하는 지고의 신이고 그 지고의 샥띠는 모든 여성을 자신의 육화된 존재로 인정하고 있다. 그래서 여성은 딴뜨라를 통해 비로소 여러 가지의 가내 의례나 사원 의례에 참여할 수 있고,[30] 궁극적으로 해탈의 경지까지 이를 수 있게 되며 신화적으로는 죽어서 신의 경지에까지 이를 수 있게 된다. 하지만 이는 어디까지나 여성의 종교적 위치 상승이자 종교적 자유일 뿐이다. 여성의 사회적 지위에는 변화가 없다. 여전히 가부장제 안에 속해 있고 남성 중심 사회의 부속물일 뿐이다.

그것은 지고의 여신의 개념을 받치고 있는 딴뜨라가 결국 기존의 브라만 전통 안으로의 사회 통합에 대한 수단이 되었기 때문이다. 여성이나 슈드라와 같은 피지배층 인민들이 지고의 여신을 통해 카타르시스와 같은 심리적 안정을 얻고 이것이 결국 가부장 체제 유지를 위한 채널의 역할을 한 것이다. 동시에 결국 여신의 지고성이 주는 카타르시스의 기능은 주변부의 이질적인 문화가 중심부의 정형화된 틀 안으로 들어가 통합되는 데 결정적인 역할을 하였다. 그 사이에서 계급 간의 갈등은 사라지고, 물질적인 충돌은 모두 신앙 세계 안으로 용해되면서 기존 사회의 안정적 유지를 위해 기여하였다. 그래서 딴뜨라는 인도의 중세 이후 현대에 이르기까지 남성 중심의 사회를 보다 안정적으로 구축하는 데 결정적 역할을 하였다. 그 안에서 여신의 존재는 인민들에게 독자적인 신앙의 영역을 허용하면서 궁극적으로는 기존의 정치 사회의 틀을 확고하게 유지하도록 하는 첨병의 역할을 하였다.

산스끄리뜨라는 기존의 브라만 중심의 문화 권력을 취하면서 딴뜨라 안에서 데위가 지존위를 차지하였다는 의미, 즉 여성성에 대한 가치 상승의 평가는 불평등한 당시의 사회 제도에 대한 개혁적 차원이나 소외된 문화에 대한 고려 차원에서가 아니라 이상주의 이데올로기를 통한 현실 포기와 종교 안에서의 구원 추구를 통해 사회 계급 체계를 더욱 공고히 함을 의미할 뿐이라는 사실에서 이루어져야 할 것이다.

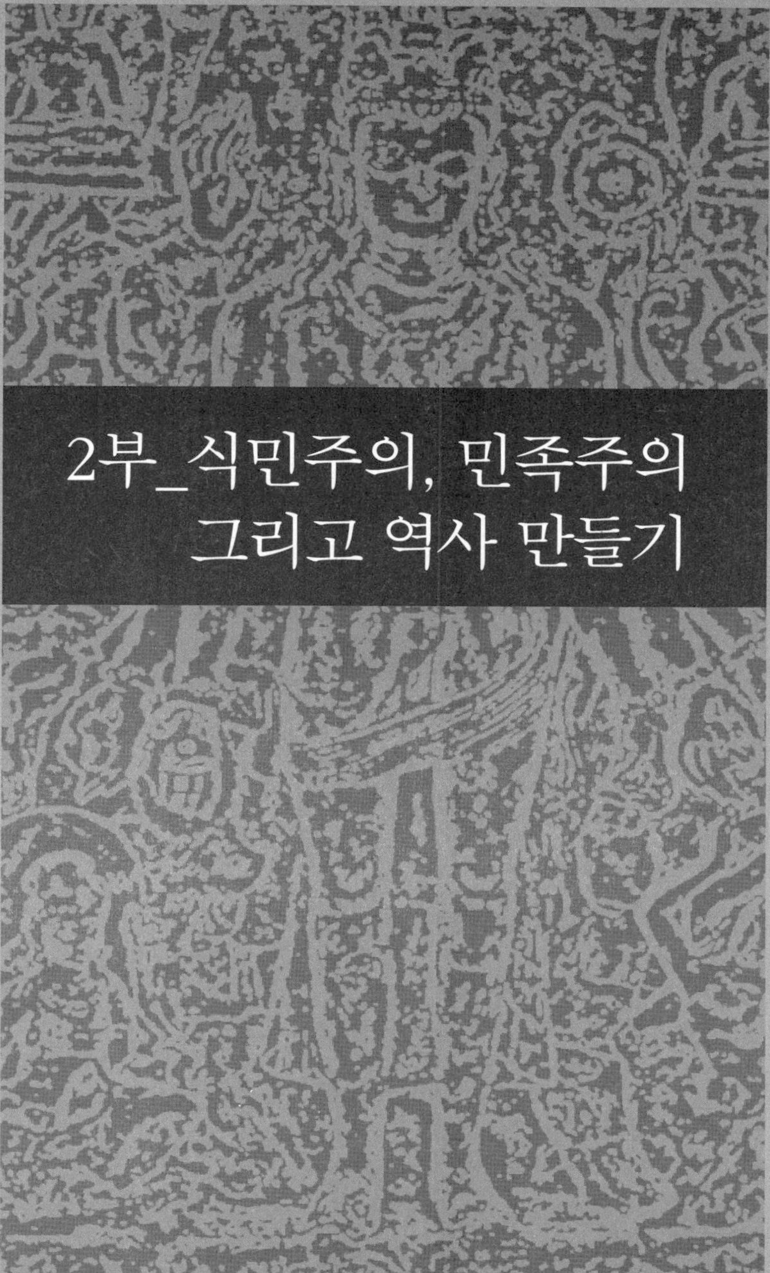

2부_식민주의, 민족주의 그리고 역사 만들기

7 고대 인도 정치 연구에서 텍스트와 컨텍스트의 문제
: 신동양학적 접근에 대한 비판

1.

19세기 후반 인도사 연구가 본격적으로 시작된 이래, 고대 인도는 오랫동안 정치 사상을 가지지 못한 나라로 인식되어 왔다.[1] 낭만주의 학자들은 인도 문화를 동경하는 관점에서 인도 문화를 판단하고 제국주의자들은 야만스럽게 간주하는 입장에서 출발한 점이 크게 다르긴 하지만, 모두 하나같이 인도 사회는 비합리적인 힌두 사상에 입각하여 정치 사상과 같은 세속적이고 물질적인 사고와 구조가 발전하지 못하였다고 주장하였다.

이러한 연구에 반해 인도 민족주의자들은 고대 인도가 고도로 발달된 민주주의 개념과 제도를 가지고 있고, 그것이 유럽인들의 사상과 제도에 전혀 뒤질 것이 없다는 주장을 펼쳤다.[2] 민족주의자들의 연구는 새로운 역사적 사실들을 많이 계발하였으니, 세속 국가, 제한 군주제, 공화정 체제, 지방 자치 정부, 국제 관계 등에 관한 역사적 사실들이 그 대표적인 것들이다. 그렇지만 사실의 객관성이나 해석의 합리성 면에서 볼 때 그들의 연구에 상당한 왜곡과 아전인수적인 해석이 많이 있었던 것 또한 사실이다. 전체적으로 볼 때, 과거는 이상 사회로 묘사되었으니 심지어 카스트 사회조차도 그러한 사회의 조화를 이루는 일환으로 윤색되거나 미화되기 일쑤였다. 그들은 민족주의라는 차원에서 연구하였기 때문에 항상 유럽의 근대 문명에 상대하는 차원에서 주로 과거를 해석하였고 그런 나머지 '사회 복지', '국민 국가', '의회 제도' 등과 같은 19세기 혹은 20세기의 개념이나 제도와 단순 비교하는 오류를 저지른 경우가 많았다.

이러한 조류는 이후의 신동양학자들(Neo-Orientalists)로 이어지면서 더욱 세련된 논리로 확대 재생산되었다. 그럼에도 불구하고 아직도 활발하게 전개되고 있다는 점에 있지만, 신동양학자들의 연구는 인도학계에서 그들의 연구에 대한 평가가 아직 체계적으로 다루어지지 않고 있다. 신동양학자들의 연구에 대한 평가를 이 글의 주제로 삼은 것은 이러한 이유에서이다.[3]

더불어 그들의 연구는 1970년대 인도에서 본격적으로 진행된 사적 유물론/과학주의적 접근 방식을 중심으로 한 거시적 역사 이론과 대립하면서 인도 고대사학계에 큰 논쟁을 형성하고 있다는 점과 탈근대주의(post-Modernism)를 중심으로 한 현대 역사 연구에 가교 역할을 하고 있다는 점에서 그리고 학문 외적으로 종교공동체주의(Communalism) 확산과 관련되어 있다는 점에서 중요한 의미를 가진다.

신동양학자로 분류될 수 있는 대표적인 학자와 이 글의 주제인 고대 정치 사상에 관한 대표적인 연구물로는 혼다(J. Gonda, *Ancient Indian Kingship from Religious Point of View*, Leiden: E. J. Brills, 1969), 스펠먼(John W. Spellman, *Political Theory of Ancient India. A Study of Kingshop from the Earliest Times to circa A.D. 300,* Oxford: Oxford University Press, 1964), 드렉마이어(C. Drekmeier, *Kingship and Community in Early India*, 앞의 책), 루이 뒤몽(Louis Dumont, 'The Conception of Kingship in Ancient India,' *Contributions to Indian Sociology*, VI. 1962), 헤스터만(J. Heesterman, *The Ancient Indian Royal Consecration*, The Hague: Mouton, 1957) 등이 있다. 이 글은 이러한 대표적인 신(新)동양학자들의 연구 경향과 성격을 분석, 비판하고 이를 토대로 하여 고대 인도 정치 이론사 연구에 더 올바른 연구 방법을 제시하는 데 그 목적을 두고 있다.

2.

고대 인도 정치 사상과 제도에 대한 본격적인 연구는 1857년 인도대봉기(The 1857 Mutiny) 이후 영국인을 비롯한 유럽인 학자들에 의해 시작되었다. 영국 통치자들은 봉기가 일어나게 된 계기를 그들이 인도인들의 종교, 사고 방식, 관습, 역사 등에 대해 자신들이 너무 모르고 있었고 그로 인해 그들과 문화적으로 충돌하였기 때문이라고 생각했다. 그들의 연구는 민족주의자들의 국수주의적 연구 경향으로 이어졌지만, 민족주의 운동이 이미 궤도에 오른 1920~30년대 이래로는 학계에서 큰 호응을 받지 못하였다. 그 후 샤르마(R. S. Sharma, *Aspects of Political Ideas and Institutions in Ancient India*, Delhi: Motilal Banarsidass, 1959)와 같은 사적 유물론에 입각한 일부 연구를 제외하고는, 전체적으로 연구 열기가 시들해진 것이 사실이다.

이러한 정치 사상과 제도에 관한 연구가 다시 활발하게 된 것은 바샴(A. L. Basham)의 *The Wonder That Was India*(London: Sigdwick and Jackson, 1954)의 저술에 힘입은 바 크다. 그는 비록 정치 사상과 이론에 관해 집중적으로 연구한 바도 없고 특별히 정치에 관해 강조한 바도 없지만, 방대한 인도 고대사를 사회 구조, 신앙과 사상, 예술, 언어, 문화 등으로 분류하여 파노라마같이 기술함으로써 유럽 학계에 고대 인도를 다시 한 번 상기시키는 역할을 하였다. 뿐만 아니라 그의 전반적인 힌두교에 관한 우호적 태도는 유럽학계에 신힌두 사상 부흥의 조류와 인도 내에 힌두 종교공동체의 주장을 뒷받침하는 데 상당한 영향을 주었다.

바샴의 뒤를 이은 신동양학자들은 고전적 의미의 역사 분석 방법에서 벗어나 역사학의 주변 학문을 활용함으로써 인도 정치사 기술의 새로운 조류를 형성하였다. 1960년대 드렉마이어가 사회학적 방법을, 뒤몽이 인류학적 방법을, 혼다와 헤스터만이 언어학/문헌학적 방법을 각각 시도함으로써 고대 정치 이론에 대한 연구 방법론이 풍부하게 되었다. 특히 그들은 언어학, 인류학, 사회학 등 역사학의 보조 학문을 역사 해석에 적극적으로 도입함으로써 텍스트의 해석에 새로운 접근을 시도하였을 뿐만 아니라 그로부터 상당한 역사적 사실을 추출하였다.

그들의 이러한 비역사적 접근 방식의 도입은 텍스트(text) 연구에는 상당한 성과를 거둘 수 있었으나, 그러한 사회 구조나 용어들이 갖는 역사적 맥락(context)을 등한시하는 것이었다. 이러한 관점에서, 스펠먼이 "문헌들의 연대 순서가 대강 정해질 수밖에 없고, 증거 또한 부족하고 모순될 뿐만 아니라 한 가지 문헌이 실제로 어떤 영향을 미쳤으며 그 영향이 미친 지리적 범주에 대한 것을 결정하는 것은 거의 불가능하다. 실제 정치 행위에 대해서 (…) 우리가 명쾌하게 알지 못하는 것은 분명하며 이런 상황에서 이렇게 말하지 않는다면 다소 다른 사람들을 속이는 것이 될 것이라고 생각한다."[4]라고 피력한 것은 스스로의 한계를 분명히 드러낸 것이라 할 수 있다. 다만 스펠먼의 이러한 태도는 1970년대 후반 이후 유럽에서 크게 일어난 현대 역사 이론과 일맥상통한 점이 있어 주목할 만하다.

그들은 우선적으로 정치 사상과 제도에 관한 전통적인 인식과 방법론에 문제 제기를 하고 나섰다. 스펠먼은 그의 책 *Political Theory of Ancient India*의 시작을, "고대 인도의 정치 이론은 강하게 부인되거나 전체적으로 과장되었고 어떤 부분에 이르러서는 아예 무시되기까지 했다. 이론 자체를 이루는 사실들이 무엇이든지간에 고대 정치 사상에 대한 이해 혹은 오해가 근대 인도 민족주의 운동에 이용되었고 그 가운데 몇몇 의견은 오늘날까지도 영향을 미치고 있다는 사실은 부인할 수가 없다."[5]고 주장함으로써 과거를 현실의 이해나 활용의 수단으로 삼는 제국주의적 입장이나 민족주의적 입장에 분명한 반대 의사를 표명하면서 새로운 제3의 시각을 견지하였다.

이러한 스펠먼의 저작은 당시로서는 그의 책 서문을 써 준 바샴의 말마따나 '상당히 신선하고 열정적인'[6] 것이었음에 틀림없다. 스펠먼은 왕권 형성에 종교의 역할이 지대하였고,[7] 경제 체제에서는 사회 복지 차원에서 인도주의가 발달하였으며[8] 국가는 하나의 거대한 제사라는 '국가제사이론'을 새롭게 정립하였다. 나아가 그는 종교는 정부와 따로 떨어져 존재하지 않았고, 그 덕분에 인도 왕권도 종교적인 것이었다고 주장함으로써 그의 종교주의적 성향을 잘 드러내고 있다. 그가 고대 인도 발전에서 종교 역할 특히 의례, 왕권의 신성(神性), 성(聖)과 속(俗)의 이데올로기 등의 역사적 역할을 크게 강조한 것 또한 이 차원에서이다. 또 같은 맥락에서 바샴은 '복지 국가' 원형을 고대 인도에서도 찾을 수 있고, 인도에서 왕권의 신성은 중세 유럽에서 그것과 견줄 수 있는 것[9]이라고까지 하였다.

혼다가 "텍스트가 분명히 밝히고 있듯, 다르마보다 더 우위의 것은 없다. 약한 자가 강자를 누를 수 있는 것은 바로 다르마를 통해서이다."[10]라고 주장한 것은 성(聖)이데올로기가 사회를 지배하고 이로 인해 약자가 강자를 다스릴 수 있었다는 논리이고 그것은 이데올로기(다르마, dharma)가 권력(끄샤뜨라, kshatra)을 창출하고 그러한 원리가 텍스트에 분명히 나타나 있기 때문이라고 해석하기 때문이다. 이와 같은 맥락에서 헤스터만은 '당시의 세계를 베다 시대 인도인의 관점'[11]으로 본다. 텍스트 중심주의의 가장 큰 한계인 텍스트에 용해되어 있는 정신이나 세계관을 통해 당시 역사의 해석을 시도한 것이다.

그렇지만 이러한 논리는 실증성에서 큰 한계를 노출할 수밖에 없다. 그것은 우선적으로 그들이 원용한 텍스트가 과연 얼마만큼 인민들에게 널리 보급되고 읽혀졌으며 실생활에 영향을 끼쳤는가 하는 문제에 관련되어 있다. 그들이 다루는 텍스트는 대부분 신화 혹은 법전으로 구성되어 있다. 그렇다면 그 신화(혹은 법전)가 인민에 대한 힘을 갖추기 위해서는 신화를 창출하는 이데올로그의 논리와 합리가 인민들의 실생활에 합목적적으로 소통되었는가 하는 전환의 방식과 정도가 증명되어야 한다. 그렇지 못하다면, 그들의 텍스트 중심주의에 따른 텍스트의 자율성과 자기 충족성에 대한 강조는 텍스트가 그 자체에 내재해 있는 의미를 통하여 스스로 해명할 수 있는 것이라고 이해함으로써 컨텍스트의 존재 의의를 상실시켜 버린다. 따라서 현재로서는 그들은 구조나 텍스트 속에 용해되어 있는 신화 속의 실재를 구별해 내는 데 실패했다고 말할 수밖에 없다.

그들의 이러한 태도는 결국 컨텍스트를 통해 이해하려는 어떤 노력도 불필요하게 할 뿐만 아니라 경우에 따라서는 텍스트의 의미를 왜곡시키기도 하는 것이다. 따라서 텍스트 중심주의에 따른 연구는 결국 관념사의 경향이 농후한 쪽으로 진행될 수밖에 없다. 이러한 접근 방법에 대해 뒤몽은 자신의 연구의 결론을 내는 자리에서 자신의 연구가 관념으로부터 벗어나 어떻게 독자적으로 실행되었는지 그리고 그것들이 명문(銘文)에 의해 어떻게 뒷받침되는지에 관해서 고려하지 못한 한계를 가지고 있다는 점을 솔직히 시인하고 있다.[12] 이는 역사상 의미 있는 관념들을 텍스트에서 끄집어내어 그 관념들이 어떻게 텍스트 속에 논리적으로 위치하고 있으며 나아가 텍스트 이전과 이후 시대에 어떤 영향을 주고받는지를 연구하는 역사적 의미 탐구의 작업을 원천적으로 봉쇄하고 만다.

그래서 텍스트 중심주의는 보편적 관념(스펠먼 경우 '다르마', 뒤몽 경우의 '정(淨)-부정(不淨)')이나 영속적 요소(헤스터만 경우 '의례'), 보편적 구조(뒤몽 경우 '위계') 등에 대한 연구에 집중하는 것이 보통이다. 이는 결국 '투르크계 무슬림 이전의 인도' 문화에 다시 집중하면서 어떤 특정 이미지를 구체화시키는 경향의 저술들로 연결된다. 에드워드 사이드(Edward Said)의 *Orientalism*(1978)으로부터 영향을 받은 로날드 인덴(Ronald Inden)의 Imagining India(1990)와 안드르 윙크(Andre Wink)의 *Al-Hind*(1990)가 이에 속하는 대표적인 것이다. 그들의 저술은, 비록 식민주의 극복이라는 점에서는 긍정적이나 방법론적 입장에서 볼 때 '토착주의'에 초점을 맞추고 저술한 한계를 분명히 지니고 있다. 따라서 이는 '식민주의적 담론 분석'의 하나로서 특별한 종류의 비(非)역사적 혹은 반(反)역사적 입장의 애매모호만을 야기하는 것일 뿐이다. 더군다나 그들의 종교공동체적 입장이 지나친 시대 구분에 대한 지지는 역사 서술로서는 매우 중요한 의미를 지니고 있다. '인도의 정신'이 '힌두 정신'으로 쓰이는 것을 비롯하여, '힌두 패권 국가', '무슬림 경제', 인종 차별의 의미로 창조한 '드라비다 정신', '힌두 왕권의 몰락', 그 원인으로서 '투르크계 무슬림'의 도래 등과 같은 용어를 사용함으로써 이러한 '토착주의'의 위조된 전형들에 대한 작업들이 초(超)민족주의자들의 손쉬운 도구가 되었다는 사실이 바로 그것이다. 인덴과 윙크의 저작이 1990년에 나온 것과 그해에 종교공동체들의 힘이 최고조에 달하고 나아가 아요디야를 해방시키기 위한 운동을 통해 문화 민족주의의 한계 범주를 재규정하고자 한 사실이 우연히 일치된 것인가?[13] 결국 이는 다시 식민주의의 구미에 부합하는 신식민주의의 한 형태라고 볼 수밖에 없을 것이다.

그들의 비역사적 방법에 따른 역사 분석에 따라 역사적 의미는 보편적 가치와 기준에 의해 평가되고 역사적 산물인 텍스트는 보편적 관념의 장으로 전락하게 된다. 결국 텍스트 중심주의에 의한 연구는 텍스트를 만들었던 당시의 역사적 상황의 의미로부터 텍스트를 유리시키고, 그 결과 역사를 작위적인 판단과 개념 틀에 따라 단선적으로 추상화시키는 비역사적인 작업으로 만들어 버리고 마는 것이다. 이러한 연구는 종교적 세계관을 재생하고 그 안에서 상징을 찾아보는 데 의미가 있거나 고대 인도사 연구에 그러한 종교 의례적 전통을 찾아내는 데 중요한 의미는 부여할 수 있을지는 모르겠지만, 사회적 맥락을 무시한 일방적이면서 장황한 연구[14]라 하지 않을 수 없다.

3.

고대 인도로부터는 정치 이상이나 행위 규범을 포함한 정치 이론에 관한 것만 규명이 가능할 뿐 이것들이 대중들에게 어떻게 받아들여졌는지에 대해서 알아보는 것은 가능치 않거나 혹은 의미가 없다고 하는 신동양학자들의 주장은 결국 연구 초점을 통치 엘리트들의 사상과 주의에 대해서만 맞추는 것이다. 헤스터만이 최근 연구에서 연구 초점을 의례(ritual)로부터 제사(sacrifice)로 옮긴 것은 이러한 차원에서 볼 때 진일보한 것으로 평가받을 만은 하나, '세속 권력의 왕과 영적 권력의 브라만'[15]의 상호 관계에 천착한 것은 텍스트 중심주의에 따른 엘리트 연구의 연속으로 해석할 수 있다.

이러한 그들의 자세는 기본적으로 브라만교 텍스트의 사료로서 성격을 인식하지 못한 데서부터 시작되는 것이다. 브라만 전통에 입각한 고대 인도의 텍스트는 어떤 특정 저작자에 의해서, 어떤 특정 시기에 저술되고 기록된 것이 아니고 방대한 시간 속에서 구전되어 내려오다가 후대에 많은 내용이 삽입되고 윤색되었기 때문에 텍스트 속에 나타난 상황과 다른 일차 사료들과 대조 검증 작업을 하지 않는다면 심각한 오류를 발생시킬 수밖에 없다.

『리그 베다』와 같은 슈류띠(shruti) 텍스트의 경우는 더욱 그렇다.

『리그 베다』의 경우 그 구전 편찬의 특성에 따라, 다른 대부분 텍스트들과 마찬가지로 시작 부분과 끝 부분에 많은 양의 후대 삽입이 나타난다. 따라서, 비록 구전 형식으로 편찬되었지만, 기원전 1500년경의 사실을 비교적 충실하게 담고 있는 2권부터 9권까지는 1권, 10권과는 반드시 다른 차원의 사료로 인정 검토되어야만 하는 것이다. 대부분의 동양학자들이 언급하고 있는 당시의 대중 회의인 사바(sabha), 사미띠(samiti), 비다타(vidatha), 가나(gana) 등이나 사회 계급인 브라만, 끄샤뜨리야, 바이샤, 슈드라 혹은 정치 제도인 라잔(rajan) 등은 모두 1권과 10권 즉 후대의 삽입 부분에 나타난 것이므로 텍스트를 액면 그대로 받아들여 이들을 『리그 베다』 시대의 현상으로 해석하는 것은 역사의 재구성 작업으로 받아들이기 어렵다. 그것들은 마땅히 후기 베다 시대 현상으로 간주해야 한다.

『아르타샤스뜨라』의 경우는 또 다른 예로 생각할 수 있다. 그것이 고대 인도의 텍스트 중 가장 유익한 실제 모습을 보여줄 만한 자료라고 할 수는 있겠지만, 저자, 편찬 시기 등에 관해서는 아직도 완전한 합의를 보지 못하고 있는 실정이다. 『아르타샤스뜨라』가 이 정도라면 고대 인도 텍스트 가운데 후대에 만들어진 위작은 생각보다는 훨씬 많을 가능성이 높다. 그렇다면 적어도 인도 고대사 해석은 텍스트 분석보다는 역사적 상황에 따른 문맥 분석이 더 나은 역사적 사실 검증을 낳을 수 있다. 이런 점에서, 스펠먼, 듀몽, 혼다 등의 텍스트 분석은 명문(銘文), 고전(古錢) 등 고고학적 유물과의 검증 작업이 뒷받침되지 않은 점에서 이론만을 다룬 반쪽의 연구라 하지 않을 수 없다.

더군다나 고대 인도가 남긴 텍스트는 특정 시간과 공간을 공유하지 않는 한 각각 편찬된 시간과 공간의 배경이 너무 달라 외형적으로 표현된 문구 속에 담긴 의미가 비록 외형적으로는 하나의 전통을 이루는 역사성을 가지고 있는 것처럼 보일지는 모르겠지만, 실제로 그것들이 갖는 역사적 의미는 서로 너무 달라, 사회 변화를 중심으로 검증하지 않는 한 서로가 사료로서 연결되기 어려운 것들이 많다. 『리그 베다』에서 『아르타샤스뜨라』까지 그리고 나아가 법전들을 동등한 전통으로 취급하여 분석하는 것은 자신의 주장에 적합한 사료만 자의적으로 취사 선택할 가능성을 높일 수밖에 없고 따라서 그렇게 얻어낸 결론은 비역사적이고 자의적이라 하지 않을 수 없다.

텍스트 중심주의에 따른 힌두 이데올로기를 역사의 동인으로 간주한 분석의 오류는 텍스트 성격 분석의 무시로부터 기인한다. 고대 인도에서 왕의 권위는 브라만 위에 군림하지 못했다[16]고 주장하는 혼다는 자신의 주장을 뒷받침해 주는 근거로 예외 없이 모두 브라만들이 편찬한 법전들을 채택했고 그에 대한 검증은 아무런 시도도 하지 않았다. 그는 "브라만을 핍박하는 왕은 스스로 파멸의 길을 재촉할 것이요", "브라만을 압박하는 왕은 브라만이 통제할 것이다"고 하는 『마누법전』 구절과 "통치자가 브라만의 통제 하에 있을 때 왕국은 번영한다."는 『아이따레야 브라흐마나』의 구절을 브라만이 왕 위에 군림한다는 이론에 대한 근거로 제시하고 있다.

인도사에서 브라만 전통의 텍스트는 우선 사회의 기득권자이자 통치 이데올로기를 독점하고 있는 브라만에 의해 작성된 것이다. 따라서 대부분 텍스트들은, 설사 그것이 정치 사상이나 제도 혹은 사회 문제를 다루고 있는 것이라 할지라도, 모두 브라만들의 종교적 관점에서 이루어진 것이다. 따라서 거기에 실린 내용은 현실을 표현한 것이라기보다는 사회가 갖추어야 할 당위성을 제시하고 있는 것이 대부분이다. 이 책에서 가장 많이 활용하고 있는 법전의 대부분이 이렇듯 그들 특유의 보편법 추구의 맥락 속에서 브라만 종교 사회 유지를 위한 목적에 따라 형성되었다.

또 하나 중요한 것은 그것이 편찬된 시기가 기원 전후 시기 이후로서 법전을 통해서는 그 이전의 마우리야, 난다(Nanda) 등 절대 군주인 왕의 위치를 읽어 낼 수가 없다는 사실이다. 서력 기원 초기에는 전대의 마우리야와 같은 강력한 정부가 서지 못한 채, 사회의 '불법과 무질서'가 상당히 만연한 시기였다. 특히 서북부의 외래 침입자들은 갠지스 강 유역 깊숙한 곳까지 그들의 통치권을 미쳤는데 그들은 카스트 체계의 신봉자가 아니었다. 그래서 그들의 존재는 기존 카스트 사회의 최고 지위를 누리던 브라만들과 그들이 지탱해 온 카스트 사회 구조에 대한 위협으로 인식되었다. 브라만들은 이에 대하여 탐욕과 정욕의 무질서가 판치는 '맛시야니야야'라고 많은 힌두 문헌에 표현하였다. 이는 그들의 탈종교적 혹은 이성적 정책에 의해 수립된 사회 질서를 무정부 상황의 개념으로 인식하였다는 것으로 힌두 다르마를 옹호하지 않은 통치자들은 그만큼 브라만들에 의해 적대시되었다는 사실의 반증이다. 그러면서 브라만들은 실질 세력을 소유하고 있는 통치자들과 연합을 시도하지 않을 수가 없었다. 통치자들은 브라만에 대한 물질적 보장을 브라만들은 통치자에게 왕권의 정당화를 보장하였다.[17] 이러한 상황이 『마누법전』을 비롯한 기원 초기의 문헌들에 널리 반영된 것이고 그것은 어디까지나 절대적 왕권이 형성하지 못한 시기의 산물이다.

더불어 고대 정치사를 밝혀줄 수 있는 가장 중요한 텍스트 가운데 하나인 법전의 분석은 반드시 상관관계에 있는 여러 법전—넓은 의미로 볼 때는 슈루띠로부터 시작하여 후대의 주석서까지 고대 인도 대부분의 텍스트가 이에 속함—들이 모두 분석의 대상이 되어야 한다. 특히 특정 법전의 주석서는 법전이 편찬된 후 훨씬 후대에 만들어지기 시작한 것으로 원 법전의 내용을 상당히 왜곡 혹은 확대 해석할 수 있다는 점과 후대의 사회 상황을 제시하여 비교 분석을 가능하게 할 수 있다는 점에서 반드시 상호 보완의 분석을 기울여야 한다. 예를 들어 『마누법전』 같은 경우, 원 법전은 기원 전후에 편찬된 것으로 보이나, 주석서는 9세기부터 16세기까지 12개가 작성되었다. 따라서 각 주석서가 편찬된 시대적 상황을 고려하지 않고 주석서를 참조하여 법전을 해석하고 자료로 삼는 것은 원전에 나타난 사회를 심하게 왜곡시키는 것이 될 것이고 주석서를 참조하지 않고 법전을 연구하는 것은 법전의 역사적 변화 상황을 고려하지 않은 것이 되어 고대 역사의 재구축에 실패하기가 쉽다.

더불어 법전을 텍스트로 삼는 것은 그 일관성과 변화 사이에 존재하는 문맥에 또 다른 세심한 주의를 기울이는 작업이 필요하다. 『야자왈끼야법전』(*Yajnavalkya Smriti*), 『나라다법전』(*Narada Smriti*), 『브리하스빠띠법전』(*Brihaspati Smriti*)과 같은 대부분의 후기 법전들은 『마누법전』을 근거로 하여 법을 기술하고 있기 때문에 많은 부분이 『마누법전』을 인용한 것이거나 그것을 확대 적용한 것이다. 이러한 현상은 많은 연구자들로 하여금 기원 후 1세기부터 6세기경까지 고대 인도에서 정치 사상과 제도의 발전이 미미하고 상당히 정체된 것으로 오해하게끔 하고 있다. 그렇지만 이는 법전에 대하여 심층적인 검토를 등한시한 결과일 뿐이다. 예를 들어 검토해 보기로 하자. 모든 법전들에 의하면 법원의 심판 제도는 3심 제도이고 그 최종 판단은 왕에 의해 이루어지는 사실을 공통적으로 보여 주고 있다. 하지만 법전들을 더 자세히 들여다보면 사법 체계가 시간이 흐르면서 훨씬 세분화되었음을 알 수 있다. 예를 들면 상속법에 관하여 『야쟈왈끼야법전』에서는 토지의 분할이 허용되면서 그 처리 방법이 앞선 법전들보다 훨씬 다양하고 복잡하게 전개되고 있다. 또 『나라다법전』과 『브리하스빠띠법전』에 이르러서는 범죄에 대한 대별이 시작되었으니 크게 재산에 관한 것과 상해에 관한 것으로 나누어지기 시작하였다. 또 『나라다법전』, 『브리하스빠띠법전』, 『까띠야야나법전』(*Katyayana Smriti*)에서 법원 행정, 소송 절차, 증거 채택 등에 관한 내용들이 훨씬 상세하게 발전한 사실도 알 수 있다. 후기 법전에 토지와 관련된 관리들의 종류와 수가 점차 늘어나는 현상을 통해 우리는 이 시기 즉 굽따조 말부터 봉건제 경향이 두드러지기 시작하였음[18]을 알 수 있다는 것이 텍스트 연구의 심층적 비교 분석을 통해 알 수 있는 사실이다.

또 하나 중요한 사실은 텍스트가 특정 시대 산물이 아니라는 사실이고 이에 텍스트를 기준으로 하는 시대 구분은 실제 역사의 시대 구분과는 일치할 수 없다는 것이다. 이에 대한 오류의 대표적인 예로 흔히 사용하는 '서사시 시대(Epic period)'라는 표현을 들 수 있다. 『마하바라따』의 예를 들면, 원래 24,000수의 시로 편찬되었지만 시간이 흐르면서 확대된 것이 굽따 시대에 100,000수까지 늘어나게 되었다. 정치 연구에 가장 유용한 세 빠르완(章/品)인 「사바」(Sabha), 「샨띠」(Shanti), 「아누샤산나」(Anushasana)의 경우를 보더라도 그 편찬 연도는 아무리 오래 잡아도 기원전 1세기를 넘어갈 수 없는 것으로 보인다. 설화 부분은 최고 기원전 10세기경의 사실을 다루고 있는 반면 교훈 부분은 최고 기원 4세기경의 사실을 다루고 있다. 따라서 이들은 『마하바라따』에 담긴 정치사에 관한 것은 『마누법전』과 같은 시대의 역사적 상황 즉 인도-그리스인, 파르티아인, 꾸샤나인 등의 역사적 사실을 제시해 주는 것으로 보아야 한다. 이들을 통해 베다후 시대 혹은 후기 베다 시대의 정치 사상과 제도를 추출하는 것은 그만큼 인도사에 있어서 텍스트가 안고 있는 성격을 무시하고 저지른 오류라 하지 않을 수 없다.

『라마야나』의 경우도 마찬가지다. 『라마야나』는 처음 기원 초기에는 12,000수의 시로 편찬되었지만 굽따 시대에 최종 24,000수로 확대 편찬되었다. 따라서 『라마야나』를 통해 알 수 있는 무정부 상태, 왕의 의무, 행정부 조직과 대신들의 역할 등은 대부분이 굽따 시대의 산물이다. 따라서 『라마야나』를 통해 기원전 6세기 꼬살라 왕국의 정치를 논하는 것은 역사적 접근 방법이라 간주하기에는 무리라 하지 않을 수 없다. 이는 굽따 시대에 편찬된 뿌라나의 경우도 마찬가지다. 정치 연구에 중요한 역할을 하는 바유 뿌라나(*Vayu Purana*)나 맛씨야 뿌라나(*Matsya Purana*) 등은 굽따 시대 정치 사상의 이데올로기를 제시해 주는 것으로 해석하는 것이 옳다.

텍스트 편찬자의 사회적 위치와 그 성격에 관한 것 또한 역사가가 고려해야 할 중요한 사항 가운데 하나이다. 앞에서 언급하였다시피 『다르마샤스뜨라』는 다르마를 사회의 목표로 삼는 브라만의 입장에서 기술된 것이고 이에 반해 『아르타샤스뜨라』는 아르타(artha, 富)에 중점을 둔 비브라만 전통의 문헌이다. 따라서 양자에 나타난 규범 행위 또한 그 편찬자의 관점을 기준으로 하여 해석하여야 한다. 그 대표적인 차이가 다르마샤스뜨라(dharmashastra)라는 브라만의 권위와 그것을 바탕으로 하여 유지해야 하는 사회 질서에 관한 것인 반면 까우띨리야의 『아르타샤스뜨라』는 아르타를 목표로 삼는 것으로 왕의 권위를 바탕으로 하여 이루어지는 통치의 정치 경제적 구조를 다룬다. 따라서 후자는 전자가 신학적인 입장을 띤 것과는 달리 훨씬 실제적인 내용을 많이 담고 있으나 더 중요한 사실은 후자 또한 전자와 마찬가지로 바르나를 기준으로 하여 구분하는 사회 질서와 그 통치 이데올로기를 지주로 떠받들고 있다는 사실이다.

인도 고대사에 관한 사료 부족은, 드렉마이어가 말한 바와 같이, 인도 고대 정치 이론과 제도에 관한 연구가 텍스트를 중심으로 전개할 수밖에 없도록 한 중요한 요인이 되기도 한다.[19] 특히 베다 시대에 관한 경우는 절대적으로 사료가 부족하고 따라서 이러한 상황에서 사적 유물론을 중심으로 하여 거시적 역사를 기술한다는 것 또한 또 다른 검증되지 않은 자의적 해석이나 가설로 흐를 위험성을 내포하고 있다는 점도 분명하다. 이로서 드렉마이어가 시도하는 텍스트의 실제적 컨텍스트에 따른 해석과 그것의 자의적 해석을 피하기 위한 사회학적 맥락 속에서 검토 및 보완 방법은 1970년대 후반기 이후 유럽을 중심으로 등장하는 거시 역사학에 대한 비판 조류와 일맥상통한 것으로 향후 긍정적으로 검토해야 할 부분이라 하겠다.

인도사에서 브라만 전통의 텍스트만이 역사적 사실을 제시해 주는 사료는 아니다. 불교나 자이나교의 가치 체계 또한 역사적 사실을 충분히 보여 주고 있다. 그런데 더욱 중요한 사실은 브라만 전통의 텍스트와 불교 전통의 텍스트가 당시 사회의 종교적 구조에 대해 현격한 입장의 차이를 보이고 있다는 점이다. 예컨대, 빨리 경전 안에서는 네 바르나 구조 가운데 브라만의 최고 위치를 인정하지 않고 있고, 자따까(Jataka) 경전에는 브라만을 처형하는 경우도 많이 나타난다. 특히 빨리어로 남겨진 초기 불교 경전들이 제시하는 역사적 사실의 함축성은 대단히 중요하다는 것이 바로 이러한 점에서이다. 그래서 우리들은 브라만 전통의 텍스트와 동등한 위치에서 불교나 자이나교 전통의 텍스트를 적극적으로 검토해야 한다. 이점에서 스펠먼, 드렉마이어 등은 상당한 진전을 보이고 있다.

그럼에도 불구하고 신동양학자들이 시도하는 방법이 한계를 보이는 것은 근본적으로 그들이 역사학의 기본이라 할 수 있는 시기 설정과 시대 변화에 대해 다루지 못하였다는 사실이다. 고대 인도 역사도 다른 나라의 경우와 마찬가지로 하나의 시기 안에서 다루는 것보다는 적어도 몇 가지의 시기로 나누어 그 변화 양상들을 고찰하면서 전통을 찾는 작업을 시도해야 한다. 시대 혹은 시기의 구분은 학자들에 따라 조금씩 의견을 달리할 수는 있겠으나, 반 유목 생활을 하는 기원전 베다 시대와 기원전 8세기~4세기경의 도시와 국가 발생의 시기, 중앙 집권 제국을 이루는 마우리야조 시기 그리고 '봉건제'(람 샤란 샤르마와 같이 'Indian feudalism'이라는 용어를 사용하든 스펠먼이 주장하는 'tributary system'이라는 용어를 사용하든 간에)가 시작되는 3세기경까지의 시기들을 나누어 고찰해야 한다. 이 가운데 특히 기원전 3세기는 마우리야라는 중앙 집권화된 제국이 형성되어 정교한 첩보 조직이나 조세 제도 혹은 생산 노예의 활용 등 정치 사회 경제적으로 다른 시기와는 크게 다른 양상을 보이고 있다. 더군다나 다른 시기는 일차 사료가 크게 부족하고 대부분이 브라만 전통의 텍스트에 의존하는 반면 이 시기는 『아르타샤스뜨라』라는 당시 사회의 실제 모습을 비교적 직접적으로 전달해 주는 세속 문헌의 텍스트가 있기 때문에 사료의 점검을 더 공정하게 하지 않은 채 결론을 도출해 내면, 역사적 사실과 어긋날 가능성이 크다.

신동양학자들의 비역사적 접근 방식은 람 샤란 샤르마, 로밀라 타빠르(Romila Thapar) 등을 위시로 한 일련의 마르크스주의 학자들에 의해 크게 비판받아 오고 있다. 꿈꿈 로이(Kumkum Roy)는 종교적 정당화를 왕권과 사회의 안정적 유지의 표현이 아닌 사회 구조의 불안 즉 사회의 역동적 변화의 반영으로 파악함으로써 힌두 왕권과 카스트 사회의 성(聖)구조가 갖는 종교성의 역사적 의미를 새롭게 제시해 주고 있다. 이런 관점에서, 최근 샤르마가 개척한 종족고고학적(ethnoarchaelogical) 관점은 이데올로기 연구 분야에 시사하는 바가 크다. 샤르마는 그의 책에서 기술이 어떻게 변화를 이루었고 그들이 사용한 원자재의 질은 어떠했으며 그것을 어느 정도 취할 수 있었고 그 기후와 토양의 환경은 어떠했는지 그리고 유물들이 지금까지 존속하게 된 조건은 어떠했는지 등을 고려해 보아야만 당시의 사상, 제도, 사회 체제 등을 정확하게 이해할 수 있다고 주장한다. 그렇지 않으면 전파주의(diffusionism)는 식민주의(colonialism)로 변질하고, 진전주의(processualism)는 근본주의(fundamentalism)로 퇴색할 수밖에 없다고 경고하고 있다.[20] 정치 사상 연구에 있어 필요한 새로운 연구 자세라 하지 않을 수 없다.

인도사 연구에서는 '무슨 사건이 일어났는지'보다는 '어떠한 사건이 왜 그리고 어떻게 일어났는지'를 파악하는 것이 중요하다. 이런 의미에서 볼 때, 꼬삼비(D. D. Kosambi)가 역사를 '생산 관계와 수단의 연속적 발전을 연대기적으로 표현한 것'[21]으로 정의한 것은, 비록 거시적 사회과학적 역사 이론에 함몰될 수 있다는 한계는 분명히 가지고 있지만, 적어도 신동양학자들의 연구를 보완할 수 있는 중요한 방법이 된다는 점에서 매우 중요하다. 이에 관해 나라인(A. K. Narain)이 역설한 바 있는 역사에서 '특수'(particular)와 '전체'(whole)가 함께 고려될 때 역사의 '진실'이 복원될 수 있음은 매우 설득력이 있을 것이다. 나라인은 인도사 경우 전자에 관해서는 무엇이 일어났는지를 밝히되 인도(Bharat)라는 범역 내에서 왜 그리고 어떻게 일어났는지와 관련하여 연구해야 함을 그리고 후자에 관해서는 그러한 사건과 현상들이 인도의 범역과 세계관을 넘은 다른 문화권에서는 어떻게 구체화되었는지를 밝히는 것이야말로 모든 인도 역사가에게 당면한 과제임을 주장하고 있다.[22]

4.

신동양학자들은 19세기 이래로 서양의 동양학자들이 끊임없이 주창해 온 내용들 가운데 '동양적 전제주의'와 같은 거부감을 일으키는 주장은 더 이상 되풀이하지는 않았으나, 인도 사회의 종교성과 정신주의에 대한 입장은 계속 진전시켰다. 그들의 학문적 태도는 이전 세대에서 행한 '빛은 동방으로', '인도에서 우리는 무엇을 배울 것인가' 하는 따위의 동양학적 태도와 크게 다를 바 없었으니, 궁극적으로 그들의 연구는 인도 정치 사상의 우월성을 입증하려 하는 것이었다.

그들이 행한 근대 사회 개념의 과거 사회에 대한 적용과 현재 사회에 대한 비판의 수단으로 과거를 활용하는 시도는, 그 의도의 순수-불순 여부는 상관하지 않는다 하더라도, 당시 사회의 본질을 크게 왜곡시키는 결과를 낳게 되었다. 이러한 태도의 가장 큰 한계는 그러한 '이상'이 어떠한 사회적 배경에서 그렇게 형성되었고 그것의 실제적 의미는 무엇인가에 대한 규명을 전혀 분석하지 않았다는 점이다. 그들의 적용이 특정 사회의 역사적 조건을 무시한 채 이루어진 것이라면 그들의 적용은 단순한 일반화일 뿐만 아니라 심각한 역사 왜곡을 낳는 것일 수밖에 없다.

이러한 신동양학자의 연구 접근 방법을 극복하기 위해서는 빠탁(V. S. Pathak)이 제시한 바 있는 두 가지 과정—텍스트의 저작자가 살던 당시의 세계관으로부터 파생한 저작자의 가치관을 우선 파악하고 그것이 현재 우리가 살고 있는 세계의 가치관으로 환원되고 번역되어야 한다[23]—을 적극 활용해야 할 것이다. 역사가는 그 과정에서 당시의 세계관을 표현하는 문학적 표현 방법이나 의례 형태, 정치 문화 상징, 신화나 설화와 같은 구전 사료에 광범위하게 표현된 모티프 등을 복합적으로 분석해야 한다. 그래야 정치사가 이론사 내지 거시사로만 그치지 않고 더 실제적인 역사로 복원될 수 있는 것이다.

앞으로 인도 고대 정치 이론에 관한 연구가 1970년대 후반 유럽과 미국에서 본격적으로 연구하고 있는 심리사, 지성사, 종교사, 지역사, 과학사, 도시사, 여성사, 친족사와 같은 새롭고 다양한 분야를 중요한 비중으로 하여 연구하여야 하고, 같은 맥락으로 '사회'의 역사에서 '문화'의 역사로 전환하는 것을 적극적으로 검토해야 함은 바로 이런 이유에서이다. 그 안에서 사회의 변화 · 운동 · 항거 등이 다루어질 때 고대 정치사는 비로소 엘리트의 역사로부터 인민의 역사로 바뀌는 것이고 위계 구조의 역사로부터 변동의 역사로 바뀌는 것이다. 이러한 새로운 방법들이 적극 고려될 때, 우리는 고대 인도 정치사 연구가 안고 있는 사료의 부족과 역사적 기록의 일정한 한계를 극복하고 그 텍스트의 역사적 생명성을 구축할 수 있으며 그 텍스트로부터 고대 정치의 이론과 실제의 역사를 복원할 수 있다.

8 고대 인도사에는 여성이 있는가?

식민주의와 민족주의의 여성사 기술에 대한 비판적 검토

1. 머리말

최근 역사학계는 전통적 의미의 주류 역사학에 대한 많은 도전이 이루어지고 있다. 이는 주로 엘리트주의 역사학에 대한 반발이다. 기존의 남성 중심의 역사에 대한 도전은 자연스러운 것이고 이는 여성에게도 역사가 존재하는가라는 기본적인 의문으로부터 시작된다. 이 문제는 인도사의 경우 적어도 서발턴(subaltern, 하위 주체. 더 자세한 내용은 이 책의 마지막 장을 참조하기 바람.)에게도 역사가 있는가라는 질문만큼이나 의미심장하지만, 그 실상은 적어도 서발턴 연구에 비해 훨씬 많은 사람들의 관심을 끌지 못하고 있다. 하지만 여성의 역사가 지금과 같이 소외당한다면 역사의 재구성이라는 역사학의 지상 과제 달성은 요원한 과제일 수밖에 없다. 이 글은 이런 문제점에서 출발한다.

역사가가 갖추어야 하는 제1의 자세는 아마 현재의 시각에서 비롯된 가치 판단으로 과거를 분석하는 것을 금하는 일일 것이다. 그렇지만 과연 그러한 금언을 지킬 수 있는 역사가가 존재할 수 있을까? 역사가가 규정하는 과거는 현재의 결과일 수밖에 없다면, 지금까지 우리에게 알려진 인도 여성의 역사는 얼마만큼 현재가 만들어 내는 가공물이고 얼마만큼이 사실에 충실한 것인지를 우선적으로 파악하는 것이 제1의 과제가 되는 셈이다. 이러한 점에서 이 글은 지금까지 이루어진 인도 여성사 연구에 용해되어 있는 '현재'를 분석하는 것이다.

여성사란 여성들이 과거에 살아 온 삶을 드러내는 역사 서술이다. 여기에서 우리는 역사라는 것이 남성과 여성 모두를 포함한 인간의 역사여야 하는데 왜 여성의 역사를 따로 떼내어 기술해야 하는가에 대해 생각해 볼 필요가 있다. 이 글의 주제인 고대 여성의 역사가 식민주의나 민족주의와 같은 특정 이데올로기에 관련되어 어떤 의미를 가질 수 있는가에 대해 생각하는 것은 이런 맥락에서이다. 그것은 기존의 역사 서술에서 여성들의 삶이 거의 배제되어 온 것이라는 사실로 인해서이기도 하지만 역사가 남성 중심으로 기술됨으로 말미암아 여성의 특정 성격을 전면의 이미지로 부각시킴으로써 단순한 여성의 역사를 왜곡하는 것이 아닌 역사 만들기 차원으로까지 연결된다는 점에서 중요한 의미를 지니는 것이다. 즉 우리가 여성사 기술에 대해 논해야 하는 것은 그동안 역사에서 배제되어 왔던 여성의 역할과 위치를 복원하여 진정한 인간의 역사를 재구성해야 한다는[1] 단순한 의미를 넘어 여성의 이미지를 통해 투영된 특정 이데올로기로 인한 역사 만들기를 해체하고 새롭게 재구성해야 한다는 과제로 인해서인 것이다.

이 글이 여성사를 식민주의 그리고 민족주의와 결부시키는 차원에서 생각하는 것은 여성의 '문제'가 처음으로 등장한 것이 인도가 영국과 처음으로 만나는 18세기 이후 전개되는 식민주의와 민족주의를 둘러싸고 있는 당대의 정치 담론 상황 때문이다. 식민주의자들은 지배의 차원에서 피식민지의 주민 특히 남성들을 여성화하려 하였고 그 안에서 지배의 정당화를 위해 과거 역사를 부정하거나 왜곡하였다. 따라서 여성의 문제는 전적으로 역사 서술과 관련된 문제일 수밖에 없다. 이런 점에서 식민주의는 분명히, 난디(Ashish Nandi)의 일갈처럼, 단순한 정치 경제적 권력 추구의 문제가 아니고, 심리적 면모와 밀접한 관련을 맺고 있으면서 동시에 그 안에서 항상 근본적 범주인 성(性)과 연령을 통해 제도적 차별을 만들어 갔다.[2]

1990년대 이후 여성사에 대한 많은 연구가 이루어졌는데 국내 인도사학계도 그러한 풍조는 유지되었다. 그렇지만 연구 경향은 예의 근대 사회를 성(性)담론에 따라 분석하는 것이었다.[3] 이러한 분석은 '여성이 배제된 반쪽의 진실, 인도에서 식민의 역사'[4]를 재구성할 수 있도록 하는 측면에서 의미하는 바가 크다. 하지만 식민의 역사는 결국 역사 기술의 문제와 본질적으로 동일하고 그 점에서 역사 기술은 전적으로 인도 문화(혹은 문명)의 성격과 관련되는 문제로 귀결될 수밖에 없다는 점을 인식한다면, '식민주의'와 '여성'의 만남이 고대에 관한 역사 기술의 문제로부터 시작되었다는 사실에 주목할 필요가 있다. 그것은 식민주의자들이 피식민지 인도를 문명과 야만의 이항 분립 속에서 후자에 위치시켜 그들의 고대 사회에서 여성의 위치가 어떠하였는가에 전적으로 달려 있다고 보았고 그것을 널리 주지시켰기 때문이다. 이 글이 여성에 대한 역사를 식민주의와 민족주의와의 연계 속에서 고대사 안에서 분석하는 것은 이러한 맥락에서이다.

2. 식민주의의 지배 합리화와 여성 이미지 구축

고대 인도 사회 연구는 동인도회사가 식민 지배를 강화하기 위해 필요한 피식민지 인도 사회의 여러 가지 법과 제도를 이해하여 그들과의 충돌을 미연에 방지하고 나아가 지배의 합리화를 효과적으로 꾀하고자 시작하였다. 따라서 그들의 역사 연구는 실용적 의미의 지식과 정보 수집의 차원에서 이루어진 것이었다. 19세기에 들어오면서 식민주의자들은 행정보다 인도 사회의 계몽과 사회 관습의 개혁을 자신들이 우선적으로 수행해야 할 과업으로 인식하고 있었다. 그 안에서 교역의 확산과 통치의 확대는 절대적으로 사회 변화를 동반하여야 가능하였고, 그것은 현존하는 자민다르(jamindar)를 중심으로 하는 사회 구조는 그대로 둔 채 그 외곽을 둘러싸고 있는 백성들을 봉건적 체질을 지닌 채 개인주의에 입각한 자본주의 시장 경제 체제 안으로 끌어들여야 했다. 그리고 이를 위해서는 자신들의 지지자 집단인 자민다리는 확대하고 자본주의 바깥에 있는 농민과 여성을 체질적으로 개혁해야 했다. 따라서 그들의 개혁은 이후 민족주의자들에 의해 시도된 체질 강화 차원의 사회 개혁과 본질적으로 달랐다. 그들은 식민지에서 자신들의 이익 확대와 지배 정당화만을 위한 개혁을 추구하였을 뿐이기 때문이다.

19세기 이후 영국 식민주의가 계몽주의를 바탕으로 하여 고대 인도 사회의 문화를 인도 여성의 나약한 이미지로 박제화한 것은 이러한 맥락에서였다. 그것은 순전히 빅토리아 시대 영국 식민주의 세계관의 산물이다. 빅토리아 시대는 문화적 규범이 성별을 둘러싸고 엄격하게 만들어지던 시대로 그 안에서 여성들은 나약한 존재로 조용히 남을 배려하고, 집안일을 관장하며, 남편과 아버지, 아들을 보필하도록 요구받은 반면 남성들은 가족을 부양하고, 가문의 사회적, 정치적 발전을 위해 공공 영역에서 일을 하는 강인한 존재로 인식되었다. 이러한 세계관은 식민주의에 그대로 투영되어 지배와 통제, 불균등한 권력 구조와 같은 요소들을 모두 그러한 이항 요소의 틀 속에서 해석하였다. 영국 식민주의 지배자들은 인도에 관한 담론 속에 자신들의 역할을 적극적으로 새겨 놓았다. 즉, 제국의 지배 이데올로기를 오리엔탈리즘에 주입하여 식민지 인도의 지배자로서 그들의 정체성을 확립하고자 했고, 오리엔탈리즘 속에 내재되어 있는 상상적 모험 서사의 주인공은 항상 영국 남성의 몫이었다.[5] 이러한 문화 속에서 식민주의는 절대 악으로 간주되지 않는다. 식민주의는 피지배자들에게 정당한 정치 투쟁 과정에서 자신들의 무력(無力)과 패배가 가져온 결과였다. 이러한 상황에서 피지배자들은 참여자 또는 반대자로서 식민 제도의 이념을 일부 수용하지 않는 한 장기적인 견지에서 협력을 할 수 없었으니, 이는 어쩔 수 없는 부당한 상황에서 최소의 자존심을 지킬 수 있는 유일한 방법이었다.[6]

19세기 영국인들은 인도 문화를 여성적인 것으로 간주하였고, 그러한 특성의 원천은 인도인들의 문화적 저변을 이루는 힌두교에서 비롯된 것으로 여겼다. 그들에게 힌두교는 역사의 진보를 가로막는 장애물이었다. 그들은 힌두교가 카스트 체계에다 닻을 내려

버렸다는 믿음을 굳게 가지고 있었다. 막스 베버(Max Weber)는 힌두교란 교단 · 술사조합 · 성직자 집단 등과 같은 조직을 형성시키고 그 조직들을 기반으로 하여 경제 행위가 이루어지는 것으로 보았다. 그는 이러한 맥락에서 힌두교를 마술을 체계적으로 합리화시키는 것에 불과한 것으로서 그것으로 인해 형성된 경제 행위로는 사회 변혁을 절대 이루어 내지 못한다고 보았다. 따라서 당시 영국 식민주의자들은 고대 인도 사회를 신성 정치로 보았고 그것을 구성하는 것은 까르마와 산사라(samsara, 輪廻)로 엮어진 합리주의이며 이는 다시 다르마라는 율법으로 사회에 표출되기 때문에 사회는 경직된 상태로 머물 수밖에 없다는 믿음을 가지고 있었다.

그들에게 이러한 야만적인 사회를 그대로 두는 것은 불명예스러운 것이었다. 그들은 우선적으로 그러한 야만스러운 사회를 개혁하고자 하였고, 그러한 맥락에서 그 근거들을 고대 문헌에서 찾고자 하였다. 그들이 우선적으로 개혁 대상으로 삼은 것은 벵갈의 브라만 집단에 널리 퍼져 있는 일부다처제였다. 그들은 이에 대한 근거를 고대 힌두 법전들에서 찾았다. 벵갈의 친선협회(the Association of Friends)는 남성이 함부로 첩을 둘 수 없는 근거를 찾기 위해 『마누법전』 제 9장을 근거로 댔고,[7] 이를 기반으로 하여 당시 횡행하고 있는 무분별한 축첩 제도를 금지하도록 입법원(Legislative Council)에 청원하였다. 그들은 또 『야자왈끼야법전』을 근거로 여자가 남자에게 순종하고, 아들을 낳고, 남편만을 섬기는 경우에는 절대로 첩을 두거나 본처를 버릴 수 없음을 강조하였다. 과부 재가의 개혁도 마찬가지 맥락에서 이루어졌다. 고대 법전에는 축첩이 제한되어 있는 것과 마찬가지로 과부 또한 재가도 가능할 수 있도록 허락되었다. 이슈와르짠드라 비디야사가르(Ishwarchandra Vidyasagar)는 전체

법전을 샅샅이 뒤져 과부가 재가할 수 있는 근거를 찾아내었으니 빠라샤라(Parashara) 법전에 여자는 남편이 죽거나 성불구가 되거나 기세자(棄世者)가 되거나 자신이 속한 바르나로부터 추방당하면 다시 남편을 취할 수 있었다.[8] 사회 개혁을 염두에 둔 근거 찾기의 과거 연구 활동에 대해 당시 브라만 법전가들의 반대가 있기는 하였으나 이것은 동인도회사의 과부 재가 허용의 중요한 근거로 작용하였다.

사띠(sati) 제도 또한 이와 같은 맥락에서 이루어졌다. 그들은 사띠가 인도 여성을 비인간적으로 죽이는 제도로서만 인식하고 있었다. 사띠라는 것이 사실은 동인도회사가 처음 발을 디디면서 발생한 전통 경제 체제의 혼란 속에서 부를 과도하게 축적한 벵갈의 일부 브라만 계층 사이에서 그리고 전쟁을 직업적으로 수행하는 것을 명예로 삼던 라자스탄 지역의 라즈뿌뜨(Rajput) 계층에만 퍼져 있던 악습이라는 사실에 대해서는 알지 못하고 있었다. 이 경우도 마찬가지로 고대 인도 법전에 근거를 두지 않음을 알게 되면서, 1829년 공리주의자 벤팅크(William Bentinck) 총독은 사띠를 금지하였다. 결국 여성들에 대한 악습 철폐는 동인도회사의 근대화 개혁에 중요한 '치적'으로 남았고 그 과정에서 식민주의자들의 고대 인도의 여성은 미개와 야만 속에서 신음하고 있고 식민주의자들이 그들을 구출해 줘야 하는 대상으로 각인되었다. 그러나 영국은 이러한 일련의 개혁적인 조치와 입법을 통해서 인도 남성의 나약성과 파렴치성을 드러내는 동시에 집안(즉, 여성)을 제대로 다루는 능력이 부족한 검은 피부의 인도 남성들이 '나라를 통치' 즉 자치한다는 것은 언감생심이라는 사실을 부각시키려 하였다. 이는 또한 도덕적으로 우세한 영국 지배자의 남성다움과 영국 통치의 정당성

에 대한 내용 증명이었다.[9]

그들의 이러한 개혁 태도는 교역의 확대와 지배 정당화 의도와 관계없이 인도 사회에 상당한 반향을 일으켰다. 그 가운데 우선적인 것은 인도인들 특히 서구 근대 교육을 받은 지식인들이 자신들의 문화에 대한 자괴감을 느끼고 유럽식의 근대 사회로 자신들의 사회를 개혁해야 한다는 필요성을 절감하였다는 사실이다. 하지만 그보다 더 중요한 것은 자신들의 문화는 서구 유럽의 문화보다 열등하고 그것의 원천은 고대(특히 베다 시대 이후)에서부터 시작되었다는 인식이었다.

고대 인도의 사회와 여성을 둘러싼 문화를 저주하고 매도하기 시작한 것은 근대적 의미의 인도사를 처음으로 기술한 식민주의 역사학자 제임스 밀로부터였다. 그런데 밀은 인도의 고대 사료를 기술하고 있는 언어인 산스끄리뜨나 빨리를 전혀 알지 못하고 인도에 한 번도 와 보지 않았는데 어떻게 그렇게 인도 고대 문화를 야만적으로 매도하였을까? 그것은 전적으로 그가 가지고 있는 공리주의 이데올로기로 인해서였다. 그는 공리주의의 과학과 법의 눈을 통해 모든 종교는 비난받아야 마땅한 존재로 인식하였다. 그 범주 안에 영국의 기독교가 당연히 포함되었지만 19세기 초 당시 영국 사회에서 기독교를 비난하는 것은 사회적으로 용납될 수 없는 일이었다. 그래서 그는 영국의 기독교를 비판하기 위해 인도의 힌두교를 공격하였고,[10] 그러한 공리주의 위에서 카스트와 여성에 대한 차별 그리고 그것을 둘러싼 비합리적인 종교로 채색된 것으로 보인 인도 사회와 문화를 매도한 것이다. 그는 역사 기술의 목적을 공리성에 두었고 그 기준으로 볼 때 고대 인도 사회는 문명이 아닌 야만이었으며 그 속에 있는 인도인에게 가장 큰 축복은 공리성을 가지고 있는 영국인들이 인도를 지배해 주는 것이었다.

스미스(Vincent A. Smith)의 역사 기술은 제임스 밀보다 더 심한 멸시의 눈으로 고대 인도 문화를 바라보았다. 스미스는 역사란 현재의 여러 문제를 풀기 위한 실용성에서 그 가치를 찾는다고 했다.[11] 스미스가 정치사를 역사의 중심에 두고 그 역사의 주인공을 영웅에 두면서 여성에 대해서는 일체의 언급을 하지 않은 것은 이러한 맥락에서였다. 따라서 스미스의 역사에서는 아쇼까, 짠드라굽따 마우리야(Chandragupta Maurya), 하르샤, 악바르(Akbar)와 같은 고대와 중세의 왕만 영웅으로 존재할 뿐 여성은 존재하지 않았고 여성을 둘러싼 고대 문화와 사회 제도는 전혀 안중에 없었다. 혹시라도 그가 고대의 사회 문화의 특정 부분에서 실용적이고 가치 있는 것을 발견하였다면 그는 그러한 성격의 근원이 모두 그리스의 영향으로 인한 것이기 때문이라고 할 정도였다.

3. 민족주의의 여성사 만들기

18세기 이후 식민주의와 계몽주의에 입각한 동인도회사의 통치자들이 줄기차게 비판하는 사띠, 과부 재가, 여아 살해, 조혼 등과 같은 악습의 중심에는 항상 인도의 여성 문제가 자리하였다. 그로 인해 민족주의에 입각한 인도의 지식인들은 자신의 문화적 자부심에 대단히 큰 상처를 입었고 그것을 극복하기 위해 식민주의 학자들이 그랬던 것처럼 고대 산스끄리뜨 문화를 본격적으로 연구하기 시작하였다. 여기에 민족주의 역사가들은 식민 통치에 저항하기 위해 고전 문화의 전수자로서 여성의 존재가 절실하였고, 특히 서양사와 비교해서 전혀 뒤떨어지지 않은 여성의 역사가 필요하였다. 이러한 범주에 적합한 사람이 알떼까르(A. S. Altekar), 반다르까르(R. G. Bhandarkar), 라우(B. C. Law) 등이었다.

민족주의 진영의 여성사가 중 대표적 존재인 알떼까르는 그의 저서 『힌두 문명에서 여성의 위치』(*The Position of Women in Hindu Civilization, Benares: The Culture Publication House*, 1938)를 20세기 초 인도 민족 운동이 마하뜨마 간디(M. K. Gandhi)를 중심으로 한창 열을 올리고 있을 무렵에 기술하였다. 따라서 그는 과거의 역사는 모두 민족의 역사를 위해 존재해야 한다는 패러다임에 크게 영향을 받아 역사를 기술하였지만, 현재까지도 그 영향력을 유지하는 패러다임으로 인정받고 있다.[12] 그의 연구는 선사 시대에서 지금의 시기까지 다루고 있지만 대부분의 초점은 고대에 맞추어져 있고, 그 대상은 힌두 여성이었다. 그것은 우선적으로 알떼까르의 연구가 19세기 말부터 서양 교육을 받은 사람들에 의해 이루어진 힌두 사회 비판에 대한 민족주의적 반론의 성격으로 이루어졌고 그러한 힌두 민족주의의 영향력은 지금까지 강화되어 왔기 때문이다.

알떼까르에게 여성은 역사에서 주체성이나 그 역할 혹은 인권이 아니고 '지위'였다. 그런데 그 지위가 남성에 대한 것이기도 하였거니와 더 궁극적으로는 다른 문명과 비교한 것이었다. 따라서 그는 당시 인도 여성이 처한 사회적 '위치'가 열악하다는 사실보다 고대 인도에서는 여성의 지위가 적어도 유럽 문명에 비해 상당히 높았다는 것을 주장하고자 한 것이었다. 알떼까르가 책을 저술하면서 항상 견지한 중심축이 비교사적 방법론인 것은 이러한 맥락에서였다. 그가 축으로 삼은 비교 대상은 한편으로는 서양이었고 또 다른 편으로는 힌두와 무슬림이었다. 두 경우 모두 서양의 계몽주의와 식민주의가 소개한 이분법의 틀 안에서 이루어진 한계를 보여주었다. 따라서 알떼까르에게는 식민주의자들이 악습이라고 지목한 여아 살해, 과부 재가 금지, 사띠, 니요가(niyoga) 등이 존재하지 않은 베다 시대를 최고의 문명기로 삼았다. 그리고 그러한 인습들이 나타나는 것을 12세기 이후 무슬림의 도래 때문인 것으로 삼아[13] 결국 힌두 문명은 낙원의 공간이고 그것이 실낙원으로 타락한 것은 무슬림으로 인한 것이라는 종교공동체주의의 거름이 된 결과를 낳았다.

알떼까르는 전문적 역사가이지만 이 문제만큼은 마치 고대 법전가인 것처럼 브라만적 전통의 세계관을 인식의 틀로 삼은 비(非)역사적 관점으로 사료를 분석하면서 역사를 기술하고 있다. 그의 연구는 편견과 사실 왜곡 그리고 심한 일반화로 점철돼 있다. 따라서 그 안에 존재하는 고대 인도의 여성상은 실재하는 여성의 모습이 아닌 종교 경전과 법전에서 당위성으로 만들어진 이미지 조합이었다. 그것은 그들이 연구 대상으로 삼은 자료가 남성 재가 사회를 중심으로 하는 그리고 그 안에서 현모양처 덕목을 최고의 가치로 삼는 브라만 전통의 문헌이기 때문이다. 민족 운동의 공간에서 여성들이 추종해야 할 상징으로 고대 인도 종교의 락슈미(Lakshmi)라는 사실이 널리 유포되는 것은 이러한 맥락에서였다.[14] 락슈미는 부귀영화를 상징하는 전형적인 고대 사회의 현모양처 역할을 하는 신이다. 이에 대해 같은 맥락에서 락슈미에 반대되는 이미지의 아락슈미(Alakshmi)는 가정에 질투와 악을 끌어들이는 존재로서, 서양문화에 젖어 가정을 무시하고 민족 과업을 망치게 하는 근대 여성의 이미지를 만드는 기제로 사용되었다. 전통적 가치 체계 보존의 당위성에서 민족주의 역사학자들은 여성을 강한 자손을 낳아 양육

하는 존재로 그 의미를 정하였고 다음과 같은 논리로 여성에 대해 가치를 배려할 것을 역설하였다.

> 오늘 상황에서 보듯, 여자 아이들은 남자 아이들보다 육체적으로 더 약함에도 불구하고 남자 아이들이 하는 것과 똑같은 시험을 치르고, 통과해야 하고 거기에 가사 일까지 맡아야 한다. 이는 분명히 여자 아이들에게 너무나 큰 부담을 주는 것이다. 그들이 머지않은 장래에 훌륭한 자손을 낳고 기르는 것에 크게 해로운 것이 될 것이다.[15]

이와 관련하여 민족주의 역사가들이 갖는 여성에 대한 관점으로 또 하나 중요한 것이 있다. 알떼까르 연구에서 잘 드러나듯 기존의 고대 인도 여성 연구가 산스끄리뜨 모델을 중심으로 이루어지고 있다는 사실이다. 연구 주제가 종교법적인 문제에만 국한됨으로서 주로 과부 재가, 니요가, 여성의 상속권, 양자 채택, 처의 재산 등 법규에 대한 일변도로 연구가 진행되었다. 그런데 이러한 연구는 브라만을 중심으로 하는 그리고 당위성에 대한 연구일 뿐 실제 역사는 아니다. 더군다나 브라만적 사료를 통해 연구하다 보니 슈라만 문화에 대한 편견이 노출되는 등 사실 왜곡으로 나타나기도 한다. 예컨대, 알떼까르는 사띠가 확산되는 것은(재가 전통에 반하는) 출가-고행-금욕의 슈라만 문화 때문이면서 원래는 무사 계급에 국한되어 있었다고 분석하고 있다.[16] 그렇다면 끄샤뜨리야 전통이 금욕주의의 슈라만 전통과 밀접한 관계를 가지고 있음을 논증해야 하는데 전혀 그러한 분석은 이루어지지 않고 있다. 슈라만 전통과 끄샤뜨리야 전통은 반브라만 전통이라는 성격으로는 동일하지만 본질적으로는 별개의 전통이라는 사실을 이해하지 못했기 때문이다. 이러한 왜곡된 결론은 민족주의의 시각이 산스끄리뜨 모델 중심의 연구 방법과 섞이면서 만들어진 결과이다. 산스끄리뜨 모델이 입각한 브라만 전통의 문헌에는 실제 여성의 목소리가 실려 있지 않는다. 그 안에 여성이 존재하지 않는데, 그것을 바탕으로 어떻게 여성사를 기술할 것인가?

여기에 또 하나 주목해야 할 부분이 있다. 민족주의 학자들의 브라만 카스트에 대한 편향성이다. 알떼까르는 고대 인도에서 여성의 위치가 아리야인의 문화가 중심이 되는 브라만 카스트에는 훌륭하게 남아 있으나 슈드라와 같은 낮은 카스트에는 변질되고 왜곡되었다고 주장하고 있다. 그리고 그에 관한 사회 경제적 분석은 전혀 내놓지 못하고 있다. 민족주의자들이 당시 식민주의자들의 왜곡된 역사학을 사회 경제사적으로 분석하여 공격했던 것에 비추어 보면 매우 편향적인 태도라 하지 않을 수 없다.[17] 민족주의자들이 브라만과 산스끄리뜨 문화를 정통으로 해석하고 나머지는 변질된 것으로 처리하는 것은 동양학자들이 만들어 놓은 이분법에 의거한 정체사관에 함몰된 것으로서 결국 식민주의와 그 근간을 공유하고 있는 것이다.

산스끄리뜨 모델을 연구 범주로 삼다 보니 그 결과가 '힌두'라는 '상상의 공동체'[18]가 마치 역사에서 존재한 것으로 착각하는 편견 위에서 만들어진다. 이는 곧 종교공동체적 역사 서술로 연결된다. 그들이 뿌르다(purdah), 사띠, 조혼 등 여성의 사회적 지위가 악화된 것을 항상 무슬림 통치의 영향으로 보거나, 고대 여성의 높은 사회적 지위가 12세기경까지는 지속되지만 무슬림 통치가 확립된 이후 19세기경까지 지속적으로 하락하여 결국 슈드라의 지위로까지 내려간 것[19]으로 보는 것은 이러한 결과이다.

여성의 지위가 중세부터 하락한 것은 대체적으로 사실이다. 하지만 분명한 것은 그것이 무슬림 침입이나 그들의 통치 행위와는 아무런 관계가 없다. 고대 베다는 물론이고, 『라마야나』, 『마하바라따』 그리고 여러 법전과 뿌라나에는 그러한 악습이 나타나지 않는다는 사실을 논증으로 채택하여 그러한 현상들을 무슬림 통치로 인한 것으로 해석하는 것[20]은 논리가 빈약하다. 더 중요한 것은 브라만이 그러한 악습들을 왜 그리고 어떻게 정착시키고 확산시켰는지 그리고 그것이 갖는 사회사적 의미는 무엇인지에 대한 연구가 이루어져야 그 안에서 고대 인도 여성의 역사를 복원할 수 있는 것이다.

민족주의 여성사 연구의 가장 큰 한계는 식민주의 경우와 마찬가지로 남성 중심의 역사관을 벗어나지 못하고 있다는 사실이다. 여성을 역사의 능동적 동인으로 보지 않고 남성에 부차적인 존재로 보는 것이다. 그들은 고대 인도 여성은 본질적으로 종교적이며 종교적(아니 광신적)이기 때문에 신학이나 철학으로부터 소외당할 수밖에 없음을 강조하고 있다. 알떼까르는 고대 악습의 원천이라 하는 뿌라나가 널리 발달하게 된 것은 신학이나 철학을 여성들이 이해하지 못하기 때문으로 보고 있다.[21] 결국 여성은 본질적으로 사회적 지위를 향유할 만한 가치를 지니고 있지 못하기 때문에 그러한 지위가 나올 수밖에 없는 것으로 해석하고 있다. 이러한 분석은 많은 문제를 드러내고 있다. 뿌라나를 종교로 보고 베다를 신학이나 철학으로 보는 분류의 유치함은 차치하더라도 뿌라나의 청자(聽者)가 여성이라고 하는 주장에 대한 어떠한 근거도 제시하지 못하고 있다. 따라서 이러한 태도는 실락원적 기독교 세계관과 유사한 남성 중심 역사관이다. 그 안에서 베다는 낙원으로 설정되고 그

주인공 위치는 남성이 차지한다. 여성의 열등한 사회적 지위에 대한 설명으로 여성의 생물학적 열등성을 강조하는 것 또한 남성 중심이면서 동시에 비역사적인 해석이다.

결국 민족주의는 역사를 특정 이데올로기에 입각하여 인위적으로 만들어 낸다는 차원에서 볼 때 식민주의의 또 다른 표현이다. 그것은 식민주의 역사학과 반(反)식민 담론으로서 민족주의 역사학은 모두 서양의 근대성을 강제한 엘리트 지배 담론이기 때문이다. 인도에서 민족주의는 서양의 식민주의 역사학에 대한 반발로서 자신들의 문화와 체계에 대해 우월성과 역사의 주체성 확립을 위해 성립된 것이다. 민족주의는, 서발턴 연구 집단의 주장대로, 오리엔탈리즘과 유럽의 인식론을 기초로 하고 있다는 점에서 식민주의나 마르크스주의와 다를 바 없다. 그리스, 로마, 팔레스타인 사회와 비교 연구를 한 것이나, 고대 힌두 법전에서 여성이 남성에 종속되었다는 현상에 대해 기독교 성서를 근거로 합리화하는 것이나 전체적으로 전근대 사회에서 여성의 사회적 위치는 동양과 서양 모두에서 매우 열악한 위치에 놓여 있기 때문에 힌두의 경우를 너무 비하할 필요는 없다는 평가를 한 것 그러면서도 힌두는 서양에 비해서 훨씬 나은 여성 교육을 발달시켰다고 하는 등의 분석[22]은 전형적인 오리엔탈리즘에서 한 발짝도 진전하지 못하는 것이다. 그것은 여성사를 통한 역사 재구성과는 아무런 관계가 없는 것이다. 그 안에서 여전히 여성의 역사는 존재하지 않는다.

4. 맺음말 : 인도 고대 여성사를 어떻게 재구성할 것인가?

19세기 이후 인도를 지배한 영국 통치자들의 식민 담론은 기독교를 가진 그들을 지배 주체로 그리고 비기독교 즉 힌두교의 인도를 지배 대상으로 만들었다. 이는 계몽주의와 연결되면서 그들을 비기독교 나라들을 개선시켜야 하는 역사적 의무 내지는 소명을 갖는 주제로 삼았다. 제임스 밀, 빈센트 스미스 등은 계몽주의 오리엔탈리즘 시각으로 인도 문화를 경멸하였고 식민 담론 속에서 인도 여성은 사회 개혁과 해방의 대상으로 간주되었다. 이것이 고대 인도사에서 여성 연구의 출발점이다. 따라서 그들이 다루는 인도의 여성은 여성이나 인권의 차원이 아닌 식민주의의 권력 정당화 차원에서였다. 그리고 인도 민족주의는 여성을 거대한 민족의 과제를 수행하기 위해 전통적인 물질에 대한 정신과 바깥에 대한 안의 세계를 지키는 덕성을 잃지 않아야 한다는 것을 강조하는 점에서 빅토리아 시대의 영국 식민주의와 동일한 기조를 유지한다. 하지만 그들은 자신들의 여성을 방종하고 이기적인 서양 여성들과는 달라야 함을 주장함으로써 또 다른 차원의 여성에 대한 본질주의를 강화하였다. 결국 민족주의는 이분법을 기반으로 하는 식민주의의 쌍생아였다. 따라서 식민주의와 민족주의에 입각하여 기술된 고대 인도 역사에는 여성이 존재하지 않는다. 그러면 우리는 어떻게 실재하는 여성을 복원하여 더 균형 잡힌 역사를 재구성할 것인가?

우선 무엇보다도 고대 인도의 사료가 가지고 있는 태생적 한계를 극복해야 하고, 남성의 역사도 아니고 여성의 역사도 아니며 남성과 여성이 함께 존재하는 역사를 재구성해야 한다. 고대 인도에는 여성에 대해 쓰인 사료가 거의 없다. 서양이나 중국의 경우와는 달리 고대 인도에는 여성에 관한 명문(銘文), 고전(古錢), 조각, 회화 등과 같은 직접 사료가 거의 없다. 또 편지나 일기, 자서전 등과 같은 사적인 기록 또한 현재는 찾아보기 힘들다. 우리가 활용할 수 있는 사료는 종교적인[23] 것이 대부분이다. 따라서 그것들은 브라만들이 만들어 놓은 브라만 세계관과 가부장적 남성 세계관에 입각하고 있다. 그 형태는 때로는 법전의 형태를 띠고 있기도 하고 때로는 신화의 형태를 띠고 있기도 하지만 양자 모두 사회의 기득권자이자 통치 이데올로기를 독점하고 있는 브라만 남성에 의해 작성된 것이고 그것이 추구하는 것은 브라만-남성-가부장-제사 중심의 사회를 유지하는 것이다.

따라서 고대 인도 여성사를 바르게 재구성하기 위해서는 우리에게 주어진 자료들의 행간을 읽어내야 한다. 힌두 신화에 나타나는 여신 즉 샥띠와 힌두 사회에 대한 역사적 분석이 요구되는 것은 바로 이러한 맥락에서이다. 힌두교에서 여신 특히 깔리나 두르가와 같이 악마를 잔인하게 죽이고, 쉬바 위에 군림하는 지고의 여신이 존재한다는 사실은 힌두 가부장 사회의 안정적 유지와 관련이 깊은 것이 분명하다. 힌두 신화는 특유의 사회 통합의 성격을 통해 여성이나 슈드라와 같은 피지배층 인민들이 지고의 여신을 통해 카타르시스와 같은 심리적 안정을 얻고 이것이 결국 가부장 체제 유지를 위한 채널의 역할을 한 것이다. 밀교가 취한 여성성에 대한 가치 평가는 불평등한 당시 사회 제도에 대한 개혁적 차원이나 소외된 문화에 대한 고려 차원이 아니라 이상주의 이데올로기를 통한 현실 포기와 종교 안에서 구원 추구를 통해 사회 계급 체계를 더욱 공고히 함을 의미할 뿐이다.[24] 이러한 행간의 의미 안에서 여성의 목소리를 읽어내는 것이야 말로 고대 인도사에서 할 수 있는 실질적으로 가능한 여성사 연구 방법일 것이다.

절대적으로 사료가 부족한 고대 인도 역사에서 '역사적 시간과 공간 속 여성의 경험, 문화 및 언어를 이해하고자 하는'[25] 종류의 미시사적 여성사 연구의 수행은, 그것이 갖는 연구사적 의미 여부를 떠나, 현실적으로 매우 어려울 것이다. 우리에게 주어진 사료들은 구전 사료임에도 불구하고 구전 사료가 원래 가지고 있는 민속적이고 비공식적이며 비관제적인 성격과는 정반대로 조직적이고 관제적이며 의도적인 것이기 때문에 그 안에서 다양한 집단 여성들의 목소리를 들을 수가 없다는 사실을 인식해야 한다.[26] 서양사에서 시작한 여성사 방법이 인도 고대사에서는 분명한 한계를 드러낼 수밖에 없음은 이러한 이유 때문이다. 따라서 인도 고대 여성사는 일부 여성학자들이 주장하는 것과는 달리 여성을 또 다른 개념의 계급으로 간주하고 그를 둘러싼 생산, 지배, 법, 국가, 가족, 공공의 영역 등과 연계하는 사회사적 연구 방법을 개발해야 할 것이다.

그렇다면 이렇게 사료가 부족한 상태에서도 여성의 역사를 연구해야 하는 가장 궁극적인 이유는 무엇인가? 그것은 기존 남성 중심의 역사 관점에서는 여성이라는 카테고리가 계급으로도, 카스트로도, 인종으로도, 종교로도 혹은 그 어느 카테고리로도 분석될 수 없는 고유성을 가지고 있기 때문이다. 여성사 연구가 역사에 단지 '여성'이라는 새로운 주제를 추가하는 것으로 그치지 않아야 하는 것은 바로 이런 맥락에서이다.[27] 여성의 역사가 남성의 역사를 보충하는 역할을 하거나 역사 발전에 큰 기여를 하는 일부 여성의 역사를 기술하는 종류의 역사 연구는 결국 남성 중심의 역사관을 보충해 주는 것으로 전락할 수도 있다. 이를 고대사로 환원해서 말하자면 고대 브라만적 세계관에 입각한 역사와 그를 바탕으로 하여 재구성된 정형화된 역사는 정치적 상황에 따라 내부에서 새롭게 재생산되고 확대되어 지속적으로 전수된다.[28] 민족주의 진영에서 해석한 여성이 전투력은 가지고 있지 못하지만 아들을 낳음으로써 전투에 공헌하는 잠재력을 가지고 있는 것이라고 하는 것이나 현재 인도를 비롯한 남아시아의 많은 국가에서 인디라 간디(Indira Gandhi), 베나지르 부토(Benazir Bhutto)와 같은 여성 정치 지도자가 배출되는 것은 동일하게 간주되어야 한다. 즉 그것은 여성 중심의 정치가 이루어지거나 여성의 사회적 지위가 높기 때문이 아닌 여성이 남성 중심의 역사 속에서 꾸준히 보충되고 지속적으로 확대 재생산되고 있다는 것이다.

이렇듯 여성을 역사 변화의 또 다른 주체로 설정하여 사회 변동 이론이나 시대사 구분에 대한 문제를 다시 논의되어야 한다. 따라서 현재로서는 지금까지 주로 행해 온 카스트와 계급을 기준으로 하는 사회사 연구와 더불어 여성과 카스트 혹은 여성과 계급과의 관계를 규명하고 여성을 카스트-계급과 더불어 중요한 분석의 도구로 삼는 사회사 연구로 확장해야 할 것이다. 그래야만 여성사가 기존의 남성에 대한 수동적 '위치'를 파악하는 연구에서[29] 벗어나 여성사 연구의 본질적 목표인 가부장 사회에 대한 연구로 위치 이동을 할 수 있다. 그를 통해 우리는 사회 변화나 시대 구분의 문제에서 '여성'이 분석의 주요 대상으로 포함되고 이를 통해 더 철저한 역사 재구성도 이룰 수 있을 것이다.

인도 고대 여성사 연구는 여성이 남성들과의 관계 속에서 일으키는 끊임없는 갈등, 복잡하고 이질적인 행태, 고대 브라만주의의 양식 밖에서 행한 자율적인 역사를 재구성해야 하는 차원에서 이루어져야 한다. 하지만 더 주요한 것은 짜끄라와르띠(Uma Chakravarti)와 길(Preeti Gill)이 말한 "기존 남성들에 의해 수행된 여성사는 사료를 분석해서 한 것이 아니고 말장난을 통해 한 것"에 대한 진지한 재검토와 반성이 수반되어야 한다.[30] 이것이야말로 식민주의와 민족주의라는 엘리트 역사에 의해 날조된—지극히 비역사적인—일원론적 역사를 거부하고 남성의 그리고 정치적인 영역과 동등한 차원에서 존재한 여성의 사회 영역을 인식하여 그를 토대로 새로이 역사를 재구성할 수 있다. 그렇지만 브라만의 시각으로 쓰인 사료를 바탕으로 역사 재구성이 얼마나 가능할 것인가는 우리가 풀어야 할 또 다른 숙제이다. 이런 맥락에서 볼 때, 과학주의적 역사학으로부터 벗어나 문학으로서 역사학과 경계를 넘어 주변 학문 즉 인류학, 민속학, 문학 등과 교류하면서 사료를 창출하는 역사학 기술을 허용할 수 있다면 그러한 역사 재구성은 전혀 불가능하지도 않을 것이다.

9 인도의 다문화주의
: 근대주의와 식민주의를 넘어서

1. 머리말

2000년 1월 인도에서는 영화 〈화이어〉(Fire)를 통해 한국에도 상당히 널리 알려진 디빠 메흐따(Deepa Mehta) 감독의 영화 〈워터〉(Water)가 힌두 극우 집단인 국가자원봉사단(RSS; Rashtriya Swayamsevak Sangh, 라슈뜨리야 스와얌세왁 상그)의 지원을 받은 단가족(團家族, Sangh Parivar, 상그 빠리와르)의 문제 제기에 따라 촬영이 중단되는 사건이 발생하였다. 그들이 제기한 문제 원인은 아버지의 한 애첩을 자식이 취했는데 그 여인은 다시 과부가 되고 그리고 결국 창녀가 되는 일련의 일들이 갠지스 강의 성도 바라나시에서 일어났다는 신성 모독이었다. 더불어 극우 보수주의자들은 여주인공 역을 맡은 배우가 무슬림이라는 사실로 인해 그 영화가 악의적으로 힌두 문화를 모욕하고 짓밟는다는 생각을 하고 있다. 일부 극우 지도자들은 이 영화를 '무갈과 영국에 이은 세 번째의 까시(Kashi, 힌두 성지 바라나시의 옛 이름) 침공'으로 간주하면서 급진적 힌두민족주의를 부추기는 데 안간힘을 썼다. 그 결과 이 문제는 정치 · 사회적 이슈로 비화되면서 현재까지 촬영이 이루어지지 않고 있다.

1년 후 같은 맥락의 또 다른 사건 하나가 발생하였다. 델리대학교(University of Delhi) 역사학과 교수인 자(D. N. Jha) 교수는 『성스러운 암소 신화』(*The Myth of the Holy Cow*, London: Verso, 2002)라는 책을 집필하였다. 자 교수는 그 책에서 인도 고대인들은 비록 암소를 신성시하였으나 그 고기를 식용으로 사용하였고, 그간 널리 알려진 이론 즉 무슬림들이 인도 땅에 들어오면서 힌두를 탄압하자 그에 대한 힌두들의 자기 보호 차원에서 정체성 확보로 암소 고기를 먹지 않았다는 것을 통렬하게 비판하였다. 저자는 이러한 현상은 인도 종교공동체에 의존한 정치 문화로 인해 반(反)무슬림 감정을 자극하기 위해 역사를 왜곡한 것이라고 비난하였고, 이에 대해 힌두 극우 정치 집단들은 저자와 출판사에 끝없는 공갈과 협박을 자행하였다. 출판사는 결국 출판을 포기하고, 힌두 공동체주의에 기반을 둔 인도국민당 정부는 이 책에 대해 판매 금지 처분을 내렸으며 저자는 계속되는 살해 협박으로 인해 경찰의 신변 보호를 받으며 강의를 하고 있다. 결국 이 사건은 외국 출판계에 널리 알려지게 되었고 그 원고는 영국의 한 출판사에서 출판되었으나, 많은 극우 단체들의 고소와 협박이 계속 줄을 잇고 있는 중이다.

이러한 종류의 사건이 끊임없이 이어지면서 힌두 문화는 배타적이고 종교공동체적인 것으로 이해되고 있다. 과연 힌두 문화는 그러한가? 만약 그러하다면 원래부터 그러한가 아니면 최근 들어 그 성격이 어떤 사회적 원인으로 인해 변질되어서 그러한가? 만일 변질되어서 그러하다면 그 원인은 무엇인가? 이 글을 쓰는 우선적인 이유는 이러한 힌두 문화의 성격 규정에 관한 물음에 답하고자 하는 데 있다.

널리 알려진 바와 같이 인도에서 종교공동체 간의 갈등이 생긴 것은 그리 오래된 일이 아니다. 힌두라는 어휘는 원래 '인더스 강'을 가리키는 지리적 용어일 뿐 어떤 종교적 의미를 지닌 정체성을 의미하는 것은 아니다. 10세기 이후 무슬림이 인도 땅에 본격적으로 들어왔을 때 인도 사람들은 그들을 '무슬림'이라는 종교적 어휘로 일체화시키지 않았다. 무슬림들이 가지고 온 이슬람이라는 새로운 신앙 형태는 개종이라는 체제를 가지고 있었지만 인도 사람들은 그 의미를 전혀 이해하지 못했다. 따라서 인도 사람들에게 자신들의 종교를 버리고 다른 종교로 개종하는 것으로부터 발생할 수 있는 사회적 불안이나 그것을 막기 위한 힌두 공동체의 수호나 힌두교 보호와 같은 종류의 노력은 실제 역사에서는 일어나지 않았다. 현재 역사학계에서 비교적 잘 정리된 바와 같이, 18세기 말 남부 인도에서 발흥한 마라타(Maratha) 동맹의 봉기는 반(反)무갈 제국이나 반(反)압제에 대한 것이었을 뿐 일부에서 제기되는 것과 같은 반(反)무슬림과 관련된 것은 전혀 아니다. 그렇다면 당시까지는 종교공동체에 대한 정체성 인식은 인도 사회에서 매우 희박하였거나 존재하지 않았을 것임이 분명하다.

그렇다면 현재와 같은 '힌두'와 '무슬림'이라는 상대적 정체성과 특히 그와 관련된 공동체 인식은 언제부터 어떠한 사회적 맥락에서 발생한 것일까? 제임스 밀(James Mill)이 힌두와 무슬림의 공동체를 기준으로 하는 시대 구분을 설정한 역사서를 처음 발간한 게 1817년이라면 그 시점은 마라타 동맹 이후 1817년 이전이 될 것이다. 이에 대해 로밀라 타빠르는 19세기 초에 만들어지기 시작한 '아리야인 신화'로부터 일어난 것으로 보면서, 이후 식민주의와 반식민주의를 거치면서 상상의 공동체로 자리 잡은 것이라 주장하고 있다.[1] 그렇다면 현재 인도에서 일어나고 있는 일련의 종교공동체 간 갈등은 영국 식민주의라는 근대 유럽과 만남 이후에 생긴 현상일 수밖에 없다.

따라서 현재의 종교공동체주의는 인도 사회가 오랜 기간 동안 유지한 전통적 문화 체계가 왜곡된 결과라 하지 않을 수 없다. 이러한 맥락에서 이 글에서는 파괴되기 이전의 인도 다문화주의는 어떤 것이었으며 그것은 왜 그리고 어떻게 파괴되었는지를 살펴보고 이와 동시에 현재 왜곡된 형태는 어떤 과정을 통해 현재와 같은 극단적 배타주의로 성장하게 되었는가를 살펴보고자 한다. 더불어 그러한 결과는 오늘의 인도 문화 구조에 어떤 결과를 가져다주고 있는가에 대한 답과 연결되어 있다. 즉 이는 왜 인도에서는 다문화주의가 유럽이나 미국에서와 같이 포스트 모던의 새로운 담론으로 이해되기보다는 포스트 식민의 유산에 대한 연구로 이해되어야 하는가의 문제와 결부되어 있다.

즉 글쓴이는 이 글을 통해 최근 학계에서 연구 주제로 크게 주목받고 있는 다문화주의라는 것이 과연 근대주의에 기초한 국가와 민족 중심으로부터 탈피, 서로 다른 공동체들 간의 평등한 관계 설정, 사회적 문화적 차원에서 새로운 질서 추구 등의 함의만 가지고 있는 것인지에 대해서도 다시 한 번 생각해 보고자 하는 것이다. 다문화주의의 그러한 성격으로 인해 서양에서는 사회와 문화를 한 차원 높이 발전시키는 진보적 기제로 작용하고 있겠지만, 인도의 경우에도 과연 그런 것일까? 이 글의 주된 집필 목적이 인도 고유의 다문화적 정체성이 근대주의와 국민 국가라는 식민주의의 양대 중심축으로 인해 어떻게 왜곡되고 변질되었는가를 밝히고자 하는 것임과 동시에 그것이 포스트 식민 시기에 왜 그리고 어떻게 권력으로 자리 잡고 있는지를 분석하고자 하는 데에 있다는 것은 바로 이러한 맥락에서이다.

2. 정체성들(identities)로 이루어진 복합 사회

인도는 전통적으로 다(多)인종, 다언어, 다종교, 다종족, 다문화 사회를 유지해 오고 있다. 따라서 인도 전체는 물론이고 어떤 일부 지역조차도 유럽 역사에서 보는 것과는 달리 그 지역을 하나의 정체성으로 규정할 수 있는 집단적 혹은 균질적 실체로서 성격이 나타나지 않는 것이 사실이다. 인종, 언어, 종교 등이 서로 다른 경우는 두말 할 필요도 없을 뿐 아니라 같은 인종, 언어, 종교 가운데 하나나 혹은 둘의 요소로 구성되어 있는 집합체에서도 그 내부 개체들 사이에 세계관이나 사회 구조 혹은 문화 양태 등이 서로 달리 나타나는 경우가 허다하다. 그렇다고 해서 인도가 역사적으로 특정 정체성을 가진 '지역'이나 '국가'가 존재하지 않았던 것은 아니다. 인종에서 문화에 이르기까지 이질적인 복합체를 유지하는 끄셰뜨라(kshetra, 지역)라는 정체성 단위도 있어 왔고, 라슈뜨라(rashtra, 국가)라는 정체성 단위도 발전 유지시켜 왔다. 다만 그것은 인도 고유의 개념일 뿐 그것을 근대적 유럽적 개념의 '지역'이나 '국가'로 치환할 수 있지는 않은 것이 또한 사실이다. 따라서 인도는 국가의 단위가 크든 작든 전체적으로 통일체를 구성하든 구성하지 못하든 간에 사회를 구성하는 가장 작은 단위에서 가장 큰 단위에 이르기까지 항상 복합주의를 지향해 오고 있다. 인도의 전통적 세계관에 따르면 항상 보편법의 권위가 국가나 민족에 대해 우위에 놓여 있는 것은 이런 맥락에서이다.

국가 혹은 민족 혹은 국민 국가라는 것은 항상 중앙 중심적이면서 단일 지향적이기 때문에 기본적으로 복합적이고 다문화적인 인도를 유지하는 데에는 그리 썩 효과적이지 못하였다. 따라서 인도는 국가 혹은 민족 중심의 세계관이나 제도가 발달하지 않았다. 그래서 유럽은 물론이고 중국과 비교해 볼 때도 인도의 인위적 통합 체계의 발전은 매우 미약한 편이라 그 안에 단일 언어나 문자 체계, 중앙 집중 행정, 정치 체제, 중앙 통제력을 갖춘 교단 등이 발달하지 않았다. 정치적 의미에서 사해 영토에 대한 개념이 존재하긴 했지만 매우 약했다. 따라서 국가 혹은 국왕의 권위는 다르마라고 하는 보편법에 예속되고, 국가나 왕조 혹은 왕에 대한 충성 문화와 국가나 왕조에 의한 동원의 정치 문화 등이 크게 발달하지 않았다. 그래서 인도라는 나라는 정치나 행정에 의해 형성된 것이 아니고, 보편법 체계가 통용되는 범역이다. 다르마 체계 원리는 이질 문화의 통합성에 있고 그것을 구체적인 시스템으로 발전시킨 것이 바르나이다. 따라서 인도 내에서는 사회적으로 포용성과 문화적으로 공존성이 지속되는 것이 존재 기반이다. 이는 복수의 정체성들(identities)로 이루어지는 것이 바로 인도의 정체성(identity)임을 의미한다. 중앙 집중성이 약한 반면에 지역 정체성이 뚜렷하다. 근대 국민 국가 체제가 인위적으로 도입된 이후에도 여전히 국가/민족의 개념이 약한 것도 이러한 사실과 관련되어 있다.

힌두 전통법 체계인 다르마샤스뜨라가 존재하였다고는 하나 각 지역마다 사법 자치 기구가 존재하여 왔고 그 안에서도 성문화된 법전이 존재하지 않아 지역 내 법체계 통합도 이루어지지 않았고, 시간적으로도 그 다양성과 이질성은 마찬가지였다. 서양의 법체계와는 달리 국가(혹은 정치 · 행정) 권위에 의한 통일 체제 안에서 통제되는 체계가 아니기 때문에 상급법과 하급법 관계가 명확하게 지워지지가 않았다. 반면 무슬림은 일반화된 법체계를 가지고 있어 그 안에서 적어도 민사 문제는 단일법이 통용되었다. 따라서 힌두와 무슬림이 같이 사는 현실 속에서 하나의 지역 내에서조차 단일 법체계를 운용한다는 것은 현실적으로 불가능하였다.

종교적인 부분에서도 마찬가지다. 힌두교 안에서만 봐도 물질적 경험 세계와 영적 초월 세계를 구분하는 가설을 따르는 사람들도 있지만 그러한 개념에 무관심하거나 그러한 사실을 전혀 믿지 않거나 알지 못하는 사람들도 있는 것이 사실이다. 따라서 그 안에서 이원론적 세계의 전제하에 초월적인 세계를 경험하려 하는 신앙 행위도 분명히 존재하지만 경험과 물질 세계를 통한 깨달음을 추구하는 신앙 행위도 분명히 존재한다. 그래서 힌두는 개인이 다른 신념과 차별성 속에서 자신의 의지로 선택되는 것이 아니고, 출생에 따라 일방적으로 결정되어 귀속되는 것이기 때문에 그가 속한 집단은 공동체적이지도 않고 조직적이지도 않다. 여기에 힌두교와는 완전히 다른 성격을 가진, 전형적으로 선택적이자 공동체적인 종교의 성격을 가지고 있는 이슬람이나 기독교까지 공존하는 것을 볼 때 인도 문화는 원천적으로 다문화적이다.

하지만 이러한 인도 문화의 성격을 '다문화주의'로 표현하는 것도 약간의 어폐가 있는 것이 사실이다. 근래 학계에서 많이 사용하고 있는 '다문화주의'는 분명히 현대 서양의 여러 나라에 나타나는 현상과 깊은 연관성을 가지고 있기 때문이다. 분명히 지금의 서양 여러 나라들 안에는 인도에 비해 훨씬 역사를 공유하는 정도도 적고, 이질적이고, 인위적인 성격의 민족적 · 문화적 정체성을 지닌 집단들이 공존하고 있다. 따라서 그 안에서 '다문화주의'는 '다르게 평등하게 살기'의 사회 진보 의미로 존재하면서 결국 '공익의 종말'로 연결되는 의미를 가지고 있다.[2] 그렇지만 인도 다문화주의는 그와는 의미가 약간 다르다. 그것은 인도 경우 오랜 기간 동안 사회적으로는 카스트를 통해 그리고 문화적으로는 힌두와 무슬림 그리고 또 다른 공동체들 간에 유지된 조화와 공존의 기제를 통해 여러 정체성들이 하나의 정체성 안에서 더 큰 범위의 복합 문화를 이루어 왔기 때문에 보는 관점에 따라 단일 문화적 성격도 매우 강하게 가지기 때문이다. 따라서 이를 단순히 '다문화적'이라고 부르기보다는 복합 문화적 혹은 통합 사회적이라고 부르는 것이 더 합당하지 않을까 한다.

3. 국민 국가주의와 정체성의 왜곡

영국 식민 통치가 가지고 온 가장 근본적인 변화는 상상의 공동체인 '힌두'를 중심으로 하여 만들어 낸 국민 국가로 인해 생겨났다. 그 지배 이데올로기는 식민 지배 세력이 근대주의를 소유하는 문명이고 그들과 다른 동양의 인도는 전제주의가 만연한 야만으로 인식하는 계몽주의였다. 그런데 그 계몽주의는 모든 인간은 정의라는 보편 원칙 속에서 최대의 행복을 향유할 권리를 가지고 있음을 주장하는 공리주의와 그 공리주의는 법 앞에서 만민이 평등

해야 한다는 자유주의와 연결된다. 따라서 공리주의와 자유주의를 근간으로 하는 계몽주의 통치 이데올로기는 인도인들을 문명화되어야 할 야만인으로 규정하고 자신들을 진보와 문명화의 사자로 인식함으로서 인도를 적대시하고 그들을 식민 통치하는 것을 정당화하는 모순에 빠져들게 하였다.

하지만 더욱 큰 모순은 인도인들 스스로가 영국의 식민주의 속에서 그들의 진보가 존재한다고 믿는 것이었다. 이러한 문화 속에서 식민주의는 절대 악으로 간주되지 않을 뿐만 아니라 식민 착취마저도 자신들보다 우월한 정치 · 경제 체제가 가지고 온 애석한 결과로 받아들이게 되었다. 이로 인해 식민주의자들의 식민 통치를 위한 제도는 인도인들의 상당한 합의와 참여 속에서 이루어졌다.

공리주의와 자유주의는 기본적으로 사회를 숫자로 재단하고 평가하는 체제이다. 이는 영국과 같은 유럽 사회에서는 정치적 자유를 통한 근대 사회 발전 시스템으로 작동하지만 인도라는 식민지에서는 제국주의를 통한 식민지 왜곡의 시스템으로 작동하게 한다. 그들은 토지, 식량, 광물 등에 대한 측량에서부터 인도인의 신체, 음식, 평균 수명, 질병과 의약 등과 같은 물리적인 조사는 물론이고 역사, 민속, 사회 등과 같은 인문 사회적인 것까지 광범위한 조사를 실시하여 분류 · 분석하였고 그것은 10년마다 정기적으로 실시하는 센서스로 더욱 체계화되었다. 사실 인도라는 사회는 그들이 실시한 토지측량에서 사회 분류에 이르기까지 모든 부문이 그들 사회에서 그것들과는 달리 너무 복합적이고 이질적이라 유럽에서 만들어진 근대의 단일 기준으로 통계 처리도 할 수 없거니와 그 사회와 문화를 제대로 분석할 수 없다. 하지만 영국의 근대 국가는 통계 없이는 관료제를 운영할 수도 없고 통치 기구를 조직할 수도 없었다.

결국 식민 통치는 숫자를 통해 얻은 상상의 결과를 통치 구조의 시스템으로 삼았고 그것이 근대 국가의 정치 질서를 가져왔다. 센서스는 자원 선용을 위한 데이터의 체계적 확보 차원에서도 중요한 역할을 하지만 사실은 그보다 인도 사회와 문화에 대한 문외한들이 자신들의 그릇된 잣대로 인도가 언어, 카스트, 종교, 종족 등으로 분명하게 분리되어 있는 것이라는 왜곡된 결론을 도출했다는 사실이 더 중요한 의미를 갖는다. 특히 그 안에서 인도는 수많은 미개 종족으로 구성된 나라로 그려지고 그러한 종족은 자신들의 근대 국가에 의해 개화되고 발전해야 하는 것으로 주장되었다. 그렇게 창출된 전통은 19세기 후반에 들어서서는 상당한 현실로 자리 잡았다.[3] 그리고 그러한 왜곡된 정체성은 이후 민족주의자들에 의해 더욱 심화되면서 독립 과정과 그 이후로 연결된다.

근대 국가 체제 위에서 식민 통치자들이 통치 수단으로 삼은 대표적인 것은 법이다. 법은 상상의 통계 위에서 문명화의 사명을 띠고 사회 개혁을 추진하는 전령이다. 식민주의자들은 법의 통치를 정당화하기 위해 힌두들은 법을 갖추어 본 적도, 가지고 있지도 않은 존재라는[4] 그리고 종교공동체 분쟁과 같은 일련의 사회적 소요의 원인은 법의 부재에 있다는[5] 등 전통 사회에서 당대 사회에 이르기까지 광범위한 역사 왜곡을 자행하였다. 인도 땅에서 법이 서양의 근대법으로 그리고 통일된 법으로 단일화되어야 했던 것은 이렇듯 식민주의와 계몽주의의 왜곡된 만남과 그로 인한 통치 이데올로기의 창출로 인해서이다.

서양법 위에서 근대인이라는 개념의 개인은 사회 행위의 주체로 강요되고 그에 따라 기존 인도를 지탱해 오던 여러 가지 형태의 공동체를 중심으로 하는 교육, 재산, 규율 등은 모두 대체되어야 하는 것으로 전락하였다. 그것은 매우 심각한 사회 혼란을 야기시켰다. 농촌 사회에서 지주-소작인 사이에 형성된 공동 경작권, 재산의 사적 소유권, 결합 가족(joint family) 내의 재산권, 카스트 공동체 소유의 재산, 농촌 공동체 소유의 재산 등에 관한 문제 등이 급격하게 파괴되고, 그 결과 인도 사회가 전체적으로 큰 혼란에 빠지게 되었다. 더군다나 서로 이질적인 요소들을 인위적으로 통합하고 단일화된 법을 기반으로 하여 하나의 근대 국가를 형성한다는 것은 그 자체만으로 피지배자의 단합을 심각하게 저해할 뿐만 아니라 잠복되어 있던 상호 갈등을 유발하기 안성맞춤이어서 통치자에게는 더할 나위 없이 유리하게 작용하였다. 이는 영국이 인도 식민 통치의 제1의 근간인 분할 통치를 매우 원활하게 작동시키는 데 큰 역할을 하였다.

식민주의와 근대의 도입을 통한 인도 정체성의 왜곡과 상상의 공동체 만들기는 힌두교의 창출과 더불어 본격적으로 상상 효과를 냈다. 그리고 그것은 18세기 유럽의 동양학자들에게 팽배한 오리엔탈리즘에 의해서 시작된다. 당시 유럽인에게 인도는 합리적이고 물질적인 유럽에 대해 감성적이고 영적인 것의 재현으로 투사되었다. 이는 전적으로 영국 제국주의 식민 통치에 대한 정당화를 위한 방편이었다. 인도에 대한 식민주의 권력은 인도가 존재론적이며 본질적인 실체로서 이해되었다. 그리고 항상 그들이 가지고 있는 이분법적 인식론 위에서 그들과 다른 어느 한편으로서만 의미를 부여받을 수밖에 없는 지식을 통해서 이해되었고 그 위에서 식민지를 지배하였다.

이러한 식민주의자들의 역사 왜곡에 대한 반발로 민족주의자들은 자신들 문화와 체계에 대해 우월성과 역사적 주체성의 확립을 위해 매진하였다. 그러한 과정에서 그들은 식민주의자들이 설정해 놓은 인도 문화의 정체적이고 신비적인 이미지는 부정하였으나, 그에 대한 반발이 지나쳐 인도를 주권과 자치권에 대한 단일 의지를 가지고 있는 완전한 하나의 실체로 그려내는 오류를 범하였다. 그래서 새로이 만들어진 인도는 단일 정체 안에서 계급이나 종족의 다양함을 초월하는 하나의 국민 국가로 등장했다. 민족주의자들이 반(反)식민주의의 입장을 취했음에도 불구하고 식민주의가 구축한 오리엔탈리즘에 입각한 본질주의의 담론 안에 갇혀 버린 결과였던 것이다.

새로운 힌두교 본질주의의 중심에는 인도 사회가 탈세속적 힌두교와 위계적 카스트로 유지되어 오고 있다는 가설이 확고하게 자리 잡았다. 한국 학계에 힌두교 본질로 널리 알려진 비폭력-불살생, 채식주의, 관용, 요가, 명상, 깨달음 추구 등은 모두 유럽의 동양학자들이 설정해 놓은 가상의 이미지에 유럽화된 인도 지식인들이 반응한 것일 뿐 역사적 전통에 따라 형성된 실체와는 아무런 관계가 없는 것이다. 더 중요한 사실은 그러한 왜곡된 이미지로 인해 인도인들은 근대 정치와 역사 변화에 무관심한 사람들로 재현되고 결국 인도인들의 사회 구조와 사상은 근대 정치와 경제 여러 부문들의 변화와 운영을 감당할 만한 능력이 없기 때문에 영국 식민주의자들이 그 자리를 차지할 수밖에 없다는[6] 담론이 식민주의 이후에도 그대로 답습되었다는 사실이다.

이는 과거 제국과 피지배 신흥 독립 국가의 정치 · 경제 · 군사 관계에서 여전히 제국주의적 관계가 남아 있기 때문이기도 하지만,

제국주의 이후 신흥 독립 국가들의 국가 건설 주체들이 탈식민(de-colonized) 역사 서술의 주체로 서는 데 실패하였기 때문이기도 하다. 인도 연구가 특히 소위 인도학을 하는 학자들은 오리엔탈리즘에 입각한 시각으로 인도와 힌두교를 연구하고 그것은 여전히 학문의 권위를 소유하고 있기 때문에 그러한 연구 자체가 새로운 종교를 창출해 내는 데 결정적인 이바지를 하게 된다. 이는 브루스 링컨(Bruce Lincoln)이 주장하는 바와 같이, 과거 사제가 담당했던 신화 제작의 역할을 그러한 학자들이 담당하는 것이고, 그 점에서 학문이라는 게 다름 아닌 주석을 가지고 있는 신화가 되고 있다.[7] 판 데르 비어(Peter van der Veer)에 의하면 이러한 현상은 오리엔탈리즘이 민족주의와 통(通)민족주의(transnationalism)의 변증법 안에서 다시 만들어진 것으로 대표적인 포스트 식민주의 현상이다.[8]

4. 식민주의 유산과 힌두 공동체주의의 발흥

1757년 쁠랏시(Plassey) 전투 이래로 통치권을 확보한 영제국 정부는 여러 차례에 걸쳐 정부의 조직과 법을 개정하였으나 한 가지 원칙은 유지하였다. 그것은 식민지 인도를 효율적으로 통치하기 위한 것으로 사법, 행정, 통신 체계 등을 중앙 집중 단일 체계로 유지하여 근대 국민 국가의 틀을 마련하는 것이었다. 이를 통해 영제국 정부는 500개가 넘는 토후국들을 하나의 국가로 통합하는 성과를 마련하였으나 그 후유증은 심각하여 250년이 지난 오늘까지 그 영향이 미치고 있는 실정이다. 그것은 인도같이 오랜 역사 동안 복합적이고 다문화적인 상태를 유지해 온 곳에서는 중앙 집중의 세

분화는 반드시 중심과 주변 간의 심각한 불평등을 초래하기 때문이다. 따라서 영제국의 통치하에서 민족 운동 혹은 독립 투쟁이 적극적으로 전개되면서도 친제국주의 입장에 선 지역, 언어, 종교, 카스트 등과 관련된 사회적 갈등 내지는 분리주의 운동이 끊이지 않는 것은 그러한 영향 때문이다.

이러한 중앙 집중의 단일 구조는 네루(Jawaharlal Nehru)가 이끄는 인도국민회의(Indian National Congress) 정부에 의해 철저히 계승되었다. 네루는 단일 국민 국가 건설이 지상 목표였고, 종교공동체주의, 지역주의, 카스트주의 등을 통한 갈등과 분리주의와 싸움이 최대 현안이었다. 그것은 많은 사람들이, 특히 독립 후 약 10여 년 동안에는, 인도가 과연 하나의 국가 체제를 유지할 것인가 아니면 몇 개의 작은 국가로 쪼개질 것인가에 대해 걱정을 할 정도로 위험하게 생각하였기 때문이다. 그래서 네루의 중앙 집중 정책은 인디라 간디, 라지브 간디(Rajiv Gandhi) 등 국민회의당(I) 후계자에게도 충실히 계승되었고, 그러한 대의명분으로 국민회의당(I)의 일당 지배 체제 민주주의라는 매우 모순적인 체제를 운영해 올 수 있었다. 그 결과 인도는 하나의 국민 국가 체제 유지에 '성공'을 거두었지만 그 내부에 야당 탄압, 집권 여당과 관료의 부정부패 만연, 종교공동체주의 발흥, 경제의 불균등 발전과 빈부 격차 심화 등 문제는 계속되었고 그로 인한 단일 국민 국가 유지는 여전히 위협받고 있는 실정이다.

인도의 국민 국가주의를 유지하는 또 하나의 축은 세속주의이다. 세속주의는 원래 유럽에서 만들어진 개념으로 교회와 국가 사이에서 사법권을 분리하는 것을 의미하는 것이었다. 그런데 이 세속주의를 네루는 첫째로 어떤 특정 종교를 공식 신조로 삼지 않고,

둘째로 특정 종교의 희생 위에서 다른 특정 종교를 비호하는 행위를 하지 않는 모든 종교를 동일하게 보호하는 것을 의미하는 것으로 삼았다.[9] 이는 세속주의라는 것이 유럽에서는 사법권의 독립이라는 자유주의의 틀 속에서 사회 진보에 관한 명제로 등장하였지만 인도에서는 식민주의 아래에서 국민 국가의 틀을 유지한다는 보수적 명제로 작용할 수밖에 없다. 따라서 인도에서 세속주의는, 비록 종교로 인한 종족의 형성을 부인하고 국민 국가 내에서 그로 인한 분규를 제어하고자 하는 것임에도 불구하고, 진보적 명제는 물론이고 인도라는 국민 국가가 안고 있는 다문화 · 다종족에 관한 본질적인 문제에 대한 궁극적인 해결책으로 제시될 수는 없었다. 네루의 세속주의를 기반으로 하는 중앙 집중의 국민 국가가 독립 이후 인도 내에 자연적으로 존재하는 다문화 · 다종족의 요소들을 동등한 자격으로 인정할 수 없었던 것은 세속주의의 이러한 성격 때문이었다.

그래서 인도의 국민 국가는 근대주의와 발전을 잣대로 하는 식민주의와 동일한 체계를 고수하였다. 그리고 그것은 중앙화된 단일 체계로 나타난 것이다. 그 결과 영국 식민주의의 정치 문화 속에서 육성된 일부 엘리트들만 모든 리더십을 독점하고 이는 국민회의당(I)의 권력의 전제화로 이어지게 된다. 이 과정에서 노동자, 농민, 여성, 하층 카스트, 부족민 등의 사회 경제적 불평등이 심화되고, 북부 중심의 정치 경제 독점 구조가 형성되면서 지역 간 불평등 관계가 발생하고 주변부는 이러한 내부 식민주의에 반발하면서 '중심'으로부터 분리 요구로 이어진다. 결국 탈식민 시대에도 식민주의의 유산인 국민 국가주의, 단일주의, 중앙 집중주의와 같은 편집증의 구조는 권력 기반으로 자리 잡는다. 여기에서 이질적이고 복합적이며 지역적인 문화는 철저히 소외당한다.

포스트 식민 시기에 인도에서 식민주의 유산이 가장 크게 나타난 곳은 종교공동체주의이다. 인도에서 종교공동체주의는 힌두민족주의와 그 궤를 같이한다. 힌두민족주의는 일차적으로 근대적·정치적 의미와 결부될 수 있는 전(全) 인도의 정체성 발달이 미약한 상황에서 영제국주의의 '분할 통치' 정책에 대항하기 위해 만들어진 것이다. 하지만 우리는 이 시점에서 왜 그러한 반발이 언어도 아니고 지역도 아닌 종교 차원에서 만들어졌는가를 고려해야 한다. 그것은 영제국의 식민 통치를 인도인들은 인도 고유의 문화에 부과되어진 외래 문화의 도전에 대한 위기 의식의 발로 차원으로 이해하기 때문일 것이다. 전술하였다시피, 여기에는 인도인들이 전통적으로 정치보다는 문화를 통해 스스로의 정체성을 갖는 전통을 가지고 있었기 때문에 식민주의가 정치적 행위로서 이해될 때 보다는 문화에 대한 행위로서 즉 전통에 대한 파괴 행위로 인식될 때 훨씬 심각하게 반발한다는 사실이 크게 작용하였던 것이다.

따라서 그들은 더 큰 단위의 정체성을 통해 인민들을 통합하기 위한 방편을 추구하였고 그것을 정치적 프리즘이 아닌 문화적 프리즘을 통해 만들 수밖에 없었다. 더군다나 민족 운동 지도자들이 여론, 참여, 국민 주권 등과 근대적 사회·정치 인식이나 방법에 대한 경험이 전혀 없고 유럽에서와 같은 철저한 근대적 국민 국가주의를 발전시키지 못하는 상황에 놓여 있었다는 점도 중요한 고려 대상이다. 그것은 정치 지도자들이 반식민의 통합 정체성 확보라는 대명제 하에서 자신들의 역사적 환경 속에 더 익숙하다 보니 민주주의의 여러 방편들보다는 인민 동원에 가장 손쉬운 종교를 통한 여론과 대중의 통합 정체성 확립이라는 방법을 택하였다는 의미이다. 복합 다문화 사회로 정치적 정체성을 발전시키지 못한 인도가 식민 지배라는 정치 상황 속에서 종교보다 더 큰 정체성의 근간을 제공하는 것을 찾지 못한 것이다. 그러한 종교가 민족주의와 만나면서—민족주의는, 앤더슨(Benedict Anderson)의 해석대로, 본질적으로 공동체로 상상되는 것이다—종교공동체주의로 발전한 것이다.

이는 그러한 기미가 보이기 시작한 20세기 초 이후의 민족주의 역사를 검토해 보면 잘 알 수 있다. 전국 단위의 민족 운동이 활발한 활동을 전개함으로써 더 큰 단위의 정체성이 확보된 1920년대부터 1930년대 사이에 상대적으로 종교공동체주의 활동이 위축되었다. 반면 영제국주의의 분할 통치가 큰 효과를 보이고 그 결과 국가 단위 민족 운동이 지리멸렬한 1940년대에는 종교공동체주의가 활개를 치고 결국 인도-파키스탄의 분리 독립으로 이어졌다.[10] 기본적으로 다인종, 다언어, 다문화, 다종족 사회인 인도에서 인종, 언어, 문화, 종족 등에 관한 공동체주의가 발생하지 않거나 혹은 발생하더라도 시간이 흐르면서 자연스럽게 쇠퇴 내지는 소멸하였지만 종교만큼은 전혀 그렇지 않은 사실 또한 종교공동체주의의 비실체적이면서 날조된 성격을 찾아볼 수 있는 것이다.

이러한 사실은 결국 복합 다문화 사회의 인도가 식민주의하에서 근대 국민 국가로 발전하면서 국민 국가 인식과 그에 결부된 정체성 수립 문제에서 실패하였다는 것을 의미한다. 따라서 특히 영제국의 근대주의와 국민 국가주의의 충실한 계승자인 국민회의당(I)이 유지해 온 일당 지배 전국 통합의 정치 문화가 사라지는 1980년 후반 이후로 더욱 심화되고 있다. 독립 이후 네루를 중심으로 하는 혈통주의를 기반으로 하여 권력을 유지한 40년 집권 여당인 국민회의당(I)을 누르고 집권 여당이 된 인도국민당 권력의 근간이 인도 내에서 가장 큰 단위인 종교의 정체성이라는 사실 또한 이러한 사실을 잘 증명해 준다.(2004년 5월에 인도국민당은 야당이 됨) 결국 이러한 상상의 종교공동체주의가 식민주의 이후 시기에도 여전히 실제 공간에서 파괴력을 지닌 실체로 작용하고 있는 것은 식민주의 아래에서 만들어진 왜곡된 정치 문화의 구조가 독립 이후에도 개선되지 못한 채 여전히 계승되면서 정치적 각축장에서 유효하기 때문이다.

독립 후 인도의 엘리트들은 영제국 시대부터 지속되어 온 자신들의 정치 · 사회적 지위와 물질적 보장을 받기 위해 민족주의를 활용하였다. 그 안에서 역사의 주체는 식민주의 엘리트에서 민족주의 엘리트로, 그 장치의 이데올로기는 영제국의 근대주의에서 힌두민족주의/공동체주의로 대체되었을 뿐 식민주의에 의해 인위적으로 형성된 단일화된 국민 국가라는 왜곡된 구조로부터 탈피가 이루어지지 못하였고 그를 통한 국민 국가 중심의 이데올로기 창출이 꾸준히 시도되었다.

이러한 과정에서 국민 국가 중심의 역사 만들기가 시도된다. 이와 같은 국민 국가의 인위적 형성과 국민 국가주의 역사 날조의 현상을 동아시아 경우에서도 찾아볼 수 있는데, 이성시는 최근 그의 저작 『만들어진 고대. 근대 국민 국가의 동아시아 이야기』(삼인, 2001)를 통해 훗날 동아시아 사학사에서 20세기란 국민 국가의 거푸집 속에서 상상의 공동체를 창출하기 위한 이야기를 재생산한 '국사의 시대'로 자리 매기게 될 것이라고 분석한 바 있다. 정확하게 인도와 같은 맥락이다. 다만, 동아시아 경우와는 달리 인도에서 국민 국가 중심의 역사 만들기가 힌두교를 중심으로 이루어진 것은 국민 국가주의에서 힌두교가 차지한 독특한 왜곡된 위치가 인도-파키스탄 갈등과 상승 효과를 내면서였다는 점은 특기할 만하다. 독립 후 1950년대부터 인도학문원(Bharatiya Vidya Bhavan, 바라띠야 위디야 바완)에서 간행한 총 열한 권으로 된 '인도인의 역사와 문화'(The History and Culture of Indian People) 시리즈에서 문시(K. M. Munshi)는 신화에 나타난 『마하바라따』 전쟁이 인도인의 동류 의식 형성에 큰 기여를 하였다고 하였고, 그 『마하바라따』 신화를 편찬한 비야사(Vyasa)와 그 신화의 주인공인 끄리슈나(Krishna)는 후대 영원히 인도의 정신을 일깨워 주었다고 했다. 이러한 역사 왜곡은 아리야인들의 원주지가 인도이고, 그들은 세계 최고(最古)의 문명을 발전시킨 후 인도아대륙 전체와 서아시아 그리고 유럽 전역으로 퍼져 나갔다는 아리야인 인도 기원설로 연결된다. 그들이 만들어 낸 힌두뜨와(Hindutva, 힌두性) 이론 안에서 힌두들은 유목 생활을 영위하면서 목가적이고 명상적인 문명을 발전시켰으나, 시간이 흐르면서 점차 그러한 문명을 상실해 나가는 것으로 역사는 기술되었다. 심지어는 비록 정신 문명이 점차 약화되긴 했을지라도 아리야의 땅 즉 인도에 특별한 갈등이 있었던 것은 아니었으나 무슬림, 기독교도 등과 같은 이민족들이 이 땅에 들어오면서 갈등과 반목 그리고 역사의 퇴보가 생겨났다는 것으로 역사의 날조는 심해지고 있다. 결국 식민 지배 이데올로기의 연장선상에서 '민족' 혹은 '공동체'의 모태로 자리 잡은 힌두교는 신흥 독립 국가 내에서 국민 국가의 주체적 이념으로 정치 · 경제 · 사회 · 문화의 거의 모든 분야에서 새로운 권력으로 자리 잡게 된다.

따라서 그러한 힌두교하에서는 항상 중심-주변이 지배-종속의 구조로 연결되는 이항 대립의 식민 유산이 존재할 수밖에 없고,

그 안에서 힌두교와 관련을 맺는 것은 반식민의 정통성을 갖는 권력의 중심이 되고 그에 반하는 것은 권력의 주변이 된다. 인도 내에서 간디(M. K. Gandhi)의 민족주의 담론이 상대적으로 진나(M. A. Jinnah)의 두 민족 이론에 대해 절대적으로 우월한 정통성을 확보하고 그것들을 받아들이지 않는 무슬림을 비관용적 혹은 반민족적이라고 비난하는 것이 절대적으로 받아들여지고 있는 역사적 사실은 힌두교가 문화적으로는 물론이고 정치적으로나 경제적으로도 권력으로 자리를 잡고, 반면에 인도 내에서 비(非)힌두 특히 무슬림은 권력 구조로부터 소외당할 수밖에 없음을 의미하는 것이다. 극우 힌두교 단체인 국가자원봉사단이나 세계힌두회의(Vishwa Hindu Parishad)의 군국주의와 기세(棄世) 문화가 변태적으로 혼합된 파시스트적 국수주의가 포스트 식민의 시기에도 지배 이데올로기로 여전히 정당성을 확보하고 있는 것은 이런 맥락에서이다. 그리고 독립 이후 남아시아 국제 관계에서 인도와 파키스탄이 끊임없는 갈등 상태를 유지할 수 있었던 것 또한 그러한 왜곡된 힌두 이데올로기가 끊임없이 '적(敵) 만들기' 작업에 가장 효과적으로 활용될 수 있음을 의미하는 것이다.

그러한 왜곡된 힌두교 위에서 힌두는 이제 완전한 민족 공동체로 만들어진다. 민족이라는 것은 내부에 실질적인 불평등과 수탈에도 불구하고 언제나 심오한 수평적 동료 의식으로 상상되고, 궁극적으로 그 상상의 공동체를 위하여 스스로 기꺼이 죽게 만든 주체이다.[11] 이러한 맥락에서 힌두교는 바라띠(Agahenanda Bharati)가 말하는 '피자 효과'(pizza effect)를 훨씬 넘는 것이다. 피자는 원래 이탈리아에서는 단순한 구운 빵이었으나 1차 세계대전 이후 미국으로 건너간 후 맛과 모양이 매우 다양하고 화려한 것으로 변하였고 다시 원산지 이탈리아로 건너가 그 의미와 지위 그리고 영향력이 크게 달라졌다. 이것은 생활 양식에 관한 문제이지만 힌두교 경우는 권력과 지배에 관한 문제로 그 역사적 의미가 훨씬 심각하게 작용하기 때문이다.[12] 최근 인도에서 큰 사회 문제로 대두되고 있는 불가촉민인 달리뜨(Dalit)들이 기독교나 불교 혹은 이슬람으로 개종하는 현상이 빈번히 발생하자 2002년 10월 31일 따밀나두 주정부는 힌두교도의 개종을 금하는 종교강제개종금지법안(Prohibition of Forcible Conversion of Religion Bill)을 통과시키고, 그 배후 세력인 국가자원봉사단은 다른 종교로 개종한 사람들을 다시 힌두로 재개종하는 작업을 주도하고 있다. 이를 통해 우리는 힌두교가 이제는 '다르게 평등하게 살기'의 다문화주의를 저해하는 결정적인 이데올로기로 자리 잡고 있음을 볼 수 있다.

5. 맺음말

널리 알려진 바와 같이, 근대 이전의 인도는 다문화적이고 복합적인 정체성을 유지하여 왔다. 하지만 영국이 인도 땅에 가지고 온 근대주의와 식민주의 그리고 그것이 낳은 단일화된 국민 국가의 창출은 인도 다문화주의를 크게 왜곡시켰다. 물론 지금도 정치적 각축장이나 그와 관련된 일부 도시 공간을 제외하고는 서로 다른 (힌두와 이슬람을 포함하여) 문화의 요체들이 아무런 문제 없이 사회 내에서 공존하고 있긴 하지만 전체적으로 볼 때 현재 복합 다문화적인 문화 질서는 크게 흔들리고 인도라는 국민 국가의 존재 자체에 큰 위협이 존재하고 있다는 것은 이론의 여지가 없는 분명한 사실이다.

포스트 식민의 독립 인도는 중앙 집중의 국민 국가 체제를 충실히 유지하고 있다는 측면에서 볼 때 식민주의의 완벽한 계승이었다. 따라서 중앙 집중의 국민 국가 단일 정체성이 창출된 이후 식민주의로부터 이어지는 중앙의 권력은 모든 자원을 독점하고 그에 반하는 모든 종류의 '주변'은 사회 경제적 불평등 속에서 '중심'으로부터 분리를 끊임없이 요구하여 왔다. 결국 탈식민 시대에 와서도 인도는 국민 국가주의 외형 속에 담긴 식민주의로 인해 '중앙'은 변함없는 권력으로 자리 잡고, '주변'은 그 내부 식민주의로 인해 끝없는 희생물로 남게 되는 것이다.

그러한 왜곡된 구조의 이데올로기 중심에 새로이 만들어진 힌두교가 자리 잡고 있다. 그것은 힌두교가 반식민 민족 운동의 과정에서 만들어진 하나의 권력으로 자리 잡으면서 그 성격 변화의 역사를 시작하였다는 사실에서 기인한다. 그것은 곧 힌두교의 왜곡이었고, 왜곡된 힌두교는 기본적으로 역사성에 기초하지 않은 식민주의에 의해 날조된 것이기 때문에 그 성격이 보수적이고 집단주의적이고 배타적일 수밖에 없다. 따라서 그것을 중심으로 형성된 집단은 그것이 반식민 민족 운동 집단이든 중앙 집중의 국민 국가를 유지하고자 하는 국가주의 집단이든 간에 모두 파시스트적인 성격을 갖지 않을 수 없다. 이것이 힌두교가 힌두 종교공동체주의로 연결되는 태생적 성격의 한계이다.

따라서 인도에서 다문화주의의 복원은 종교공동체주의의 극복과 불가분의 관계에 있다. 그리고 그것은 포스트 식민 시기에 정치 · 경제에서 문화 · 예술에 이르기까지 인도라는 국민 국가를 둘러싸고 있는 모든 부면에 만연해 있는 식민주의의 극복과도 깊이 연결되어 있다. 따라서 인도에서 다문화주의는 현재 유럽과 미국에서 '다르게 평등하게 살기'와 같은 사회 진보적 테제로서 의미보다는 '식민주의의 극복'이라는 모든 집단의 공존이라는 생존적 의미로 인식되어야 할 것이다. 더불어 인도라는 국민 국가는 기존의 '다양성 내의 통일성'에 기반을 둔 국가주의가 아닌 '통일성 내의 다양성'에 기반을 둔 국가주의로 변화해야 한다. 이것이 인도의 다문화주의가 갖는 역사성이다.

10 20세기 후반 미국에서 '종교사'와 힌두교 만들기

1. 머리말

우리가 보통 사용하는 '힌두교(Hinduism)'라는 특정 종교는 18세기 이후 영국의 식민 통치 아래 진행된 여러 근대 역사 상황 속에서 전개된 식민주의와 오리엔탈리즘(Orientalism)의 산물이다.[1] 18세기 유럽의 동양학자들에게 인도는 유럽에 대한 인식의 주체가 아닌 대상으로 인식되었고, 이에 따라 인도는 합리적이고 물질적인 유럽에 대해 감성적이고 영적인 것으로 재현되었다. 그리고 그것은 영제국주의 식민 통치에 대한 정당화 방편으로 활용되었다. 이러한 서양 제국주의 역사학에 대한 반발로 민족주의자들은 자신들의 문화와 체계에 대해 우월성과 역사의 주체성 확립을 위해 매진하였다.

이 과정에서 일부 힌두민족주의자들은 '힌두'를 '인도'와 동일시함으로서 힌두민족주의만이 인도의 민족 운동을 전개해 나갈 수 있는 유일한 이데올로기라는 공격적 이론을 주장하였다. 사와르까르(V. D. Savarkar)는 힌두라는 것은 아리야인이 정치적으로 팽창하는 과정에 이루어진 히말라야로부터 바다에 이르는 영토 안에서 자신들이 중심이 되어 모든 비아리야인들을 포용하면서 형성한 단일 국가의 단일 민족임을 주장하기까지 했다.[2] 또 일부 힌두민족주의자들은 동양학자들이 만들어 놓은 상상의 인도 속에서 인도 문화의 정체적이고 신비적인 이미지는 부정하고 인도를 주권과 자치권에 대한 단일 의지를 가지고 있는 완전한 하나의 실체로 그려내면서 그 안에 계급이나 종족 집단의 다양함을 초월하는 하나의 국민 국가의 표상을 만들어내는 오류를 범하였다.[3] 민족주의자들이 반(反)식민주의 입장을 취했음에도 불구하고 식민주의가 구축한 오리엔탈리즘에 입각한 본질주의의 담론 안에 갇혀 버린 결과다. 그들에 의해 만들어진 가상의 힌두교로 인해 인도 사회는 탈세속적 종교와 위계적 구조의 고착화된 카스트로 유지되어 오고 있는 것으로 널리 인식되었다.

식민주의자들과 힌두민족주의자들에 의해 만들어진 힌두교는 비베까난다(Swami Vivekananda)가 1893년 미국 시카고에서 개최한 제1차 세계종교인대회의(World Parliament Religions) 연설을 계기로 미국 지성계에 지대한 영향을 끼치게 된다. 사실 그가 설파한 힌두교는 아드와이따 베단따(Advaita Vedanta)적 세계관에 입각한 신(新)베단따 정도로 불리는 것이 합당하다. 그 안에는 힌두 다르마의 중요한 부분을 차지하는 물질적이고 실용주의적이고 비체계적인 성격의 신앙은 전혀 찾아볼 수 없다. 하지만 그것은 미국 사회에 널리 퍼지게 되었고 그 과정에서 베다는 경전으로, 산스끄리뜨에 기초한 법과 사회는 윤리로, 아드와이따 베단따의 일원론적 세계관은 신학으로 자리 잡았다. 그리하여 원래 힌두 다르마의 일부에 지나지 않던 『바가와드기따』, 우빠니샤드, 『마누법전』 등이 힌두교의 근간으로 자리 잡았다. 그리하여 그 안에 그려진 브라만의 이상적 삶은 힌두의 보편적인 종교 생활로 일반화되었고, 영적이고 신비적인 세계관은 힌두교의 보편적 세계관으로 자리 잡았다. 힌두교의 신학은 현상 세계와 실재의 둘로 나뉘고 그 안에서 절대 존재와 자아에 관한 지각을 지고의 선으로 간주하는 세계관으로 만들어졌다. 지금 우리에게 힌두교 본질로 널리 알려진 비폭력-불살생, 채식주의, 관용, 요가, 명상, 깨달음 추구 등은 모두가 유럽의 동양학자들에 의해 그리고 그 이후 미국 사회에서 만들어진 가상의 이미지일 뿐 실제 모습과는 거리가 먼 것이다.

그런데 이러한 '힌두교 만들기' 연구의 대부분은 18세기 이후 진행되는 영국 식민 통치와의 역사적 관련 속에서만 이루어지고 있을 뿐, 식민 지배가 끝난 20세기 후반 이후 조직적이고 공동체적이며 선교 중심적인 종교로 성장한 미국 사회와 역사적 상관성 속에서는 거의 이루어지지 않고 있다. 이 글은 이러한 문제 인식에서 출발하고자 한다. 왜 힌두교는 미국 사회에서 가상의 종교로 정교하게 되고 더욱 성장하였는가? 그리고 그렇게 미국 사회에서 만들어진 힌두교가 현대 인도 역사에 끼치는 영향은 무엇인가? 이 글은 이러한 질문에 답하고자 하는 것이다. 궁극적으로 이 글은 포스트 식민 시기에 이루어지는 '힌두교 만들기'에 대한 역사적 분석인 것이다.

이러한 문제 인식 아래 이 연구에서는 1980년대 초 서발턴 연구(Subaltern Studies) 집단에 의해 제기된 포스트 식민 시기 인도사 서술에 관한 논의에 주목하고자 한다.[4] 서발턴 연구 집단은 기존 인도사에 대한 연구는 식민주의적인 것은 물론이고 민족주의적인 것이나 심지어는 마르크스주의적인 것조차도 상당 부분 오리엔탈리즘과 유럽의 인식론에 입각하여 이루어진 것으로 파악한다. 그들은 그러한 역사학을 본질주의(essentialism)에 입각한 역사 왜곡으로 이해함으로써 그 안에서 가상이 실체로 그리고 신화가 실재로 자리잡아 왔다는 것을 통렬히 비판하고 있다. 비록 최근의 서발턴 연구가 식민주의의 문화적 헤게모니에 대한 연구로 그 초점을 옮기면서 초기에 그들이 행했던 식민주의에 대한 비판보다는 담론화의 성격이 강화되는 경향이 나타나기는 하지만 그들의 초기 연구가 제시하는 식민주의 역사학과 민족주의 역사학에 대한 비판은 오리엔탈리즘과 유럽 중심주의에 대한 비판 및 역사학의 '역사 만들기'의 성격에 대한 문제 제기에는 주목할 필요가 있다. 이 글이 초기 서발턴 연구 집단의 관점과 그 궤를 같이하는 것은 바로 이러한 문제 제기를 공유하기 때문이다. 이러한 맥락에서 이 글은 힌두교를 가상이 실재로 치환되어 정착한 대표적인 사례로서 규정하고, 그 가상이 실재화되는 과정을 미국사와 관련하여 분석하고자 한다.

따라서 이 글은 특정 사료에 나타나는 사실을 실증하는 작업의 역사 연구보다는 우리에게 사실로 알려진 것들에 대한 왜곡과 그것이 가지고 있는 의미를 분석하는 역사 연구로서 그 존재 가치를 두고자 한다. 아시아사의 경우 거의 그렇듯 근대적 의미의 인도사 연구 또한 식민주의자들에 의해 본격적으로 이루어졌다. 그로 인해 역사의 왜곡과 편견에 의해 만들어진 그릇된 이미지 문제가 매우 심각하다. 그럼에도 불구하고 힌두교와 관련된 역사, 문학, 철학, 종교, 예술 등을 연구하는 많은 인도 연구자들은 그러한 위험성에 대해 학문적 의심이나 검증을 소홀히 하는 경향이 상당하다. 이 연구가 포스트 식민 시기에도 여전히 식민주의 지식 권력의 구조와 유산이 절대적인 영향력을 행사하는 인도를 새롭게 성찰하는 중요한 단서를 제공할 것으로 믿는 것은 이러한 맥락에서이다.

2. '종교사'[5]의 인식론과 힌두교 이해

미국에서 종교 연구의 시작은 유럽과 달리 비기독교와 비교 연구에 몰두하는 경향이 강하였다. 그 저변에는 기독교가 비기독교에 비해 우월하다는 선교 중심의 관점이 깔려 있었다.[6] 이러한 비교 종교 연구는 기독교 재단이 운영하거나 그와 관련된 대학에서 주도하였으며 그 조류는 1940년대까지 이어졌다. 이때는 '종교사'가 아직 종교 연구를 위한 독립적 분과 학문으로 확고한 위치를 다지지 못했으며, 종교 연구의 방법론은 아직도 유럽 학계의 성서(Bible) 해석과 기술적(記述的) 연구 방법에 의존해 있던 상태였다. 그러므로 종교 연구가의 주된 관심은 비기독교의 성전(聖典)을 번역하고 해석에 머물러 있을 뿐이었다.

전반적으로 볼 때 19세기와 20세기 동안 미국에서 발전한 인문학과 사회 과학의 많은 학문들은 유럽의 학문 전통을 계승하는 가운데 이루어진 것이 보통이었다. 그런데 유독 종교 연구는 그렇지 않았다. 유럽에서는 비환원적 해석과 환원적 분석이 공존하는 학문 전통이 오랫동안 유지되었다. 전자는 비록 신학적 편향이라는 결함에도 불구하고 종교 경험을 해석하고 그에 따른 종교의 자율성과 독특성을 이해하는 데 중요한 역할을 하며 후자는 종교를 사회적 요인에 부차적인 것으로 간주하는 흠이 있으나 종교가 변화하고 사회에서 차지하는 행위의 의미를 분석하기 때문이다.

그런데 '종교사'가 본격적으로 발전한 이후 미국의 종교 연구 전통은 유럽의 양립 전통과 결별한 채 몰역사적이고, 비환원주의에 입각한 미국만의 새로운 학풍을 세웠다. 이에 대해 로버트 시갈(Robert Segal)은 종교 연구가 주로 호교(護教) 차원에서 이루어지고 있으니, 종교가(religionist)들이 과거에 철학과 자연 과학에 반대하면서 그들 종교의 진리를 옹호하였던 것과 같은 차원에서 사회 과학에 대해서도 반대의 입장을 취하고 있는 것이라고 지적하고 있다.[7]

'종교사'는 2차 세계대전 이후 등장한 학문의 전문화와 사회 과학의 발달이라는 새로운 추세에 대해 반발하는 입장을 취한다. '종교사'는 그 뿌리를 '비롯된 때(in illo tempore)에 이루어진 원형(archetype)'에 두고, 그 위에서 초월성과 전체성을 추구하고 종교의 자치성과 그에 따른 비환원주의를 견지하고 있다. 엘리아데(Mircea Eliade)에 의하면 '종교사'학자가 보는 우리의 삶은 전문화에 의한 파편으로서가 아니라 모든 것이 유기적으로 연계되어 있는 총체이다. 그리고 그 위에서 '종교사'의 궁극적인 목표는 종교적 인간의 행동과 정신 세계를 이해하고 다른 사람들에게 이해시키는 일인 것이다.[8] 그 이해는 원초적 개념에 대한 에포케(epoche) 즉 '가치에 대한 판단 정지와 현상의 기술'을 통해 이루어져야 한다. 결국 '종교사'학자는 자신의 작업 대상은 원초의 통합적 행동일 뿐, 그 행동의 역사적 발현을 기록하는 것은 '종교사'학자가 해야 하는 일과는 전혀 관계도 없는 것이다.[9] 이러한 세계관에서 이루어진 '종교사'는 그 안에 속한 모든 데이터를 일정한 기준에 의해 분류하고 그 성격들을 각각의 현상으로 차별화 하면서 특정 신앙과 행위 그리고 경험의 가치와 의미를 확인시켜 주는 것이 된다. 결국 '종교사'가 이해하려 한 종교는 사람, 시간 그리고 장소가 만드는 역사로부터 영향을 받지 않는 자치 구역 내에서 일어나는 종교 현상들을 유형과 기능의 관계 속에서 분류하고 해석하는 것이다.

따라서 '종교사'가 사용하는 '역사'는 신학에서 탈피했다는 점에선 진일보한 관점으로 볼 수 있지만, 신에 관한 논리 위에서 인간의 본질을 탐구하는 것에 지나지 않은 반(反)역사적인 존재론으로서 역사학의 입장에서 볼 때는 본질적으로 신학과 별 차이가 없다. 따라서 그들이 사용하는 '반역사(反歷史, counter-history)', '역사 지혜(historiosophy)', '초월 역사(transhistory)', '메타 역사(metahistory)', '성사(聖史, hierohistory)' 등은 역사에 대한 변형일 뿐 새로운 의미의 역사는 아니다. 이러한 개념은 '종교사'에 입각한 현대 종교 연구의 기반을 쌓은 에라노스(Eranos) 모임의 세 거장, 미르치아 엘리아데, 게르숌 숄렘(Gershom Sholem) 그리고 앙리 꼬르뱅(Henry Corbin)의 저술에서 체계화되었다.

꼬르뱅은 정신 세계의 시대를 사회 정치 역사나 지질 역사와 같은 외부 세계의 시대와 구별한다. 정신 세계의 시대야말로 바로 그 역사가 되는 것인데 그것은 본질적으로 가상의 역사이다. 메타 역사야말로 역사에 의미를 부여하는 주체이고, '聖의 역사' 즉 천국과 종말론이 없는 역사에서 '역사 의식'을 논한다는 것은 어불성설이다.[10] 또 미르치아 엘리아데에 의하면 '종교사'학자는 어떤 특정의 주어진 성현(聖顯, hierophany)에 대한 초월사적 종교의 의미에 특별히 관심을 가져야 한다. 그것은 주어진 성현에 대한 역사를 추적하고자 하는 것은 물론이요 무엇보다도 그 성현이 드러내는 성스러움의 양상을 설명하고 이해하기 위해서이다.[11]

이러한 인식론을 바탕으로 하는 많은 '종교사'학자들이 학문하는 행위를 종교가 궁극이나 진리를 추구하는 것과 일치한다고 인식한 것은 이러한 맥락에서였다. 대표적인 종교학자이면서 미국의 지성계에 큰 영향력을 유지하고 있는 휴스턴 스미스(Huston Smith)는 최근 글에서 자신의 연구는 지금까지 줄곧 사물의 궁극적 속성에 대한 진리를 탐구하는 것이라고 밝히고 있다.[12] 그 안에서 그의 종교 연구는 진리와 거짓 그리고 선과 악을 구분하는 행위 자체가 된다. 그의 입장과는 다르지만, 또 다른 대표적인 종교학자인 스마트(Ninian Smart) 또한 종교 연구에서 특정 종교에 대한 따뜻한 감정의 필요성을 인정하는 점에서 볼 때[13] '종교사'가 신학에 뿌리를 두고 있으면서 종교에 대한 특정 시각을 공유하는 집단에 의해 주도되어 온 사실을 부인할 수 없다.

이러한 학풍 속에서 미국의 주류 힌두교 연구자들은 종교의 변하지 않은 원형에 대한 이해를 연구 목표로 삼았다. 이러한 학문 태도는 대표적인 힌두교 연구자인 웬디 도니저(Wendy Doniger)에 의해 잘 드러난다. 그는 힌두교를 연구함에 있어 비교 언어학, 신학, 비교 종교, 인류학, 심리학 등 폭넓은 방법론의 동원을 주장하면서도 역사학을 비롯한 환원주의적 방법론에 의한 종교 분석을 경계해야 할 함정이라고 단언하고, 철저한 반환원주의자임을 천명하고 있다.[14] 도니저가 고대 신화를 매우 폭넓게 사료로 활용하면서도 기원전 1000년경에 만들어진 베다 신화와 기원 후 500년경에 만들어진 서사시 신화를 특별한 사료 검증을 하지 않고 동일하게 취급하는 것은 바로 이러한 이유로 인해서이다. 도니저는 베다에서 따밀 뿌라나까지 시간적으로나 공간적으로 실로 방대하게 펼쳐져 있는 신화를 용어를 중심으로 일대일 대응 비교하는 방법을 주로 사용하였다. 그렇지만 그 어느 곳에서도 용어마다 가지고 있는 시간과 장소에 따른 의미 차이에 대해 분석한 바 없다. 결국 그의 힌두 신화의 탈역사적 분석으로 인해 힌두교는 변하지 않은 원형이 유지되어 온 신비의 종교로 널리 자리 잡았다.

이에 관하여 조나단 스미스(Jonathan Smith)는 그러한 종교 연구는 결국 가상의 종교를 창조하고 따라서 결국 종교 연구와 종교는 다를 바가 없다고 지적하고 있다.[15] 이는 비교 종교가 종교의 궁극성을 다루는 것을 연구의 본질로 삼고 있으나 연구 결과는 이에 대해 명백한 해결책을 제시하지 못하기 때문이다. 비교 종교는 종교의 형태나 외형 그리고 경전이 표현하는 당위성이나 구조에 관한 것을 비교할 뿐 종교가 사회 속에서 '어떻게' 역할을 하고 '왜' 의미를 가지는가에 대해 아무런 답을 못하고 있다. 이러한 학풍에 대한 비판으로서, 조나단 스미스가 비교 종교를 '발견의 결과가 아닌 발명의 결과'라고 하면서[16] 자신의 글 제목을 '여전히 살아 있는 마술(A Magic Still Dwells)'로 삼으면서 비판한 것은 바로 이러한 비교 종교가 가지고 있는 비학문적이면서 날조의 위험성을 안고 있는 성격 때문이다.

3. 전후 미국 사회의 학문 연구와 신비주의 힌두교

'종교사'와 더불어 전후 미국 학계에서 눈에 띄는 발전을 이룬 것 가운데 하나는 지역연구이다. 지역연구는 2차 세계대전 당시 미국 학계에서 시작되었는데, 베트남 전쟁을 계기로 그 연구의 성격이 바뀌었다. 1960년대 이후 미국의 수많은 대학에서 일어난 반전 운동은 단순한 동남아시아에 대한 미국 외교 정책 반대를 넘어 국가주의에 대한 근본적인 거부이기도 했다. 국가 전략의 일환으로 정부의 많은 지원을 받던 지역연구는 심각한 도전에 직면했고 정체성 위기를 맞게 되었다. 새로운 경향의 지역연구는 과거 제국주의의 텍스트 중심으로부터 탈피하는 것은 물론이고 국가주의 사회과학의 정책 중심으로부터도 탈피함으로써 연구 중심을 실제의 삶으로 옮겼다. 이 시기 인도 연구가 농촌의 카스트를 중심으로 이루어진 것은 바로 이러한 맥락에서였다.

이와 동시에 정치 · 경제 · 사회적 필요성 대신에 국제적 선린과 상호 이해를 위한 내재적 만족과 창조적 에너지로부터 만들어진 유희로서 문화 연구가 이 시대에 등장하기도 했다.[17] 그렇지만 문화 연구로서 지역연구가 설정해 놓은 세계는 비서양의 세계였고 그 세계에 대한 이해 방법은 비교 연구였다. 그리고 비교 문화 가운데 가장 중요한 부분은 비기독교의 종교였다. 결국 미국에서 종교 연구는 비서양 세계를 비기독교 세계로 동일시하는 관점에서 출발하였다는 태생적 한계를 지닐 수밖에 없다. 따라서 '아시아'는 여전히 '동양'으로 인식되었고 아시아의 문화는 곧 비유럽 문화라는 도식을 벗어날 수 없었다. 이러한 맥락 아래 그들의 문화 연구는 사이드가 비판한 바와 같이 '추악한 신조어'로서 지역연구일 수밖에 없고, 그들의 연구 대상은 항상 중심에 대한 변두리일 수밖에 없었다.

미국에서 이러한 조류는 1950년대 이후부터 본격적으로 수행된 남아시아 연구 프로그램에서 주도적인 역할을 한 인류학자들에 의해 크게 변화하였다. 그들은 이전의 동양학자들과 지역연구가들이 행한 텍스트와 정책 위주 연구에서 농촌 중심 연구로 그 대상을 옮김으로써 생활의 당위성과 규범성이 아닌 실제 모습을 보여주는 데 매우 긍정적인 기여를 하였다. 하지만 그들은 과거 식민 담론에 의해 만들어진 지식의 영향으로부터 자유로운 상태에서 연구를 수행할 수 있고, 그 안에서 진정한 인도 역사와 문화를 찾을 수 있을 거라는 매우 소박한 가설을 전제로 하고 있었다.[18] 이러한 그들의 작업은 인도를 또다시 본질화시키는 결과를 가져왔고, 결국 포스트 식민주의와 오리엔탈리즘이 인식의 틀에 다시 박혀버린 결과를 가져왔다.[19]

이러한 학문 풍토는 전후 미국의 역사적 상황과 밀접한 관계를 가진다. 그것은 전후 미국 문화 형성에서 중요한 요소로 작용하는 문화의 상대성에 대한 지나친 의존이 당시 엄연히 존재하는 정치 경제적 지배의 역학 관계를 완전히 무시해 버린 결과로 인해서이다.[20] 이러한 과정에서 1960년대 반기득권적이고 진보적인 성격을 띤 반문화 운동이 반과학주의에 바탕을 둔 채 신비주의 방향으로 전개되면서 인도를 비롯한 아시아 문화와 종교를 잘못 이해하고 왜곡하는 데 중요한 역할을 하게 된다. 당시 신비주의 반문화 운동은 기존 문화에 대한 대립적 구도에 머물러 이데올로기적으로 제도화함으로써, 결국에는 지배적인 정치 경제 관계에 종속되고 말았는데,[21] 이런 점에서 반문화 운동의 신비주의적 태도는 '종교사'와 공통의 기저를 이룬다고 할 수 있다. 이는 '종교사'가 유럽 사상의 양대 세계관 즉 기독교의 이원론적 세계관과 과학적 환원주의에 대해 오랫동안 반문화 전통의 입장을 견지해 온 즉 유럽 사상의 제3의 세계관인 영지주의와 해석학에 뿌리를 두고 있다는 역사적 사실을 통해 확인할 수 있다.[22]

이러한 추이에 중요한 계기를 제공한 것이 1965년 발효된 미국

이민법이다. 이민법은 미국 사회가 아시아 문화와 본격적인 조우를 하게 하는 계기로 작용하였다. 반문화 운동의 사회적 분위기에서 미국인들은 이때부터 대거 이주한 인도인들의 생활 양식을 종교적인 즉 비물질적이고 정신적인 것으로 이해하였다. 당시 미국 사회에 소개된 힌두교는 이미 베단따적 세계관을 기초로 만들어진 힌두교였고 그 안에서 명상, 요가, 체험, 자아 실현, 인간의 잠재적 능력 계발, 완전한 인간의 추구, 육체와 정신 그리고 심령의 조화 등을 추구하는 신비주의가 중심을 차지하였다. 이미 캠벨(Joseph Campbell)은 인간 개인의 책임이 삶의 터에 귀속되는 것이 서양 사상임에 반해 인도 사상은 그것을 우주적 맥락에서 끊어 버리는 것이라고 말함으로써[23] 힌두교를 삶의 가치를 포기하고 그로부터 유리되는 것을 이상으로 삼는 종교로 보고 있다.

신비주의 힌두교는 나아가 힌두교의 영성(靈性)이 곧 물리학, 화학, 생물학, 핵물리학과 같은 자연 과학이나 첨단 과학과 일맥상통한다는 주장으로 사회 전체에 급속도로 퍼졌다. 이미 힌두교는 근대적이고 합리적인 평가를 넘어 과학적이기까지 하다는 평가를 받음으로써 미국 사회에서 그 영향력은 지대하게 되었다. 따라서 힌두교가 미국 사회에서 반문화의 주체로 자리 잡은 것은 자연스러운 일이었고 그것은 기독교와 서양의 물질 문명으로 인해 '잃어버린 자아'를 찾는 주체로 자리 잡았다.

기독교 대안으로 만들어진 힌두교는 미국 사회에 종교 조직으로서 정착하였다. 마하리시(Maharishi Maheshi Yogi)의 초월명상(Transcendental Meditation), 바그완 슈리 라즈니시(Bhagwan Shree Rajneesh)의 라즈니시국제재단(Rajneesh International Foundation), 박띠베단따 쁘라부빠다(Bhaktivedanta Prabhupada)의 국제끄리슈나지각협회

(International Society for Krishna Consciousness; ISKON), 스와미 묵따난다(Swami Muktananda)의 싯다요가(Siddha Yoga) 등이 이 조류에 속하는 대표적인 종교 단체이다. 그런데 이들 힌두교 단체는 세계관이나 그 추구하는 바를 기준으로 볼 때 단일적이거나 균질적인 것이 아니다. 끄리슈나를 중심으로 유신론적 종교인 국제끄리슈나지각협회의 신헌(信獻, bhakti) 성격, 마하리시의 초월 명상의 일원론적 세계관, 라즈니시의 급진적인 산냐시(棄世者) 운동 등에는 세계관에 대한 궁극적인 차이가 분명하게 존재한다. 그것은 원래 힌두 다르마가 단일적이고 균질적 성격을 지닌 종교가 아니라 이질적인 삶의 양식의 복합체이지만 만들어진 힌두교는 특정한 이데올로기의 필요에 따라 인위적으로 고안되고 조직화되었기 때문이다. 하지만 그러한 이질적이고 복합적인 성격은 미국인들로 하여금 단일적이고 체계적인 기존 기독교에 대한 염증에 대한 대안으로 더욱 매력적이면서 신비적으로 다가설 수 있게 하였다. 더욱이 새로운 힌두교는 원래 힌두 다르마가 갖는 특유의 혼합주의적 성격으로 인해 미국인들이 유지하는 기독교 문화와 쉽게 동화할 수 있기까지 하였다.

미국에서 힌두교가 크게 영향력을 확산하는 데는 베트남 전쟁이 중요한 역할을 하였다. 베트남 전쟁으로 인해 미국 사회의 정신적 공황은 미국사에서 그때까지 경험하지 못한 종류와 수준이었고 따라서 그 치유는 기존의 물질이나 기독교 종교를 통해서는 이룰 수 없었다. 그들은 그 해결책을 유토피아 창조를 통해 모색하였다. 유토피아라는 것은 스스로를 에워싸고 있는 존재와 일치하지 않는 상태에 있는 의식에서 발생하는데, 그 가운데서 행동의 단계로 이행하면서부터 기존의 존재 질서를 부분적으로나 혹은 전적으로 파괴해 버리는 '현실 초월적인' 방향을 설정하는 것이다.[24] 유토피아 관념은 본질적으로 총체적 위기의 현실에 대한 방어 기제로 발생하기 때문에, 만하임(Karl Mannheim)의 분류대로, 기존 사회에 대해 비판적이고 개혁적인 성격을 띠는 이데올로기로 작용하기도 하지만 동시에 보수적으로 작용하기도 한다.

보수주의 이데올로기로 작용하는 유토피아 이데올로기는 인민들로 하여금 세계를 이원적으로 보게 하고 그 안에서 실재 세계에 대한 변혁보다는 신화의 이상 세계로 회귀를 추구하게 한다. 따라서 그것은 실재 역사를 낙관적으로 바라보게 하고 그에 따라 사회를 보수화하는 방향으로 이끌어 간다. 더불어 인민들은 유토피아를 통해 사회 불만에 대한 카타르시스를 얻을 수 있기 때문에 유토피아는 사회 유지 이데올로기로 작용한다. 이 점에서 유토피아는 원형을 추구하는 것이고 그 원형이라는 것은 결국 전체주의적 성격을 띨 수밖에 없는 것이다. 실제로 미르치아 엘리아데는 2차 세계대전 당시 파시스트의 지지 이데올로그로 활동한 바도 있다.

1960년대 베트남 전쟁 패배 이후 미국 사회에서 반문화 운동에 의한 유토피아 추구가 사회의 기존 질서의 결속을 파괴하는 방향으로 전개되면서도 종국에 현실 초월의 반역사적 이데올로기로 작용을 한 것 또한 힌두교 본질과 관련이 깊다. 미국 사회에서 반문화 운동은, 마빈 해리스(Marvin Harris)가 지적한 바대로, 소외된 중산층 출신의 대학 교육을 받은 청년들이 여러 가지 실재하는 현실 정치의 문제들을 도외시하면서 객관성으로부터 도피, 반도덕적 상대주의, 사상의 전지전능성 등에 빠진 결과인 것은 분명하다.[25] 하지만 더 궁극적인 원인은 그들이 추구한 유토피아의 전형과 힌두교 사이에 설정된 관계에서 찾아야 할 것이다. 그들이 유토피아의 전형으로 찾은 힌두교는 인도 사회를 오랫동안 보수적으로 유지해 온 이데올로기이고 그 중심은 상대주의, 이상주의, 물질적 감각주의 등이다. 그러한 힌두교 안에서 유토피아를 찾는 것은 결국 역사로부터 도피하는 행위일 수밖에 없는 것이다.

4. 포스트 식민 시기의 힌두교와 권력

식민주의는 그들의 인식 대상인 비기독교를 정체와 신비의 범주 안에서 일어나는 현상으로 파악하는 것이다. 그 안에서 기독교는 사회 변화의 주체가 되는 역사적인 것이 되고, 비기독교는 불변의 사회를 지속시키는 비역사적인 것이 된다. 기독교의 유일신은 역사를 주재한 반면에 비기독교의 여러 신들은 그냥 단순히 세상에 박혀 있을 뿐 인격체로서 역사를 주관하지 않는다는 것이다. 결국 식민 담론은 성숙 대 미숙, 문명 대 야만, 발전 대 정체 등과 같은 이항 대립을 통해 기독교를 가진 스스로를 전자의 성격을 지닌 지배 주체로 그리고 비기독교 즉 힌두교인 인도를 후자의 성격으로 점철된 지배 대상으로 만든다. 이러한 유럽적 계몽주의는 비기독교 나라들을 개선시킬 수 있다는 자신감을 넘어 그렇게 해야 하는 역사적 의무 내지는 소명을 갖게 된다.

이러한 식민주의는 제국주의 이후에도 그대로 답습되었다. 그것은 과거 제국과 피지배 신흥 독립 국가와 정치 · 경제 · 군사의 관계에서 여전히 제국주의 관계가 남아 있기 때문이기도 하지만, 제국주의 이후 신흥 '독립' 국가들의 국가 건설 주체들이 탈식민 역사 서술의 주체로 서는 데 실패하였기 때문이기도 하다. 이는 제국주의 이후 미국의 성장과 깊은 관련을 가지고 있다. 미국은 2차 세계대전 후 정치 · 경제 · 군사적 측면에서는 물론이고 지식의 독점적 생산 및 정보의 확산 그리고 그에 대한 통제 기제의 발전과 같은 문화적 권위 영역에서 미증유의 발전을 이룸으로써, 고전적인 제국주의적 헤게모니의 성격을 달리하는 변화를 이끌어 내는 '문화 제국주의'의 전형으로 성장하였다.[26] 이는 결국 미국이 영제국의 식민주의 동역자로서, 과거 '동양'의 지배에 대한 향수와 동경[27]을 이어받고 있다는 것이다. 그 안에서 종교학자들은 그 연구를 통해 새로운 종교를 창출해 냈으니 그것은, 브루스 링컨(Bruce Lincoln)이 주장하는 바와 같이, 과거 사제가 담당했던 신화 제작의 역할을 담당하는 것이고, 그 점에서 학문이라는 게 다름 아닌 주석을 가지고 있는 신화인 것이다.[28]

이러한 점에서 볼 때, 전후 미국의 인도학계에서 힌두교의 대표적인 연구 방법인 '종교사'와 '인류학'에서 각각의 대표 주자인 도니저와 메리어트가 모두 인도 종교와 사회가 변화하지 않은 혹은 본질을 가지고 있는 것으로 파악하고 그들이 연구 활동을 한 시카고 대학이 인도학에서 세계의 중심지였다는 사실을 감안해 보면 그들의 영향력은 미국 국내뿐만 아니라 다른 나라 심지어는 인도까지 그리고 그 분야가 학계뿐만 아니라 문화계 전반까지 크게 미쳤을 거라는 사실은 어렵지 않게 짐작할 수 있다. 이러한 상황 속에서 전후 미국 사회 속에서 만들어진 힌두교와 인도에 대한 지식은 미국 사회에서 생산 · 유통되고, 나아가 왜곡된 형태로 인도로 전달 · 유포된다.

인도로 역수입된 새로운 힌두교는 인도 내에서 여전히 지속되는 식민주의의 유산인 정치적 · 사회적 불평등 관계와 그로 인한 지배-종속 관계를 결정짓는 중요한 문화 권력의 이데올로기가 된다. 인도국민당이 40년 동안 진행되어 온 국민회의당(I)의 권력 독점 구조를 무너뜨리고 집권 여당으로 자리 잡게 된 것은 그들이 전략적으로 내세운 힌두 근본주의로 인해서라는 사실은 왜곡된 힌두교가 권력의 이데올로기로 기능하고 있다는 것에 대한 가장 적확한 예이다. 세계힌두회의(Vishva Hindu Parishad, 비슈와 힌두 빠리샤드)와 같은 극우 힌두교 단체들은 특히 정치적으로 민감한 시기 즉 총선을 앞둔 시기에 무슬림을 비난함으로서 민심을 자극하고 갈등을 부추기는데 앞장섰다. 1989년 9월의 꼬따(Kota), 같은 해 10월의 바갈뿌르(Bhagalpur), 같은 해 10월의 인도르(Indore) 등에서 일어난 일련의 봉기로 인한 무슬림 학살 사건은 왜곡된 힌두교가 이제 권력으로 자리 잡았음을 보여 주는 좋은 예이다. 결국 그러한 일련의 사건은 1989년 11월부터 시작되는 아요디야 사태에서 정점을 이룬다.

이렇듯 세계힌두회의를 비롯한 일련의 극우 힌두교 집단의 군국주의와 기세 문화가 변태적으로 혼합된 종교 근본주의 담론이 정당성을 확보해 가고 있는 사실은 새로운 힌두교가 인도로 역수입되면서 종교공동체주의와 결합하고 그러면서 문화적으로는 물론이고 정치적으로나 경제적으로까지도 권력으로서 자리를 잡고 그로 인해 무슬림은 권력 구조로부터 소외당하고 있다는 것을 의미한다.[29] 극우 힌두교 집단이 그러한 사실 왜곡에 반발하는 학문과 예술 활동을 협박과 테러의 대상으로 삼는 것[30]은 왜곡된 종교가 권력의 지식으로 자리 잡는 상황에서 가능한 것이다.

힌두교가 1947년 인도아대륙 분리 과정에서 지금까지 끊임없이 '적(敵) 만들기' 작업에 가장 효과적인 지식으로 활약한 것은 이러한 맥락에서이다. 그 과정에서 처음에는 그 적을 무슬림으로만 삼

왔지만 차츰 기독교인과 시크교도로 확장시켜 왔고,[31] 앞으로는 그 적을 미국을 비롯한 '외세'로 확장시키는 추세가 점차 뚜렷해지는 현상이 많이 나타나고 있다. 이러한 맥락에서 만들어진 힌두교의 영향력은 바라띠가 말하는 '피자 효과'를 훨씬 뛰어 넘는다. 그것은 단순한 패션의 문제를 넘은 생존에 대한 문제로 자리 잡고 있다. 우리는 이러한 힌두교의 왜곡 구조 안에서, 홉스봄(E. Hobsbawm)이 말하는, '전통의 창출'의 전형을 읽을 수 있다. 그것은 만들어진 힌두교가 집단 성원들의 정신 또는 사회적 결합력을 확립시키거나 상징화하는 기능을 통하거나 공동체와의 일치감에서 비롯되어 그 속에 잠재해 있거나 그 제도들을 통해서 '민족'으로서 공동체가 표현되거나 상징으로 나타나는 기능을 하기 때문이다.[32] 상상으로 만들어진 그 공동체는 곧 왜곡으로 변형된 민족이 되고, 그 민족은 내부에 실질적인 불평등과 수탈이 분명히 존재함에도 불구하고 언제나 심오한 수평적 동료 의식으로 고무되고 있다. 앤더슨이 말하는 그 기이한 상상의 발명품을 위해 지금도 수도 없이 많은 사람들이 죽기를 두려워하지 않는[33] 비극을 바로 이곳에서도 쉽게 찾을 수 있게 된 것이다.

힌두교가 이렇게 왜곡 변형된 것은 식민주의 전통이 포스트 식민주의 시기에도 계속 유효하게 전개되는 역사적 상황 때문이다. 힌두교는 독립 이후 국가 건설의 주체로 활동한 민족주의 엘리트들이 신흥 '독립' 국가를 어떻게—탈식민주의적으로 혹은 식민주의에 종속되어—건설하는가에 관한 문제에서 가장 효과적이고 결정적인 해결책으로 자리 잡았다. 그것은 역사적으로 이미 민족 운동 엘리트들이 오랫동안 반식민 투쟁을 전개하는 과정에서 그들 스스로가 식민 담론의 틀 내에서 그에 순응하고 나아가 그것을 적극 활용함으로써 만든 결과이다. 그들은 자신들 자체의 정통성이나 역사성 확보보다는 이미 또 다른 종류의 권력자로서 역사와 문화를 왜곡시키는 작업을 진행하였던 것이다. 그 전통이 인민들에게 역사의 정의로서 오랫동안 자리 잡아 왔다. 따라서 식민 담론의 연장선상에서 '민족' 혹은 '공동체'의 모태로 자리 잡은 힌두교는 신흥 '독립' 국가 내에서 주체성을 확립하고 그 위에서 정치 · 경제 · 사회적으로 새로운 권력을 형성하는 일을 담당한다. 그래서 그것은 항상 중심—변두리가 지배—종속 구조로 연결되는 이항 대립의 식민 담론 유산을 온전히 보존하고 있는 것이다.

5. 맺음말

미국에서 힌두교 연구는 '종교사' 방법론에 의해 거의 독점적으로 주도되어 오고 있다. 그런데 그 '종교사'는 궁극적으로 이 세계에서 실낙원을 극복하고 완전한 성성(聖性)을 회복하며 그 회복된 낙원 안에서 인간이 완전한 육체와 정신으로 영생을 누리는 것을 향하는 소생(蘇生) 역사관을 가지고 있다. 그것은 역사를 철학적으로 개념화한 것일 뿐 결코 사회와 변화라는 양축을 중심으로 형성되는 진정한 의미의 역사가 될 수 없다. 따라서 '종교사'의 반(反)역사적 해석주의에 의한 종교 연구는 단순히 종교를 어떻게 해석하고 이해하느냐에 관한 문제만이 아니다. 그 연구에 의해 종교의 역사적 실체가 왜곡되거나 그를 바탕으로 하여 새로운 종교가 창출되는 역사적 실체에 관한 더욱 심각한 문제가 나타난다는 것이 더 궁극적인 문제인 것이다.

이러한 '종교사'는 미국의 베트남 전쟁 패배 이후 신비주의적 반문화 운동과 어우러져 이미 유럽의 오리엔탈리즘과 식민주의 그리고 힌두민족주의에 의해 새로 만들어져 그 사회에 수입된 힌두교를 더욱 정신주의적이고 탈세속주의적이며 신비주의적인 종교로 변형시켰다. 그 변형된 힌두교는 인도로 역수입되었다. 그리고 그것은 식민주의의 이항 분립의 유산이 고스란히 남아 있는 인도 정치 문화 속에서, 특히 국민회의당(I)의 독점 권력의 기반이 무너진 이후 권력 이데올로기로 자리 잡는다.

힌두교는 그 역사적 전통이 이질적인 사회의 실체들을 통합해야 하는 체계에 있어야 함에도 불구하고, 식민주의와 포스트 식민주의의 왜곡된 역사 과정에서 특정의 실체를 부정하거나 소외시키는 맥락에서 생성되었다는 사실을 통해 우리는 그 실체의 반역사성을 읽을 수 있다. 결국 20세기 후반 이후 미국에서 만들어진 새로운 힌두교는 오리엔탈리즘과 포스트 식민주의에 의해 만들어진 괴물이다. 그것이 인도 사회의 포스트 식민주의 정치 역학 관계 속에서 힌두 근본주의와 혼합하면서 그 안에 막대한 혼란을 초래하고 있는 것은 바로 그 존재가 철저히 반역사적이기 때문이다.

11 아리야인 인도 기원설과 힌두민족주의

1. 왜 아리야인 논쟁인가?

아리야인의 기원에 관한 논쟁은 19세기부터 시작하여 지금까지 200년 가까이 진행되고 있다는 점에서는 물론이고, 그 파급 정도가 인도사의 시원에서부터 현대사에 이르기까지 폭넓게 연계되어 있다는 점에서 매우 중요하다. 이 문제는 1980년대 이후 이 논쟁과 결부되어있는 힌두 근본주의가 정치뿐만 아니라 사회, 문화 면에서도 매우 큰 영향력을 행사하면서 갈수록 심각하고 감각적인 양상으로 접어들고 있다. 세계사 측면에서 보면 나치 정권의 정치 이데올로기로 이어져 인류사에 커다란 오점을 남겼다는 점에서도 그 중요성은 대단하다. 그리고 인도사의 범위를 넘어 서아시아와 유럽사의 시원, 나아가 오리엔탈리즘이나 종교 근본주의의 세계적 경향과도 연계되는 폭발력을 지니고 있다는 점, 이 논쟁에 역사학자 외에 고고학, 언어학, 종교학, 문헌학 등 여러 학문의 학자들이 대거 참여하고 있다는 점에서 이 연구의 필요성이 제기된다.

아리야인 기원에 관한 학설은 외부로부터 인도아대륙으로 이주해 왔다는 외부 기원설과 인도아대륙에서 외부로 이주해 나갔다는 인도 기원설로 크게 나누어져 있다. 외부 기원설은 1921년 모헨조다로가 발굴된 이후 하랍빠 문화가 아리야인의 이주보다 선행된 것이라는 견해가 널리 받아들여지면서 그 문화의 쇠퇴에 즈음한 시기에 그들이 서아시아로부터 이주해 들어오는 것으로 자리 잡았다. 이에 반해 인도 기원설은 당시 식민 지배 정치 상황에서 반영(反英) 민족 운동의 일환으로 외부로부터 이주해 들어왔다는 아리야인이 식민 지배자와 같은 인종이라는 가설에 대한 반대 이론으로, 외부로 이주해 나갔다는 민족주의 일환으로 자리 잡기 시작했다. 현재는 기원전 1500년경 인더스 문명이 쇠퇴해 갈 무렵 기마 유목민인 그들이 중앙아시아로부터 서아시아를 거쳐 인도아대륙으로 이주해 왔다는 견해가 지배적으로 자리 잡고 있다. 그런데 1980년대 이후 일부 학자들이 이 학설을 제국주의자들의 인도사 왜곡과 그에 따른 식민주의적 역사 서술에 편승한 것으로 비판하고,[1] 나아가 아리야인이 인도아대륙에서 서아시아를 거쳐 유럽으로 이주해 갔다는 이론이 대두되고 있다.[2] 이에 대해 주류 역사학자들은 그들의 주장을 힌두 근본주의자들의 학문 영역을 벗어난 역사의 오염이라고 비판하고 있지만[3] 그 논쟁은 학문의 영역을 벗어나 일부 언론과 정치가 개입되면서 점입가경의 경지에 이르고 있다.

이 글의 논지는 이러한 문제점에서 출발한다. 이 글은 한편으로 아리야인의 본향에 관한 것이지만 본질적으로는 그보다 아리야인 기원에 관한 역사서술이 갖는 의미에 대한 분석이다. 아리야인의 본향을 찾는 연구는 지금까지 역사학, 언어학, 고고학 등을 통해 상당한 부분이 밝혀졌다고 본다. 하지만 이러한 현상에 대한 역사학적 의미 분석은 아직 학계에서 본격적으로 이루어지지 않고 있다. 이 문제는 최근 들어 그 논쟁의 정도가 심해지고, 나아가 정치 문제와 연결되고 사회적 이슈로 주목받고 있다. 특히 1980년 이후 심각해지고 있는 종교공동체주의와 관련하여 애초 의도인 역사 재구성이라는 학문 본령의 문제와 무관한 정치 이데올로기로서 작용하는 역사 서술의 문제로 자리 잡아 가고 있다. 따라서 이 글은 아리야인의 기원과 그 이주 시기 혹은 공통 조어(祖語)에 관한 언어의 문제를 넘어, 식민주의, 오리엔탈리즘 그리고 민족주의가 서로 얽히면서 형성된 역사서술의 정치학에 관한 문제를 분석하고자 한다.

2. 아리야인 인도기원설의 전개

아리야인의 개념은 18세기 말 윌리암 존스, 막스 뮐러 같은 초기 동양학자들이 산스끄리뜨, 그리스어, 라틴 그리고 다른 유럽의 여러 언어들 사이에 존재하는 친연성을 발견하면서 그들 사이에 존재하는 공통 조어인 아리야어[4]가 존재했다고 주장하면서 널리 알려졌다. 이후로 아리야인은 중앙아시아 부근 어딘가에 살고 있다가 다른 곳으로 이주한 것으로 오랫동안 알려져 오고 있다. 그리고 이 아리야인은 그 언어학적 친연성으로 인해 하나의 동일한 형질적 인종이라는 개념으로 이해되었다.

인종으로서 아리야인 개념은 다원의 진화론과 함께 그동안 유지해 온 기독교 성서에 의한 인류 연대기의 권위를 흔들면서 유럽을 중심으로 하는 생물학적 인종 우월주의로 발전했다.[5] 인종 우월주의는 유럽인종을 아리야인과 셈족으로 나누는데, 아리야인이 노아의 후손이며 백인종이고 더 우월한 인종인데, 그들의 순수 혈통이 훼손되고 있다는 주장으로 발전한다.[6] 이러한 과정을 거치면서 막스 뮐러는 유럽으로 건너간 북방 아리야인은 활동적이고 전투적이며, 이란을 거쳐 인도로 들어간 남방 아리야인은 소극적이고 명상적으로 성격을 규정한다.[7] 막스 뮐러는 흰 피부를 가진 아리야인은 이란을 거쳐 인도로 들어와 전쟁을 수행하고 정착하는 과정에서 검은 피부를 가진 토착민인 다사(dasa)인을 복속시켰다고 주장한다. 따라서 『리그 베다』에 나오는 아리야 바르나와 다사 바르나는 피부색을 기준으로 하는 인종 차원의 사회 집단이고, 그에 따라 양자 간에 언어뿐만 아니라 종교나 문화도 다른 것으로 이해한다. 이러한 정복민 아리야인과 원주민 다사인이 섞이는 과정에서 소수의 귀족 아리야인이 다수를 지배하면서 노동과 같은 세상일로부터 초월하는 삶을 영위하고자 카스트제도가 고안되었다고 주장한다.[8] 따라서 막스 뮐러에게는 브라만이 아리야인 중에 아리야인이고, 그들이야말로 선진 문화를 가진 유럽인들과 같은 혈통의 후손이었다.

아리야인 인도기원설은 영국의 식민 지배가 시작된 지 약 100년 정도 지나면서 전개되기 시작했다. 그것은 식민 지배자들의 오리엔탈리즘과 그에 입각한 통치 이데올로기에 반발하면서 스와미 다야난다 사라스와띠가 더 근본적이고 정토인 베다 시대 힌두교로 회귀 운동을 주장하면서 창설한 아리야 사마즈(Arya Samaj)로부터 비롯된다. 사라스와띠의 아리야 사마즈 운동은 비록 식민지 사회의 개혁과 반식민 민족주의를 표방했으나, 그 이데올로기의 근간을 식민주의자들이 설정한 낭만주의적 오리엔탈리즘에 두는 모순에 빠져 있었다. 그는 아리야인이 편찬한 영광스러운 베다는 근대 과학의 모든 면과 인류의 모든 지혜를 다 포함하고 있기 때문에 사회 개혁의 모태로 삼기에 서양 문명보다 훨씬 우월하다고 주장했다. 민족주의자 께샵 짠드라 센(Keshap Chandra Sen)이 영국이 인도 땅에 들어옴으로써 고대 아리야 인종의 두 사촌이 비로소 하나로 다시 합쳐지게 되었다고[9] 자랑스럽게 역설한 것도 이러한 맥락에서이다. 당시 민족주의자들은 자신들이 식민 지배자인 유럽인과 같은 혈통의 후손이라는 주장을 적극 전개하여 민족의 자부심과 민족주의를 고양시키고자 했다. 여기에 당시 낭만주의 오리엔탈리즘에 입각한 서양인으로 인도 민족주의운동을 주도해 나간 신지학회(神智學會 Theosophical Society)는 인도의 아리야인들이 창조한 힌두 문명은 정신주의인 반면 유럽 문명은 물질주의라는 주장으로까지 비약하여 해석함으로써,[10] 이후 '정신의 힌두 대 물질의 서양'이라는 이분법적 구도가 만들어졌다. 그리고 이 이분법 안에서 전자가 후자에 비해 우월하다는 국수주의가 널리 자리 잡게 된다. 이로 인해 아리야는 세계 정신의 요람으로서 힌두민족주의의 중심 개념으로 자리 잡는다.

이후 인도 민족주의 운동은 영국 제국주의의 인도 민족에 대한 분리 통치에 적극 반발하면서 정치적 행위의 주체로 자리 잡는다. 그 과정에서 힌두민족주의 운동은 힌두를 인도와 동일시함으로서 힌두민족주의만이 인도의 민족 운동을 전개해 나갈 수 있는 유일한 이데올로기라는 공격적 이론을 주장했으니, 아리야인 이론은 막스 뮐러의 인종적 가설 수준을 넘어 새로운 민족주의 이데올로기로 창안되었다. 아리야 사마즈의 충실한 계승 집단인 힌두대회의(Hindu Mahasabha, 힌두 마하사바)의 의장이자 대표적 사상가인 사와르까르에 의하면, 힌두라는 것은 아리야인이 정치적으로 팽창하는 과정에서 이루어진 히말라야로부터 바다에 이르기까지 영토 안에서 아리야인이 중심이 되어 모든 비아리야인들을 포용하면서 형성한 하나의 국가, 하나의 민족임을 주장한다.[11] 그리고 힌두나 힌두스탄은 비단 지리적 개념으로 국한되는 것이 아니라 공동의 조상과 국토에 대한 사랑 심지어 그에 대한 숭배 등을 갖고 있어야 함을 필수 요건으로 삼아야 하기 때문에, 무슬림이나 미국인 등은 인도 국적 소유자는 될 수 있을지 모르지만 힌두는 될 수 없다고 역설한다.[12] 사와르까르는 힌두가 될 수 있는 요건을 힌두 다르마 안에 존재하는 모든 종류의 종파, 카스트, 공동체 사이에 존재하는 공동의 민족성인 힌두뜨와에 두었다.

아리야 사마즈의 이데올로기를 바탕으로 하여 창설된 반제 극우 정치 단체인 국가자원봉사단의 수장 골왈까르(M. S. Golwalkar)는 힌두 개념을 사와르까르보다 더 종교적으로 채색했다. 그에게 있어 힌두는 태고부터 지금까지 인도아대륙에서 살아온 사람들로서 그 땅의 영원한 주인이고, 그 과정에서 힌두 민족을 형성하는 것은 혈통의 종족뿐만 아니라 정신의 종족이었으니, 무슬림의 경우 이 개념 안에서 전자는 공유하지만 개종함으로써 후자를 상실하여 하나의 민족으로부터 이미 떨어져 나간 것이라고 주장했다.[13] 그는 힌두스탄에 살고 있는 비힌두교도들은 반드시 힌두 문화와 언어를 배워 익혀야 하고 힌두 문명의 영광을 찬양해야 하며, 만약 그렇지 않으면 그들은 어떠한 권리도 가질 수 없으며 심지어 공민권조차 제한당할 수밖에 없다고 했다.[14] 골왈까르의 이러한 배타적 종교민족주의는 국가자원봉사단 조직에 힘입어 식민통치기에 전국적으로 널리 유포되었다.

독립 과정에서 결정적 역할을 한 힌두민족주의는 국가통치 이념으로 성장할 수 있는 좋은 배경을 가지고 있었다. 국가자원봉사단이나 같은 계열의 국민단(Jana Sangh, 자나 상그)과 같은 힌두민족주의 정치세력들은 비록 간디 암살에 대해 전국민에게 비난받고 종교공동체주의자라는 낙인을 받았지만, 아이러니컬하게도 힌두라는 동류 의식을 통한 동정심을 받았다.[15] 여기에 곳곳에서 무슬림과의 종교공동체 분쟁이 빈발하고, 이윽고 카시미르 분쟁이 발발하면서 파키스탄에 대한 적개심이 커지고 그 속에서 힌두민족주의의 성장은 쉽게 예견되었다. 하지만 국민단의 힌디 국어화 운동의 무리한 추진은 벵갈이나 남부로부터 상당한 반발을 불러일으켰고, 무엇보다도 힌두 쇼비니즘에만 의존함으로써 정책 정당으로 성장하는 데 소홀했다. 결국 네루가 수립한 자유주의와 세속주의에 기반을 둔 국가 중심의 정책이 새로이 건설된 국가의 통치 중심으로 자리 잡았다. 네루가 펼친 종교, 카스트, 계층, 지역, 언어 등을 초월하는 국민 단합의 정치는 국민들 사이에는 동료 의식을 그리고 정치 행위자들 간에는 협력과 합의의 정치 문화를 조성했다.[16]

국민회의당(Congress)의 세속주의 표방을 기반으로 하는 전국 정당 중심의 정치와 국가 중심의 정책 정치는 40년 넘게 지속되다가, 인디라 간디의 사망으로 1980년대 이후 크게 흔들리면서 그 위치를 인도국민당의 힌두민족주의에 크게 잠식당한다. 국가자원봉사단, 국민단과 뿌리가 같은 인도국민당은 1984년에 처음으로 총선에 참여하여 단 2석밖에 획득하지 못했다. 그러나 국민회의당의 일당 체제가 흔들리면서 힌두 근본주의를 지속적으로 제기하여 1989

년 총선에서는 전체 545석 가운데 91석을, 1991년에는 119석을 차지하는 비약적인 성장을 했다. 그리고 인도 현대사에서 가장 비극적 종교공동체 분쟁인 1992년의 아요디야 사건 이후 1996년 총선에서는 161석을 차지하여 제1당의 위치에 오르면서 비록 13일간이지만 집권당이 되었고, 1998년에는 182석을 차지하면서 제1당으로 연립 정부를 구성하여 명실상부한 집권당이 되었다. 비록 1999년 선거에는 성장이 주춤하여 180석으로 과반 의석을 차지하는 데 실패했지만, 여전히 제1당으로 연립 정권의 집권당 위치에 있다.(2004년 4월 총선에서는 1야당으로 됨) 이는 독립 이후 인도 사회 내에 공산주의자, 노동자, 농민, 청년, 여성 등과 같은 근대적 정체성을 지닌 집단들이 종교를 대체하는 대안 세력으로 성장하지 못하고, 교육과 산업 측면에서 제대로 된 근대화를 이루지 못함으로써 식민주의의 유산인 종교가 민족 정체성의 위치를 잠재적으로 차지하고 있었기 때문이다. 결국 이는 국민회의당이 영국 식민주의의 충실한 계승자로서 교육받은 중간 계층과 일부 부르주아를 위한 정책만을 펼쳤을 뿐 제대로 된 근대화를 통한 국민 국가의 성장과 근대적 집단 정체성 형성을 이루지 못했기 때문이다. 아리야인의 인도 기원설이 학계와 언론 · 문화계에서 강력하게 제기되기 시작한 것은 바로 이러한 정치적 상황이 전개된 1980년대 이후부터 일이다.

3. 아리야인 인도기원설의 모순과 한계

1930년대부터 진행된 인더스 문명 발굴 작업은 아리야인 기원에 관한 문제를 본격적으로 제기하면서 아리야 사마즈를 중심으로 전개되던 힌두민족주의 형성에 지대한 영향을 끼쳤다. 그것은 힌두민족주의의 근간인 베다에 나타난 아리야인의 문화는 기원전 1500년경부터 전개되는 유목 문화인데 새롭게 발굴된 모헨조다로와 하랍빠를 중심으로 하는 인더스 문명은 그보다 더 이전 시기의 문명이면서도 더 진보한 청동기 도시 문명이기 때문이다. 따라서 당시까지 최고(最古) 문명으로 알려진 베다 아리야 문명의 시기는 기원전 2750~2500년의 인더스 문명 발상 시기 이전으로 책정되어야 하고, 동시에 인더스 문명의 주인공 역시 아리야인이어야 아리야 문화의 영광이 지속될 수 있다. 이것이 아리야인 인도 기원설의 초점이다.

고고학자 랄(B. B. Lal)은 『아이따레야 브라흐마나』에 나타난 춘분점의 이동을 근거로 하여 『리그 베다』가 기원전 3500년 이전에 형성되었다고 주장한다.[17] 이러한 주장은 이전의 주장들과 달리 상당히 자연과학적으로 접근한 것은 사실이지만, 그것을 받아들이기에는 너무나 많은 무리가 따른다. 무엇보다 이 주장이 받아들여진다면 세계사의 연대 설정이 큰 혼란에 빠지게 된다. 즉 그의 주장에 따라 베다 조성 연대가 기원전 2750~2500년 이전으로 소급될 경우 『리그 베다』와 거의 동시대인 기원전 1500~1000년경의 작품인 고대 이란의 『젠드 아베스타』(*Zend Avesta*)의 시기 설정에도 문제가 발생하게 된다. 베다란 그 시대 사람들이 정치적으로나 경제적으로 그리고 사회 문화적으로 어떻게 살았는지에 관해 언급하고 있는 사료가 아니라, 단지 그들이 어떤 방식으로 의례를 지냈는지에 대해 서술하고 있기 때문에 그것만을 통해 정확한 연대기를 설정하는 것은 사실상 어렵다. 하지만 『젠드 아베스타』는 그 형성 연대가 비교적 확실하게 알려져 있으니 기원전 1500/1400년

~1000/900년경의 작품으로 동(銅)과 청동을 병용하면서 유목 위주로 농경을 병행하는 생활이 그 안에 반영되어 있다.[18] 따라서 베다가 형성되던 시기의 연대를 측정하기 위해서는 고고학적으로 유물 발굴이 우선되어야 하고 문헌학적으로는 그와 가장 유사한 고대 이란의 아베스타에 대한 연대기와 관련해서 측정할 수밖에 없다. 그러한 맥락에서 고고학적 유물은 유목 생활이라는 역사적 현실이 중요한 단서를 제공하지 못하기 때문에 결국 고대 서아시아의 관련 속에서 측정할 수밖에 없다. 더군다나 랄이 근거로 삼는 사료는 베다 시대 작품도 아니고 그 시대가 끝난 시대의 작품이라는 사실에서 설득력을 크게 잃는다고 할 수 있다.

연대 측정의 또 한 가지 방법으로 인더스 문명의 유물을 통해 인더스 문화와 베다 문화를 비교하는 것이 매우 중요하다. 여기서는 말(馬)이 가장 중요한 단서가 된다. 그것은 아리야인의 원주지가 인도든 중앙아시아든 아니면 다른 제3의 지역이든 간에 모두 말을 널리 사용했다는 사실을 인정하지 않을 수 없기 때문이다. 그들이 남긴 베다에는 말을 이동 수단으로 널리 사용했다는 기록이 헤아릴 수 없이 많고, 또 논리적으로 보더라도 말을 타지 않고서는 그렇게 빠른 시기에 유럽에서 인도에 이르는 넓은 지역으로 확산될 수 없기 때문이다. 그런데 말의 흔적을 인더스 문명 유적 어디에서도 찾아볼 수가 없다. 랄은 로탈(Lothal)이나 깔리방간(Kalibangan)에서 말의 유골로 판정된 것이 발굴되었다면서 이를 인더스 문명에서 말이 사용되었다는 근거로 들고 있지만[19] 그 주장을 받아들인다 할지라도 의문점은 여전히 남는다. 그것은 왜 인더스 문명에는 그 정도밖에 사용되지 않다가, 이후 베다 시대에는 어디서 그 많은 양의 말이 갑자기 쏟아져 나왔는지에 대해 설명할 수가 없기 때문이다.

이 분야에서 최고 권위로 인정받는 고고학자 파폴라(Asko. Parpola)에 의하면 발루치스탄의 카치 평원에서 말을 사용한 증거는 삐락(Pirak)에서 발굴된 유골로 보아 기원전 1800년 이전으로 올라갈 수 없다고 주장한다.[20] 또 수르꼬따다(Surkotada), 수라뜨(Surat), 모헨조다로, 하랍빠, 로빠르(Ropar) 등지에서 발굴된 말의 유골 또한 기원전 2200~1700년경에 해당한다는 연구 결과도 보고되었다.[21] 결국 인더스 문명에서는 말이 사용되지 않았다는 것이 현재로서는 더 설득력 있어 보인다. 이는 인더스 문명 이후 아리야인이 외부로부터 말을 타고 인도로 들어왔다는 것에 대한 결정적 근거가 된다.

이와 관련하여 인더스 문명은 농경을 주로 하는 정착 도시 사회임에 반해 『리그 베다』 시대는 농경이 거의 이루어지지 않은 채 유목을 중심으로 하는 이동 사회였다는 사실도 매우 중요하다. 베다인들은 아프가니스탄을 거쳐 뻔잡 지방에서 이동하여 지금의 웃따르 뿌라데시(Utta Pradesh) 서부에 정착 생활을 시작했을 때 그들이 남긴 채색회색도기(Painted Grey Ware)나 갠지스 강 중류 유역에서 제2의 도시 문명을 이루면서 남긴 북방흑색연마도기(Northern Black Polished Ware)가 인더스 문명 유적지에서 전혀 발견되지 않는다는 사실은, 인더스 문명의 주인공과 베다인들이 서로 다른 존재임을 입증하는 데 중요한 근거가 된다. 더불어 유목을 주요 생업으로 삼은 『리그 베다』 아리야인들의 숭배 대상은 인드라, 아그니, 바루나, 소마 등 자연을 인격화한 신들이고, 이러한 현상은 농경 사회인 인더스 시대에는 알려지지 않았다는 사실 또한 중요하다. 동물 제사, 특히 말 제사, 소마 숭배, 불 숭배, 화장 등 종교 문화를 인더스 유적지에서는 찾아볼 수 없다는 사실도 마찬가지이다.[22] 『리그 베다』 사람들이 인더스 문명을 이루고 난 후 이동을 시작했다면 왜 『리그 베다』 시대에 도시 문화를 이루지 못했는가? 만약 그리피스(T. H. Ralph. Griffith)의 『리그 베다』 번역을[23] 근거로 하여 『리그 베다』 시대에 해상 무역이 존재했고, 결국 도시 문화를 이루었을 것이라는 랄의 의견을[24] 받아들인다 할지라도, 그러한 행위의 중심지인 도시 유적이 『리그 베다』가 형성된 뻔잡 지역에서는 왜 전혀 발굴되지 않은가? 또 어떻게 해상 교역을 이루면서 반드시 거기에 있어야 할 관련 개념, 즉 '이윤', '교역', '직업', '상인' 등은 『리그 베다』에 전혀 언급되지 않았는가? 더군다나 인더스 유적지에 널리 나타나는 불에 구운 벽돌, 격자형 도시 계획, 곡물 창고 등이 『리그 베다』 유적지에 전혀 나타나지 않은 것을 보면 아리야인들이 원래 인더스의 주인공이었다가 후에 『리그 베다』 문화를 만든 것이라고 하는 주장은 논리적 근거를 갖추고 있지 못함을 알 수 있다. 이에 관해 포이어스타인 등은 베다의 아리야인들이 언어, 철학, 천문학, 수학 등에서 고도로 발달한 문명을 가지고 있었음을 주장하고 있으나[25] 설사 그렇다 하더라도 이 사실이 베다 시대 도시 문명의 존재를 뒷받침하는 근거가 될 수는 없다.

4. 힌두근본주의의 역사서술과 힌두민족주의

아리야인 인도기원설의 핵심은 그 문명이 지금까지 알려진 바와 같이 인더스 강 유역에 있는 것이 아니라 '지금은 메말라 사라져 버린 사라스와띠(Saraswati) 강과 인더스-야무나 강의 많은 지류 유역에서'[26] 이루어졌다고 하는 데 있다. 베다 학자 프롤리(David Frawley)는 이 지역이 메소포타미아 지역보다 훨씬 넓고 비옥하다는 사실을 주목하고 있고,[27] 프롤리와 라자람(Navaratna S. Rajaram)은 이 지역이 사막의 확장으로 인해 황폐화되면서 그들이 인도아대륙에서 중앙아시아와 유럽으로 진출했다고 주장한다.[28] 인더스 문명 몰락의 원인으로 현재 학계에서 널리 받아들여지고 있는 것은 사막의 확장이다. 하지만 그렇다고 해서 그것이 아리야인 인도 기원설을 뒷받침하는 근거가 될 수는 없다. 그럼에도 불구하고 아리야인 인도 기원설을 주장하는 학자들이 그 근거를 끊임없이 사막의 확장에 두고자 하는 것은 사라져 버린 사라스와띠 강에 의미를 부여하고자 하는 미련 때문이다.

그들이 이러한 주장을 하게 된 배경은 인더스 문명 연구에 절대적인 영향을 끼치고 있는 학자 중 한 사람인 모티머 윌러 경(Sir Motimer Wheeler)에 대한 반발로 촉발되었다. 윌러는 인더스 문명의 기원을 메소포타미아의 영향에 두고,[29] 또 멸망 원인을 외지에서 침입해 온 아리야인에 둔[30] 대표적인 학자이다. 인더스 문명의 알파와 오메가를 모두 외래 요인과 결부시켰다. 그런데 그는 인도와 파키스탄의 분리 독립 이후 인도 정부와 불화를 일으킨 후 친파키스탄의 행적을 보인 데다가 저서 『파키스탄의 오천 년 역사』(*Five Thousand Years of Pakistan*)에서 파키스탄이 세계 최고(最古)의 문명국임을 천명함으로써, 분리 독립 이후 극심한 대치 상태에서 졸지에 신생국인 파키스탄에게 역사의 정통성을 빼앗김으로써 위기의식을 느낀[31] 인도의 일부 민족주의 학자들에 의해 촉발된 것으로 볼 수 있다.

윌러의 메소포타미아 문명 이식설은 많은 학자들에게 비판받아 지금은 신석기 시대 이후 자체적 발전설이 인정받는 추세이고, 마찬가지로 아리야인의 침입으로 인한 멸망설 대신 홍수로 인한 파괴나 사막 확장을 비롯한 기후와 생태 환경의 변화 혹은 인구 폭발과 그로 인한 식량 문제의 대두 등이 주요 원인으로 거론되고 있다.[32] 멸망에 관해서는 홍수 이론을 제외하고는 대개 생태 환경의 변화가 원인의 공통 분모로 자리 잡아 가고 있다는 사실은 특기할 만하다. 그 가운데서 아리야인들의 외부 도래설을 주장하는 사람들은 생태 환경의 변화로 인해 인더스 문명이 멸망한 시점 이후에 아리야인들이 들어왔다는 것을 주장하는 반면, 아리야인 인도 기원설을 주장하는 사람들은 아리야인들이 메말라 사라진 사라스와띠에서 인더스 문명이 발생했고 사라스와띠가 마르게 된 기원전 1900년경 이전에 이미 이동하여 『리그 베다』 문명을 발전시켰다는 주장을 하는 것이다.[33] 그렇지만 그들이 주장하는 생태환경의 변화와 사라스와띠가 인더스 문명의 기원이자 아리야인의 요람이라는 것은 별개 문제이다.

게다가 그들이 주장하는 인더스 문명의 기원인 사라스와띠가 힌두교 최고 성전인 『리그 베다』에서 최고의 강으로 숭앙받고 있는 사라스와띠인지에 대해서도 분명하게 단정할 수 없다. 샤르마에 의하면, 아리야인들은 지금의 아프가니스탄에서 뻔잡(Punjab)을 거쳐, 하리야나(Haryana) 라자스탄(Rajasthan), 구자라뜨(Gujarat) 등을 거쳐 가르흐왈(Garhwal), 쁘라야그(Prayag), 라즈기르(Rajgir) 그리고 서벵갈까지 이동하면서 곳곳의 강에 사라스와띠라는 이름을 붙여 주었다.[34] 베다라는 것이 천년의 기간 동안 아프가니스탄에서부터 지금의 비하르에 이르는 넓은 지역을 이동하면서 편찬되었다는 사실과 고대 인도의 명명(命名) 문화를 고려해 보면[35] 이 지적은 상당한 설득력을 갖는다고 이해할 수 있다. 이런 차원에서 볼 때 결국 사라스와띠라는 이름은 단지 인더스 문명의 요람이기 때문에 강의 으뜸으로 찬양되었다고 보는 것보다, 고대 인도인들이 팽창하면서 중요한 의미의 이름을 의도적으로 계속해서 붙여 준 것으로 보는 것이 더 설득력이 있고, 따라서 사라진 사라스와띠가 베다의 사라스와띠라는 주장에는 많은 의문의 여지가 있는 셈이다.

사라스와띠에 대한 주장의 핵심 구조는 사라스와띠를 기존 학설의 인더스에 대비하는 것이다. 이를 자세히 보면 궁극적으로 인더스가 위치하고 있는 파키스탄에 대비하여, 인도에 위치하고 있는 사라스와띠를 부각시키는 것이다. 그리고 아울러 그 작업을 역사학보다는 고고학이라는 과학을 중심으로 한다는 것이다.[36] 굽따는 1947년 인도 · 파키스탄의 분리와 그로 인해 모헨조다로와 인더스가 파키스탄에 속하게 되고, 신생국 파키스탄이 졸지에 가장 오래된 고대 문명을 가진 나라가 되었다는 사실에 분개하면서, 사라스와띠 강은 인도 국경에서 출발하고 그 영역이 현재 인도 공화국 수도인 뉴델리 인근 미러뜨(Meerut)까지 연결되고 있음을 강조한다. 굽따는 인더스 강 유역에서는 100개 정도의 유적지가 발굴되었으나 사라스와띠 강 유역에서는 700개나 되는 압도적으로 많은 유적지들이 발굴되었다는 주장을 통해 인더스보다 사라스와띠가 역사적으로 훨씬 더 중요하다고 주장한다.[37] 그의 주장에는 각가르-하끄라(Ghaggar-Hakra) 강이 사라스와띠의 지류로 분류되어 있다는 사실이 전제되어 있는데,[38] 고고학자 무갈,[39] 아그라왈[40] 등은 각가르-하끄라 강을 인더스의 지류로 보고 있어, 일방적으로 굽따의 분류에 동의하기는 어렵다. 그렇지만 이보다 더 중요한 사실은, 설사 각가르-하끄라 강을 사라스와띠의 지류라 하더라도 왜 사라스와띠 유역에서는 인더스 유역에서만큼 주요한 도시 유역이 발굴되지 않았는가에 관한 점이다. 이 점은 굽따와 같은 주장을 하는 고고학자 랄의 연구를 통해서도 자연스럽게 드러난다. 랄은 인더스 문명 유적지 가운데 현재 인도 공화국에 속하는 대표적인 다섯 군데 유적지를 골라 발굴 조사를 실시했지만,[41] 그중 깔리방간만 각가르에 인접해있을 뿐 다른 곳은 모두 사라스와띠 혹은 각가르까지 포함하여 사라스와띠의 강계와 거리가 멀다. 무엇보다도 모헨조다로나 하랍빠 같은 대표적 유적지가 모두 인더스 유역에 있는 반면, 왜 사라스와띠 유역에는 그러한 거대 도시가 발달하지 않았는가에 대한 문제에 답할 수 없다는 점에서, 사라스와띠가 인더스보다 더 중요한 역사적 의의를 갖는다는 주장에 동의하기 어렵다. 더 중요한 사실은 설사 사라스와띠 유역에서 인더스와 버금가는 문명이 발생했다는 사실이 앞으로 발굴을 통해 밝혀진다 하더라도 사라스와띠는 인더스 강의 한 지류이므로 이와 동등하게 대비될 수 없다는 것이다. 설사 앞으로 몇몇 사라스와띠 유적이 발굴된다 하더라도 그것은 어디까지나 인더스 문명의 유적지 분포가 확장된 것일 뿐, 사라스와띠 문명이 인더스 문명과 대립적으로 존재하는 구조로 해석할 수는 없다. 이렇게 많은 취약점을 안고 있음에도 사라스와띠를 아리야 문명의 중심지로 설정하고 그에 근거하여 아리야인의 인도 기원설을 주장하는 것은 인도 역사와 문명의 모태가 힌두 신화 세계의 대표적 성지인 사라스와띠라는 사실을 밝힘으로써 인도국민당과 같은 힌두민족주의에 기반을 둔 정치 세력의 정당성을 역사적으로 극대화하고자 하기 때문이다.[42] 이러한 추세는 국민회의당이 40년 넘게 유지해 온 국가 중심의 정치 체제와 문화가 사라지고 그 빈 공간을 대체하는 아무런 근대적 정치 체제가 들어서지 못하는 1980년대 이후부터 지속적으로 성장하여 오늘에 이른다.

이러한 맥락에서 딸라게리(Shrikant G. Talageri)는 "아리야인이 외부에서 들어왔든 아니면 내부에서 나갔든 상관없이 힌두민족주의는 곧 인도민족주의"[43]라고 분명한 입장을 취하면서 저술활동의 목적을 그러한 사실을 드러내는 것이라고 밝혔다. 그리고 라자람은 힌두교가 갖고 있는 다원적 성격은 기독교나 이슬람의 배타주의와 다르므로 절대로 기독교사상을 기반으로 하여 만들어진 서유럽과 미국의 세속주의를 인도에 적용할 수도 없고 적용해서도 안 된다고 주장한다.[44] 이들의 민족주의라는 용어는 곧 힌두근본주의에 입각한 종교공동체주의와 다를 바 없다.[45]

5. 맺음말

아리야인 인도 기원설은 18세기 말 이후 일부 유럽학계가 어족과 종족을 혼동하면서 생긴 결과였다. 당시 아리야인 이론은 기본적으로 인도 사회의 시원(始原)—카스트와 관련하여—에 관한 역사해석에 관한 시론일 뿐, 역사학을 정치화의 일환으로 전락시키는 행위는 아니었다. 하지만 그 이론은 영국 제국주의가 인도를 식민통치하는 것에 대한 정당성을 만들기 위해 역사를 날조하면서, 그리고 그 제국주의에 대한 투쟁의 일환으로 민족주의 진영에서 이를 활용하면서 본격적으로 정치적 의미가 강화되었다. 그러던 것이 1980년대에 종교 근본주의라는 비학문적 방법에 따라 문제를 제기하고, 그것을 일부 언론의 감각적 방법을 통해 확대 재생산하고 대중화시키면서 더욱 심각한 문제로 부각되고 있다.

따라서 최근의 아리야인 문제는 과거 식민지 상황에서 그것과는 본질적으로 다르다. 최근의 주장은 역사학적 논쟁이 아닌 정치적 구호일 뿐이다. 이론 주창자들 가운데 역사학이나 언어학 그리고 고고학을 통해 더 과학적이고 전문적으로 접근하여 자료를 확보하고 그를 통해 문제를 제기한 사람은 고고학자 랄이 유일하다. 그런데 그마저도 인더스 문명의 주인공이 드라비다인이라는 주장은 아직 확실한 것이 아니기 때문에 인도-아리야인일 가능성을 완전히 배제할 수 없다고 주장하며, 이를 위해 인더스 문자가 완벽하게 해독될 날을 기다릴 수밖에 없다고 하고 있다.[46] 랄 이외 연구자들 주장은 이미 학문의 본령을 넘어 종교라는 미명하에 파시스트적 정치 행위를 하고 있다고밖에 볼 수 없다. 그런데 그 정치 행위가 종교와 연결되어 있다는 사실이 매우 중요한 의미를 갖는다. 그것은 힌두교가 힌두라는 '상상의 공동체'[47]에 기반을 두면서 인위적으로 만들어져 가고 있고, 따라서 그 내부에 힌두뜨와 같은 허구의 이데올로기가 왜곡, 변질될 수 있는 여지가 무궁무진하기 때문이다.

힌두뜨와(Hindutva) 이데올로기의 중심은 아리야인들 원주지는 인도이고, 그들은 세계 최고(最古)의 문명을 발전시킨 후 인도아대륙 전체와 서아시아 그리고 유럽 전역으로 퍼져 나갔기 때문에 아리야인의 침입 같은 것은 인도 역사상에 존재하지 않았다는 것이다. 프롤리는 아리야인 침입설을 주장하는 것은 인도가 아리야인, 페르시아인, 그리스인, 스키타인족, 훈족, 아랍족, 튀르크족, 포르투갈인, 영국인 등으로부터 끊임없는 침략을 받아 왔다는 전형적인 식민사관의 일종일 뿐만 아니라 인도를 하나의 분명한 문명 중심지로 인정하지 않으려 하는 유럽 중심주의 역사관 때문이라고 주장한다.[48] 그 안에서 베다는 침략자들의 유산이 아닌 인류 정신문명의 요람으로 찬양과 경배 대상이 되었다. 힌두뜨와 이론 안에서 힌두들은 유목생활을 영위하면서 목가적이고 명상적인 문명을 발전시켰으나, 시간이 흐르면서 점차 그러한 문명을 상실해 나가는 것으로 역사는 기술되었다. 그렇지만 비록 정신문명이 점차 약화되긴 했을지라도 아리야의 땅 즉 인도에 특별한 갈등이 있었던 것은 아니었다. 무슬림, 기독교도 등과 같은 이민족들이 이 땅에 들어오면서 갈등과 반목 그리고 역사의 퇴보가 생겨났다는 것이다.

이러한 주장은 제국주의 지배의 정당화를 위한 역사왜곡에 대한 반발로는 정당성을 갖출 수 있겠으나, 그 반발의 근거를 유럽 낭만주의 동양학자들이 설정해 놓은 아리야인 선민의식과 오리엔탈리즘에 둠으로써 또 다른 역사 왜곡이 된다. 그들의 주장은 본질적으로 식민주의와 오리엔탈리즘을 통한 역사 왜곡과 영국 제국주의의 분리 통치 속에서 생성된 것이다. 따라서 이 문제 본질은 그들의 주장이 바로 식민주의 경험 위에서 지배자 유럽과 피지배자 인도 사이에 존재하는 오리엔탈리즘의 신화에서 식민주의자들과 동일한 정치 역학을 재현하는 것이라는 사실에 있다. 이러한 그들의 주장은 민족과 국가의 분단과[49] 극심한 대치가 가지고 온 결과로, '역사 자체를 신화화하여 이를 현실정치의 이데올로기로 적극 활용하려는 것'[50]으로서 북한학계의 단군릉 평양설과 동일한 의미를 가진다.

아리야인 인도기원설이 크게 부각되는 데는 최근의 세계적 반서구문명 조류도 한몫 거들고 있다. 따라서 오리엔탈리즘을 바탕으로 하여 '문명의 충돌'이라는 미명하에 종교를 통한 현실왜곡의 풍조가 계속되면 힌두민족주의자들의 '역사학'은 학문적 논쟁의 차원을 넘어 더 심각한 정치적 오염의 단계로 비화될 것이고, 그것은 국가와 사회의 정체성에 극심한 타격을 줄 것이다.

12 사띠와 자살특공대의 힌두교적 논리와 그 사회적 의미

1. 머리말

세상의 어느 종교든 자살을 권하는 종교는 없다. 힌두교 또한 다른 어느 종교와 마찬가지로 자살을 권고하지 않는다. 당연히 힌두교도 여느 종교와 마찬가지로 삶을 버려서는 안 될 고귀한 것으로 인식한다. 널리 알려지다시피 힌두교에서 삶이란 이전 생에서 수백, 수천의 삶을 살아온 업보가 축적되어 주어진 결과이고, 이승에서의 삶 또한 마찬가지로 다음 생에서의 삶을 규정해 주는 단서가 되기 때문에 그것을 인위적으로 끊어 버리는 것은 세계 운행에 대한 심각한 위반 행위인 것이다.

그런데 힌두 사회에서 자살을 장려하고 그 전통의 보존과 올바른 수행을 위해 온갖 노력을 다하는 것이 있다. 바로 남편이 죽으면 과부가 된 아내가 따라 죽는 힌두식 순장인 사띠다. 가장 최근

행해진 사띠로 세상의 주목을 받은 사건은 1987년 9월 4일 루쁘 깐와르(Roop Kanwar)라는 시집온 지 갓 일곱 달밖에 되지 않은 18세의 과부가 감행한 사띠다. 라자스탄 주의 수도인 자이뿌르(Jaipur) 시에서 80km미터 정도밖에 떨어지지 않은 데오랄라(Deorala) 마을에서 일어난 사건이다. 그 후 그 사띠 현장은 많은 사람들 특히 여성들이 순례하는 힌두교의 성지가 되었다. 힌두 사회에서 자살이 장려되는 대상으로 합리화되는 또 하나의 예로 자살특공대를 들 수 있다. 2008년 마하라슈뜨라(Maharashtra)에 기반을 둔 극우 힌두 정당인 쉬브 세나(Shiv Sena, 쉬바지의 군대)의 대표인 발 타끄레이(Bal Thackeray)는 인도에서의 이슬람의 테러 위협에 대응하기 위해 자살특공대를 조직해야 한다고 했다. 그리고 그와 같은 입장을 취한 찌딸레(Jayant Rao Chitale)는 자살특공대를 조직했고, 또 다른 조직인 람 세나(Ram Sena)는 실제로 테러를 감행했다.

힌두교에서 종교적 자살에 관한 연구는 그동안 심도 있게 논의되지 않았다. 다만, 죽음의 일부로서 그것도 종교적 죽음으로서 주로 다루어졌을 뿐 그것이 갖는 사회사적인 맥락은 크게 주목의 대상이 되지 않았다. 죽음의 일부로 다룬 연구로는 초기 동양학자나 선교사에 의해 수행된 것과[1] 이후 고대 힌두 경전을 바탕으로 하는 역사적 방법이나 문헌 연구[2] 그리고 현지 조사를 바탕으로 하는 인류학적 연구를[3] 들 수 있다. 그러던 중 1987년 루쁘 깐와르의 사띠 사건은 종교적 자살 특히 사띠에 관한 본격적 연구의 계기가 되었다. 사띠의 역사적 기원과 발전 그리고 종교적 현상에 대한 심층적 연구가 종교학자 샤르마(Arvind Sharma)에 의해 이루어졌고,[4] 하울리(Hawley)는 사띠에 관한 다양한 접근 방법의 심층적인 논문을 모아 펴냈다.[5] 한편 자살특공대에 관한 연구는 신문이나 저널 등에 기고

된 분석 등만 나오거나 그 배경이 되는 힌두뜨와(hindutva, 힌두性 혹은 힌두주의)에 대한 연구만 이루어질 뿐 그것에 대한 본격적인 연구는 이루어지지 않고 있다. 그것은 자살특공대가 비교적 최근의 일인데다가 아직 큰 사회적 파장을 일으키지 못하고 있기 때문이거나 자살특공대나 테러리즘은 항상 이슬람에 의해 자행된 것이라는[6] 생각에 힌두교는 그것과 관계가 없는 것이라고 생각해서이기 때문일 것이다. 다만, 한센(Hansen 2001)이 주목한 쉬브 세나와 포스트 식민 도시 뭄바이에서의 폭력에 대한 분석은—비록 이 연구가 쉬브 세나의 자살특공대 결성 주장 이전에 나온 책이라서 그 문제를 다루지 못하기는 하지만—이 문제에 대한 더 심층적인 연구의 필요성으로 연계되고 있다.

하지만 이러한 연구 경향은 힌두교에서의 종교적 자살과 사띠 그리고 자살특공대를 한데 묶어 분석하는 통찰력을 제시하지 못하고 있다. 사띠와 자살특공대가 힌두 근본주의의 정치적 현상과 깊은 관계를 맺고 있는 정치 사회적인 현상이고 그것은 다시 다르마를 축으로 하는 사회 지배 이데올로기와의 연계 속에서 논리적으로 합리화의 과정을 분석해야 하는데도 그것을 하나로 묶어 분석하지 못하고 있는 실정이다. 언뜻 보면 그 두 현상은 서로 관계가 없는 것처럼 보일 뿐만 아니라 특히 자살특공대 현상의 경우 힌두교 전통적 세계관과는 절대 모순인 것으로 생각하고 있는 것이 일반적이다.

이 논문은 바로 이 점에서 그 문제를 찾는다. 사띠와 자살특공대라는 별개로 보이는 두 현상은 어떻게 힌두교의 논리를 공유하는가? 더 구체적으로 보면 자살 금지와 생명 존중을 우선적으로 주장하는 힌두교에서 이러한 모순적인 현상이 논리성을 갖추는 이유는 어디에 있을까? 왜 분명한 자살 행위인 과부 순장이 보존해야 할 전통이 되고, 기독교나 이슬람과 같이 이분법의 세계관에 기초하지 않은 힌두교에서 어떻게 그렇게 극단적인 자살특공대의 주장이 나오는 것일까? 이 두 현상이 특히 힌두 근본주의에 의해 상당한 지지를 받는 것은 어떠한 종교적 논리와 사회적 의미를 갖는지를 규명하고자 하는 것이 이 글의 집필 목적이다. 이는 일반적으로 알려진 힌두교의 가장 주요한 특질이라고 하는 '관용성'과 '다양성'이 갖는 사회적 의미의 실체의 문제이기도 하다. 여기에서 우리는 힌두 사회가 종교에 크게 의존적이라는 세간의 평가가 갖는 사회적 의미도 함께 분석해 볼 필요가 있을 것이다.

2. 사띠의 종교적 합리화와 사회적 의미

다른 종교에서와 마찬가지로 힌두교에서도 자살은 금기가 되어왔다. 이러한 사실은 자살한 자에 대해 장례 때 주검 정화 의례를 행하지 못하도록 하는 것을 통해 분명히 알 수 있다. 그것은 자살한 영혼이 저승으로 가지 못하고 구천을 맴돌기 때문인데[7] 종교에서 의례가 가장 중요한 위치를 차지하는 힌두교에서 의례를 하지 못하도록 하는 것은 그만큼 자살을 해서는 안 될 행위로 간주함을 의미한다. 그런데 힌두 사회에서 가장 중요한 전범으로 인정되는 『마누법전』은 자살한 사람에 대해서는 정당한 관정 의식을 행해서는 안 된다고 규정한다.[8] 더불어 관정 의식을 행하지 않아야 하는 자로 자살한 자와 함께 기세자(棄世者),[9] 혼종 카스트(varnasamkara),[10] 자기 다르마(svadharma)를 버린 자, 대(大)제사를 지내지 않는 자 등을 동일한 부류로 묶고 있는데,[11] 이는 자살한 자를 그 신분의 고하와 관계없이 사회의 최하층민 격의 대역죄인으로 취급함을 의미한다. 『마누법전』에 의하면 주검은 반드시 부정(不淨, asauca)을 방사하여 그것을 접촉한 사람을 오염시키기 때문에[12] 그 오염을 제거하기 위해서는 반드시 관정을 통한 세정 의식을 해야 한다. 그런데 자살의 경우 그 세정 의식을 하지 말도록 규정했다는 것은 자살을 결코 사회적으로 용납할 수 없다는 사실을 분명히 보여 주는 것이다.

그렇지만 힌두교에서 깨달음을 위해 죽을 때까지 금식을 하면서 자살을 하는 쁘라요빠웨샤(prayopavesha)는 매우 높은 가치를 갖는 것으로 장려 내지 권고의 대상이다. 『마누법전』에서 규정한 바와 같이 성스러운 강에 빠지거나, 절벽에서 몸을 던지거나, 불 속으로 몸을 던지거나 금식을 통해 '육신을 버린'[13] 경우도 이에 속하고, 나아가 동부 오릿사 주에서 널리 행하는 자간나타(Jagannatha) 축제 때 신상을 모시고 행렬하는 수레 밑으로 몸을 던져 자살하는 경우도 이에 속한다. 불교의 소신(燒身)[14] 또한 넓게 보아 이러한 힌두교 전통의 연장선상에 있다.[15] 이 모든 경우『마누법전』에서 제공하는 논리대로 바르나와 아슈라마의 정당한 체계 속에서 작동하는 다르마를 지키기 위한 행위이다.[16]

인도 고대 사회에서 종교가 쁘라요빠웨샤와 같은 자살을 권고 행위로 인정하는 것은 바로 사회가 팽창되고 이질적인 문화들이 섞이면서 계급이나 문화 간의 경쟁이 심화되고, 그 안에서 원래 만들었던 다르마 질서가 흔들렸기 때문에 사회 질서를 유지하는 차원에서 다르마를 지고의 보편법으로 자리매김하려 했기 때문이다. 따라서 다르마 가치를 지키는 데에는 신(神)도 예외가 될 수 없듯이, 자살 또한 합리화될 수밖에 없는 것이 된다. 그리하여 다르마를 수호하기 위한 종교 자살은 곧 사회 보호의 동음이의어로 인식되어 전통으로 자리 잡는 것이다. 신화에서 비슈누가 화신으로 내려와 악마를 죽이는 것은 다르마를 수호하여 그 사회 즉 브라만, 상층 카스트, 남성, 가부장, 부모 등을 정점으로 하는 사회 질서를 지키는 것을 보편법으로 삼는다는 의미이다. 그 악마 살해를 통한 다르마 수호를 다른 구조로 표현한 것이 바로 자살을 통한 다르마 수호인 것이다. 따라서 다르마를 지키기 위한 자살은 종교적으로 허용될 수 있음을 의미하는 것이 된다.

다르마를 지키기 위한 자살의 가장 좋은 예는 사띠 풍습일 것이다. 어휘 사띠(sati)는 남편이 죽은 후 그 배우자가 스스로 화장을 하는 순장의 풍습을 가리키면서 동시에 그것을 행한 여성이 죽은 후 되는 존재, 즉 사뜨(sat, 진리)를 행한 자를 가리키기도 한다. 역사적으로 사띠는 기원전 4세기 알렉산더의 서북부 인도 침입 때 그들이 남긴 기록을 통해 당시에 존재했음을 알 수 있지만 전국적으로 널리 행해진 풍습은 아니었다. 고대 사회에서는 슈루띠(shruti) 경전에서는 전혀 재가한 바가 없고, 스므리띠(smriti) 경전에서도 소수 일부에서만 재가하였다.[17] 게다가 힌두법에서 가장 중요한 전범의 위치를 차지하는 『마누법전』에 전혀 언급이 없는 것을 볼 때 사띠는 재가를 획득한 힌두 전통이라고 볼 수는 없다. 10세기경 라자스탄 지역의 끄샤뜨리야 계급 사이에서 널리 행해지기 시작한 사띠는 15세기에 이르러 남부에까지 널리 퍼졌으나 그마저도 모든 계급에 통용되는 범인도적인 풍습은 아니었다. 그러한 사띠가 영국 초기 지배기에 작성된 여러 기록에는 매우 광범위한 풍습인 것처럼 나타나지만 대부분이 벵갈 지역에서만 발생했다. 영국 의회 보고서에 의하면 1815년과 1817년 사이 인도에서 일어난 사띠의 95%가 벵

갈 지역에서 일어난 것이 이를 잘 증명해 준다.[18]

1829년 벤팅크 총독이 금지한 이후 사띠는 거의 일어나지 않은 죽은 풍습이지만, 라자스탄 지역에서는 종교적으로 여전히 숭앙받는 전통이고, 그것이 미치는 사회적 · 정치적 파장은 그 규모가 매우 크다. 그것이 분명하게 드러난 사건이 1987년 9월 4일 델리와 자이뿌르 사이에 있는 작은 마을인 데오랄라에서 일어난 루쁘 깐와르의 사띠 경우다. 18세의 젊은 과부 루쁘 깐와르는 24세 남편 말 싱(Mal Singh)이 죽은 지 하루 만에 화장용 장작더미에 올랐다. 그런데 목격자들의 증언에 의하면 루쁘 깐와르는 자발적으로 사띠를 행하지 않았다. 한 지역 신문에 의하면 루쁘 깐와르는 사띠 거행 전에 곳간에 숨어 있다가 남편 가족들에게 들켜 질질 끌려갔다고 보도했고, 대부분의 마을 사람들은 남편 가족들이 그에게 마취를 시켰다고 했으며, 그가 불길이 타오른 후 빠져나오지 못하도록 무장 경호원들이 장작더미 주위를 지켰으며 실제로 적어도 세 번은 그가 빠져나오려 한 것을 몽둥이로 패 다시 밀어 넣었다고 한다.[19]

사건 이후 경찰은 루쁘 깐와르의 시동생이 장작더미에 불을 붙여 그에게 살인죄를 적용하는 등 가족의 남성 구성원들을 구속하였으나, 정부가 종교에 개입하지 말라는 종교계와 지역민들의 거센 항의 때문에 결국에는 모두 석방되고 최종적으로는 아무도 처벌받지 않았다. 애초 라자스탄 고등법원은 사띠 행위를 금지시키면서 그 자리에 모이는 것조차도 허용하지 않는다고 선포하였으나 사띠는 거행되었다. 이 사건 이후 언론과 여성계에서는 사띠의 금지뿐만 아니라 사띠 행위를 찬양하고 미화하는 행위조차 법으로 금지해야 한다는 주장이 팽배하였다. 하지만 이와는 반대로 이 지역과 전국에서 모인 보수 인사들은 사띠 찬양의 축제를 열었다. 적어도 이 지역 대중들의 사띠 자살에 대한 지지는 높았다. 사띠를 행한 그 자리는 힌두교의 성지가 되었고, 이어 순례의 대상이 되었다.

루쁘 깐와르의 사건을 적극 옹호하고 나선 자들은 모두 다르마 수호를 외쳤다. 이는 그들 가운데 대표인 다르마수호협회(다르마 락샤 사미띠, Dharma Raksha Samiti)를 비롯한 여러 단체들의 주장과 행위를 통해서 잘 알 수 있다. 다르마수호협회는 사건이 일어난 후 12일 만에 거행된 쭈나리(chunari) 의례에 라자스탄 고등법원이 외부 사람들 특히 여성 단체의 참여를 금하는 결정을 내렸음에도 수만 명의 사람들을 이 행사에 동원하였다. 여성 인권 단체들이 3,000명을 모아 사띠 항의 집회를 연 것에 대해 70,000명의 군중을 동원해 지지 시위를 벌이 것이다.[20] 그런데 이러한 군중 동원에 당시 이 지역의 야당이던 우익 정당인 국민당(Janata Party)-인도국민당(Bharatiya Janata Party)이 적극적인 역할을 하였다. 당시 연방 정부 수상이던 라지브 간디는 형식적으로는 사띠와 사띠 찬양을 반대하고 나섰지만, 정부는 군중을 적극적으로 제지하지는 않은 채 머뭇거렸다. 그러자 라자스탄의 인도국민당과 그 연대 세력은 라지브 간디 수상의 이러한 태도를 적극 비판하였다. 인도국민당의 주요 인사들이나 쉬브 세나의 타끄레이 등은 수상 간디를 아버지는 파르시교도이고, 아내는 이탈리아 사람인 비(非)힌두(혹은 때로는 비(非)인도인) 인사가 우리의 힌두교를 모독한다고 줄기차게 비판하였다. 이는 인도국민당 라자스탄 위원장인 깔리얀 싱 깔르위(Kalyan Singh Kalvi) 같은 이는 힌두는 다르마와 모국과 여성을 존중하는데, 모국과 여성이라는 두 여성성을 이어주는 것이 다르마 즉 종교라고 주장하면서[21] 종교를 정치에 개입시키고, 힌두교를 국가주의와 연결시키면서 민심을 자극시켰다. 이러한 인도국민당의 정치 행위로서의 정부 비판은 사띠 옹호의 이론적 배경을 정치인들이 적극적으로 종교 차원으로 활용한 것으로 이후 인도의 종교공동체주의에 입각한 정치의 중요한 지표가 되었다.

이러한 전략은 힌두 복고주의자들의 열렬한 지지를 받으면서 향후 인도 정치가 종교와 급속도로 연계되면서 종교 공동체주의가 정치의 전면에 나타나게 되는 또 하나의 계기로 작용하였다. 전통적으로 힌두 사회에서 국가 권력은 유한하다. 반면에 다르마 권력은 무한하다. 따라서 유한한 국가 권력이 무한한 다르마 권력을 제어하기란 쉽지 않다. 이를 달리 말하면, 국가 권력이 다르마 권력과 배치되는 것으로 나타나면 민심이 국가 권력으로부터 크게 이반될 수 있다는 의미다. 따라서 비록 다르마가 원칙적으로는 어떤 특정한 담론을 구성하지는 않지만, 만약 특정 세력이 다르마를 특정한 실체로 해석하고 그것이 민심을 획득한다면 그 담론이 국가 권력을 복속시킬 수도 있다는 의미가 되는 것이다.

다르마라고 표현되는 세계의 구조는 단지 생산을 둘러싼 물질 권력 외에도 그로부터 전유되는 여러 종류의 감정을 포함한다. 가문의 명예, 부모에 대한 효, 아내에 대한 사랑, 학문에 대한 열정, 자기 세계관에 대한 헌신, 공동체 명예 등이 그 안에 다 포함될 수 있다. 따라서 사회 내에서 물질과 권력에 대한 불평등한 소유와 경쟁이 존재하는 한 종교의 이름으로 적 만들기, 적 살해하기, 자살로 지키기 등이 충분히 이루어질 수 있는 것이다. 다만 힌두 사회에서 그 중심에 여성이 존재하는 것은 여성을 다르마를 양육하는 존재로 간주하여 그 가부장적 남성 중심의 사회를 세우기 위해 그 존재의 희생이 반드시 필요하기 때문이다.

사띠의 경우가 보여 주는 힌두 사회에서의 폭력의 휘발성은 여성이 힌두 사회에서 다르마와 떼려야 뗄 수 없는 존재이기 때문에 존재하는 것이다. 힌두 사회에서 여성은 근대화 이전에는 말할 것도 없고 그 이후에도 여전히 남성 중심의 가부장적 혈통 사회의 가치를 유지하고 보전하는 도구로서 우선적으로 지키고 보호해야 하는 존재였다. 힌두 최고의 서사시인 『라마야나』의 중심 테마인 납치된 한 여성을 구출하기 위해 전 국토와 인민이 떨쳐 일어난 것과 그 여성을 구출하고 난 후 그의 순결을 검증한 후 사회 내로 받아들였다는 이야기는 힌두 사회에 '여성의 무조건적인 순결'을 강요하는 담론을 구축하는 데 막강한 기여를 하였다. 인도-파키스탄 분단 공간에서 무슬림에 의해 납치된 많은 힌두 여성들을 국가가 나서서 구출 작업을 벌인 것과 그 구출 과정에서 납치된 여성들이 가족의 품으로 돌아갈 것을 거부하였음에도 종교와 국가의 이름으로 강제로 데리고 온 사실 그리고 강제로 돌아온 후 결국 순결이 짓밟혀졌기 때문에 가족과 사회로부터 버림받았다는 사실 등은 여성의 몸이 그 개인의 것이 아니라 종교와 국가의 '명예'에 속한 것일 뿐이라는 사실을 잘 보여 주는 예다(부딸리아 2000, 212-218). 따라서 인도-파키스탄의 분단 공간에서 무슬림 공동체의 습격을 받은 힌두와 시크의 공동체에서 가문과 종교의 순결과 명예를 지키기 위해 여성들이 스스로 집단적으로 우물에 빠져 자살을 한 것은[22] 바로 힌두교 전통이 개인의 생명보다 다르마와 그 위에 세워진 사회 질서의 수호를 훨씬 더 가치 있는 것으로 간주하기 때문에 생긴 현상이다.

그러다 보니 다르마는 종교적 외형 속에서 매우 세속적 함의를 갖는 것이 되어 버렸다. 따라서 다르마를 수호하는 행위는 폭력이든, 전쟁이든, 자살이든 그 성격이 어떠하든지 간에 얼마든지 용인

내지 권고될 수 있는 것이 된다. 1947년 분단 공간에서 마하뜨마 간디가 국가자원봉사단(Rashtriya Swayamsevak Sangh)에 의해 암살된 것도 살인을 통한 힌두 다르마 수호의 일환이고 1992년 아요디야(Ayodhya)에서 벌어진 바브리 마스지드(Babri Mmasjid) 파괴 또한 폭력을 동반한 다르마의 수호로 널리 받아들여진다. 2000년 디빠 메흐따(Deepa Mehta) 감독의 영화 〈워터〉(Water)가 갠지스 강을 모독했다 하여 국가자원봉사단패밀리(Sangh Parivar, 상그 빠리와르) 단원들이 단체로 갠지스 강에 투신자살하겠다고 협박하면서 영화 촬영을 저지한 것이나 힌두 최고의 성지 알라하바드 상감이 갈수록 오염되는 것에 격분한 전국의 사두(sadhu)들이 성스러운 강의 오염 문제를 해결하지 않으면 모두 강에 빠져 죽겠다는 협박 투쟁을 한 것 또한 다르마 수호를 위한 행위가 폭력적인지의 여부와 전혀 관계치 않음을 보여 주는 것이다. 사띠라는 명백한 자살이 종교 안에서 정당한 행위로 권고되는 것은 바로 이런 맥락에서이다.

3. 자살특공대의 힌두교적 논리와 국가 수호의 의미

힌두교가 다르마를 수호하기 위해서라면 자살과 같은 극단적 폭력조차 용인할 수 있다는 사실은 힌두교가 국가를 수호하기 위해서라면 마찬가지로 자살을 용인할 수 있는 논리적 여지를 만들 수 있다. 그렇게 되면 그 논리는 식민주의와 종교공동체주의라는 역사적 맥락 안에서 변형을 일으켜 극단적 폭력으로 발전할 수 있게 된다. 여기에서 '사띠'와 '힌두자살특공대'의 접점이 이루어질 수 있는 것이다.

과거 전통 사회에서 다르마를 지키는 존재는 브라만이나 그를 중심으로 두는 바르나 체계였다. 하지만 근대 사회가 되면서 브라만의 사회적 영향력은 유명무실하게 되어 버렸고, 바르나 질서 또한 급격히 무너져 버렸다. 식민 지배와 근대화 그리고 민족 운동의 과정을 지키면서 (국민 혹은 민족) 국가는 역사적으로 그 어느 시기보다 사회 통합력을 강하게 가지고 있기 때문에 힌두 전통 다르마를 지키는 것은 국가라고 간주하는 믿음이 광범위하게 퍼졌다.

이러한 논리 위에서 인도에서 포스트 식민 시기의 여러 갈등의 양상을 보면, 지역, 카스트, 언어 등과 같이 소위 '종족성(ethnicity)'[23]에 기반하지 않는 집단 간에서 발생하는 것들은 갈등의 상대방을 국가의 적으로 간주하지 않아 왔다. 그것은 인도에서 종족성이라 함은 곧 종교공동체적인 것이고, 그것은 다시 인도-파키스탄 분단과 이후의 여러 국가 존립에 대한 갈등의 경험 속에서 국가 수호와 관련된 의미를 갖게 된 것이다. 분단 이후 지금까지 국가 존위의 핵심 문제가 되어 온 카시미르 분쟁이나 1980년대 분리 독립 국가를 주장하면서 테러와 학살의 갈등을 보여 준 뻔잡/시크의 문제 모두 국가 존립의 문제가 결국 종교공동체적인 맥락에서 존재하는 것임을 잘 보여 주는 예다.

이러한 사회사적 맥락에서 볼 때 최근 불거진 쉬브 세나의 자살 특공대 조직 사건은 국가와 종교공동체적 맥락 아래 놓인 일부 힌두 사회에서 전혀 동떨어진 것은 아니다. 쉬브 세나는 마하라슈뜨라 지역에 기반을 지역 우파 정당으로 1966년에 창설되었는데 그 정치적 이데올로기를 힌두뜨와[24]에 두고 있다. 힌두뜨와는 그 주창자인 사와르까르(Vinayak Damodar Savarkar)에 의해 이분법적으로 해석되었는데, 그 안에서 힌두는 '우리', 무슬림은 '적'으로 간주되고,

전자는 정의로운 존재, 후자는 사악한 존재로 규정되었다. 사와르까르는 힌두 최대 의무인 힌두 다르마의 보호는 유일하게 무슬림에 대한 보복(쁘라띠쇼드, pratishodh 혹은 쁘라띠까르, pratikar)을 통해서라고 규정하였다. 그는 나아가 마하뜨마 간디의 비폭력주의 같은 것은 보복이 배제된 사랑으로, 힌두교의 일부에 지나지 않은 비폭력에만 편집되어 있는 정신 나간 짓일 뿐이다[25]라고 주장했다. 그는 1857년 봉기를 다룬 글에서 말하기를 "다르마(dharma)를 위해 목숨을 바쳐라 그리고 그 죽음을 통해 모든 것을 다 죽여라, 그 자신에게 주어진 다르마(swadharma) 안에 너의 승리가 있나니, 너 자신의 통치(swarajya)를 세우는 것이다"[26]라고 하면서 전통적으로 사회종교적 의미인 스와다르마와 스와라지야를 국가와 민족을 위한 순교라는 정치적인 문제로 왜곡 해석하였다.

사실 일부 극단적 힌두 민족주의자들이 이런 개념을 대중화시킬 수 있었던 것은 힌두 고유의 자살을 통한 자기 희생의 개념이 대중적으로 널리 알려져 있었기 때문이었다. 자신의 목을 스스로 잘라 희생물로 바친다는 개념은 오랜 힌두 전통에 따른 것이다. 널리 알려져 있다시피 베다에서 네 바르나의 기원은 마하 뿌루샤라는 원인(原人)이 스스로를 제사지낸 행위에서 기원하는데, 그 가운데 가장 중요한 의미를 갖는 브라만은 스스로의 목을 잘라 바쳐 제사를 지내 나온 결과다. 따라서 힌두 전통에서 자신의 목을 바친다는 개념은 희생과 그것이 가져오는 새로운 질서의 창조를 생성하는 의미로 자리 잡아 왔다. 그러한 개념 위에서 자살이 국가 수호를 위한 희생으로 여겨지는 것은 자연스러운 일이다. 이러한 자살 순교의 개념은 영국 식민 지배 아래에서 독립 운동 차원에서 대중적으로 자리 잡았는데, 이 과정에서 힌두 고유의 신화와 민족 운동을 섞어 '비유'의 기법을 동원해 만든 대중 그림이 큰 역할을 했다.[27, 28] 〈그림 1〉의 네따지 수바쉬 짠드라 보스(Netaji Subhash Chandra Bose)가 자신의 목을 스스로 베어 조국 어머니 여신 바라따 마따(Bharata Mata)에게 바치는 그림은 당시 대중에게 널리 받아들여진 대중문화 가운데 대표적인 것이었다.

최근 힌두 자살특공대 조직을 천명한 쉬브 세나의 타끄레이가 이러한 힌두뜨와 이데올로기에 기반하여 반(反)무슬림 종교공동체적인 주장을 펴기 시작한 것은 1980년대부터였다.[29] 그것은 뭄바이와 마하라슈뜨라 지역은 독립 이후 직조 산업이 발달하였기 때문에 북부 인도로부터 많은 무슬림들이 유입된 데다가 그들이 호메이니 이슬람 혁명 이후 점차 이슬람 근본주의적 색채를 띠는 움직임을 보여 주었던 것과 관련이 있다. 여기에 마라타(Maratha)라는 종족 정체성이 다른 어느 지역보다 강하기 때문에 여타후진계급(Other Backward Classes, 이하 OBC)[30]을 주창하는 정당 세력이 약화된 것 또한 힌두주의에 기반한 종교공동체적 정당인 쉬브 세나가 큰 위력을 떨친 원인으로 작용한다(Hansen 2001, 81-83). 쉬브 세나는 1984년 뭄바이 북부에 위치한 도시 비완디(Bhiwandi)에서 일어난 폭력 충돌을 위시로 1993년 뭄바이 폭동 등 이 지역의 수많은 종교공동체 폭력 사태를 조장하였고, 그 과정에서 힌두 사회를 지키기 위해 무슬림을 반드시 죽여 제거해야 한다고 공공연히 주장한다.[31]

쉬브 세나의 타끄레이가 주장한 자살특공대에 대한 논리는 무슬림으로부터 국가를 수호해야 한다는 것으로 전통적인 힌두뜨와에 의해 위에 설정된 논리와 동일한 것이다. 여기에서 폭력과 윤리와의 관계는 법(혹은 도덕)과 정의의 개념으로 규정되는데, 특히 정당한 목적을 위해 폭력적 수단을 사용하는 것은 하등에 문제가 될 수 없다는 입장에 서 있다. 쉬브 세나 당 학생위원회가 "그래 우리는 테러리스트다. 국가를 보호하는 것이 테러리즘이라면, 국가를 팔아먹는 자를 응징하는 것을 테러리즘이라 한다면, 우리는 테러리스트를 마다하지 않겠다. 국가를 비난하고, 조국을 비난하고, 종교를 비난하는 자에게 폭탄 세례를 퍼붓는 것이 테러리즘이라면, 테러리즘에 대해 강력하게 싸우는 것이 테러리즘이라면, 우리는 테러리스트임을 자랑스럽게 느낀다."[32]고 일갈한 것은 바로 이러한 힌두교의 자연법론의 맥락으로 해석할 수 있다. 따라서 그들에게 폭력은 그 자체가 문제가 되는 것이 아니니 그것을 부당한 목적으로 사용하지 않기만 한다면 하등에 문제가 되지 않는다고 생각한 것이다. 국가의 수호는, 그 자의성에도 불구하고, 자연에 대해 합목적적인 행위이고 따라서 그것을 위한 폭력의 사용은 절대적으로 합리적이라는 것이다.

〈그림 1〉 수바쉬의 희생
출처: Neumayer & Schelberger 2008, 51.

타끄레이의 자살특공대 조직에 대한 주장은 2006년 뭄바이에서 발생한 무슬림에 의한 연속 폭발 테러 이후에 있었다. 이제 힌두뜨와의 자연법론적 보복주의가 이슬람권에서 하는 알카에다 조직과 유사한 조직을 만드는 것을 통해 구체적으로 실행한 것이다. 이러한 타끄레이의 주장은 예비역 육군 중령 자얀뜨 라오 찌딸레가 받아들여 특공대를 조직한 것으로 진전되었다.그는 당시 수상이자 연합 세력인 인도국민당 대표인 바즈빠이(Atal Bihari Vajpayee)와 대통령 깔람(Abdul Kalam)에게 국가 수호를 위해 자살특공대를 조직해야 함을 몇 차례 진정했으나 그에 대한 답변이 오지 않았고, 그래서 스스로 그 프로그램을 개발했다고 밝히고 있다.

자살특공대의 조직과 테러 행위가 힌두 사회에서 종교의 옷으로 합리화 될 수 있는 논리성을 상당 부분 갖추고 있다. 그것은 힌두 사회에서 무력과 폭력을 정당화 하는 끄샤뜨리야 전통이 힌두 사회에서 중요한 부분을 오랫동안 차지해 온 사실과 관련이 있다. 일부에서 힌두교는 브라만 전통으로만 구성되어 있다는 식으로 알려진 것과는 잘못 알려진 것과는 달리, 힌두 전통은 브라만 전통과 끄샤뜨리야 전통의 별도의 두 큰 전통의 복합체로 구성되어 있다. 전자가 정(淨)-부정(不淨)의 이데올로기를 기초로 하는 바르나-다르마-아슈라마 체계를 고수하려는 관성을 가지는 반면, 후자는 정-부정의 담론으로부터 자유로우면서 폭력과 갈등 그리고 전쟁 등에 대해 상대적으로 관용적인 성격을 갖고 있다. 고대 경전에도 전쟁터에서 전사한 자는 비록 브라만 전통에 모순적인 행위를 하였으나, 브라만 전통에 따라 다르마를 수호하기 위해 자살한 자와 동일하게 취급받아 먼 길을 돌지 않고 바로 천국으로 가는 것으로 규정되어 있다.[33]

타끄레이와 찌딸레가 도입한 '국가(nation-state)'에 대한 수호의 논리도 바로 이러한 끄샤뜨리야 전통을 확대 해석한 것이다. 그들은 자신들이 세계힌두회의(Vishva Hindu Parishad)와 같은 힌두 극우 단체와 관련이 없다는 사실을 주장하는 가운데 철저히 세속적 성격의 단체라는 점을 강조한다. 자신들은 국가를 수호하는 목적을 가진 정당이기 때문에 자신들의 우상은 무갈을 쓰러뜨리고 새 국가를 건설하려 했던 쉬바지(Shivaji)[34]이지 세계힌두회의가 우상으로 삼는 힌두교의 신 라마는 아니라는 것이다. 그래서 힌두자살특공대라는 용어는 힌두교도의 자살특공대(Hindu Suicide Squad)를 의미하는 것이 아니고 힌두스탄이라는 국가(를 수호하는) 자살특공대(Hindustan Suicide Squad)를 의미하는 종교적인 것은 아니라고까지 했다.[35] 그런 맥락에서 그들이 주창하는 자살을 포함하는 폭력 사용 또한 국가 수호를 위한 힌두 고유의 남성적 전통에 기반을 두는 것이라고 해석할 수 있다.

쉬브 세나의 논리 위에서 실제로 자살특공대를 조직했다고 주장하는 또 다른 극우 힌두 조직으로 람세나(Sri Ram Sena, 람의 군대)가 있다. 람 세나는 2006년 마하라슈뜨라의 말레가온(Malegaon) 폭발 테러에서 39명의 희생자를 낸 혐의를 받고 있다. 그들은 공공연하게 무슬림의 지하드 개념을 도입한다고 선언하고 있지만 자신들이 앞장서서 무슬림에 대한 테러를 공격적으로 하지는 않는다고 말한다. 그러면서, 공격의 대상을 반힌두-반민족적 행위를 하는 자들이라고 규정한다. 이 조직을 세운 쁘라모드 무탈리끄(Pramod Muthalik)는 경찰이 마하라슈뜨라에 존재하는 여러 무슬림 테러리스트 조직을 적발하고 처벌하는 일을 하지 않기 때문에 자신들이 나서서 그 일을 대행할 뿐이라고 주장한다.[36]

무탈리끄는 2009년 1월 24일 망갈로르(Mangalore)에서 한 서구식 주점을 습격하여 그곳에서 유튜브를 하고 있던 여성들에게 무차별 폭력을 행사하였다. 또 그들은 2008년 인도의 저명한 화가 훗세인(M. F. Hussain)의 전시회를 난장판으로 만들어 버렸다. 그들의 주장은 후세인이 바라따 마따(어머니 인도) 여신을 누드로 그리는 등 힌두교를 모욕했기 때문에 공격했다는 것이다. 뿐만 아니라 그들은 패션쇼나 발렌타인 데이 축하장을 공격하기도 했는데, 이 또한 힌두 고유의 전통 문화를 모욕했다는 이유에서였다. 심지어 그들은 엄연한 정당인 사회주의당(Samajwadi Party)에 대해서까지 폭력을 행사하기도 했다. 그들은 사회주의당은 불가촉민의 권익을 보호하는 목표로 정치를 하는 불가촉민의 정당이기 때문에 힌두 사회의 근간인 카스트 체계를 뒤흔드는 단체라고 주장한다. 2010년 영화배우 샤룩 칸(Shah Rukh Khan)이 인도 크리켓 프리미어 리그에 파키스탄 선수를 받아들이는 결정을 지지한다고 하는 것에 대해 17세기 쉬바지가 아프잘 칸(Afzal Khan)을 살해한 예를 들어 신랄하게 비난하기도 했다.

이러한 일련의 행동은 비록 람 세나가 자신들의 행위는 단순히 힌두 문화를 수호하는 차원에서 불경스러운 젊은이들을 훈육시키는 차원에서 벌인 하나의 작은 사건일 뿐이라며 종교 집단 간의 갈등 같은 것은 아니라고 확대 해석할 것을 경계하였지만, 사실은 '시장, 쇼핑몰 등 비교적 안전하다고 판단되는 대중적인 장소를 택해 소름끼치는 수단을 동원해 테러의 극대화를 추구하는 고의적으로 기획한 과장된 폭력'[37]일 뿐이다. 그들이 대상으로 삼은 것은 꼭 살인과 같은 극단적 행위를 동반하지 않더라도 익숙한 일상의 공간에서 폭력을 사용함으로써 반무슬림 힌두주의를 자극하는 일종의 노이즈 마케팅 전략을 구사하는 것이다. 이는 전적으로 일상의 문화를 종교와 일치시켜 그 자극을 통해 정치적 세력 확대를 노리는 전략일 뿐이다.

4. 맺음말: 힌두교 속 모순의 논리가 갖는 의미

힌두교가 사회적으로 의미를 갖는 것은 정-부정 즉 오염의 맥락에서이다. 힌두 사회에서는 오염을 피할 수 있는 행위가 가장 바람직한 행위이고, 그렇게 하는 가장 확실한 방법은 그 오염원으로부터 멀리 떨어지는 것이다. 하지만 오염을 피할 수 없는 상황에서는 그 오염원을 제거하는 것이 가장 바람직하다. 이 과정에서 제거의 방식은 논란의 대상이 되지 않는다. 전통적으로 불가촉민의 격리와 비인격적 차별이 정당화 되는 것은 이러한 맥락에서였다.

바로 여기에 힌두교에서의 폭력의 존재에 대한 정당성이 있다. 사띠의 경우는 남편의 죽음이라는 영원한 오염원을 제거하기 위해 그리고 자살 테러의 경우 힌두교를 수호하기 위해 새로운 오염원인 무슬림을 제거하기 위해 폭력을 사용하는 것이다. 따라서 힌두 신학적 차원에서 충분히 논리적이다. 여기에 공동체를 정(淨)하게 유지하기 위해서는 소극적 회피보다는 적극적 제거가 더 합당하다는 힌두교적 담론이 추가되면, 그 제거를 위한 폭력 사용은 승인을 넘어 권고될 수 있게 된다. 오염원에 대한 적극적 제거 행위 가운데 힌두 세계에서 가장 으뜸가는 것은 피와 죽음이 수반되는 행위다. 특히 오염을 제거하는 피는 고대 제사의 희생물의 피 즉 성혈의 의미를 부여받는 그 논리 속에서 얼마든지 정당화될 수 있다.

이러한 담론 속에서 힌두 사회에서 오염을 제거하기 위해 스스로를 제거하는 즉 자살 행위인 경우 그 죽임의 대상은 거룩한 희생물의 위치에 오르면서 성스러운 존재가 된다. 여기에 사띠와 자살 테러는 모두 어떤 특정 개인을 위한 것이 아니고 공동체 사회 전체에게 봉헌되는 것으로 되면 희생물의 죽음은 위협에 처한 공동체가 새롭게 재생되는 전제 내지는 기초가 된다. 이를 종교사회적으로 환원해서 말하면, 제라르가 명쾌하게 간파하였듯, 절대로 피를 뿌리지 않는다는 의무는 정확히 말해 뿌려진 피에 대해 반드시 복수해야 한다는 의무와 같은 것이 되는 것이다.[38]

이런 점에서 일반적으로 힌두교가 갖는 특성의 첫 번째라고 일컬어지는 관용이 갖는 의미에 대해 주목할 필요가 있다. 힌두교의 관용이라는 것은 사회 질서 유지에 어긋나는 것까지 모두 승인하는 것을 의미하지는 않는다. 역사상 힌두 사회는 인도 내에서 발생한 여러 종교 전통과 외부에서 들어 온 종교가 주창하는 서로 모순적인 교리 사이에서 상당한 갈등을 겪었다. 그런데 중요한 것은 그 갈등은 항상 논쟁을 거치면서 해결되었다는 것이다. 희생제, 기세 전통의 불교, 반사회적 밀교 수행, 반카스트적인 이슬람과 기독교 등은 모두 사회 질서 수호의 측면에서 승인을 받지 못한 채 힌두 사회의 정상적 일부로 수용되지 못했다. 힌두 사회에서 종교를 둘러싼 갈등은 오랫동안 역사적으로 존재해 왔다는 의미다. 따라서 인도 사회에서 종교 때문에 발생하는 갈등이 하등에 자리 잡지 못할 이유가 없다.

그렇지만 인도에서 사띠나 힌두자살특공대가 큰 세력으로 성장할 가능성은 그리 크지 않다. 그 이유는 힌두교가 관용적인 성격을 가지고 있기 때문에서가 아니고, 그러한 행동을 부추기는 세력이 목표로 삼는 것이 결국 세속적 권력의 탈취이기 때문이다. 다른 집단을 공격하여 정치적 이익을 극대화하기 위해 채택한 자살과 같은 극단적인 반사회적 행동이 얼마나 영향력을 발휘하느냐의 문제는 종교의 교리나 성격에 달려 있는 것은 아니다. 자살을 권장하는 종교란 있을 수는 없지만, 마찬가지로 그 어떤 종교라도 자살을 합리화 할 수 있는 근거는 가지고 있다. 중요한 것은 그 교리에 대한 부회의 논리의 여부가 아니고 그들이 처한 사회적 위치다.

교리로 합리화한 후 '적'을 공격하기 위해 폭력을 사용하는 행위는 모든 종교에서 사용되는 지극히 보편적인 현상이다. 그것은 브루스 링컨이 지적한 바대로 종교가 타락한 결과가 아니다.[39] 그것은 물질적 이익을 가운데 놓고 경쟁 관계에 놓인 집단들 사이에서 자신이 속한 집단의 물질 영역을 확장하는 데 사용하는 가장 효과적인 수단일 뿐이다. 다시 말하면 본질적으로 희소한 자원을 둘러싼 갈등이 사회 내에서 사라질 수 없는 경쟁 상황에서 반드시 존재할 수밖에 없는 '적'에 대한 '우리'의 저항과 그를 통한 이익을 획득하기 위한 방편으로 종교가 가장 효율적으로 사용된다는 의미다.

따라서 결국 그들에게 종교는 살해-희생, 파괴-정화, 강간-사은(賜恩), 침략-심판, 보호-강제 등 본질적으로는 배타적이고 모순되는 개념을 조화롭게 일치시키는 개념으로 바꾸는 담론일 뿐이다. 전자가 속된 것으로 금지의 대상이라면 후자는 성스러운 것으로 권고의 대상이다. 여기에서 특정 집단이 후자에 대한 이념적 확신이 강하면 강할수록 전자를 제거하기 위해 수단과 방법을 가리지 않고 사용하는데, 곧 폭력이고 그 가운데 가장 극단적인 것이 자살이라는 이름의 사회적 타살이다. 사띠와 자살특공대 조직이 바로 힌두 사회에서 이러한 현상이 가장 잘 드러난 현상이다.

13 라나지뜨 구하와 서발턴 역사학
: 식민지 역사의 새로운 재구성을 위하여

1. 머리말

서발턴 역사학은 1982년에 창간된 부정기 저널 『서발턴 연구: 남아시아의 사회와 역사에 관한 글』(*Subaltern Studies: Writings on South Asian History and Society*, 이후 『서발턴 연구』로 약함)을 시작으로 형성된 이래 기존 인도사 해석 중 가장 주요한 역사학의 위치를 차지하고 있던 식민주의 역사학, 민족주의 역사학, 마르크스주의 역사학이 갖는 엘리트주의와 서양 중심주의를 비판하면서 인도의 하위 주체 즉 서발턴을 중심으로 역사를 재구성해 보고자 한 역사학이다.

서발턴 연구 집단은 '1980년대 영미 학계에서 포스트식민 이론과 문화 연구에 관해 부상하는 여러 방법론들 가운데 가장 역동적인 부문'[1]으로 큰 주목을 받았다. 그리고 라나지뜨 구하(Ranajit Guha)는 『서발턴 연구』의 초기를 이끌어 오면서 포스트 식민 역사학에 큰 도전을 남긴 서발턴 연구 집단의 대표적 역사학자이다. 그는 식민지 인도의 농민 봉기 역사의 새로운 해석을 통해 '아래로부터의 역사(학)' 혹은 '민중사'를 새롭게 정립함으로써 제3세계 역사학의 한 전형을 구축하였다. 그들의 작업은 이른바 제3세계 역사 연구의 새로운 면모를 보여 주었다는 점에서 영미권의 전통적인 역사학계로부터 관심을 끌기도 했고, 인도와 마찬가지로 과거에 식민지를 경험했던 비서구 지역의 역사를 전공하는 연구자들에게 영향을 미쳐 1993년에는 '라틴아메리카서발턴연구집단'의 결성에 촉매가 되기도 했으며 1990년대 말에는 (포스트)식민주의 이론을 다루기 위해 창간된 새로운 저널들에서 주요한 논의의 대상으로 주목받고 있으며, 서발턴 역사학이 20세기 역사 이론들 중 하나의 중요한 경향으로 혹은 '서구의 역사 사상 영역들에 대한 도전들' 중 하나로 취급되고 있다.[2]

1922년 서벵갈에서 출생한 구하는 캘커타대학에서 역사학을 공부하면서 인도 공산당에 입당하여 활동한 현실 정치인이기도 하고 석사 학위를 마치고 난 후 노동자로 일선에서 투쟁한 활동가이기도 하다. 1958년 영국으로 건너가서 식민주의 역사학과 민족주의 역사학을 비판하는 문제와 함께 인도 농민 봉기의 역사를 어떻게 새롭게 재구성할 것인가에 대해 고민하고 토론하는 집단을 조직하였는데, 이것이 서발턴 연구 집단의 모태가 되었다. 그 후 1982년에 『서발턴 연구』가 창간되었고, 이어 1983년에는 그의 대표작 『식민지 인도 농민 봉기의 기초적 측면들』[3]이 출간되었다. 인도에서 서발턴 역사학이 일어나게 된 계기는 1960~70년대 인도 정치의 상황과 밀접한 관계가 있다. 1967년에 인도국민회의 정부에 대해 서벵골주의 낙살바리(Naxalbari)에서 벌어진 지속적인 농민 투쟁과 그 이후 계속된 인도 인민들의 투쟁 그리고 이에 대한 1977년 인디라 간디 정부의 비상계엄 선포와 그에 따른 강권 통치 그리고 그 후유증으로 인한 인도국민회의 정부의 총선 대패 등이 인도 사회에 민족주의적 성향에 대한 회의와 사회주의적 경향 강화를 낳았다. 이에 학계에서는 인도의 민주화를 이루기 위한 큰 틀에서 식민주의는 물론이고 민족주의 또한 현실 인민들의 실천적 역사를 제대로 반영하지 못하는 현실에 대해 크게 비판하면서 어떻게 하면 그들 실제 역사를 주체적 역사로 재구성할 수 있겠는가 하고 고민하였다. 젊은 역사학자들을 중심으로 톰슨(E. P. Thompson), 홉스봄(Eric Hobsbawm) 등의 '아래로부터의 역사'와 같은 마르크스주의 사회사에 대한 관심이 크게 증가한 것도 바로 이 무렵이었고, 구하도 그 가운데 한 사람이었다. 구하가 이들의 영향을 받은 것은 그가 『식민지 인도 농민 봉기의 기초적 측면들』에서 자신의 역사 이론에 대한 전거로 톰슨이나 홉스봄을 자주 인용하는 것을 통해 알 수 있다. 이러한 맥락에서 구하가 사용한 '서발턴'이 톰슨이 18세기 영국 사회를 기술하면서 '하층민'의 의미로 사용한 '플레비안'(plebeian)으로부터 어떠한 형태로든 영향을 받았을 것이라고 생각하는 것은 크게 무리가 아닐 것이다.

이러한 맥락에서 이 글은 최근 전통적 역사학에 대한 여러 형태의 도전이 팽배한 한국 역사학계 현실에서 역사란 무엇이고 그것은 어떻게 재구성해야 하는지 그리고 그 안에서 진보적 역사 기술은 어떻게 이루어야 하는가에 대한 고민을 하기 위한 한 모색으로 출발한다. 이는 인도 역사학이 식민주의 역사학으로부터 벗어나는 과정에서 민족주의와 마르크스주의 그리고 실증주의의 한계를 벗어나지 못하면서 포스트 모던 역사학의 거센 도전과 조우함으로써 역사학 정체성에 대한 논란이 형성되고 있다는 점이 한국 역사학계에 시사해주는 바가 크다는 점에서 또 하나 의미를 찾을 수 있다.

구하는 『서발턴 연구』의 1982년 제1집부터 1989년 제6집까지 책임 편집을 맡았다. 그런데 그가 책임 편집을 맡은 동안과 그 이후 즉 1990년 이후 서발턴 역사학은 그 성격에 상당한 차이를 보이고 있다는 주장이 제기되고 있다.[4] 그것은 1990년 이후 서발턴 역사학이 포스트 모던 역사학, '해체론', 페미니즘 등과 접목하면서 초기의 비판적 역사학의 성격으로부터 상당히 멀어지면서 발생한 현상이다. 따라서 서발턴 역사학의 성격을 규명하고자 하는 이 글은 그 범주를 1990년 이전으로 한정짓는다.

2. 구하의 역사 이론과 서발턴 개념

라나지뜨 구하(Ranajit Guha)에 의하면, 서발턴이란 사전적 의미로는 '하위 주체' 즉 '하층민'을 의미하지만, 서발턴 연구에서는 계급, 카스트, 연령, 성(gender), 직위 측면에서 남아시아 사회의 종속이라는 일반적인 특성에 대한 하나의 이름을 의미한다.[5] 그런데 힘없는 농촌 젠트리, 몰락한 지주, 부농, 중농 집단과 같이 자연스럽게 '인민'이나 '서발턴'에 속할 수 있는 자가 특정한 상황에서는 '엘리트'로 행동할 수 있기 때문에 '서발턴'은 근본적으로 모호함을 가지고 있다.[6] 따라서 구하가 보는 역사는 외래인이거나 토착민이거나 관계없이 지배적 위치에 있는 '엘리트'와 상대적 집단인 '서발턴'의 이분적 구조 하에서 이루어지는 역사다.

구하는 이러한 서발턴 역사 연구자가 견지해야 하는 관점과 그것이 추구해야 하는 과제를 기존 주류 역사학에 대한 비판을 통해 『서발턴 연구』 제1집의 첫 논문 「식민지 인도 역사학의 몇 가지 관점에 관하여」[7]에서 16개 항목으로 정리하였다. 이를 정리하면 기존 민족주의 역사학은 엘리트 영향하에 인도 인민들이 민족 운동에 참여하게 되었고 그 안에서 인민들의 자발적 정치 영역은 존재할 수가 없었다는 것이다. 따라서 그러한 구조하에서는 인민들이 일으키는 엘리트와 끊임없는 갈등, 인민들의 복잡하고 이질적인 행태, 인민들이 엘리트주의 양식 밖에서 행한 자율적인 역사를 재구성할 수 없다는 것이다. 따라서 구하에게 서발턴 역사학은 이러한 엘리트 역사로 날조된—지극히 비역사적인—일원론적 역사를 거부하고 엘리트 정치 영역과 동등한 차원에서 존재한 서발턴의 정치 영역을 인식하여 그를 토대로 새로이 역사를 재구성하고자 하는 것이다.

구하의 서발턴 역사학은 지금까지 인도사 서술에서 주류 위치를 차지하여 왔던 식민주의 역사학과 민족주의 역사학 그리고 마르크스주의 역사학이라는 거대 담론의 역사 만들기에 대한 비판이다. 그 가운데서 구하는 당시 마르크스주의 동료들이 취하고 있던 역사 왜곡의 태도에 대해서보다는 식민주의와 부르주아 민족주의의 엘리트주의에 더 큰 비판의 비중을 두었다.[8] 그의 역사학 비판은 1960년대 들어서 대두된 신식민주의 역사학과 민족주의 역사학의 논쟁 사이에서 배태되었다. 브룸필드(J. H. Broomfield), 실(Anil Seal), 갤러거(John Gallagher)와 같은 케임브리지 학파 민족주의 역사학자들은 인도 민족주의를 영국과 인도 민족 사이의 투쟁 역사가 아닌 영국 지배 안에 통합된 인도인들끼리의 경쟁과 협력의 산물로 인식하여 과거 식민주의 전통을 이어받았다.[9] 이에 대해 비빤 짠드라(Bipan Chandra), 데사이(A. R. Desai)와 같은 (마르크스주의) 민족주의 역사학자는 인도 사회의 모든 퇴행의 원인은 전적으로 영국 식민주의이고 따라서 당시 인도인의 투쟁은 카스트나 지주 등에 대한 것은 없고 오로지 반영 제국주의 민족 운동 뿐이었다고 주장하였다.[10] 구하의 서발턴 역사학은 이 두 주장에 대한 비판으로 시작된 것이다. 구하는 식민주의와 민족주의 역사학은 두말할 필요도 없고 마르크스 역사학자들조차 식민지에서 서발턴의 농민 봉기를 뚜렷한 정치의식과 프로그램을 갖지 못한 자연 발생적인 반란으로 취급하여 온 것에 대해 특히 불만을 제기하였다. 마르크스주의 역사학자에 따르면, 식민지 농민들은 전근대적이고 후진적인 의식을 갖고 있었기 때문에 그들의 농민 봉기는 지주나 고리대금업자의 횡포에 맞선 개인의 원한 차원이었고 그것이 몇 단계를 거치면서 민족주의 운동과 연계되는 선정치적인(pre-political) 성격이었으니 나중에 주체적 계급투쟁의 역사로 전유되었다.[11] 마르크스주의 역사학은 식민주의와 민족주의 역사학을 주류 역사학에서 밀어낸 긍정적인 역할을 하였지만 결국 그 또한 민족주의자들의 '민족'을 '계급'으로 대체한 역사 환원론일 뿐이었던 것이다. 결국 셋 모두 역사를 엘리트에 의해 이루어진 단일한 것으로 보았으니 그 안에 실재하는 복합적이고 이질적인 서발턴의 역사는 재현하지 못하였다. 인민 즉 서발턴의 역사는 실제로는 엘리트의 헤게모니에 포섭되지 않은 채 독자적 영역을—그것이 비록 균질적이고 본질적인 것은 아니라 하더라도—확보하고 있었음에도 불구하고 엘리트에 의해 하나의 역사 안으로 강제 수용되어 그 일원론적 역사 안에 엮혀 버린 것이다.

궁극적으로 구하는 역사를 단일한(특히 서구 근대 역사 중심의) 것으로 보지 않는다. 그는 지금 세계사(World-History)는 실제 존재하고 있는 여러 가지 역사를 버리고 그 위에서 성립된 단 하나의 특정 장르 역사일 뿐이라고 주장한다. 그는 그러한 과정을 통해 그 특정 장르의 역사로부터 배제된 역사는 '역사가 없는'(historyless) 것으로 치부되어 버리고 이를 통해 그 안에서 존재하는 인민들의 역사와 문화는 모두 폐기 처분되어 버린다고 주장하고 있다.[12] 이러한 그의 역사관은 식민지 인도 역사관에서 더욱 잘 드러난다. 구하는 기존의 주류 역사학의 한계는 시민 사회(Civil Society), 민족(Nation), 국가(State)의 삼자를 모두 동일시하는 엘리트 중심의 역사관에 있다고 주장한다. 그것은 실제로는 근대 국민/민족 국가가 성장하면서 부르주아가 지배 계급으로 등장하고 모든 권력 관계가 그 안에서 하나로 통합됨으로써 만들어진 일반화 개념 안에서 학문의 상식이 되어 버린 것일 뿐이라고 하였다.[13] 구하는 이는 설득이 강제보다 우세한 엘리트 정치 영역을 의미하고 그 안에서 부르주아의 헤게모니적 지배가 가능한 반면 피식민 국가에서는 강제가 설득보다 우세하므로 비헤게모니적이고 따라서 시민 사회를 국가에 통합시킬 수 없으며 결국 부르주아 문화가 토착 문화를 완전 동화하는 데 실패했다고 주장한다.[14] 그러한 식민주의의 전략이 갖는 고효율성으로 인해 피설득자 즉 식민지하의 지식인들은 그러한 르네상스 유럽이 발명한 역사의 단일성에 의거하여 식민지 버전의 세계사를 창출해 낸 것이다.[15] 구하는 이러한 점에서 영국이 아시아에서 거둔 가장 큰 성과는 다름 아닌 이러한 식민주의 역사학이라고 주장한다. 그 안에서 인도 역사는 모두 선사(先史)로 폐기되면서 세계사 안으로 편입되었다. 그 결과 인도의 과거는 결국 식민, 독립, 식민후의 역사를 축으로 하는 역사로 쓰이게 된다.[16] 이러한 현상은 민족주의나 마르크스주의에서나 할 것 없이 모두 동일하게 나타난다.

3. 구하의 인도 식민지 역사 재구성

구하는 역사적 사건들이 순차적으로 배열되는 구성 방식, 그 과정에서 주인공들이 합리적으로 역사적 상황에 대응하는 역사 서술 방식, 역사적 사건들과 인간들의 행위가 일정한 질서에 따라 인과적 연쇄를 이루면서 전진하는 역사 진행 과정 등에서 주체와 객체의 기계적인 변증법, 진화주의적이고 단선적인 역사 과정, 역사에 대한 목적론적인 해석 등에 의한 역사 서술을 연구자에 의한 역사의 통제로 규정한다.[17] 구하는 역사의 과정을 서술 대상으로 삼지 않고 사건 자체의 '일반적 형태' 그리고 그 사건들을 만들고 이끌었던 서발턴 주인공들의 '의식'을 서술 대상으로 삼고 있다. 이러한 역사관은 민족주의 역사학과 마르크스주의 역사학의 일률적인 민족/계급 환원론에 대한 비판으로부터 비롯된 것이다. 구하는 봉기를 일으키는 농민들은 민족주의자들이나 마르크스주의자들이 주장하는 바와 같이 목적 지향적이지도 않고, 합리적이지도 않다는 것이다. 농민들이 민족 운동에 참여한 것은 일정 부분 사실이지만 그것은 농민들이 선택적으로 참여하였을 뿐 민족주의자들의 이념적이고 실질적인 논쟁에 참여한 것은 아니었다.[18] 그것이 바로 구하가 말하는 그들 나름대로 자율성과 창조성을 띤 고유의 정치 의식인 것이다.

이러한 그의 역사 서술의 구체적 예는 『식민지 인도 농민 봉기의 기초적 측면들』에 그대로 나타나 있다. 그 가운데 가장 중요한 것은 과연 식민지 농민들에게 정치의식이 존재하였는가에 대한 문제이다. 구하는 식민지 농민 의식의 기초를 당시 그들을 억압하였던 삼두(三頭) 권력—행정가(sarkar), 고리대금업자(sadhukar), 지주(zamindar)—에 대한 부정적 인식 즉 그들과 차이에 대한 인식을 통해 자신들의 정체성을 찾는 것에 두었다.[19] 그런데 이러한 부정적인 인식은 자신의 언어가 아닌 그들의 언어를 빌려 온 것을 통해 나타나므로 그들이 추구하는 바는 결국 봉건적 담론에 갇힐 수밖에 없는 것이다. 결국 구하는 식민지 농민들이 그들 지배 권력의 경제적 착취에 대해 그들 자율적으로 정치를 한 것으로 보고,[20] 이를 그들 고유의 서발터니티(subalternity)로 본 것이다.

그가 『식민지 인도 농민 봉기의 기초적 측면들』을 통해 그러한 서발턴 농민의 봉기를 연대기 혹은 '역사'로 재구성하지 않고, 다만 몇 가지 '기초적 측면들'을 통해 설명한 것은 바로 이 농민들의 비합리적-비연대기적 역사성으로 인해서인 것이다. 『식민지 인도 농민 봉기의 기초적 측면들』은 1783년부터 1900년까지 117년 동안 식민지 인도에서 발생한 크고 작은 110개의 농민 봉기들의 역사를 서술하고 있다. 이 책이 다루는 것은 117년 동안 일어난 봉기의 역사를 연대기적 재구성이 아니라 그 동안 일어난 비체계적이고 혼합적인 여러 사건들 가운데서 '부정(negation)', '모호함(ambiguity)', '양상(modality)', '연대(solidarity)', '전파(transmission)', '영토성(territoriality)'과 같은 일곱 개의 '기초적 측면들'이다. 따라서 기간의 하한선인 1900년도 또한 다른 민족주의나 마르크스주의 역사에서 기술하듯 특별한 의미를 가지고 있는 특정 연도가 될 수 없다. 구하가 식민지 시대 농민 봉기의 역사 서술에서 1900년을 하한으로 삼은 것은 단순히 보여 주기 편하게 하기 위한 것으로 전체적으로 볼 때 농민 봉기가 로울라뜨 사띠야그라하(Rowlatt Satyagraha) 운동, 인도 철수(Quit India) 운동 등과 같은 후대 정치에 물들지 않은 순수한 상태의 행동 양식을 보여 주기 위해서였다고 말했다.[21] 구하가 이러한 방식으로 역사 서술을 시도한 것은 농민의 의식을 농민 자신의 것으로, 농민 봉기를 농민의 논리로 재현하기 위함이다. 다시 말해 구하는 하나의 일반적 형태로서 농민 봉기라는 역사적 구성물의 구성 요소들을 설명하기 위해 크고 작은 여러 봉기들을 세밀하게 관찰한 후 그로부터 특정한 개념들을 추상하여 그 개념들로 설명될 수 있는 농민들의 특정한 행동과 의식을 다시 각각의 봉기들에서 끄집어내어 구체적으로 서술하고 있는 것이다.

그러면 이러한 '기초적 측면들'을 추출해 내고 그것들을 개념화하기 위해서 역사학자는 어떻게 해야 하는가? 농민 봉기에 관한 농민의 목소리를 역사에서 재구성하려면, 그들 의식과 목소리를 담은 사료가 절대적으로 필요한데, 그들은 본질적으로 서발턴의 위치에 있기 때문에 그 기록이 절대적으로 있을 수 없다. 서발턴에 관해 남겨진 사료의 대부분은 법원 판결문, 행정 기록, 경찰 보고서, 군대 전문, 회계 기록과 같은 공식 서류든 신문, 사신(私信), 일기 등 비공식 사료 모두 엘리트 시각에 의해 작성된 것일 뿐이다. 서발턴은 즉 농민이나 노동자는 재화와 용역은 생산하지만 기록은 남기지 못하는 사람들로 실제로는 역사의 주체이면서도 기록을 남기지 않았고, 기록을 남긴 자는 영국인과 같은 외래인이든 아니면 비록 식민 지배 아래 있던 토착민이든 관계없이 모두 엘리트로 동일하다. 엘리트들의 기록은 그 형식과 관계없이 농민 문화나 그들이 일으킨 봉기와 같은 행동에 대해 심한 편견을 가지고 있다.

그렇다면 그런 사료 부족 상태에서 농민 봉기 역사와 농민의 의식을 농민적 관점에서 어떻게 재현할 수 있을 것인가? 이에 대해 구하는 대부분 사료에 기록되어 있는 농민 봉기라는 역사적 현상은 봉기를 진압하는 관점에서 만들어져 있다는 점을 간파하고 있다. 즉, 엘리트들이 봉기를 일으킨 농민을 적대적으로 인식하는 그 '굴절된 거울에 잡힌 이미지'를 적극적으로 활용할 것을 주문하고 있는 것이다. 그 굴절된 이미지에는 하나의 논리, 즉 농민들과 그들의 적의 대립을 식민지 지배하에 있는 반(半)봉건적인 사회에서 상호 적대적인 요소들의 대립으로 간주하는 논리가 존재하므로 그 둘 사이에는 분명히 모순이 존재하고 따라서 그 이미지를 만들어 내는 담론에 기입되어 있는 것들은 전복시켜 읽혀져야 한다는 것이다.[22] 따라서 역사가는 그 사료들의 결을 거슬러 읽어 내는 새로운 방식의 독해를 통해 가능하다고 보고 있다. 여기에서 구하는 그들이 당시에 가졌던 사고와 행위가 철저하게 그들을 지배하였던 권력으로부터 '빌려 온 언어' 즉 친족 관계, 지연, 종교성, 카스트 등과 같은 반봉건적인 언어로 기획되었음을 지적하고 있다. 역사가에게 남겨진 사료가 기호 체계라면 그것은 분명 새로운 방식의 독해를 통해서만 의미를 파악할 수 있다는 것은 당연한 이치다.

구하의 「反봉기의 산문」[23]은 바로 이러한 전복의 독해와 같은 사료 비평을 통해 어떻게 역사학이 실재하는 역사를 규명할 수 있는가에 대해 보여 주고 있다. 구하에 따르면 식민 인도의 농민 봉기에 관한 역사 서술은 크게 1차 담론, 2차 담론 그리고 3차 담론으로 나눌 수 있다. 그 가운데 1차 담론은 당시 사건에 대한 기록으로 행정가, 군인 등이 기록한 공적인 것과 선교사, 상인, 기술자 등과 같은 반(半) 공적인 것으로서 백인이 남긴 것과 지주, 고리대금업자 등의 토착민이 남긴 기록으로 되어 있는데 철저하게 왜곡되어 나타나므로 그 구조 안에서 표현된 여러 의미들은 본질적 의미로 재현되어야 한다는 것이다. 예를 들면, '난동자'는 '농민'으로, '광신주의'는 '순수 이슬람'으로, '국가의 권위에 대한 도전'은 '지주제에 대한 항거'로, '그들의 신이 왕으로서 통치하는 것'은 '산탈 부족 자치' 등으로 재현되어야 한다고 주장한다.[24] 2차 담론은 일정 기간의 시간이 지난 후에 회상하는 기록으로 철저하게 비유적 표현을 사용한다는 특성을 지니고 있다. 그 구조 안에서 과거에 대한 향수는 자신들의 통치와 관련된 것은 아름답고 선하게 묘사하고 그에 대해 항거하는 폭력은 나쁘고 악하게 묘사하는 이항 대립 구조로 이루어져 있다.[25] 3차 담론은 농민 봉기를 '인도에서 영국의 작품' 혹은 독립과 사회주의를 향한 기나긴 운동의 축으로 구성하려는 의도를 가진 것으로 평가하였다.[26] 구하는 이 3차 담론 비판을 통해 마르크스주의 농민 봉기에 대한 자신들의 단계적 역사에 의한 전유되는 존재로 재현되는 역사 해석에 대해 분명한 반대 입장을 취하였다.

구하가 문예 비평을 통한 새로운 독해 방식으로 서발턴의 실재하는 역사를 재구성하는 글 가운데 가장 뛰어난 것으로 「짠드라의 죽음」[27]이 있다. 이 글은 식민 시기(1849년) 벵갈의 한 마을에서 일어난 바드기(Bhadgi)라는 한 불가촉민 집단에서 짠드라라는 한 미혼 여성의 애정 행각과 임신, 강제 유산 그리고 죽음이라는 일련의 사건에 관한 것이다. 이 글을 통해 구하는 그 마을의 불가촉민 여성들이 당시 브라만 상층 카스트—식민 지배하에 있는 토착민이지만 여전히 지배적 위치에 있던—들이 불가촉민 여성에게만 일방적으로 죄에 대한 책임—출산 금지와 추방—을 부과한 것에 대해 강제 유산과 그로 인한 불의의 죽음이라는 미시적 사건을 통해 당시 하층 카스트 여성이 또 다른 지배자인 가부장제 남성 사회의 전통적 도덕법에 어떻게 저항하는지를 사료의 새로운 독해를 통해 보여 주고 있다. 이 글에서 저자는 파편으로 남겨진 사료에서 당시 불가촉민이자 여성인 서발턴(즉 짠드라가 속한 친족 집단의 여성들)이 브라만 상층 카스트의 전통 도덕법을 동원한 폭압에 대해 심한 공포를 느꼈고, 이를 친족 집단의 연대를 통해 폭압에 저항하였음을 보여 준다. 또 그 과정에서 짠드라와 성관계를 가짐으로써 분명한 또 하나의 책임 주체인 마그람(Magram)은 불가촉민으로 피착취민에 속하면서도 가부장적 남성 중심 체제에서는 불가촉민 여성이라는 서발턴에 대해서는 지배적 위치에 속해 있다는 새로운 역사적 사실을 보여 주고 있다. 즉, 구하는 이 작업을 통해 지금까지 엘리트주의 역사학이 규정하는 것과는 달리 자발적이고, 집단적이었으며, 주체적이었고, 저항적이었다. 그리고 그 가운데서 상당한 연대의식을 가지고 있었다는 사실을 보여 주고 있다. 구하는 그 저항의 모습이 "만 천하에 공개적으로 알리는 무장 투쟁을 통한 것이 아니고 자신의 소유물인 여성의 육체에 대해 전적인 소유권 행사를 하여—결국 의도하지 않은 죽음을 맞이하지만—'살아 있는 죽음'을 거부함으로써 당시 팽배한 남성 중심 사회에 대해 눈에 보이고 큰 목소리로 항거하였음[28]을 분명한 어조로 밝히고 있다.

서발턴 역사 재구성을 위해 필요한 사료는 절대적으로 부족하다. 역사가가 아무리 결을 거슬러 읽는 독해를 통해 서발턴 역사를 재구성하려 한다 해도 그 사료는 절대적으로 부족한 것이 사실이다. 이에 대해 구하는 민담 등 민속학적 자료를 적극적으로 발굴해야 함을 주장하고 있다. 구하에게 민담은 구전 상태에 있든 아니면 문자로 옮겨져 있든 관계없이 역사가에게는 더할 나위 없이 중요한 자료이다. 하지만 이 또한 기록보다는 낫다 할 수 있지만 엘리트적 시각에 따라 서발턴에 적대감으로 만들어진 것이 많다. 경제적으로 몰락해 빈농의 위치에 있지만 그래도 여전히 상층 카스트 의식을 가지고 있는 자들이 민담 형성에 적극적인 역할을 하기 때문이다. 그래서 민담 또한 서발턴에 적대적 입장을 가진 것이 많다.[29] 하지만 그 어떤 경우라도 민담과 같은 민속 자료가 서발턴 역사 재구성에 중요한 역할을 하는 것에 대해서는 의심할 여지가 없을 것이다.

따라서 기록의 파편과 민담으로도 부족할 수밖에 없는 서발턴에 대한 자료는 그들의 목소리를 통해 또 보충해야 한다. 구하는 그의 글에서 '기억'에 대해 특별한 언급을 하지는 않았지만, '기억'이 서발턴 역사를 재구성하는 데 중요한 자료일 것이라고 생각하였을 것에 대해서는 의심할 필요가 없을 것 같다. 구하와 같은 서발턴 연구자인 샤히드 아민(Shahid Amin)은 서발턴 역사학이 역사를 주체적으로 재구성하기 위해서는 '자백'과 '증언'을 잘 정리하여 사료로 삼을 수 있도록 익혀야 한다고 주장하고 있다.[30] 이런 의미에서 '기억'은 또 하나의 파편화된 기록이다. 기억은 구전과 함께 사료의 중요한 형태 중 하나임에는 분명하나 그것을 드러내는 주체에 따라 달리 나타나면서 그 인과 관계나 전개 과정이 일정하지 않기 때문에 하나로 표준화된 역사(History)로부터 거부당하고 있다. 이는 기억의 주체는 민족이나 계급과 같이 거대 담론에 의해 규정되는 것이 아니라 사건에 따라 가변적으로 형성되는 존재라는 사실과도 통한다. 그 기억의 주체는 시간과 장소 혹은 기타 여러 가지 상황

변수로 인해 각각이 다른 모습을 가지고 있다. 기억은 형태나 의미에서 일정한 성격을 유지하는 것으로 일반화할 수 있는 성질의 것이 아닌 것이다. 이것이 기억만이 갖는 사료로서 중요한 특성이다. 기억에 의한 역사 재구성의 신속한 수행이 매우 절실하게 요구되고 있는 것은 이런 맥락에서이다.

이런 측면에서 볼 때 기억은 분명 비근대적인 것이고 비체계적이며 비과학적이다. '역사'가 곧 문명의 소산이라는 근대성의 관점에서 보면, 기억은 바로 그 문명과 대척되는 개념 즉 '폭력'의 소산일 수 있다. 이를 다시 말하면 '역사'에 의해 '반문명'으로 규정되는 '폭력'은 결국 '역사'가 다룰 수 없는 영역인 셈이고 결국 비역사 즉 기억을 통해 재구성될 수밖에 없는 것이다.[31] 폭력이야말로 근대성으로 표준화된 하나의 '역사'가 아닌 개개의 이질적 '역사들'을 살려내는 데 가장 적합한 공간이고 그것을 실행하는 데 기억이 가장 유효한 방편이라는 것을 의미하는 것이다. 구하를 비롯한 초기 서발턴 역사가들이 유독 '폭력'에 관심을 가진 것은 바로 이러한 이유에서이다.

식민 시기의 봉기나 분단 공간의 폭력은 차치하고라도 불과 20년 전인 1984년에 발생한 시크교도 학살에 대해서조차도 대부분 당사자들이 기억을 통한 역사적 사실 재현의 작업을 거부하는 것은 그 폭력들이 국가와 관련을 가지고 있다는 사실과 그 사건의 범죄자들이 여전히 주류 위치에 서 있다는 것을 알고 있기 때문이다. 개인의 '작은 사건'은 국가나 사회 혹은 민족의 그 어떠한 역사보다도 더 지대한 역사적 의미를 가지고 있지만, 폭력이 발생한 후 가해자가 여전히 유지하는 헤게모니로 인해 피해자는 빨리 그 사실을 망각해야 하는 것으로 집단 강요당한다. 그리고 그 폭력의 진실은 기존 주류 역사에 의해 민족이나 국가의 이름으로 은폐 · 왜곡되고 있다. 그 거대 담론 안에서 작은 사건은 항상 큰 역사가 추동하는 '정상적'이고 '원만한' 질서 형성에 역행하는 반사회적이고 반역사적인 것으로 치부될 수밖에 없다. 빤데이(Gyanendra Pandey)가 폭력을 공동체적인 것으로(그리고 공동체 또한 폭력적이라는 것으로) 규정하는 것은[32] 바로 이러한 논리에서이다. 폭력 이후 현재까지 공동체가 강건히 유지된다는 것은 그 폭력이 현재까지 지속적으로 행사되고 있다는 말과 동일하다. 이는 당사자들과 그 자손들이 정신적 외상으로부터 벗어나고자 기억의 유지에 심한 거부감을 가지고 있는 중에 그 당사자들이 사건 발생 이후 50여 년이 지나면서 점차 사라지고 있는 상황 속에서 진실이 영원히 은폐되고 있다는 말과 동일한 의미를 가진다.

서발턴의 기억을 통한 역사 재구성의 좋은 예는 샤히드 아민의 『사건, 메타포, 기억: 짜우리 짜우라 1922~1999』[33]를 들 수 있다. 아민은 1922년 짜우리 짜우라 마을에서 일어난 봉기가 지난 70여 년 동안 정치 지배 이데올로기에 따라 한편으로는 범죄로 취급받고 또 다른 편에서는 독립 투쟁으로 평가를 받고 있는 역사 속에서 문제 해결의 단초를 찾고 있다. 그는 그 사건의 평범한 실재를 재현하기 위해 봉기 가담자의 친인척을 광범위하게 인터뷰하면서 기억을 통한 역사 재구성을 시도하였다. 또 다른 예로 싱어(Wendy Singer)를 들 수 있다. 싱어는 『역사 창출하기: 구술 서사와 역사 만들기의 정치학』[34]에서 빤돌(Pandaul)과 다르방가(Darbhanga) 지역에서 일어난 농민 봉기와 여성 운동의 과정에서 각각의 사적 필요성이 민족주의 내지는 독립 투쟁으로 재현되는 공적 필요성으로 인해 역사 만들기로 자리 잡았음을 밝히고 있다. 현지 조사를 통해 기억을 되살려 비판적으로 읽어 내고 망각을 발생시킨 집합적 문화를 비판적으로 분석하는 것이다. 싱어는 그 과정에서 기록과 구술 서사에 대한 비판과 의심 그리고 상호 소통의 필요성을 구체적으로 적시하면서 특히 구술 서사가 역사 만들기로서 어떻게 작용하는가를 보여 주고 있다.

하지만 이러한 현지 조사 방법 또한 일정한 한계를 지니고 있다. 그것은 인터뷰 대상 당사자들이 과연 어느 정도로 실재를 기억해 낼 수 있는가, 그 기억은 얼마나 외부의 왜곡과 내부의 편견으로부터 독립적일 수 있는가, 기록과 기억이 상충될 때 발생하는 모순은 어떻게 해결할 수 있는가 등에 관한 문제를 쉽게 해결할 수가 없기 때문이다. 이는 기억이 갖는 부정확하고 편협한 본성으로 인해 발생하는 문제이다. 하지만 설사 인류학적 현지 조사를 통한 기억과 망각에 대한 비판적 독해 그리고 그와 기록과의 소통을 통한 역사 재구성이 일정한 한계를 지니고 있는 것임에는 분명하지만 그것을 통해 조금이라도 더 실재하는 역사를 재구성할 수 있다는 사실이 더 중요하다.

4. 맺음말 : 구하의 서발턴 역사학이 갖는 한계와 의미

구하의 서발턴 역사학이 안고 있는 가장 본질적인 문제는 역시 서발턴의 정체성 즉 서발터니티에 관한 것이다. 서발턴은 그 존재 자체가 시간과 공간 그리고 상황 변화에 따라 또 다른 서발턴을 만들어낸다거나 '아래'에서 '위'로의 전위를 통해 서발터니티 존재 자체를 의심하게 한다거나 혹은 상황에 따라 그 둘 혹은 그 이상의 성격이 혼합되어 나타나는 존재다. 그런데 인도(혹은 남아시아)에서 식민-포스트 식민의 시기를 보면, 서발턴의 성격을 규정하는 요소들이 서발턴 연구자들이 제시하고 있는 계급, 카스트, 性(gender), 나이, 직위뿐만 아니라 근대성 · 종교 · 교육 · 지역 · 부족 등에 따라 매우 다양하게 변화한다. 그렇다면 그렇게 가변적이고 우발적인 서발턴의 존재를 제대로 파악하고 나아가 그들의 실재하는 역사로 재구성하는 것이 과연 가능하겠는가 하는 점이다. 가능하다면 그것을 어떤 방식으로 할 수 있을 것이고 가능하지 않다면 결국 우리는 역사학의 부재 혹은 해체론까지 가야 하는 것인가 하는 문제에 봉착할 수밖에 없을 것이다. 이와 관련하여 우리는 같은 서발턴 연구 집단에 속하면서 가장 반(反) 구하의 서발턴 역사학의 입장을 견지하는 가야뜨리 짜끄라워르띠 스삐왁(Gayatri Chakravorti Spivak)에 주목할 필요가 있다. 스삐왁은 구하가 말하는 순수 상태의 서발턴의 존재를 부인한다. 그는 서발턴은 결코 말할 수 없다고 단언하고 있는데 이는 서발턴이라는 것이 '단호한 힘과 완전한 자율성'을 지닌 존재가 될 수 없기 때문이라고 한다.[35] 스삐왁은 구하를 본질론적이라고 비판하면서, 서발턴이라는 존재 자체를 부인하고 있기 때문에 서발턴의 역사를 있는 그대로 복원하기란 불가능하다고 말한다.[36] 결국 스삐왁은 서발턴 연구도 일정한 역사적 실체를 반영하고 있는 민족이라든가 계급 혹은 생산 양식과 같은 개념들을 역사 서술의 중심축에 두고 그것들이 표상하고 있는 자율적 주체 혹은 특정한 구조의 본질이 시간이 지나면서 더 완전하게 구현되어나가는 과정으로 역사를 이해하여 온 전통적인 역하학과 유사한 측면이 있음을 공격한 것이다.[37]

구하의 서발턴 역사학은 스삐왁과 같은 포스트 모던주의 혹은 해체론자에 의해서만 비판을 받는 것이 아니라 마르크스주의 역사학자들로부터도 호된 비판을 받고 있다. 그 가운데 대표 주자인 오핸런(Rosalin O'Hanlon)은 구하의 서발턴의 자율성에 관한 논의는 그것이 가지고 있는 문제의식과는 달리 현실에 엄존하는 '권력'에 관한 논의가 되지 못하고 있으므로 그람시적이지도 못하고 마르크스적이지도 못하다고 비판하고, 더불어 서발턴의 행위자는 결국 남성이기 때문에 남성 중심의 편향적인 것이라고 비판하였다.[38]

이와 관련하여 특기할 만한 비판으로 초기에 구하와 같이 집단의 일원으로 참여한 바 있는 수미뜨 사르까르(Sumit Sarkar) 입장을 들어볼 필요가 있다. 사르까르는 구하의 역사관 문제는, 오핸런과 마찬가지로, 그가 가지고 있는 이분법의 모순에서 비롯됨을 지적하고 있다. 그는 역사라는 것을 과연 구하가 주장하는 바와 같이 엘리트/서발턴, 식민지/토착 공동체, 서구/제3세계 등으로 나누어 기술하는 것이 가능한지에 대해[39] 문제 제기를 하고 있다.[40] 이는 결국 구하의 '서발턴'이라는 존재가 가지고 있는 본질적인 문제인데 '서발턴'이 합리적이고 집단적인 것이 아닌 자율적이고 파편화된 개인적인 존재이기 때문이다. '서발턴'이 그런 성격의 존재라면 결국 현실 역사에서 엄연히 존재하는 계급이나 물질적 관계에 대한 분석을 부정할 수밖에 없고, 그로 인해 인민을 억압하고 있는 현존하는 자본주의 체제에 대한 분석을 방해할 수밖에 없을 것이기 때문이다. 사르까르는, 구하의 '서발턴'이 갖는 이러한 한계로 인해 그의 서발턴 역사학은 애초에는 마르크스주의를 지향했으나 에드워드 사이드(Edward Said)의 오리엔탈리즘, 호미 바바(Homi Bhabha)의 식민 담론 분석, 스삐왁의 해체론과 같은 포스트 모던 학문과 접목하면서 원래 지향했던 바를 상실하여 잘못된 길로 가고 있다고 지적하고 있다.[41] 이러한 서발턴 연구의 태도 변화에 실망한 사르까르는 6집 이후부터는 서발턴 연구 집단에서 탈퇴하였다.

구하의 서발턴 역사학은 여러 가지 한계에도 불구하고 몇 가지 중요한 의미를 남기고 있다. 그 가운데서 으뜸은 역사를 하나의 총체적인 것에서 벗어나 여러 이질적이고 다양한 것들로 재구성할 수 있는 가능성을 열었다는 점이다. 사실 이러한 역사학은 이미 서양의 포스트 모던 역사학에서 유사하게 시도된 바 있긴 하지만, 그 다양한 소문자의 역사들 가운데서 서양의 식민주의를 벗어나는 역사학이라는 사실과 그 역사학이 유럽과 미국의 역사학 계보에서 벗어나 피식민지(혹은 여전한 포스트 식민지) 상황의 인도사에서 주체적으로 발생하였다는 점에서 큰 의의를 찾을 수가 있다.[42]

하지만 더 중요한 의미를 갖는 것은, 역사학자가 역사를 재구성하는데 적극적으로 참여하고 그 속에서 그 과정과 방법을 밝히는 것이다. 즉 이는 서발턴 역사학이 적극적으로 연구 주제 혹은 사료를 창출하고 이를 새롭게 독해하는 것을 의미함으로써 역사학 담론의 새 지평을 열었음을 의미한다. 구하는 서발턴의 역사를 재구성하기 위하여 루머, 소요, 관습, 전설, 풍토, 서식지, 환경 등 전통적 의미의 사료를 둘러싼 다양한 종류의 사료를 널리 활용하고 있다. 구하를 비롯한 서발턴 역사학자들은 여러 기록의 파편들과 함께 고전적 의미의 역사학에서 사료의 범주에 포함하지 않는 기억과 주변의 다양한 풍토에 관련한 실마리들까지 모으고 그것을 토대로 하여 구체적인 작은 사건들을 역사로 재구성하고 있다. 구하가 주장한 역사의 비(非)연대기적 체계화에 대해 반대하는 사람들조차 그가 행한 특정 주제와 운동에—소문의 역할, 범죄와 봉기의 상호 관계와 차이 혹은 산탈족의 반란과 1857년 격변의 여러 측면들 등—대한 분석만큼은 그 가치를 인정하고 있는 것은[43] 이런 점에서이다.

역사학이 태생적으로 안고 있는 과거에 대한 모호함의 한계를 극복하기 위해서는 구하를 비롯한 서발턴 역사학자들이 현지조사로서 행한 면담, 대화, 토론 등을 통해 다만 기억 속에 숨겨져 있을 뿐 어디에도 남겨져 있지 않은 오래되었지만 당시 사건에 관한 이야기를 유도하여 추출해 내고 남겨진 문헌 자료들을 문예 비평적 시각으로 재해석하는 방법은 인도 외 식민 역사 연구의 중요한 길잡이가 될 것이다. 구하를 비롯한 초기 서발턴 역사학자들이 관심을 가졌던 '서발턴' 즉 하층 농민, 도시 노동자, 부족, 하층 카스트 등에 관한 역사 연구는 인도 외에서도 고려해 볼 만한 식민지 역사학의 새 지평일 것으로 판단하는 것은 이런 점에서이다.

주

1장 _ 힌두교와 카스트 사회 구조 간의 역사적 상호성

1 Emile Senart, *Caste in India : The Facts and the System*, Sir E. Dension(역) (Delhi : Ess Publication, 초판 1930), 13쪽.

2 J. L. Brockington, *The Sacred Thread : Hinduism in its Continuity and Diversity* (Edinburgh : Edinburgh University Press, 1981), 4~6쪽.

3 N. C. Chaudhuri, *Hinduism : A Religion to Live By* (London : Oxford University Press, 1979), 1~10쪽.

4 Brian K. Smith, *Classifying the Universe ; Ancient Indian Varna System and the Origin of Caste* (New York : Oxford University Press, 1994), 10~13쪽.

5 N. N. Bhattacharya, *Indian Religious Historiography* (New Delhi : Munshiram Manoharlal, 1996), ix쪽.

6 H. H. Gerth & Don Martindale(편역) *The Religion of India : The Sociology of Hinduism and Buddhism* (Glencoe : Free Press, 1958), 112쪽.

7 이광수, 「힌두교에서 사랑의 의미 : 박띠(bhakti)와 고대 인도 사회와의 관계를 중심으로, 『석당논총』 19집, 1993, 231쪽.

8 김경학 · 이광수, 「소복합(cow complex)을 통한 인도 사회 · 문화의 이해」, 『지역연구』 제5권 제3호. 150~151쪽.

9 Manu Smriti, X.123

10 *Vasishtha Grihyasutra*, II.42 ; *Baudhayana Grihyasutra*, 1.5.80.23.

11 참조. D. C. Sircar, *Select Inscriptions Bearing on Indian Civilization* (Calcutta : University of Calcutta Press, 1965) vol.I, bk.II.ch.I.no.59 ; no.82

12 *Baudhayana Grihya Sutra*, I.5.10.24.

13 *Vasishtha Grihya Sutra*, II.24~6

14 *Apastamba Grihya Sutra*, 1.7.20.11~6.

15 *Gautama Grihya Sutra*, 10.5~6.

16 더 자세한 것을 알고자 하면, 기원전 6세기의 경우는 R. Fick, *The Social Organization in North-East India in Buddha's Time* (Calcutta : University of calcutta Press, 1920)를, 기원 초기의 경우는 D. D. Kosambi, 'Dhenukakata,' *On History and Society : Problems of Interpretation* (Bombay : University of Bombay Press,

1985) ; H. P. Ray, *Monastery and Guild : Commerce under the Satavahanas* (Delhi : Oxford University Press Press, 1986)를, 그리고 기원 10세기부터 13세기 사이 경우 R. N. Nandi, 'Revival of Market Economy and the Origin of Virashaiva Movement,' *Social Roots of Religion in Ancient India* (Calcutta : K. P. Bagchi, 1986)를 참조하기 바람.

17 R. S. Sharma, *Indian Feudalism* (Delhi : MacMillan, 1965), 214쪽.

18 *Manu Smriti*, 4. 258.

19 *Manu Smriti*, 5.59~88, 97~100, 135.

20 *Manu Smriti*, 9.313~322.

21 *Manu Smriti*, 10.43~45.

22 이광수, 「고대 인도에서의 신화와 권력의 정당화」, 『부산사학』 30집, 219쪽. 이 책 두 번째 글

23 A. K. Warder, 'Feudalism and Mahayana Buddhism,' R. S. Sharma(편), *Indian Society : Historical Probings in Memory of D.D.Kosambi* (Delhi : People's Publishing House, 1974), 170쪽.

2장 _ 고대 인도에서 신화와 권력의 정당화

1 Romila Thapar, 'The Tradition of Historical Writing in Early India,' in Romila Thapar, *Ancient Indian Social History* (New Delhi : Orient Longman, 1978), 268쪽.

2 힌두 사회의 신분을 의미하는 용어로 우리가 흔히 사용하는 '카스트'는 포루투갈인이 처음 사용한 포루투갈어에 어원을 두고 있는 용어이다. 힌두교도들은 바르나(varna)와 함께 자띠(jati) 개념을 가지고 인도의 사회 구성을 설명한다. 이 중 바르나는 色을 의미하는 사회 구성 범주로서 브라만 이하의 계급을 가리키고, 자띠는 출생을 의미하는 사회 기능 단위이다. 전자는 그 수가 넷으로 정해져 있는 반면에 후자는 대개 직업이나 시간과 장소에 따라 따로 정해져 그 수가 통상 2,000개가 넘는다. 사회 구조 개념으로 볼 때, 바르나는 사회를 통합의 의미로, 자띠는 세분의 의미로 구성하고 있다. 인도인들은 자신들 고유의 상황 속에서 명확히 구별하면서 그 의미를 지우는 이 바르나와 자띠를 외래인들이 인도 사회의 본질을 잘못 파악한 상태에서 '카스타'라는 외래어가 떠맡았기 때문에 '카스트'라는 용어는 사실 혼란스러운 개념일 수밖에 없다. 이 책에서 '카스트'는 고대 사회의 계급 내지 범주의 의미로 사용하였기 때문에 특별한 언급이 없는 한에서는 '바르나'와 동일한 의미로 사용하였다.

3 고대 사회의 정체성 주장에 관한 비판으로 R. S. Sharma, *Sudras in Ancient India* (Delhi : Motilal Banarsidas, 1980) 1~8쪽을 참조하기 바람.

4 *Aitareya Brahmana*, 1, 14.

5 *Taittiriya Upanisad*, 1, 5.

6 Xii, 67.

7 R. S. Sharma, *Perspectives in Social and Economic History of Early India* (Delhi : Munshiram Manoharlal, 1983), 69쪽.

8 VII. 8.

9 데와뿌뜨라와 천자의 관련성 여부는 꾸샤나인의 유래 문제와 관련되어 있다. 꾸샤나인의 유래에 관해 학계에는 전한서(前漢書)에 기록된 유예치설, 훌쯔(Eugen Hultzsch)의 투르크족설, 스텐 코노우(Sten Konow)의 이란인설 등이 다양하게 전개되어 있는데, 아직 확실하게 정설로 자리 잡은 것은 없다. 따라서 데와뿌뜨라가 천자를 뜻한다는 주장도 유예치설을 기반으로 한 것이니만큼, 확실하다고 단정지을 수만은 없을 것이다. 참조. B. N. Puri, *Kusana Bibliography* (Calcutta : Naya Prakash, 1977)

10 Charles Drekmeier, *Kingship and Community in Early India* (Stanford : Stanford University Press, 1962), 131쪽.

11 수수니아(Susunia) 암석 명문, Epigraphia Indica, XIII, no. 9.

12 왕은 베다 시대 이후로 꾸준히 神으로 인식되었다. 그러나 전체적으로 볼 때, 외래 문화의 영향을 받은 꾸샤나의 형태든 사따와하나와 같은 토착의 형태든 혹은 더 발달되어 힌두 문화의 르네상스라 불리는 굽따의 형태든 간에 고대 인도 사회에서 왕이 신으로 숭배되는 문화는 그리 넓고 깊게 형성되지 못하였다. 고대 인도에서는 로마에서와 같이 왕에 대한 제사나 선왕을 모시는 신전 건립 등은 이루어지지 않았다.

13 I.8.1.1~10.

14 한편 『맛씨야 뿌라나』(*Matsya Purana*) 신화에서는 마누의 물고기가 우주 보존의 지고의 신 비슈누의 한 화신으로 편입되었다. 이는 비슈누를 통해 신성 권력의 위치를 우주의 주(主)의 영역에까지 확장된 사실을 보여 주는 것임과 동시에 인민들에게 가장 친숙한 신화를 활용하여 신장된 왕권을 더 대중화시키는 것이기도 하다. 이로 인해 마누는 이제 비슈누라는 우주의 주와의 관련을 통해 원초의 그리고 원형의 인간이 됨과 동시에 마누는 명실 공히 모든 세계(世係)의 조상의 시조가 되는 이름이 된 것이다.

15 그들 전체를 묶어 부르는 산스끄리뜨 고유의 이름은 없다. 그 이유는 산스끄리뜨 정통 문화적으로 볼 때 그들은 '정당한' 존재가 아니기 때문이다. 그래서 단지 사회학적 용어로 그들을 하나의 계급으로 묶어 불가촉민(Untouchables)으로 부르는 것이 일반적이다.

16 다르마(dharma)는 '지지하다', '지키다', '이루다' 의미의 어근 드리(dhr)에서 파생되어 '규범이 되어 인간 행위를 이루는 것', '인륜을 실현하기 위한 행위 규범'을 의미한다. 따라서 그것은 '관례', '습관', '풍습', '법', '책임,' '의무'라는 의미로 번역된다. 브라만교에서는 신이라도 반드시 이 다르마를 준수해서 고통스런

윤회의 생존에서 탈피하지 않으면 안 되기 때문에 다르마는 결국 절대자이고 세계의 근본이다. 그래서 다르마는 시간적, 역사적인 의미에 있어서 보편성 즉 영원성을 가지는 것이 된다.

17 이광수, 「불교사에서 재가 사회가 차지하는 위치 : 인도에서 불교의 성쇠와 관련하여」, 『외대사학』 2집, 138~139쪽.

18 A. K. Coomarswami, *Spiritual Authority and Temporal Power in the Indian Theory of Government* (New Delhi : Munshiram Manoharlal, 1978), 63쪽.

19 Romila Thapar, 'Social Mobility in Ancient India with Special Reference to Elite Groups,' Romila Thapar 앞의 책, 128~129쪽.

20 Mahabharata, Shantiparvan, 59 ; *Vishnu Purana*, I.13 ; *Matsya Purana*, x.4~10.

21 *Aitareya Brahmana*, 8. 9.

22 *Manu Smrti*. 11. 55. 57.

23 John W. Spellman, *Political Theory of Ancient India. A Study of Kingship from the Earliest Times to circa A.D. 300* (Oxford : Clarendon Press, 1964), 235쪽.

3장 _ 『마하완사』와 『삼국유사』에 나타난 불교 역사관

1 이에 관한 타당성의 논의는 『梨花史學硏究』 제23 · 24합집에 수록되어 있는 조지형, 「역사의 문학성과 문화비평」, 조한욱, 「왜 문화를 통하여 역사를 보아야 하는가」, 곽차섭, 「문화사의 새로운 흐름 : 까를로 진즈부르그의 미시사를 중심으로」, 임상우, 「신문화사의 사학사적 기원 : 정치사, 사회사, 그리고 문화사」를 참조하기 바람.

2 A. K. Warder, *An Introduction to Indian Historiography* (Bombay : Popular Prakashan, 1972), 17~25쪽.

3 내러티브(narrative). 이 용어를 단순히 '이야기' 혹은 '서사(敍事)'로 번역하기에는 많은 모호성을 가지고 있어서, '서술적 진술이라는 뜻으로 하나의 사건 혹은 일련의 사건들을 말하되, 글로 쓰였거나 말로 된 담론(discourse)'을 '이야기체'라는 용어로 번역함. 조지형, 「역사의 문학성과 문화비평」, 『梨花史學硏究』, 위의 책, 8쪽.

4 Hermann Oldenberg(편역), *The Dipavamsa. An Ancient Buddhist Historical Record* (New Delhi : Asian Education Press, 1982, 초판 1879), 8~9쪽.

5 Senerat Paranavitana, 'Mahanama, The Author of Mahavamsa,' *University of Ceylon Review*, XX, 1962, 269~286쪽.

6 V. A. Smith, *Asoka, the Buddhist Emperor of India* (Delhi : S. Chand, 1964, 초판 1901), 57쪽.

7 E. Kern, *Manual of Indian Buddhism* (Varanasi : Indological Book House, 1968, 초

판 1896), 9쪽.

8 C. H. Philips(편), *Historians of India, Pakistan and Ceylon* (London : Oxford University Press, 1961), 267쪽.

9 Rhys Davids, *Buddhist India* (Delhi : Motilal Banarsidass, 1971, 초판 1903), 274쪽.

10 Wilhelm Geiger, *The Mahavamsa or The Great Chronicle of Ceylon* (New Delhi : Asian Education Press, 1986, 초판 1912).

11 Heinz Bechert, 'The Beginnings of Buddhist Historiography : Mahavamsa and Political Thinking,' Bardwell L. Smith, *Religion and Legitimation of Power in Sri Lanka* (Chambersburg : Anima Bokks, 1978), 2쪽.

12 Regina T. Clifford, 'The Dhammadipa Tradition of Sri Lanka: Three Models within the Sinhalese Chronicles,' Bardwell L. Smith, 위의 책, 36쪽.

13 이외에 이러한 부류에 포함될 수 있는 최근의 연구 성과로는, L. S. Perera, 'The Pali Chronicle of Ceylon,' C. H. Philips 위의 책, Frank Perera, *The Early Buddhist Historiography of Ceylon* (미간행 박사학위청구논문 Georg-August-Universitat, Gottingen, 1974), Alice Greenwald, 'The Relic on the Spear : Historiography and the Saga of Duttagamani,' Bardwell L. Smith, 위의 책, Bardwell L. Smith, 'The Ideal Social Order as Portrayed in the Chronicles of Ceylon,' Bardwell L. Smith, 위의 책 등이 대표적인 것들이다.

14 최남선(편),「삼국유사解題」,『啓明』18, 1927, 11쪽.

15 박승길,「삼국유사에 나타나는 카리스마의 이해와 一然의 역사의식」,『한국전통문화연구』창간호, 1985

16 이재호,「삼국사기와 삼국유사에 나타난 국가의식」,『부산대논문집』10, 1969 ; 하현망,「삼국사기와 삼국유사의 사관」,『독서생활』6, 1976 ; 강동엽,「삼국사기와 삼국유사」,『한국문학연구입문』, 1982.

17 홍윤식,「삼국유사의 체제와 불교의례」,『불교학보』16, 1979 ; 문명대,「삼국유사 塔像편과 一然의 불교미술사관」,『미술사학』2, 1990.

18 물론 그렇다고 해서 보편법을 중심으로 하는 교단이 형성되는 것도 아니고, 보편법의 수립과 교육에 절대적인 권위와 권한을 가지고 있는 브라만 세력들이 중세 유럽 가톨릭 경우와 같이 독자적인 경제적 조직을 기반으로 한 정치적 결집체를 형성하지는 못했기 때문에 그 실질적인 세력이 왕을 능가한 것은 아니다.

19 왕권 강화 이데올로기로 사용되는 경우도 많다고 반론을 제기할 수도 있겠으나 그것은 어디까지나 브라만이 왕권과 세력 연합을 추구하는 차원에서일 뿐이다. 넓은 의미에서 볼 때 이 모두 브라만 중심 사회 구현의 이데올로기인 것이다. 이는 고대 인도에서 국가/민족 인식이 확실히 형성되지 않았기 때문이기도 하다. 이에 관한 더 자세한 내용은 이 책의 제2장을 참조하기 바람.

20 Heinz Bechert, 위의 글, 5쪽.

21 『마하완사』는 부처가 스리랑카에 오는 일로부터 시작하고 다음으로 최초의 선출 군주 마하삼마따 가계의 시작이 이어지지만, 이들은 완전한 신화적 형태를 지니고 있기 때문에 실제 역사의 사건으로는 불전 결집이다.

22 인도에서는 '큰 뱀' 혹은 '큰 뱀을 토템으로 섬기는 등 신화 종교적으로 그것과 관계를 가지고 있는 부족이나 그 왕'을 뜻하는데, 중국과 우리나라에서는 '용'이나 '용왕'으로 변한다. 『삼국유사』의 「明浪神印」에 나오는 '용왕'이 그 좋은 예이다. '부처-나가'와 '명랑법사-용왕'의 신화에 공통으로 나타나는 모티프는 '부처'와 '명랑법사'는 교화의 주체로서 '나가'와 '용왕'은 호법의 주체로 등장한다. 후자를 지방의 유력한 정치 세력이나 부호 등으로 해석할 수 있다면, 이러한 모티프는 충분한 역사성을 지닌 것으로 볼 수 있을 것이다.

23 『삼국유사』의 「皇龍寺丈六」에 나타나는 아쇼까와 진흥왕이 교류를 갖고 특히 그 사이에서 아쇼까의 태자가 결정적인 역할을 하였다는 모티프나 아쇼까를 '無憂王'으로 풀어 백성에 대한 연민을 가진 자비로운 왕으로 해석한 것 등은 『삼국유사』가 『마하완사』의 영웅사관 중심의 불교 역사관을 충실히 따르고 있다는 좋은 근거가 된다.

24 특히 여기에는 '순교'라는 종교적 숭고성마저 부여되어 있다. 이는 결코 불교 전통과 어울리지 않는 모순적 행위이다.

25 이기백, 「삼국유사의 史學史的 意義」, 『진단학보』 36, 1976, 119쪽.

26 위의 글, 115쪽.

27 『삼국유사』의 경우, 단군 신화와 찰리종(刹利種) 설화를 들 수 있다.

28 황룡사 구층탑 축조가 좋은 예이다.

29 불교의 이상 군주 전륜성왕은 불법의 수레바퀴를 사해에 굴리는 왕이지만 그 행위에 우선하는 것은 사해를 무력으로 정복하는 것이다. 아쇼까, 둣따가마니, 진흥왕이 바로 그러한 전륜성왕을 표방하고 있다.

30 『마하완사』의 아쇼까에 대한 많은 기록을 보면, 그것들이 실제 역사 행위와는 관계없이 불교 측에서 의도적으로 왜곡하고 과장하여 해석하고 있음을 알 수 있다. 아쇼까가 왕위에 등극하기 위해 99명의 왕자를 살해하고 등극했다는 기사(『마하완사』, V. 20)가 그 대표적인 예일 것이다. 이를 통해 우리가 역사적으로 얻을 수 있는 의미는 그가 99명의 왕자를 살해한 사실 여부가 아니고 그렇게 잔인한 자가 불교로 개종한 이후에는 그렇게 '자비로운'(이 또한 사실 왜곡이다.) 군주가 되었다는 사실이다. 이는 아무리 잔악무도한 자도 불교를 통해서는 자비로운 어버이와 같은 왕이 될 수 있다는 교훈을 보여 주는 것이다.

31 김태영, 「삼국유사에 보이는 一然의 歷史認識에 대하여」, 『慶熙史學』 5, 1974, 181쪽.

32 『마하완사』, VI, 47.

33 『마하완사』, XI, 34.

34 『마하완사』, XI, 40.
35 『삼국유사』, 「皇龍寺丈六」
36 『삼국유사』, 「皇龍寺丈六」
37 『삼국유사』, 「原宗興法厭髑滅身」
38 『마하완사』, III
39 『마하완사』, IV
40 『마하완사』, III, 38.
41 김상현, 「삼국유사에 나타난 一然의 佛教史觀」, 『韓國史研究』 20, 1978, 247~249쪽.
42 김태영, 앞의 글, 193쪽.
43 따라서 이기백 교수가 주장하는 바와 같은 '『삼국유사』의 저자 일연이 효 문제를 이렇게 중요하게 다룬 것은 효 문제에 대한 현실적으로 상당히 심각한 유교 측의 비판과 이에 대한 불교 측의 응답'이라는(이기백, 「신라 불교에서의 효 관념」,『신라사상사연구』 (일조각, 1986, 285쪽)) 해석보다는 일연이 더 적극적 자세에서 사회 질서 유지 차원으로 이 효를 활용한 것으로 보아야 할 것이다. 물론 그렇게 되기까지 유고 전통의 효관념이 중요한 역할을 하였을 것이라는 사실을 부인할 수는 없다.
44 다만 이와 유사한 것으로, 유교적 합리주의의 진보적 조류에 반발하는 차원으로 불교가 자신의 세계관을 유지하고자 하는 것을 보수주의 입장으로 해석할 수는 있을 것이다. 특히 이러한 점에서 비록 일연이 교와 선 그리고 대중 신앙에 우호적인 관심을 갖긴 하였으나, 기본적으로 불교에서 가장 보수적인 초기의 선종에 속한다는 사실과 『마하완사』가 개인 수도 중심의 테라와다 불교를 중심으로 하여 이루어졌다는 사실의 연계성에 대해서는 추후 연구가 있어야 할 것이다.
45 채상식, 『고려후기불교사연구』 (일조각, 1993), 142~48쪽.
46 김상현, 앞의 글 252쪽.

4장 _ 가락국 허왕후 도래(渡來) 설화의 재검토

1 고준환, 『신비왕국 가야』 (서울 : 우리출판사, 1999) ; 이점호, 『잊혀진 왕국 가야』 (서울 : 선우미디어, 1999) ; 김경복, 이희근, 『이야기 가야사-가야는 신비의 왕국이었나』 (서울 : 청아출판사, 2001) 등
2 이영식, 「가야불교의 전래와 문제점」, 『가야문화』 11호, 1998, 79쪽.
3 김영태, 「가야불교의 史的 考察」, 『가야문화』 10호, 1997, 1~47쪽 ; 김태식, 「「가락국기」 소재 허왕후 설화의 성격」, 『한국사연구』 102, 1998, 1~45쪽 ; 이영식, 앞의 글, 77~115쪽 ; 김태식, 「김해 수로왕릉과 허왕후릉의 보수 과정 검

토」, 『한국사론』 41 · 42, 1999, 33~96쪽

4 이종기, 『가락국탐사』 (서울 : 일지사, 1977).

5 허명철, 『가야불교의 고찰』 (서울 : 종교문화사, 1987).

6 조선일보 1991년 4월 23일, 4월 30일, 5월 14일자 기사 등

7 김용덕, 「가야 불교 설화의 연구」, 『한국학논집』 21 · 22, (서울 : 한양대학교, 1992).

8 김영태, 「가락국과 관련된 지명 연구」, 『가라문화』 5, 1987, 44~46쪽.

9 임재해, 「설화 자료에 의한 역사 연구의 방법 모색」, 『설화와 역사』 (서울 : 집문당, 2000), 45~46쪽.

10 이영식, 「「가락국기」의 史書的 檢討」, 『강좌 한국고대사』 5권, (재)가락국사적개발연구원, 2002, 186~195쪽.

11 『삼국유사』 券2 紀異2 「가락국기」 "此中更有癰樂思慕之事每以七月二十九日土人吏卒陟乘岾說惟幕酒飮歡呼"

12 김영태와 이영식은 질지왕 시대에 왕후사를 창건한 것을 역사적 사실로 받아들이고 있다(김영태, 앞의 글, 24쪽 ; 이영식, 1998, 85쪽). 하지만 만약 그렇다면 452년 당시 아유타에서 허왕후가 왔다는 사실이 민간에 널리 퍼졌어야 하는데, 후술하는 바와 같이 '아유타' 모티프는 당시 설화에 등장하기가 어렵다. 그렇다면 '아유타'가 아닌 단순한 '먼 곳 바다를 통해' 시집온 모티프가 452년에 허왕후 설화의 얼개로 등장하고 '아유타'만 후대에 첨가되었다고 해석할 수는 있겠지만 그런 경우 과연 그 정도의 구체성이 없는 설화가 사원을 건립하는 문화의 동력으로 작용할 수 있었겠는가 하는 의문이 들 수 있다.

13 『삼국유사』 券3 탑상 4 「金官城婆娑石塔」 "在阿道訥祗王之世法興王之前"

14 이영식, 1998, 앞의 글, 85쪽 ; 김영태, 앞의 글, 24쪽.

15 김태식, 1998, 앞의 글, 42쪽.

16 김태식, 『가야연맹사』 (서울 : 일조각, 1997), 71쪽.

17 선석열, 「신라 속의 가야인들」, 『한국 고대사 속의 가야』 (서울 : 혜안, 2001), 550쪽.

18 백승충, 『가야의 지역연맹사 연구』 (부산대학교 박사학위청구논문, 1994), 52쪽.

19 김태식, 1998, 앞의 글, 43쪽.

20 R. S. Sharma, *Urban Decay in India* (Delhi : Munshiram Manoharlal, 1987), 33쪽.

21 Hans Bakker, *Ayodhya* (Groningem: Edbert Forsten, 1986), 11쪽.

22 백승충, 「가야의 개국 설화에 대한 검토」, 『역사와 현실』 33, 1999, 129쪽.

23 H. B. Sarkar, *The Ramayana in South-East Asia : A General Survey*, K. R. Srinivasa Iyengar(편) *Asian Variations in Ramayana* (Delhi: Sahitya Academi, 1983), 207쪽.

24 Mimoru Hara, 'Rama Stories in China and Japan : A Comparison', in K. R. Srinivasa Iyengar(편) 위의 책, 344~345쪽.

25 『慶尙道地理誌』 晉州道 金海都護府, "妃許氏漢光武建武甲辰浮海而來自云南天竺國公主姓許名黃玉"

26 『慶尙道續纂地理誌』 晉州道 金海, "首露王妃妃南天竺國公主許黃玉諡普州太后陵在附北三山里龜旨山"

27 『新增東國輿地勝覽』 第三十二券 金海都護府 陵墓, "許王后陵在龜旨山東世傳王妃阿踰竺國王女或云南天竺國王女姓許名黃玉號普州太后"

28 『삼국유사』 券2 紀異2 「가락국기」 "葬於龜旨東北塢"

29 김태식, 1999, 앞의 글, 90~91쪽.

30 경남향토사학회 김종석 선생의 조언에 힘입은 바 큼.

31 配許氏娠男子十人. 王賜三人姓從外家. 『蓬庵集』 제4권 「贈吏曹參判許公神道碑銘」.

32 와그너, 손숙경 역, 「역사 자료로서의 한국 족보」, 『인문과학연구』 5 (부산 : 동아대학교, 1999), 172쪽.

33 『晋陽誌』 券二 五十八, "玉浮仙人隱于此吹玉笛得聞於新羅王耳王尋其聲乃金輪寺也於是率其七子與仙人同遊七子則成佛"

34 초간은 1800년에 이루어진 것으로 보이나 전하지 않고 1851년에 간행한 중간본이 전한다. 김태식, 이익주 편, 『加耶史史料集成』 (서울 : 가락국사적개발연구원, 1992), 515~516쪽.

35 이능화, 『朝鮮佛教痛史』 (서울 : 경인문화사, 2000), 상 · 중편, 204쪽, 재인용.

36 송준호, 「한국에 있어서의 가계기록의 역사와 그 해석」, 『역사학보』 87. 1980, 129~130쪽.

37 한영우, 「17세기 후반~18세기 초 홍만종의 會通思想과 歷史意識」, 『한국문화』 12. 1991, 424쪽.

38 와그너, 앞의 글, 169쪽.

39 권내현, 1997, 「숙종대 지방통치론의 전개와 정책운영」, 『역사와 현실』 25. 101쪽.

40 (전략) 山靈王感其靈異以明月山後命建寺三所以興鎭新三字弁 于國而扁之永爲邦家祝釐之所 (중략) 重修時于得一瓦於頹垣下背有建康元年甲申三月藍色等字且長遊和尙自西域奉佛法而來王之重道崇佛亦可驗.

41 김태식, 1997, 앞의 책, 37쪽.

42 강종훈(편역), 『譯註 崇善殿誌』 (경남 김해 : 숭선전, 1999), 35쪽.

43 백금숙, 『19세기 불교계의 동향과 국가의 정책』 (고려대학교 석사학위논문, 2000), 44쪽.

44 김준혁, 『조선 후기 정조의 불교 정책』 (중앙대학교대학원 석사학위논문, 1998), 36쪽.

45 이 설화 자료를 일러 준 이영식 교수에게 감사드린다.

46 기원 전후 시기 북부 인도 꾸샤나국을 가리킨다. 여기에서 우리는 허왕후의 출

신지가 '아요디야'에서 '남천축'으로 바뀌었다가 다시 '꾸샤나'로 또다시 바뀐 것을 발견할 수 있다. 그것은 전술한 바와 같이 허왕후 설화를 창조한 사람들은 인도에 관한 역사적 사실에 대한 지식이 전혀 없는데다가 불교적 세계관에 둘러 싸여 있었기 때문에 자신들이 알고 있는 불교적 지리관으로 부회한 것이다. 꾸샤나는 대승 불교가 발생한 곳이기 때문에 한국의 대승 불교도들에게는 비교적 널리 알려져 있는 곳이다.

47 『삼국유사』「金官城婆娑石塔」, "豈徒到岸扶黃玉千古南倭瑁怒鯨"

48 이광수, 「『마하완사』와 『삼국유사』에 나타난 불교의 역사관」, 『釜大史學』 23, 1999, 442쪽. 이 책 세 번째 글.

49 '쌍어문'은 아동문학가 이종기 씨가 1977년 『가락국탐사』를 통해 허왕후가 1세기에 아유타국으로부터 결혼을 하기 위해 온 것이라고 주장하면서 제시한 여러 근거 가운데 대표적인 것이다. 이에 대한 비판은 이광수, 「고대 인도-한국 문화 접촉에 관한 연구 : 가락국 허왕후 설화를 중심으로」, 『비교민속학』 10. 1994, 270~278쪽 ; 김태식, 1997, 앞의 글, 75~88쪽을 참조 바람.

50 Anand K Sahay(ed). *The Republic Besmirched : 6 December 1992* (New Delhi : Safdar Hashmi Memorial Trust), 127, 139쪽. 글을 쓰는 과정에서 경남향토사학회 김종석 선생의 도움을 많이 받았다. 선생은 주제와 관련된 조선 시대 여러 문건들을 소개해 주었고, 김해 지역과 하동의 여러 사찰을 함께 답사하면서 유용한 토론을 하였다. 선생께 감사드린다.

5장 _ 고대 힌두교에서 지존위 쉬바와 우빠니샤드 이데올로기

1 W. J. Wilkins, *Hindu Mythology:Vedic and Puranic*, reprint. (Delhi : 2003, D. K. Printworld)

2 R. G. Bhandarkar, *Vaisnavism, Saivism and Minor Religious Systems*, 1913. reprint. (New Delhi : Asian Educational Services, 1982)

3 J. Gonda, *Viṣṇuism and Śivaism. A Comparison*. (New Delhi : Munshiram Manoharlal, 1976)

4 S. Bhattacharji, *The Indian Theogony: A Comparative Study of Indian Mythology from the Vedas to the Purāṇas* (Calcutta : Firma KLM., 1978)

5 J. Gonda, *Viṣṇuism and Śivaism. A Comparison*, p.12.

6 S. Bhatacharji, *The Indian Theogony: A Comparative Study of Indian Mythology from the Vedas to the Purāṇas*, p.3.

7 Wendy Doniger O'Flaherty, 'The Origin of Heresy in Hindu Mythology,' *History of Religions* 10, no. 4, May 1971, pp.271~333; *Asceticism and Eroticism in the Mythology of Śiva* (London : Oxford University Press, 1973)

8 J. Gonda, *Viṣṇuism and Śivaism*, p.37.

9 S. Radhakrishnan, *The Principal Upaniṣads*, (London: George Allen & Urwin, 1953); 이재숙 (편역) 『우파니샤드』 I & II (서울: 한길사, 1996)

10 이재숙 (편역) 『우파니샤드』 I & II p.420.

11 *Rg Veda* X.126.5.

12 *Rg Veda* I.114.1.

13 *Rg Veda* I.114.1,5.

14 하랍빠 문명을 발굴한 고고학자 존 마샬은 빠수빠띠(Pasupati) 즉 동물의 주로서의 쉬바의 기원을 이 시기보다 훨씬 오래 전인 하랍빠 시대에 두었다. 마샬은 소위 빠슈빠띠 인장이라 불리는 그 인장에 새겨져 있는 '머리에 뿔 모양의 머리 장식을 쓰고, 남근이 발기된 채 동물 네 마리에 둘러싸여 요가 자세를 하고 있는 한 신격체'에서 찾았다. 존 마샬의 주장을 후대의 학자들은 이의 없이 받아들여 쉬바의 원형을 하랍빠 문화에서 찾았으나 (Marshall, *Mohenjo-Daro and the Indus Civilization*, 3 vols. (London: University of Oxford Press, 1931), vol 1, p.52. Allchin and Allchin, *The Rise of Civilization in India and Pakistan*, pp.213~315) 최근 아스코 파르폴라는 이 신격체는 후대의 쉬바가 아니고 고대 엘람 문명 초기의 유물에 나오는 가부좌상을 한 황소라고 주장하여 논쟁이 촉발되었다. (Asko Parpola, *Deciphering the Indus Script*, Cambridge: Cambridge University Press, 1994. pp.248~50)

15 D. D. Kosambi, *Myth and Reality* (Bombay : Popular Prakashan, 1962) p. 2.

16 *Taittirīya Saṃhitā* 4.5.111

17 *Vājasaneyi Saṃhitā* 16.1-66.

18 *Taittirīya Saṃhitā* 4.5.10.4.

19 *Taittirīya Saṃhitā* 4.5.8.1.

20 *Taittirīya Saṃhitā* 4.5.1.1; *Vājasaneyi Saṃhitā* 16.1-5.

21 "자비롭고 자비로운 그대의 활과 화살이시여. 그의 활과 화살에 경배하옵고 … 목은 푸르고 몸은 검붉고 머리칼은 녹색 빛에 동아줄을 가지고 다니는 신이시여. 움직이는 세상의 주인 바와(Bhava)이시며, 밭의 주이신 루드라시여 … 경배드리옵나이다. 산의 배회자이시고 … 샤르와(Śarva)이고 [동물의 신] 빠슈빠띠이시고 … 그에게 평화가 있으시고 … 소마에게 경배를 드리옵고 … 루드라에게 경배 드리옵나니. …' S. Bhattacharji, *op.cit.*, pp.177~178

22 *Jabala Upaniṣad* 3.66

23 여기에서 '무서운 자' 의미의 '루드라'는 후대의 이름인 쉬바 즉 '복을 주는 자'가 된다. *Taittirīya Saṃhitā* IV.5.1.

24 *Yajur Veda* VS III

25 *Yajur Veda* VS XVI

26 *Taittirīya Saṃhitā* V.5.

27 Nilima Chitgopekar, *Encountering Śivaism: The Deity, the Millieu, the Entourage* (new Delhi, 1998: Munshiram Manoharlal), p.22.

28 Romila Thapar, "Dana and Dakşiņā as Forms of Exchange", in *Ancient Indian Social History: Some Interpretations* (New Delhi : Orient Longman, 1978), pp.111~112.

29 Romila Thapar, 'Ideology and the Upanisads' in D. N. Jha (ed.) *Society and Ideology in India. Essays in Honour of Professor R.S. Sharma* (Delhi : Munshiram Manoharlal, 1996), p.12.

30 *Śatapatha Brāhmaņa* 3.8.2.28; *Aitareya. Brāhmaņa* 7.3.6.

31 R. S. Sharma, *Material Culture and Social Formation* (Delhi : MacMillan, 1983), p.8.

32 *Saṃyutta Nikāya*, 3.9.23.

33 *Suttanipāta*, Salla Suttam 7.

34 *Śatapatha Brāhmaņa* 1.1.1.7.

35 *Chāndogya Upanişa* 4.5.1.

36 *Śatapatha Brāhmaņa* 1.4.1.10.

37 *Chāndogya Upanişad* 3.14.3.

38 *Chāndogya Upanişad* 3.14.4.

39 *Chāndogya Upanişad* 3.17.4. ; *Katha Upanişad* 1.3.17. ; *Śvetaśvatara Upanişad* 6.21.

40 '윤회'는 초기에 편찬된 『브리하다라니야까 우빠니샤드』(*Bṛhadāraņyaka Upanişad*), 『짠도기야 우빠니샤드』(*Chāndogya Upanişad*)의 두 우빠니샤드에서 처음 언급되었고, 그 이전의 어떤 브라만교 문헌에도 나타나지 않는다. 불교나 자이나교 또한 이 두 우빠니샤드로부터 그 개념을 원용한 것으로 보인다. K. M. Shrimali, *The Age of Iron and the Religious Revolution c. 700 - c. 350 B.C.* (New Delhi : Tulika Books, 2007), p.145.

41 Gavin Flood, *An Introduction to Hinduism* (Cambridge : Cambridge University Press, 1996), 이기연 옮김, 『힌두교, 사상에서 실천까지』(부산 : 산지니, 2008), p.246.

42 J. Gonda, *Change and Continuity in Indian Religion*, Indian edn. (New Delhi : Munshiram Manoharlal, 1985), pp.132~133.

43 *Śvetaśvatara Upanişad* 1.8; 1.10.

44 *Śvetaśvatara Upanişad* 3.7; 3.13.

45 *Śvetaśvatara Upanişad* 1.3.

46 *Śvetaśvatara Upanişad* 1.8.

47 *Śvetaśvatara Upanişad* 3.8.

48 *Śvetaśvatara Upanişad* 4.1.

49 *Śvetaśvatara Upanişad* 1.1.

50 *Śvetaśvatara Upanişad* 6.11.

51 *Śvetaśvatara Upaniṣad* 4.9.

52 *Śvetaśvatara Upaniṣad* 4.12.

53 *Śvetaśvatara Upaniṣad* 6.18.

54 *Śvetaśvatara Upaniṣad* 6.6.

55 *Śvetaśvatara Upaniṣad* 4.18.

56 *Śvetaśvatara Upaniṣad* 6.14.

57 *Śvetaśvatara Upaniṣad* 3.5-6.

6장 _ 산스끄리뜨 딴뜨라에 나타난 여신 숭배가 갖는 사회 통합의 의미

1 앗삼(Assam)의 한 밀교 사원에서는 여신의 현현으로 간주되는 한 여성을 사원 제단의 중심에 모셔 두고 그 여성을 발가벗긴 후 그 성기를 숭배하는 의례를 행하기도 한다. Ajit Mukherjee, *Kundalini : The Arousal of the Inner Energy*, (London : Thames and Hudson, 1982), 60~61쪽.

2 이러한 연구로는 Thomas Coburn, *Devi Mahatmya: The Crystalization of the Goddess Tradition* (Delhi : Motilal Banarsidass, 1984), D. N. Bose, *Tantras: Their Philosophy and Occult Secrets* (New Delhi : Munshiram Manoharlal, 1996), John Stratton Hawley and Donna Marie Wulff, eds. *Devi: Goddesses of India* (Berkeley & Los Angeles : University of California Press, 1996), Wendell Charles Beane, *Myth, Cult and Symbols in Śākta Hinduism: A Study of the Indian Mother Goddess* (Leiden : E. J. Brill, 1997), Devadatta Kali, *Devimahatmyam: In Praise of the Goddess* (Delhi : Motilal Banarsidass, 2006) 등이 있다. 문헌을 중심으로 하여 여신의 사회적 의미를 페미니즘과 관련하여 새롭게 분석하는 최근의 경향도 있다. 하지만 이 또한 비역사적 접근 방식이라는 점에서 당시의 신앙 형태를 역사적으로 분석하는 것은 아니라는 점에서 주류 연구와 크게 다르지 않다. 이에 해당하는 주요 저작은 다음과 같다: Kathleen Erndl, "Is Shakti Empowering for Women? Reflections on Feminism and the Hindu Goddess", Alf Hiltebeitel & Kathleen M. Erndl, ed. *Is the Goddess a Feminist?* (New York : New York University Press, 2000), Rita M. Gross, 2000, "Is the Goddess a Feminist?", 위의 책 ; Cynthia Ann Humes, "Is the Devi Mahatmya a Feminist Scripture?", 위의 책 등.

3 Wendell Charles Beane, 위의 책, 257쪽.

4 *Mahābhārata*, Virāta

5 *Harivaṁśa*, Bhīṣmaparvan

6 *Devī Māhātmya* 4.7-9; *Mahābhāgavata Purāṇa* 15.16-18.

7 Thomas Coburn, 위의 책, 6쪽.

8 Thomas Coburn, 위의 책, 19쪽.

9 *Devī Māhātmya*, 2.

10 *Devī Māhātmya* 1.

11 R. S. Sharma, *Early Medieval India Society: A Study in Feudalisation* (Delhi : Orient Longman, 2001), 237쪽.

12 Kunal Chakrabarti, *Religious Process: The Purāṇas and the Making of a Regional Tradition* (Delhi : Oxford University Press, 2001), 192쪽.

13 R. S. Sharma, "Material Milieu of Tantricism", in R. S. Sharma, ed. *Indian Society : Historical Probings* (Delhi : People's Publishing House, 1974), 189쪽.

14 *Devī Māhātmya* 7.3-22.

15 *Devī Māhātmya* 8.62.

16 이광수, 「힌두교의 모신 숭배」, 『비교민속학』 12. (서울 : 비교민속학회, 1995), 594쪽.

17 Patricia Dold, Kālī the Terrific and Her Tests: The Śākta Devotionalism of Mahābhāgavata Purāṇa, in Rachell Fell McDermott and Jeffrey J. Kripal (eds.), *Encountering Kālī in the Margins, at the Center, in the West* (Delhi : Motilal Banarsidas, 2005), 55쪽.

18 이광수, 「힌두교에서의 사랑의 의미 : 박띠(bhakti)와 고대 인도 사회와의 관계를 중심으로」, 『석당논총』 (부산 : 동아대학교 인문과학연구소), 238쪽.

19 *Devī Māhātmya* 1.

20 Madhu Khanna, "The Goddess-Woman Equation in Śākta Tantras", in Mandakranta Bose, ed., *Faces of the Feminine in Ancient, Medieval, and Modern India*, (New Delhi : Oxford University Press, 2000), 112쪽.

21 *Devī Māhātmya*, 3.

22 Kathleen Erndl, 위의 글, p.92.

23 Rita. M. Gross, 위의 글, p.104.

24 Cynthia Ann Humes, "Is the Devi Mahatmya a Feminist Scripture?", Alf Hiltebeitel & Kathleen M. Erndl, ed. *Is the Goddess a Feminist?* (New York : New York University Press, 2000), 149쪽.

25 *Durgāsaptaśatī* 6.2 ; *Niruttara Tantra* 6.4 ; *Kulārṇava Tantra* 11.64.

26 *Śaktisamāgama Tantra* 2.13.43-49.

27 O'Flaherty, *Sexual Methaphors and Animal Symbols in Indian Mythology*, 김형준 옮김, 『인도인의 성』 (서울 : 예문서원, 1994), 177쪽.

28 *Devī Māhātmya* 4.4. ; 12.37.

29 Rita. M. Gross, 위의 글, 105쪽.

30 Samjukta Gombrich Gupta, "The Goddess, Women, and Their Rituals in Hinduism", in Mandakranta Bose, ed., 위의 책. 96~102쪽.

7장 _ 고대 인도 정치 연구에서 텍스트와 컨텍스트의 문제

1 막스 뮐러(F. Max Muller, *A History of Ancient Sanskrit Literature so far as it illustrates the Primitive Religion of Brahmans*, London : Williams and Norgate, 1859)는 인도를 철학의 나라일 뿐 정치관, 물질에 대한 사고, 국가 의식 등을 갖추지 못한 것으로, 세나르(Emile Senart, *Caste in India : The Facts and the System*, 앞의 책)는 인도는, 실제로는 물론이고 개념상으로도, 어떠한 형태의 정치 체제도 갖추지 못한 것으로 보았다. 또 제임스 밀(James Mill, *The History of British India*, vol. I. Chicago : University of Chicago Press, 초판 1858)을 비롯한 많은 공리주의 역사학자들은 고대 인도의 정부 형태, 법률 제도, 사회 제도 등을 비합리적이고 비실용적이며 야만적인 것으로 평가하였다.

2 다스(A. C. Das, 'Limited Monarchy in Ancient India,' *Modern Review*, ii, 1907)는 고대 인도의 군주는 절대권을 가지지 않고 그 권력이 상대적으로 제한당한 것으로 보았고, 바네르지(P. N. Banerjea, *Public Administration in Ancient India*, New Delhi : Uppal Publishing House, 초판 1916)는 고대 인도 정부를 합헌군주제라고 주장하였다. 나아가 자야스왈(K. P. Jayaswal, *Hindu Polity*, 2pts, Calcutta : Butterworth & Co., 1924)은 고대 인도에 공화정과 대의 제도가 발달하였음을 사료를 통해 발굴해 내고 그 중요성을 크게 부각시켰다. 반다르까르(D. R. Bhandarkar, *Some Aspects of Ancient Hindu Polity*, Patna : Eastern Book House, 초판 1929)는 『아르타샤스뜨라』의 발견으로 인해 힌두들이 정치 이론을 발전시키지 못했다거나 정치학이 독립 학문 분야로 발전하지 못했다고 하는 주장은 이제 더 이상 설득력을 갖지 못한다고 주장하였다. 마줌다르(R. C. Majumdar, *Corporate Life in Ancient India*, Calcutta : K. L. M., 초판 1918)는 정치 제도가 단지 유럽에서만 발전된 것이 아니고 고대 인도에서도 크게 번성하였고 나아가 종교 또한 인도인들의 공공 행위에 그다지 큰 영향을 끼치지 못하였으며 도처에서 '협동 정신'의 문명이 큰 역할을 하였다고 주장하였다. 로우(N. N. Law, *Aspects of Ancient Indian Polity*, Oxford : The Clarendon Press, 1921)는 방대하고 다양한 정치 행위가 있었으니 힌두들은 그 안에서 신앙의 힘에 좌지우지되지 않는 상당한 수준의 통찰력과 판단력을 유지하였다고 주장하였다. 딕쉬따르(V. R. R. Dikshitar, *Hindu Administrative Institutions*, Madras : University of Madras Press, 1929)는 힌두 정치는 거의 근대 수준에 달할 뿐만 아니라 단일 국가와 통일 군주에 대한 개념이 충분히 발달하여 국민 의식이 크게 발전하였다는 주장을 폈다. 이와 같은 맥락의 연장선에서 1923년 고샬(U. N. Ghoshal, *Hindu Political Theories*, Calcutta : Oxford University Press, 1923)은 한층 세련되고 논리적으로 서구 학자들의 의견을 반박하였으니, 그는 인도 정치 제도는 일반적으로 생각하는 바와 같이 전제 군주 일색으로만 된 것도 아니고, 정치 사상 또한

신학적이거나 형이상학적인 것은 아니며 인간의 이성에 대담하고 솔직하게 호소하는 것이라고 주장하였다.

3 개인적으로 이 글은 1986년에 다루었던 초기 유럽학자들의 인도사 왜곡에 관한 연구(「서구학자들의 인도사 해석에 나타나는 편견에 관한 고찰」, 『이문논총』 6집, 한국외국어대학교 대학원, 1986)에 대한 후속 연구이기도 하다.

4 J. W. Spellman, *Political Theory of Ancient India. A Study of Kingship from the Earliest Times to circa A.D. 300*, 앞의 책, xxi쪽.

5 위의 책 xxi쪽.

6 위의 책 vii쪽.

7 위의 책 12~13쪽.

8 위의 책 184~189쪽.

9 위의 책 vii쪽.

10 J. Gonda, *Ancient Indian Kingship from Religious Point of View*, 앞의 책, 20쪽.

11 Heesterman, *The Ancient Indian Royal Consecration*, 앞의 책, 5쪽.

12 Louis Dumont, 'The Conception of Kingship in Ancient India', in *Homo Hierarchicus* (Delhi : Oxford University Press, 1988, 초판 1970), 313쪽.

13 슈리말리, 「인도 연구의 역사와 경향-초기 인도사의 미개척 영역에 대한 재규정」, 『21세기를 겨냥한 우리 국학의 방향과 과제-국학, 무엇을 할 것인가』 (안동대학교 국학부 편, 1997), 216쪽.

14 Kumkum Roy, *The Emergence of Monarchy in North India, Eighth to Fourth Centuries B.C* (Delhi : Oxford University Press, 1994), 9~10쪽.

15 J. C. Heesterman, *The Broken World of Sacrifice. An Essay in Ancient Indian Ritual* (Chicago & London : University of Chicago Press, 1993), 5쪽.

16 Gonda, 위의 책, 62~65쪽.

17 이광수, 「고대 인도에서 신화와 권력의 정당화」, 『부산사학』 30집, 1996, 212쪽. 이 책 두 번째 글

18 R. S. Sharma, *Aspects of Political Ideas and Institutions in Ancient India*, 앞의 책, 303~304쪽.

19 C. Drekmeier. *Kingship and Community in Early India*, 앞의 책, 5쪽.

20 R. S. Sharma, *The State and Varna Formation in the Mid Ganga Plains : An Ethnoarchaeological View* (New Delhi : Manohar, 1996), 97쪽.

21 D. D. Kosambi, *An Introduction to the Study of Indian History* (Bombay : Popular Prakashan, 175. 초판 1956), 1쪽.

22 A. K. Narain, 'Political History of Ancient India : The Old and the New', G. C. Pande, S. K. Gupta, Shankar Goyal, *Political History of Ancient India. New Dimensions and Perspectives in a Changing World* (Jodhpur : Kusumanjali Prakashan, 1996), 25쪽.

23 V. S. Pathak, *Ancient Historians of India* (Bombay : Asia Publishing House, 1966), 137쪽.

8장 _ 고대 인도사에는 여성이 있는가?

1 한국여성연구소 여성사연구실, 『우리 여성의 역사』(서울 : 청년사, 1999)
2 Ashis Nandi, *The Intimate Enemy*, 이옥순(역) 『친밀한 적』(서울 : 신구문화사, 1993) 29~32쪽.
3 이 범주 안에 들어갈 수 있는 대표적인 연구자로는 이옥순을 들 수 있다. 이옥순은 『인도 여자에게 마침표는 없다』(서울 : 사과나무, 1998)를 필두로 『여성적인 동양이 남성적인 서양을 만났을 때-19세기 인도의 재발견』(서울 : 푸른역사, 1999), 「또 하나의 시선?-19세기 식민지 인도에 거주한 영국 여성의 인도 여성 보기」, 『인도연구』 7권 2호(2002. 11), 「젠더 관계로 본 '세포이의 난'」, 『역사와 경계』 50(2004. 4) 등을 계속 생산해 내고 있다.
4 이옥순, 「또 하나의 시선?-19세기 식민지 인도에 거주한 영국 여성의 인도 여성 보기」, 『인도연구』 7권 2호(2002)
5 박형지, 설혜심 , 『제국주의와 남성성』(서울 : 아카넷, 2004), 32쪽.
6 Ashis Nandi, 위의 책, 37~38쪽.
7 여자가 술을 마시거나, 행실이 나쁘거나, 반항적이거나, 병들어 있거나, 포악하거나, 낭비하는 경우(9.80) ; 8년간 아이를 낳지 못하거나, 자식이 죽고 10년이 지나거나, 딸만 낳고 11년이 지나거나, 말을 함부로 하는 경우(9.81) ; 처가 병들어 있으나 행실이 좋고 정숙한 경우는 처의 허락을 얻어야 첩을 삼을 수 있으며, 처는 언제든지 무시당하지 않는다.(9.82)
8 R. S. Sharma, *Perspectives in Social and Economic History of Early India* (New Delhi : Munshiram Manoharlal, 1983), 7쪽.
9 이옥순, 『여성적인 동양이 남성적인 서양을 만났을 때-19세기 인도의 재발견』(서울 : 푸른역사, 1999), 91쪽.
10 C. H. Philips, 'James Mill. Mountstuart Elphinstone, and the History of India,' C. H. Philips(편) *Historians of India, Pakistan and Ceylon* (London : Oxford University Press, 1961), 218쪽.
11 Vincent A. Smith, *Oxford History of India* (London : Oxford University Press, 1918) xxiii~iv.
12 Uma Chakravarti, 'Beyond the Altekarian Paradigm : Towards a New Understanding of Gender Relations in Early Indian History', Kumkum Roy(편) *Women in Early Indian Societies* (Delhi : Manohar, 1999), 79~80쪽.
13 A. S. Altekar, *The Position of Woman in Hindu Civilization* (Delhi : Motilal

Banarsidas, 1959, 초판 1938), 358쪽.

14 Dipesh Chakrabarty, 'The Difference-Defferal of(A) Colonial Modernity : Public Debates on Domesticity in British Bangal', *History Workshop*, issue 36. 7~13쪽.

15 A. S. Altekar, 앞의 책, 28쪽.

16 A. S. Altekar, 위의 책, 357쪽.

17 Uma Chakravarti, 앞의 책, 80쪽.

18 로밀라 타빠르는 힌두 공동체(혹은 무슬림 공동체)는 역사상 실재하지 않은 것으로, 근대 이후 역사학자들이 상상 속에서 만들어진 조작물이라 주장한다. 더 자세한 내용은 Romilar Thapar, 'Imagined Religious Communities? Ancient History and the Modern Search for a Hindu Identity,' *Modern Asian Studies*, vol.23, 1989 ; 'Syndicated Hinduism,' in Gunther-Dietz Sontheimer & Hermann Kulke(편) *Hinduism Reconsidered* (New Delhi : Manohar. 1997)를 참조하기 바람.

19 A. S. Altekar, 앞의 책, 354쪽.

20 A. S. Altekar, 위의 책, 117~124쪽.

21 위의 책, 357쪽.

22 위의 책, 356~361쪽.

23 '종교적'이라 하는 의미 안에는 '법적', '문헌(즉 텍스트)적', '의례적'의 세 측면이 따로 반영되어 있으며 모두 여성의 목소리는 물론이고 역사성을 반영하지 못하고 있는 한계를 인식해야 한다.(참조. Stephanie W. Jamison, *Sacrificed Wife Sacrificer's Wife : Women, Ritual, and Hospitality in Ancient India* (New York & Oxford : Oxford University Press,1996), 8~10쪽.)

24 하지만 이와는 반대로 이러한 지고의 여신이나 샥띠 원리가 심리적으로 혹은 이미지적으로 가부장 사회 내에 있는 힌두 여성의 삶의 향상에 긍정적 영향을 끼치고 나아가 근대의 여권 운동과 연결될 수 있다는 주장이 제기되고 있기도 하다. 더 자세한 내용은 Kathleen M. Erndl, 2000, 'Is Shakti Empowering for Women? Reflections on Feminism and the Hindu Goddess,' Alf Hiltebeitel & Kathleen M. Erndl(편) *Is the Goddess a Feminist?* (New York : New York University Press) 92쪽을 참조하기 바람.

25 변기찬, 「'여성의 문화'와 '여성의 권력'의 상관성 : 여성사 연구를 위한 제언」, 『중앙사론』 12 · 13 합집 (1999), 425쪽.

26 Stephanie W. Jamison, *Sacrificed Wife Sacrificer's Wife : Women, Ritual, and Hospitality in Ancient India* (New York & Oxford : Oxford University Press, 1996), 7~8쪽.

27 정현백, 「새로운 여성사, 새로운 역사학」, 『역사학보』 제150집 (1999), 16쪽.

28 Kate Curie, *Beyond Orientalism. An Exploration of Some Recent Themes in Indian History and Society* (Calcutta : K. P. Bagchi & Company, 1996), 164쪽.

29 Kumkum Roy (편), 'Introduction', *Women in Early Indian Societies*, 앞의 책, 3쪽.

30 Uma Chakravarty and Pretti Gill, *Shadow Lives. Writings on Widowhood* (New Delhi : Kali for Women, 2001) 6쪽.

9장 _ 인도의 다문화주의

1 Romila Thapar, 'Imagined Religious Communities? Ancient History and the Modern Search for a Hindu Identity,' *Modern Asian Studies*, 1989, 23. 2, 225~231쪽.

2 마르티니엘로, 윤진 옮김, 『현대 사회와 다문화주의』 (서울 : 한울, 2002), 19쪽.

3 Dipesh Chakravarty, 'Modernity and Ethnicity in India,' *South Asia*, vol. XVII, 1994. 151쪽.

4 Thomas R., *Metcalf, Ideologies of the Raj* (Cambridge : Cambridge University Press, 1996), 30쪽.

5 Gyanendra Pandey, 'The Colonial Construction of Communalism : British Writings on Banaras in the Nineteenth Century', Guha, Ranajit(편) *Subaltern Studies VI. Writings on South Asian History and Society* (New Delhi : Oxford University Press, 1994), 152~153쪽.

6 Gyan Prakash, 'Writing Post-orientalist Histories of the Third World : Perspectives from Indian Historiography', *Comparative Studies in Society and History*, vol. 32. no.2 (April 1990), 385쪽.

7 Bruce Lincoln, *Theorizing Myth* (Chicago & London : University of Chicago Press 1999), 209쪽.

8 Peter van der Veer, 'The Foreign Hand : Orientalist Discourse in Sociology and Communalism' Carol A. Breckenridge & Peter van der Veer(편) *Orientalism and the Postcolonial Predicament* (New Delhi : Oxford University Press, 1993), 43쪽.

9 Urmila Phadnis, *Ethnicity and Nation-building in South Asia* (New Delhi : Sage Publications, 1989), 88쪽.

10 Bipan Chandra, *Communalism in Modern India* (Delhi : Vani Educational Books, 1984), 28쪽.

11 앤더슨, 윤형숙 역, 『상상의 공동체. 민족주의의 기원과 전파에 대한 성찰』 (서울 : 나남출판, 2002), 27쪽.

12 Agehananda Bharati, 'The Hindu Renaissance and its Apologetic Patterns,' *Journal of Asian Studies*, vol.29. no.2, 1970, 273쪽.

10장 _ 20세기 후반 미국에서 '종교사'와 힌두교 만들기

1 이에 관한 더 자세한 논의는 Heinrich Von Stietencron, 'Religious Configurations in Pre-Muslim India and the Modern Concept of Hinduism,' Vasudha Dalmia, and Heinrich Von Stietencron(편) *Representing Hinduism. The Construction of Religious Traditions and National Identity* (New Delhi : Sage Publications, 1995). 51쪽 ; Romilar Thapar, 'Imagined Religious Communities? Ancient History and the Modern Search for a Hindu Identity,' *Modern Asian Studies*, vol.23, 1989. 209~231쪽 ; Romilar Thapar, 'Syndicated Hinduism,' 앞의 글, 54~81쪽 ; Robert Eric Frykenberg, 'The Emergence of Modern 'Hinduism' as a Concept and as an Institution: a Reapraisal with Special Reference to South India,' *Hinduism Reconsidered*, Gunther-Dietz Sontheimer & Hermann Kulke(편), 앞의 책, 82~107쪽 등을 참조하기 바람.

2 V. D. Savarkar, *Hindutva* (New Delhi : The Central Hindu Yuvak Sabha, 1938), 16쪽.

3 Gyan Prakash, 'Writing Post-Orientalist Histories of the Third World : Perspectives from Indian Historiography', *Comparative Studies in Society and History*. vol.32. no.2. April 1990, 390~391쪽.

4 1982년 라나지뜨 구하(Ranajit Guha)가 편집한 『서발턴 연구 : 남아시아의 사회와 역사에 관한 글』(*Subaltern Studies : Writings on South Asian History and Society*) 창간호가 발간된 이후 20년이 지난 동안 '서발턴 연구 집단'의 담론이 세계 역사학계에 기여한 정도는 상당한 것으로 평가를 받고 있다. 하지만 한국에서는 아직 이 담론에 대한 연구나 적용의 성과가 미미한 수준에 머무르고 있다. 다만, 김택현과 진상원 등이 비평 논문 및 번역을 통해 소개하는 작업을 하고 있는 것이 눈에 띈다.(김택현, 「인도의 식민지 근대사를 보는 시각과 서발턴 연구」, 『역사비평』 45호, 1988 겨울, 227~247쪽 ; 김택현, 「서발턴 역사 서술의 대표적 실례-식민지시대 인도의 농민봉기, 『역사비평』 53호, 2001 겨울, 149~172쪽) ; 김택현, 「식민지 근대사의 새로운 인식-서발턴 연구의 시각」, 『당대비평』, 2000년 겨울 ; 김택현, 「서발턴 연구 : 근대성과 식민성을 넘어서」 ; 김기봉 외, 『포스트모더니즘과 역사학』 (서울 : 푸른역사, 2002), 401~429쪽 ; 진상원 역, 「디페시 차크라바르티의 급진적 역사와 계몽적 합리주의의 문제 : 『서발턴 연구』에 대한 최근의 비판에 대하여」, 『역사와 문화』 02, 2000.

5 국내 학계에서 'History of Religions'는 '종교학' 혹은 '종교사'로 번역하고 있다. 하지만 'History of Religions'는 다음 절에 기술되듯 역사에 대한 그 고유의 관점을 가지고 있기 때문에 '종교학'보다는 '종교사'로 번역하는 것이 옳다고 본다. 하지만 후자를 따르면 역사학의 여러 하위 주제 가운데 하나인('정치사'나 '사상사'와 같은) '종교사'와 혼동할 수 있기 때문에 따옴표를 찍어 표기하도록

한다.

6 Philip H. Ashby, 'The History of Religions,' Paul Ramsey(편), *Religion* (Englewood Cliffs : Prentice Hall Inc., 1965), 15쪽.

7 Robert A. Segal, *Religion and Social Sciences. Essays on the Confrontation* (Atalanta : Scholars Press, 1989), 1쪽.

8 Mircea Eliade, *Das Heilige und das Profane* ; 이은봉 역, 『성과 속』 (서울 : 한길사, 1998), 153쪽.

9 Mircea Eliade, *Images et Symboles* ; 이재실 역, 『이미지와 상징』 (서울 : 까치, 1998), 39쪽.

10 Steven M. Wasserstrom, *Religion After Religion* (Princeton : Princeton University Press, 1999), 159~161쪽.

11 Mircea Eliade, *Patterns in Comparative Religion* (London and New York : Sheed and Ward, 1958), 5쪽.

12 Huston Smith, 'Methodology, Comparison and Truth,' Kimberley C. Patton, & Benjamin C. Ray, (편) *A Magic Still Dwells* (Berkeley & London : University of California Press, 2000), 175쪽.

13 Ninian Smart, *The Science of Religion and the Sociology of Knowledge* (Princeton : Princeton University Press, 1973), 37~38쪽.

14 Wendy Doniger, *The Implied Spider. Politics & Theology in Myth.* (New York : Columbia University Press), 67쪽.

15 Jonathan Z. Smith, 'Religion and Religious Studies : No Difference at All,' *Soundings*, vol. XXI, Summer/Fall, 1988. 231~244쪽.

16 Jonathan Z. Smith, 'In Comparison a Magic Dwells,' *A Magic Still Dwells*, 앞의 책, 26쪽.

17 Milton Singer(편), *South and Southeast Asian Studies at the University of Chicago, 1966-1967: A Midway Report.* (Chicago : University of Chicago Committee on Southern Asian Studies, 1966) 7쪽. 여기에서 싱어가 말하는 '유희'는 놀이라기보다는 인도 희곡의 개념인 릴라(lila : 화신을 통해 신의 본질을 드러내고 그것을 다시 대중에게 연극이라는 '유희'를 통해 보여 주는 것)이다. 이로써 싱어는 당시 문화 연구가 본질을 드러내는 창조적 예술 활동에 가까운 것이라고 지적하고 있다.

18 Gyan Prakash, 앞의 글, 391쪽.

19 위의 글, 392쪽.

20 Ronald B. Inden, 'Orientalist Constructions of India,' *Modern Asian Studies*. vol.20. no.3. 1986, 438쪽.

21 태혜숙, 『미국 문화의 이해』 (서울 : 중명, 2002), 118쪽.

22 Wouter J.Hanegraaff, 'The New Age Movement and the Esoteric Tradition,' Roelof

van den Broek and Wouter J. Hanegraff(편) *Gnosis and Hermeticism from Antiquity to Modern Times* (Albany : State University of New York Press 1998), 371쪽.

23 Joseph Campbell, 'Oriental Philosophy and Occidental Psychoanalysis,' *Proceedings of the IXth International Congress for the 'History of Religions'*, 1960, Tokyo, 494~495쪽.

24 Karl Mannheim, *Idelogie und Utopie*, 임석진 역, 『이데올로기와 유토피아』 (서울 : 청아, 1991), 263쪽.

25 Marvin Harris, *Cow, Pigs, Wars and Witches - The Riddles of Culture*, 박종열 역, 『문화의 수수께끼』 (서울 : 한길사, 1982), 208~211쪽.

26 Edward Said, *Culture and Imperialism*, 김성곤 · 정정호 역, 『문화와 제국주의』 (서울 : 창, 1995), 498~499쪽.

27 Gavin Flood, *Beyond Phenomenology. Rethinking the Study of Religion* (London and New York : Cassel, 1999) 232쪽.

28 Bruce Lincoln, *Theorizing Myth* (Chicago & London : University of Chicago Press 1999), 209쪽.

29 Peter van der Veer, 'The Foreign Hand Orientalist Discourse in Sociology and Communalism,' Carol A.Breckenridge & Peter van der Veer(편) *Orientalism and the Postcolonial Predicament*. 앞의 책, 41~42쪽.

30 2000년 1월 디빠 메흐따(Deepa Mehta) 감독의 영화 〈워터〉(Water)를 힌두 극우 집단이 촬영을 중단시키는 사건이 발생하였다. 그들은 아버지의 한 애첩을 자식이 취했는데 그 여인은 다시 과부가 되고 그리고 결국 창녀가 되는 일련의 일들이 갠지스 강의 성도(聖都) 바라나시에서 일어났다는 영화 줄거리를 신성 모독으로 삼았다. 그리고 1년 후 델리대학교(University of Delhi)의 역사학과 교수인 자(D. N. Jha) 교수는 *The Myth of the Holy Cow*(『성스러운 암소 신화』, 푸른역사, 2004)에서 인도 고대인들은 비록 암소를 신성시하였으나 그 고기를 식용으로 사용하였고, 그간 널리 알려진 이론 즉 무슬림들이 인도 땅에 들어오면서 힌두를 탄압하고 그에 대한 힌두들의 자기 보호 차원에서 정체성 확보로서 암소 고기를 먹은 것이 아니라는 것을 밝혔다. 저자는 역사를 왜곡하는 것은 인도의 종교공동체에 의존한 정치 문화로 인해 반(反)무슬림 감정을 자극하기 위해 자행된 것이라고 비난하였다. 이에 대해 힌두 극우 정치 집단들은 저자와 출판사에 대해 끝없는 공갈과 협박을 자행하면서 출판사는 결국 출판을 포기하고, 힌두 공동체주의에 기반을 둔 인도국민당 정부는 이 책에 대해 판매 금지 처분을 내렸으며, 많은 극우 단체들의 고소와 협박이 계속 줄을 잇고 있는 중이다.

31 Romilar Thapar, 'Syndicated Hinduism,' 앞의 글, 78쪽.

32 E. Hobsbawm & T. Ranger(편) *The Invention of Tradition*, 최석영 역, 『전통의 날조와 창조』 (서울 : 서경문화사, 1996), 48~49쪽.

33 Benedict Anderson, *Imagined Communities : Reflections on the Origin and Spread of*

Nationalism, 윤형숙 역, 『상상의 공동체. 민족주의의 기원과 전파에 대한 성찰』(서울 : 나남출판, 2002), 27쪽.

11장 _ 아리야인 인도 기원설과 힌두민족주의

1 Shrikant G., Talageri, *Aryan Invasion Theory and Indian Nationalism* (New Delhi : Voice of India, 1993) 1쪽.

2 이와 동일한 의견은 K. D. Sethna, *The Problem of Aryan Origin from an Indian Perspective* (S.&S. Publishers : Calcutta, 1980); David Frawley, *The Myth of the Aryan Invasion of India* (New Delhi : Voice of India, 2001), Rajaram & Frawley, *Vedic Aryans and the Origins of Civilization. A Literary and Scientific Perspective* (Delhi : Voice of India, 제 3 증보판, 2001) ; B. B. Lal, *The Earliest Civilization of South Asia* (Aryan Books International : New Delhi, 1997) ; S. P. Gupta, The Indus-Sarasvati Civilization : Some New Developments, S. P. Gupta(편) *The 'Lost' Sarasvati and the Indus Civilization* (Kusumanjali Publishers : Jodhpur, 1995) ; 게오르그 포이어스타인, 수바쉬 칵, 데이비드 프롤리 저, 정광식 역, 『최초의 문명은 고대 인도에서 시작되었다』(서울 : 사군자, 2000) 등에서 찾아볼 수 있다.

3 R.S. Sharma, *Advent of the Aryans in India* (Manohar : New Delhi, 1999) 10쪽. 이와 동일한 의견은 Bongard-Levin, G. M. *The Origin of Aryans* (Arnold-Heinemann : New Delhi. 1980) ; R. S. Sharma, 'The Aryan Problem And the Horse', *Social Scientist*, vol.21. Nos.7-8, July-August, 1993. George Erdosy, *The Indo-Aryans of Ancient South Asia* (Walter de Gruyter : Berlin & New York, 1995) ; Romila Thapar, 'The Theory of Aryan Race and India: History and Politics', *Social Scientist*, vol.24. no.1~3. 1996 ; Thomas R. Trautmann, *Aryans and British India* (Vistar Publications : New Delhi, 1997) 등에서 찾아볼 수 있다.

4 아리야(arya)라는 어휘는 인도의 베다와 이란의 아베스타에서만 사용한 예가 보일 뿐, 인도-유럽어에 모두 나타나는 것은 아니기 때문에 그 공통 조어를 아리야어라 부르는 것은 매우 오리엔탈리즘에 경사되어 있다. 따라서 18세기 이후 이 언어와 관련된 주제의 역사적 사실을 서술할 때는 아리야어라는 표현을 쓰지만, 객관적인 공동의 언어들을 지칭할 때는 아리야어보다는 가치중립적인 '인도-유럽어'로 부르는 것이 맞다.

5 Thomas R., Trautmann, 앞의 책. 183쪽.

6 L. Poliakov, *The Aryan Myth* (New York : Basic Books, 1974), 233~234쪽.

7 Max Muller, *India What Can It Teach Us?* (Delhi : Munshi Ram Manohar Lal, 1961, 초판 1883), 90쪽.

8 위의 책, 85쪽.

9 K. S. Sen, *Keshub Chunder Sen's Lectures in India* (London & New York : Cassell, 1901~1904), 323쪽

10 J. Leopoid, 'The Aryan Theory of Race in India 1870~1920. Nationalist and Internationalist Visions,' *Indian Economic and Social History Review*, Ⅶ. 2.(1970) 271~298쪽.

11 V. D. Savarkar, *Hindutva* (New Delhi : The Central Hindu Yuvak Sabha, 1938) 16쪽.

12 위의 책, 102~103쪽

13 M. S. Golwalkar, *We or Our Nationhood Defined* (Nagpur : Kale, 1947) 11~13쪽.

14 위의 책, 55~56쪽.

15 Bruce D. Graham, *Hindu Nationalism and Indian Politics* (Campridge : Cambridge University Press, 1993) 41쪽.

16 김찬완, 「인도의 정치문화」, 『인도연구』 6권 2호, 2001, 12쪽.

17 B. B. Lal, *India 1947~1997 : New Light on the Indus Civilization* (New Delhi : Aryan Books International, 1998) 120쪽.

18 R. S. Sharma, *Advent of the Aryans in India*, 앞의 책, 11쪽.

19 B. B. Lal, *The Earliest Civilization of South Asia*, 앞의 책, 285쪽.

20 Asko. Parpola, 'The Coming of Aryans to Iran and India And the Cultural and Ethnic of the Dasas,' *Studia Orientalia* vol.64, 1988, 238~239쪽.

21 R. S. Sharma, 'The Aryan Problem And the Horse,' *Social Scientist*, 앞의 글, 9~10쪽.

22 R. S. Sharma, *Advent of the Aryans in India*, 앞의 책, 22~26쪽.

23 IX. 33.6. 원문은 rayah samudranscaturoassmabhyam soma vishvatah, a pavasva sahasrinah이고, 그리피스(T. H. Ralph. Griffith)의 번역은 From every side, O Soma, for our profit, pour thou forth four seas filled full of riches thousandfold이다.

24 B. B. Lal, *The Earliest Civilization of South Asia*, 앞의 책, 285쪽.

25 게오르그 포이어스타인 · 수바쉬 칵 · 데이비드 프롤리 저, 정광식 역, 『최초의 문명은 고대 인도에서 시작되었다』, 앞의 책, 265~269쪽.

26 S. P. Gupta, 'The Indus-Sarasvati Civilization : Some New Developments,', S. P. Gupta(편) *The 'Lost' Sarasvati and the Indus Civilization*, 앞의 책, 183쪽.

27 David Frawley, *Gods, Sages and Kings. Vedic Secrets of Ancient Civilization* (Delhi : Motilal Banarsidass, 1993), 249쪽.

28 Rajaram & Frawley, *Vedic Aryans and the Origins of Civilization. A Literary and Scientific Perspective*, 앞의 책, 241쪽.

29 Sir Mortimer Wheeler, *India and Pakistan* (London : Thames and Hudson, 1959), 104쪽.

30 위의 책, 113쪽.

31 S. P. Gupta, 앞의 글, 181~182쪽.

32 신석기 문명 발전설은 M. R. Mughal, *The Early Harapan Period in the Greater Indus Valley and Northern Baluchistan* (Ann Arbor : University of Michigan Press, 1970) ; W. A. Fairservis, 'The Origin, Character and Decline of an Early Civilization,' G. L. Possehl(편), *Ancient Cities of the Indus* (New Delhi : Vikas Publishing House, 1979) ; Allchin & Allchin, *The Rise of Civilization in India and Pakistan* (London : Cambridge University Press, 1983) ; D. P. Agrawal, *Archaeology of India* (New Delhi : Selectbook Service Syndicate, 1984) 등에서 찾아볼 수 있고, 아리야인 침입으로 인한 멸망설은 Sir Mortimer Wheeler, *India and Pakistan* (London : Thames and Hudson, 1959) ; Gordon Childe, *New Light on the Most Ancient East* (London : Routledge & Kegan Paul, 1952) ; S. Piggott, *Prehistoric India* (Harmondsworth : Penguin Books, 1950)에서, 홍수로 인한 파괴설은 M. R. Sahni, 'Biogeological Evidence Bearing on the Decline of the Indus Civilization', *Journal of Palaeontological Society of India*, vol.1. no.1, 1956 ; R. L. Raikes & G. F. Dales, 'The Mohenjodaro Floods Reconsidered', *Journal of Palaeontological Society of India*, vol.20, 1977에서, 사막 확장을 비롯한 기후 · 생태환경의 변화로 인한 멸망설은 N. K. Dikshit, 'Distribution and Relationship of Protohistoric Sites Along Old River Channels of the Ghaggar System', D. P. Agrawal & B. M. Pande(편), *Ecology & Archaeology of Western India* (New Delhi : Concept Publisher, 1977) ; Yash Pal, Baldev Sahai, R. K. Sood, & D. P. Agrawal, 'Remote Sensing of the Lost Saraswati', S. P. Gupta(편), *The 'Lost' Sarasvati and the Indus Civilization*, 앞의 책에서 인구 폭발과 그로 인한 식량 문제의 대두로 인한 멸망설은 W. A. Fairservis, 'The Origin, Character and Decline of an Early Civilization', G. L. Posseh(편), *Ancient Cities of the Indus*, 앞의 책에서 찾아볼 수 있다.

33 B. B. Lal, *India 1947~1997 : New Light on the Indus Civilization* (New Delhi : Aryan Books International, 1998), 121쪽.

34 R. S. Sharma, *Advent of the Aryans in India*, 앞의 책, 35~36쪽.

35 베다 시대 말기부터 등장한 영역 국가와 도시 이름인 간다라(Gandhara), 비데하(Videha), 미틸라(Mithila), 까우삼비(Kausambi) 등이 여러 곳에 존재하는 것은 바로 이러한 역사적 의미의 전수 차원에서 명명된 원리에 따른 것이다. 이러한 원리는 전적으로 베다 시대부터 지속되어 온 팽창의 역사 속에서 이루어진 것인데, 현 따밀나두의 마두라이(Madurai)는 끄리슈나의 성도인 마투라(Mathura)를, 현 스리랑까의 웃자인(Ujjain)은 베다 후 시대의 열여섯 영역 국가 가운데 하나인 웃자이니(Ujjaini)를, 동남아시아의 고대 국가인 짬빠(Champa)와 깜부자(Kambuja)는 고대 인도의 열여섯 영역 국가의 이름에서, 그리고 태국의 최대 왕조인 아유타야(Ayuthaya)는 힌두의 이상 군주인 라마의 성도인 아요디야를 따라 명명한 것이다. 이런 현상은 인명에서도 나타나는데 마누, 짜나끼야

(Chanakya), 발미끼(Valmiki) 등은 신화와 역사 속에서 계속 사용됨으로써 특정 의미를 띠는 일반 명사와 같은 의미로 널리 환원해서 사용했다.

36 이러한 사실은 최근 북한학계의 단군 관련 연구가 역사학 계열보다는 고고학 계열의 연구 성과를 중심으로 한다는 사실과 일치한다. 1970년대를 통해 북한학계는 조선 사람이 인종적으로 한 갈래에서 유래한 단일한 주민 집단이라는 주장을 논증했다고 주장하고, 이러한 고고학적 발굴에 힘입어 그들은 '원시조'라는 개념을 주창하고, 그 위에서 단군릉 발굴 작업이 추진되어 간 것 같다.(박광용, 「북한학계의 단군 인식과 '단군릉' 발굴」, 『역사비평』 52호, 2000, 184~185쪽.)

37 S. P. Gupta, 'The Indus-Sarasvati Civilization : Some New Developments,' S. P. Gupta, S. P.(편) *The 'Lost' Sarasvati and the Indus Civilization*, 위의 책, 183쪽.

38 위의 글, 182~183쪽.

39 M. R. Mughal, 위의 책, 91쪽.

40 D. P. Agrawal, 위의 책, 139쪽

41 B. B. Lal, *India 1947~1997 : New Light on the Indus Civilization* (New Delhi : Aryan Books International, 1998), 19~47쪽.

42 이러한 사실은 북한 역사학계가 단군릉을 평양에 배치하고자 하는 것과 같은 의미이다. 평양은 조선역사의 가장 찬란한 시발인 고구려의 중심지라는 사실이 사라스와띠가 인도 역사의 가장 찬란한 시발인 『리그 베다』의 중심지라는 사실과 정확하게 대조된다. 1993년 단군릉과 단군 유골의 발굴로 인해 남한보다 북한이 역사적으로 정통성을 지니는 국가적, 사상적 이데올로기를 갖게 되었음을 천명하는 것은 인도의 경우와 의미가 동일하다.

43 Shrikant G. Talageri, 위의 책, 6쪽.

44 N. S. Rajaram, *Secularism. The New Mask of Fundamentalism. Religious Subversion of Secular Affairs* (New Delhi : Voice of India, 1995), 54~70쪽.

45 이들은 민족주의라는 용어를 사용하지만, 그 용어는 영국 제국주의 지배기에 등장한 민족주의와는 아무런 연관성이 없다. 당시 민족주의 사학자인 반다르까르(R. G. Bandarkar), 마줌다르(R. G. Majumdar), 샤스뜨리(Nilakanta Shastri) 등은 아리야인의 외부 도래를 의심하지 않았을 뿐만 아니라 이러한 주장을 제국주의와 관련된 것으로 폄하하지도 않았다.

46 B. B. Lal, *India 1947~1997 : New Light on the Indus Civilization*, 앞의 책, 123쪽.

47 Romila Thapar, 'Imagined Religious Communities? Ancient History and the Modern Search for a Hindu Identity,' *Interpreting Early India* (Delhi : Oxford University Press, 1993), 60~88쪽.

48 David Frawley, *The Myth of the Aryan Invasion of India*, 위의 책, 3쪽.

49 한반도 경우와 달리, 인도아대륙에서 인도와 파키스탄의 나뉨은 하나의 국가가 종교로 인해 분단된 것이라고 보기보다 두 개의 서로 다른 국가로 분리된 것으

로 보는 견해가 지배적이다. 하지만 그것은 인도아대륙에 대해 유럽에서 형성된 '민족' 혹은 '국민 국가'의 성격 즉 '국가를 형성하려는 정치적 행위'(최갑수, 「서구에서의 근대 국민국가의 형성과 민족주의」, 한국사연구회 편, 『근대 국민국가와 민족문제』, 서울 : 지식산업사, 1995,.16쪽)를 지나치게 적용시킨 결과라고 본다. 최근 '정치적 행위'로서의 측면을 제외하고는 인도와 파키스탄 인민들 간에는 역사, 혈연, 언어, 문화, 영토 등의 측면에서 분명한 유대감을 공유하고 있다. 두 사회를 구성하는 다수 종교가 다르지만 그것도 수세기 동안 두 종교집단이 독자적 공동체를 구성하지 않고 동일한 공동체 내에서 살아왔다는 점을 보면 종교가 다르다는 사실이 민족구성에 결정적 역할을 하지 않는다는 사실을 알 수 있다. 결국 역사적 의미로 볼 때 인도아대륙의 분리는 한반도의 분단과 하등 다를 바가 없다.

50 박경철, 「북한의 '고대 · 중세사' 인식 틀에 관한 一考察-'고대 · 중세 시대 구분' 論을 중심으로」, 『史叢』 47호, 1998, 9쪽.

12장 _ 사띠와 자살특공대의 힌두교적 논리와 그 사회적 의미

1 Abbe J. A. Dubois, *Hindu Manners, Customs and Ceremonies*. (Oxford : Clarendon Press, 1968 (초판 1816) ; Reginald Heber, *Narrative of a Journey Through the Upper Provinces of India* (2 vols.) (London : John Murray, 1861)

2 P. V. Kane, *History of Dharmasastras* Vols. 3 and 4. (Poona : Bhandarkar Oriental Research Institute. 1973) ; S. M. Bharadwaj, *Hindu Places of Pilgrimage in India: A Study in Cultural Geography*. Berkeley : University of California Press. 1973) ; N. C. Chaudhuri, *Hinduism: A Religion to Live by*. (London : Chatto and Windus. 1979)

3 Jonathan P. Parry, *Death in Banaras*. (New Delhi : Cambridge University Press. 1994)

4 Arvind Sharma, *Sati: Historical and Phenomenological Essays*. (Delhi : Motilal Banarsidas. 1988)

5 John S. Hawley, 편, *Sati: The Blessing and the Curse*. (New York : Oxford University Press, 1994)

6 R. N. Trivedi, *Terrorism Has No Religion* (Delhi : M. D. Publications. 2009)

7 Sadashiv A. Dange, *Encyclopaedia of Puranic Beliefs and Practices* Vol. IV. (New Delhi : Navrang, 1989)

8 Manusmrti V, 89.

9 힌두 사회의 기본적 틀을 이루는 바르나(카스트), 다르마(사회적 의무), 아슈라마(인생 단계)를 따르지 않고 세간(世間)을 포기하고 밖으로 나간 사람. 초기 불교의 출가자나 힌두교의 사두 등이 이에 속한다.

10 기원전 8~7세기 처음 바르나가 넷으로 그 체계가 정해진 이후 힌두 사회가 확대되는 과정에서 서로 다른 바르나 사이에서 출생한 자, 흡수된 부족민, 외래인, 불가촉민 등을 하나의 카테고리로 묶어 부르는 총칭. 시대와 법전에 따라 그 규정하는 바와 범주가 다르다.

11 Manusmrti V, 89.

12 Manusmrti V, 57-88.

13 Manusmrti VI, 32.

14 H. Kern, 역, *The Saddharma-Pundarika or The Lotus of the True Law*. (Delhi : Motilal Banarsidas.1989. 초판 1884), pp.378~380.

15 실제로 한국에서는 2010년 5월 31일 경상북도 군위군 군위읍 사직리 위천 잠수교 앞 제방에서 지보사라는 사찰에서 수행 중인 승 문수가 자살을 하였는데, 유서로 보아 이명박 정부의 4대강 사업과 친(親)부자 경제 정책에 대한 반대가 그 이유로 드러났다. 이는 불교 전통의 종교적 자살에 대한 전형적인 예를 보여 주는 것으로 베트남 전쟁에 항거하는 의미로 1963년 분신한 베트남 승 틱꽝둑의 예와 일맥상통함을 보여 준다.

16 Manusmrti VI, 30~32.

17 Sharma, 위의 책, pp.31~38

18 위의 책, p.50.

19 John S. Hawley, "Hinduism: Satī and Its Defenders", In John S. Hawley 편, *Fundamentalism and Gender* (New York: Oxford University Press. 1994), pp.83~85

20 위의 글, p.87

21 *India Today*, 1987/10/31, 19.

22 우르와시 부딸리아, 이광수 역 『침묵의 이면에 감추어진 역사』 (부산: 산지니. 2009), pp.258~276.

23 원래 이 용어가 처음 사용된 것은 대표적 다종족 국가인 미국에서였는데, 인도에서는 1980년대부터 종교공동체주의(communalism)와 거의 동일한 의미로 사용되기 시작했다(Dipankar Gupta, "Between Ethnicity and Communalism: The Significance of the Nation-State", In Kaur, Ravinder, 편, *Religion, Violence and Political Mobilisation in South Asia*, New Delhi : Sage Publications. 2005) p.80.

24 힌두교는 널리 알려지다시피 매우 이질적인 다양한 요소들이 모여 있는 복합체다. 따라서 '근본'이라거나 '~性'이라는 용어 자체가 어불성설이다. 하지만 근대화 이후 시장 자본주의와 직업 자유의 확산, 근대 교육의 등장 등 때문에 그 동안 힌두교 해석에 대한 절대적 권한을 가지던 브라만 사제의 종교적 영향력이 쇠퇴하는 1920년대 상황에서 힌두교 해석의 주요 방편으로 등장하였다. 여기에 당시가 민족주의가 크게 부상하고 그 민족주의가 힌두교에 기반을 둠에 따라 정치 전면에 주요한 이데올로그로 등장했다.

25 V. D. Savarkar, *Hindu Rashtra Darshan: A Collection of Presidential Speeches Delivered from the Hindu Mahasabha Platform*. (Mumbai : Khare. 1949) p.154.

26 위의 책, p.19.

27 Christopher Pinney, *'Photos of the Gods'. The Printed Image and Political Struggle in India*. (London : Reaktion Books. 2004) p.114

28 그림이 비유의 방식을 사용하여 큰 효과를 거둔 것은 타끄레이가 대중 연설이나 인터뷰를 할 때 비유법을 즐겨 사용하는 것과 동일한 맥락이다. 비유는 오랫동안 힌두 전통에서 대중 교육 차원에서 활용된 화술의 기법이기 때문에 인도인에게는 특히 효과적인 정치적 언술로 잘 활용된다. 타끄레이의 비유 화법을 통한 포퓰리즘 기술에 대한 자세한 예는 Thomas Bloom Hansen, *Violence in Urban India: Identity Politics, 'Mumbai', and the Postcolonial City*. (New Delhi : Permanent Black. 2001) pp.85~87을 참조 바람.

29 타끄레이가 처음 정치를 시작한 1970년대에 그에게 주적은 좌파 노동조합이었지만, 그 이후로는 방글라데시에서 마하라슈뜨라로 이주해 온 무슬림이나 남부 인도인으로 타깃이 옮겼다. 그것은 뭄바이와 마하라슈뜨라로의 이주민들 때문에 실업이 크게 발생했기 때문에 지역민을 보호하자는 정책 차원에서였다. Mary Fainsod Katzenstein. *Ethnicity and Equality. The Shiv Sena Party and Preferential Policies in Bombay*. (Ithaca and London: Cornell University Press. 1979), pp.27~29 참조.

30 전통적 바르나 체계로 슈드라에 속하는 사람들로서 '지정카스트'(Scheduled Castes, SC)와 '지정부족'(Scheduled Tribes, ST)으로 구성된 소위 후진계급과 차별화하기 위해 여타후진계급이라 명명되었다. 1989년 '연합전선'(United Front)에 의해 집권한 자나따당의 싱(V. P. Singh) 수상은 1990년에 이들에 대한 차별적 보상을 실시할 것을 선언하였고, 이후 그들의 정치 세력화가 두드러지게 나타난다. 그들 인구는 인도 전체에서 50%를 넘기 때문에 그들의 정치 세력화는 정치 국면에서 카스트가 종교공동체보다 더 주요한 이슈임을 보여주는 것이다.

31 Thomas Bloom Hansen, 위의 글, p.76 ; Thomas Bloom Hansen, "Sovereigns Beyond the State: On Legality and Public Authority in India", In Kaur, Ravinder, 편, *Reigion, Violence and Political Mobilisation in South Asia* (New Delhi : Sage Publications, 2005) p.133.

32 *The Hindu*, 2008/06/24.

33 Axel Michaels, *Hinduism, Past and Present*. (Barbara Harshav 역) (New Delhi : Orient Longman, 2005), p.147.

34 무갈 제국 말기 1674년에 지금의 마하라슈뜨라 지역에 마라타 왕국을 세운 인물. 무갈 제국과 아대륙의 패권을 놓고 싸웠으나 영국 세력에 의해 멸망했다. 그가 무갈 제국과 싸운 것을 이슬람에 대해 싸운 것으로 해석하는 것은 힌두 민족주의자들의 역사적 왜곡이다.

35 그들은 소속원에 대한 문호가 기독교도나 시크교도는 물론 심지어는 무슬림과 같은 비힌두교도에게도 열려 있고 실제로 비힌두 소속원이 많이 있다고 주장하나 사실을 확인할 길은 없다.

36 Deepa Balakrishnan, 2008/09/26 at 18:39. "Hindu Suicide Squad Spells Out Its Mission", *CNN-IBN*.

37 Mark Juergensmeyer, *Terror in the Mind of God: The Global Rise of Religious Violence*. (New Delhi : Oxford University Press), p.120.

38 르네 지라르, 김진식, 박무호 옮김 『폭력과 성스러움』(서울 : 민음사. 1997), p.29.

39 Bruce Lincoln, *Holy Terrors: Thinking About Religion After September 11* (Chicago : The University of Chicago Press, 2005) p.156.

13장 _ 라나지뜨 구하와 서발턴 역사학

1 Vinayak Chaturvedi(편), *Maping Subaltern Studies and the Postcolonial* (London & New York : Verso, 2000) vii.

2 더 자세한 사항은, 김택현, 『서발턴과 역사학 비판』(서울 : 2003, 박종철출판사), 18~19쪽을 참조하기 바람.

3 Ranajit Guha, *Elementary Aspects of Peasant Insurgency in Colonial India* (Delhi : Oxford University Press, 1983).

4 Sumit Sarkar, 'The Decline of the Subaltern in Subaltern Studies, *Writing Social History* (Delhi : Oxford University Press, 1997), 82쪽. 사르까르는 『서발턴 연구』 제1집과 제2집에는 서발턴 집단의 구체적인 역사를 다룬 글이 14편이나 실려 있는 반면 제7집과 제8집에는 그러한 역사가 전체 12편 가운데 4편밖에 실려 있지 않았다는 사실을 그 반증의 예로 들고 있다.

5 Ranajit Guha, 'Preface,' Ranajit Guha(편) *Subaltern Studies I : Writings on South Asian History and Society* (Delhi : Oxford University Press, 1982), vii쪽.

6 Ranajit Guha, 'A Note on the Terms 'elite,' 'people,' 'subaltern,' etc, as Used Above,' 위의 책, 8쪽.

7 Ranajit Guha, 'On Some Aspects of the Historiography of Colonial India,' 위의 책, 1~8쪽.

8 서발턴 역사학의 선언문이라 할 수 있는 구하의 『서발턴 연구』 1집 첫 논문인 「식민지 인도 역사학의 몇 가지 관점에 관하여」는 다음의 문장으로 시작한다: "인도 민족주의 역사학은 엘리트주의—식민주의 엘리트주의와 부르주아 민족주의 엘리트주의—에 의해 오랫동안 지배되어 왔다." Ranajit Guha, 'On Some Aspects of the Historiography of Colonial India,' 위의 책, 1쪽.

9 J. H. Broomfield, *Elite Conflict in a Plural Society* (Berkeley: University of California Press, 1968) ; Anil Seal, *The Emergence of Indian Nationalism : Competition and Collaboration in the Later Nineteenth Century* (London : University of Cambridge Press, 1968) ; J. Gallagher, G. Johnson, and A. Seal, *Locality, Province and Nation* (Cambridge : University of Cambridge Press, 1973)

10 A. R. Desai, *Social Background of Indian Nationalism* (Bombay : Popular Book Depot, 1954) ; Bipan Chandra, *The Rise and Growth of Economic Nationalism in India : Economic Policies of Indian National Leadership, 1880-1905* (Delhi : People's Publishing House, 1969) ; Bipan Chandra, *Nationalism and Colonialism in Modern India* (New Delhi : Orient Longman, 1979).

11 R. P. Dutt, *India Today* (Calcutta: Manisha, 1947), 275~280쪽.

12 Ranajit Guha, *History at the Limit of World-History* (New Delhi : Oxford University Press, 2002), 49쪽.

13 Ranajit Guha, *Dominance without Hegemony. History and Power in Colonial India* (Cambridge, Mass. and London : Harvard University Press, 1997), xi쪽.

14 위의 책, xii.

15 Ranajit Guha, *History at the Limit of World-History*, 앞의 책. 49쪽.

16 위의 책, 45쪽.

17 Ranajit Guha, 'The Prose of Counter-Insurgency,' Ranajit Guha(편) *Subaltern Studies II: Writings on South Asian History and Society* (Delhi : Oxford University Press, 1983), 1~42쪽.

18 Ranajit Guha, 'Discipline and Mobilize,' Partha Chaterjee and Gyanendra Pandey(편) *Subaltern Studies VII : Writings on South Asian History and Society* (Delhi : Oxford University Press, 1983), 69~120쪽.

19 Ranajit Guha, *Elementary Aspects of Peasant Insurgency in Colonial India*, 앞의 책, 23~27쪽.

20 위의 책, 8쪽.

21 위의 책, 334쪽.

22 위의 책, 333쪽.

23 Ranajit Guha, 'The Prose of Counter-Insurgency,' Ranajit Guha(편) *Subaltern Studies II*, 앞의 책.

24 위의 글, 12~15쪽.

25 위의 글, 19쪽.

26 위의 글, 33쪽.

27 Ranajit Guha, 'Chandra's Death,' Ranajit Guha(편) *Subaltern Studies V* (Delhi : Oxford University Press, 1987), 135~165쪽.

28 위의 글, 165쪽.

29 Ranajit Guha, *Elementary Aspects of Peasant Insurgency in Colonial India*, 앞의 책, 14~15쪽.

30 Shahid Amin, *Event, Metaphor, Memory. Chauri Chaura 1922-1992* (Berkeley & Los Angeles, University of California Press, 1955), 1~3쪽.

31 인도 사학계에서 폭력(특히 분단(Partition)으로 인한)이 역사 연구의 주요 이슈로 등장한 것은 기존의 민족주의와 마르크스주의 역사학에 대한 도전이 일어나기 시작한 1980년대 이후부터이다. 그것은 폭력이 철저하게 식민주의 이데올로기에 의해 조작된 편견과 허위의식으로부터 자극받아 정치 집단에 의해 자행되었다는 점과 연계된다. 1946~47년 사이에 발생하여 바로 분단으로 이어지는 분단의 공간에서 발생한 수많은 소요에서 다수는 소수를 종교라는 이름으로 인명을 살상하고, 금품을 갈취하며, 부녀자를 강간하고, 여자와 어린아이들까지 무차별 학살하는 등 폭력을 저질렀다. 이러한 분단 공간의 폭력은 인도국민회의와 극우 힌두 집단인 힌두대회의라는 고도로 조직된 정치 집단에 의해 조종되고, 군다(goonda : 인도 사회 주변 자리에 위치한 다양한 부류의 부랑 집단이자 정치 깡패)에 의해 자행된 폭력이었다. 사실, 한국의 해방 공간에서의 좌우 갈등으로 인한 폭력 또한 마찬가지이다. 여기에서 민족 운동에 앞장선 그들이 그러한 민족상잔을 서슴지 않은 것은 다름 아닌 그들이 분단 공간에서 이미 민족의 애국 투사에서 권력에 목마른 정치 모리배로 변모하였기 때문이다(Sumit Sarkar, *A Critique of Colonial India*, Calcutta : Papyrus, 1985, 144쪽). 그런데 민족주의 역사가들은 지금껏 '폭력'과 '분단'은 별개의 것으로 인식하고, 그 가운데 폭력은 난동이고 원시적인 것이고 분단은 정치적인 것이고 근대적인 것으로 규정하면서(Gyanendra Pandey, *Memory, History and the Question of Violence : Reflections on the Reconstruction of the Partition*, Calcutta : K. P. Bagchi & Co., 1999, 15쪽) 폭력은 개인이 저지른 '작은 사건'이기 때문에 민족/국가의 '큰 역사' 안에서 묻혀 버릴 수밖에 없다는 오류를 저지르고 있는 것이다. 폭력이 개인의 작은 사건이 아니고 국가가 자행한 정치적인 사건으로 은폐와 왜곡도 그와 함께 이루어졌다는 사실은 1984년 발생한 시크교도 학살, 1992~93년 또 다른 극우 힌두 단체인 힌두세계회의의 전국 조직이 주도적으로 자행한 아요디야 폭력, 2002년 고드라(Godhra) 학살 사태에서 여실히 드러난다.

32 Gyanendra Pandey, 앞의 책, 23쪽.

33 Shahid Amin, 앞의 책.

34 Wendy Singer, *Creating Histories : Oral Narratives and Politics of History-Making* (Delhi : Oxford University Press, 1997)

35 Gayatri Chakravorti Spivak, 'Can the Subaltern Speak?,' 태혜숙 번역 「하위주체가 말할 수 있는가?」 『세계사상』 4호, 1988, 98쪽.

36 김택현은 구하의 '순수한 상태'를 '저 먼 과거 역사 속에서 만들어 낸 저항의 힘, 불순한 엘리트 정치에 오염되지 않는 서발턴 정치의 전통이 간직하고 있는 힘을

강조하기 위한 수사(修辭)'로서, 구하의 역사 서술의 '현재성'을 나타내는 방편으로 이해한다. 김택현, 앞의 책, 117쪽.

37 김택현, 「서발턴 연구 : 근대성과 식민성을 넘어서」, 김기봉 외 엮음, 『포스트모더니즘과 역사학』 (서울 : 푸른역사, 2002), 406쪽.

38 Rosalin O'Hanlon, 'Recovering the Subject : Subaltern Studies and Histories of Resistances in Colonial South Asia,' *Modern Asian Studies*, 22.1, 1988, 189~224쪽.

39 Sumit Sarkar, 'The Decline of the Subaltern in Subaltern Studies,' *Writing Social History*, 앞의 책, 92쪽.

40 이러한 문제 제기는 엘리트 문화와 구분되는 민중 문화의 정체성을 확립하려고 했다는 점에서나 문화가 종속 계급의 문화와 지배 계급의 문화로 나뉜다는 것에 대해 비판을 받았다는 점 그리고 마르크스주의적(혹은 인민주의적) 역사관을 기반으로 하면서도 거대 담론을 극복하려 했다는 점에서 이탈리아 역사가 까를로 긴즈부르그(Carlo Ginzburg)와 그의 미시사가 일정 부분 구하의 서발턴 역사학과 그 궤를 같이하고 있다. 참조, 곽차섭 엮음, 『미시사란 무엇인가』 (서울 : 푸른역사, 2000), 285~291쪽.

41 Sumit Sarkar, 'The Fascism of the Sangha Parivar,' *Economic and Political Weekly*, 1993. 1. 20. 164~165쪽.

42 이러한 점에서 서발턴 역사학은 제3세계에 처해 있으면서 식민주의와 민족주의(그리고 그 둘이 괴이한 모습으로 혼합되어 있는 유신) 유산에서 벗어나 있지 못하고 있는 한국의 역사(학)가 처한 현재 위치에서 볼 때 분명한 의미를 가지고 있다. 그런 의미에서 한국의 역사학에 그 '적용' 여부를 진지하게 검토하는 것은 당연하다. '외국의' 담론 수입의 논란에 대해 알레르기적 반응을 보일 필요는 없다. 어차피 동양-서양 혹은 타자/외국과 같은 범주가 근대성의 산물로서 더 이상 특별한 의미를 가질 수 없는 현실에서 특정 담론이 자생적인 것이냐 수입품이냐 하는 문제에 대한 논쟁은 이제는 무의미하다. 이런 관점에서 서발턴 연구는 서양에서 건너온 이론도 아니요 제3세계 인도의 산물도 아니다. 그것은 식민주의를 경험한 전 세계 곳곳의 서발턴에 관한 하나의 담론일 뿐이다. 그 적용성이 한국에서는 어떠한지 여부는 그 담론이 갖는 역사의 실천적 의미를 적극적으로 검토하고 비판하면서 헤아려 볼 문제일 것이다.

43 Sumit Sarkar, 'The Decline of the Subaltern in Subaltern Studies,' Sumit Sarkar, *Writing Social History*, 앞의 책, 86쪽.

출처

「힌두교-카스트 사회구조 간의 역사적 상호성 : 올바른 힌두교 연구를 위하여」, 『종교연구』 13집, 1997. 4. 155~174쪽.

「고대 인도에서의 신화와 권력의 정당화」, 『부산사학』 30집, 1996. 4. 205~226쪽.

「『마하완사』와 『삼국유사』에 나타난 불교의 역사관」, 『부대사학』 23집, 1999. 6. 431~449쪽.

「가락국 허왕후 도래 설화의 재검토 : 부산-경남 지역 불교 사찰 설화를 중심으로」, 『한국고대사연구』 31집, 2003. 9. 179~208쪽.

「고대 힌두교에서 지존위 쉬바와 우빠니샤드 이데올로기」, 『역사와 경계』 70집, 2009. 3. 79~102쪽.

「산스끄리뜨 딴뜨라에 나타난 여신 숭배가 갖는 사회 통합의 의미」, 『역사와 경계』 67집, 2008. 6. 251~270쪽.

「고대 인도 정치 연구에서 텍스트와 컨텍스트의 문제 : 신동양학적 접근에 대한 비판」, 『아시아지역연구』 2집, 1999. 1. 201~218쪽.

「고대 인도사에는 여성이 있는가? : 식민주의와 민족주의의 여성사 기술에 대한 비판적 검토」, 『인도연구』 11권 1호. 2006. 5. 63~87쪽.

「인도의 다문화주의 : 근대주의와 식민주의를 넘어서」, 『역사와 문화』 7집, 2003. 7. 86~107쪽.

「20세기 후반 미국에서의 '종교사'와 힌두교 만들기」, 『역사와 경계』 46집, 2003. 6. 51~71쪽.

「아리야인 인도기원설과 힌두민족주의」, 『역사비평』 61집, 2002. 11. 321~341쪽.

「사띠와 자살특공대의 힌두교적 논리와 그 사회적 의미」, 『인도연구』 16권 1호, 2011. 5. 73~98쪽.

「라나지뜨 구하와 서발턴 역사학」, 『전남사학』 24집, 2005. 6. 291~312쪽.

찾아보기

ㄱ

ㄴ

ㄷ

ㄹ

ㅁ

ㅂ

ㅅ

ㅇ

ㅈ

ㅊ